KB126427

하프와 공작새

# 하프와 공작새

미얀마 현대정치 70년사

장준영 지음

# 시작하며:
## 하프와 공작새

옛 수도 양공 시내 깐도지<sup>Kandawgyi</sup>호수에 가면 비쉬뉴신이 타고 다니던 전설의 새인 가루다<sup>garuda</sup> 형상의 꺼러웨익<sup>Karaweik</sup>이라는 바지선이 있다. 네윈<sup>Ne Win</sup>이 자신의 임기를 연장하는 의도에서 점성술사의 점괘를 받들어 1972년부터 약 2년간 건축했다. 1990년대 초 미얀마 군부가 개방을 표방하며 외국인 관광객을 유치할 때부터 이곳은 미얀마 전통공연을 하는 레스토랑으로 변신했다. 해 질 무렵 쉐다공불탑의 금빛이 깐도지 호수에 비쳐 그 황금빛이 찬란하고, 꺼러웨익에서도 발산하는 다양한 조명은 웅장한 황금빛 외관과 어우러져 신비감마저 조성한다.

1998년 1월, 이곳에서 식사를 한 적이 있다. 무대에서는 미얀마 전통춤을 비롯하여 소수종족들의 다양한 문화를 보여주는 공연이 한창이었다. 그 가운데 사잉와잉<sup>Hsaing Waing</sup>으로 불리는 미얀마 오케스트라는 단연 백미였다. 나중에 알게 된 사실인데, 미얀마에서 협연을 하기 위해서는 청동소리(쩨 kyay), 줄소리(쪼 kyo), 노출되지 않은 악기에서 나는 소리인 떠예(thayay), 공기소리(레 lay), 박수소리 또는 타악기 소리(레코욱 lekkoke) 등 5가지 소리가 필요하다. 협연에 맞추어 배우의 연극과 춤이 한바탕 신명을 울리고 나면, 어느새 조용한 싸웅<sup>saung</sup> 독주가 시작된다.

싸웅은 알파벳 'C자 형'으로 생겼다. 옆으로 무릎을 꿇고 앉은 연주자(대부분 여성이다)가 자신의 무릎에 싸웅을 올리고 가슴 부분에서 약 15개가량의 줄을 손으로 연주한다. 서양의 하프와 전혀 다른 소리로 그 음은 매우 높지만 음기는 대체로 가벼웠고, 음의 여운은 그리 길지 않다. 연주

를 하지 않을 때는 싸웅 치<sup>saung che</sup>라는 받침대에 싸웅을 올려놓는데, 현재
에는 훌륭한 장식품으로서 관광객에게 팔려나간다.

정식명칭으로 싸웅가웃<sup>saung-gauk</sup>이라는 미얀마 하프 싸웅은 인도화
Indianization의 과정에서 미얀마에 전래된 것으로 추정되는데, 그 시기를 약
5세기경으로 본다. 버마족의 선조격인 쀼족<sup>Pyu</sup>이 건국한 뜨예킷떠야<sup>Sri</sup>
<sup>Ksetra</sup> 왕국 당시 건설된 한 불탑에 싸웅을 연주하는 음악가 조각상을 만
날 수 있다. 마히기따<sup>mahagita</sup>라는 궁중협연에서 싸웅은 가장 중요한 악기
였고, 음악가들은 싸웅을 '악기 중의 악기'로 간주했다. 싸웅을 가장 잘
연주하는 자는 데와에잉다<sup>dewa einda</sup>, 즉 하늘이 내린 음악가로 칭송받았
고, 보통 왕의 시녀로 간택되었다고 한다. 필자는 동남아가 인도문명을
근간으로 성립되었음에도 불구하고 싸웅은 미얀마에서만 발견되는 인
도화의 흔적이고, 아시아에서 유일한 하프류의 악기라는 점에 주목한다.

미얀마에서만 찾아볼 수 있는 또 다른 상징으로는 다웅<sup>daung</sup>이라고 불
리는 공작새가 있다. 공작새는 태양을 상징하는 문양이자 부처의 전생 가
운데 83번째로 등장한다. 용이 우리 왕실을 상징하는 동물이었다면, 미
얀마 왕실의 상징은 이 공작새였다. 공작새는 11세기 버강왕조 때부터 왕
실 상징으로 채택되었으나 당시에는 공작새보다 말이 더 중요했고, 15세
기 이후 본격적으로 왕실에서 사용했다. 까다웅<sup>ka daung</sup> 즉, 춤추는 공작새
는 마지막 왕조인 꽁바웅<sup>Konbaung</sup> 왕실의 상징이기도 했다. 영국 식민시기
당시 독립운동가들과 일제 치하 준독립 정부도 공작새를 그들의 상징으
로 채택했다. 2010년 제정된 국기의 중앙 큰 별을 공작새로 대체하면 식민
시기 미얀마 군부의 깃발이 된다.

네윈은 전설상의 새인 힌다<sup>hintha</sup>를 정부의 상징으로 채택함으로써 독

싸웅 연주 모습.

립 이후 1966년까지 모든 지폐에 등장했던 공작새는 역사 속으로 사라지는 듯했다. 그러나 1989년 창당된 국민민주주의연합NLD의 당기에는 싸움공작새인 쿳다웅khoot-daung으로 부활했다. 아웅산 장군이 창간한 "싸움 공작"이라는 잡지명을 당의 상징으로 선택한 것이다. NLD의 인기에 영합하여 장외정당도 선거철마다 공작새를 자당의 상징물로 등록해왔다.

어줍지만 이 책의 제목을 하프와 공작새로 정한 이유는 은유적 상상에 따라 '미얀마적인 것'을 찾아보자는 것에서부터 비롯되었다. 사자와 백상白象, 불탑 등 미얀마를 상징하고 또 대표하는 요소들은 넘치지만, 하프와 공작새는 필자가 설계하고 계획한 이 책의 이상적 목적지와 부합한다는 생각을 했다.

필자의 주장은 매우 단순하면서도 어쩌면 기존 논의를 반복하는 것일 수 있다. 그것은 바로 미얀마의 정치적, 역사적 맥락 속에서 '미얀마적인 것'을 발견하고, 그러한 전통은 우리가 미얀마라고 부르는 이 땅의 역사가 시작된 이래 지속성을 유지하고 있다는 주장을 하려는 것이다. 반면, 군부통치와 국민의 분열로 점철된 '미얀마적인 현대사'는 정치와 경제발전에 별다른 도움이 되지 못했고, 결국 미얀마도 세계적 맥락으로 편입되어야 하는 일반론적 시각을 강화하는 기존 논의를 확증하는 것이기도 하다.

'미얀마적인 것'을 찾는 여정은 군부, 이데올로기, 종교라는 세 개의 키워드를 통해 진행되었다. 즉 독립 이후 미얀마 현대정치의 전개는 세 변수에 의해 작동되었고, 군부가 정치 전면에서 퇴장한 현재에도 정치 속성의 핵심이 되었다는 주장이다. 그렇다면 미얀마는 지금까지의 정치행태와 이념을 새롭게 교체해야만 저발전과 정체의 늪에서 벗어날 수 있다는 전제와 맞닥뜨린다.

그렇다. 필자의 연구에 따르면 정말 그래야만 한다. 군부가 정치권에서 영구히 퇴장해야 하는 것은 상식이고, 군부가 만들어낸 권위주의적 정치문화, 이를 테면 상명하복의 군사문화와 인적관계로서 후견-수혜 관계의 결합, 정통성 확보의 기제로서 종교를 빙자한 다양한 미신의 정치적 해석, 현실 적용이 불가능한 왕조시기의 소환 등 현대국가에서 비상식이라고 통하는 자원이 불필요하고 엉성한 형태로 동원되었다. 도입한 근대 제도는 항상 비판의 대상이었고, 세계적 맥락에서의 자발적 이탈은 동시대 미얀마 정치인들에게는 일종의 소명의식이었다. 미얀마에서 적폐의 청산은 단순히 군부라는 제도의 청산이 아닌 그들이 자랑스럽게 여겨온 그들만의 특수성의 폐기이다. 정치와 종교는 분리되어야 하는 것이 당연하고 민주주의는 그 어떠한 첨가물이나 해석 없이 그 자체로만 존중받고 현실에서 적용되어야 한다. 그렇지만 이 단순한 논리를 바로 세우고 행하는 일은 그들의 왜곡된 역사만큼이나 쉽지는 않아 보인다.

졸저의 내용을 간략하게 소개하면 다음과 같다. 1장 서론에서는 이 책의 주요 연구 목적과 연구 내용을 중점적으로 다루었다. 먼저 소외학문으로서 미얀마 연구는 어떠한 경로와 연구 분야를 중심으로 발전해왔는가를 정리했다. 이 책은 미얀마 현대정치를 통시적 관점에서 망라한 최초의 시도인데, 미얀마 정치 한 분야에만 국한하지 않고 연구의 경향과 특성을 정리하는 것도 의미 있는 일이라고 판단했기 때문이다. 파벌주의와 종교적 상징주의로 대변되는 미얀마 정치현상의 보편성에는 이 책의 핵심어가 망라되어 있다. 후견-수혜관계와 군사문화, 일상적 저항과 다양한 비술은 각각 파벌주의와 종교적 상징주의의 하위 요소이고, 이 두 요소는 정치행태를 근대화로 견인하지 못하는 한계를 가진다. 군부 또한 전통주의적 내적 속성을 보유하지만 외적으로 장비와 군사교리의 현대화를 통해 사회구성원 가운데 가장 근대적인 집단으로 발전할 수 있었다.

2장에서는 군부의 발전과 그 성격이 변화하는 과정을 추적했다. 이를 위해 군부의 직업주의를 이론적 토대로 설정하고, 미얀마 군부가 진화 또는 변질되는 과정을 정권별로 추적했다. 각 절의 부제는 정권별 군부정권의 성격을 규정하는 핵심어이다. 미얀마 군부정권이 타국가의 군부정권과 비교하여 독창성을 유지하는 점은 파벌주의로 인한 군부 내 갈등으로 권력 다툼이 발생하지 않았다는 것이다. 그래서 권력은 집단이 분점하기보다 1인이 독식하는 구도가 유력했고, 군사평의회 의장이나 군사령관은 막후에서 조종하는 퇴역한 1인자의 통제를 받았다. 그들에게 있어서 은퇴한 지도자는 그들의 아버지와 같은 존재이기 때문이다. 가장으로서 군부 지도자는 국민 전체보다 군부가 중심이 되는 국가의 건설이 필요하고, 그들의 운영원칙에 대한 어떠한 계급적 접근이나 이념이 필요하지 않았다.

사회주의는 군부 교리와 개연성이 없지만, 정권이 정통성을 가진 것처럼 보이게 하는 훌륭한 포장지였다. 사회주의라는 용어의 중복을 간과하여 우리는 이 나라를 여전히 사회주의 국가로 오인하는 경우가 많다. 사회주의 앞에 버마식Burmese Way을 주목해야 한다. 그것은 내용 면에서 정치와 종교의 합치를 향유한 왕조시대로의 복귀로 세계사에서 유례를 찾아볼 수 없는 완전히 독창적인 이념이었고, 종교를 배제하면 아웅산이 완성하지 못했던 군부의 이상향을 현실화는 도구였다. 정치지도자들, 특히 군부가 체득한 식민경험에 대한 정신적 외상은 편집증적인 외국인혐오증으로 변질되었고, 정치권력을 독점하기 위한 군부의 고뇌는 결국 국제사회에서의 이탈로 이어졌다. 그래서 외부에서 보기에 미얀마는 신비적이고 이해할 수 없는 국가가 되었다. 필자는 아웅산이 주창한 세속적 사회주의, 즉 정치와 종교의 분리가 미얀마에서 실패하고, 명목상 내세운 사회주의는 국가를 운영하는 데 어떠한 도움도 되지 않았다고 주장한다. 오히려 계획경제라는 명목으로 통제된 국가의 부를 정부로서 군부가 독식함에 따라 군부가 비대해지는 시기가 바로 사회주의 26년이었다. 이러한 내용은 3장에서 다뤘다.

4장에서는 미얀마 신앙체계의 딜레마로서 불교와 토속신앙이 공존하는 미얀마의 신앙체계가 착시현상으로 고착화되어 정치에 지속적인 영향을 미치고 있다는 사실을 보여준다. 군부정권이 강화될수록 불교와 결합한 각종 비술의 정치개입 수준은 높게 나타난다. 자원동원 측면에서 국민을 강제할 수 없는 군부가 초자연적인 각종 비술을 통해 그들의 집권이 운명이라는 프리즘에 굴절시킴으로써 스스로 신비한 정권의 아우라aura를 내뿜었다. 종교의 이름을 빌어 비술에 의존하는 정치행태는 모든 사회의 구성원에서 적용 가능하며, 이는 장기간 지속된 군부정권의 후유증으로 보아야 할 것이다.

마지막 5장은 각 정권별 군부의 특성, 미얀마 현대정치의 특성을 잠정적으로 평가했다. 군부의 장기집권은 군부를 제외한 사회세력의 형성과 발전을 불가능하게 했고, 이로 인해 민주적 제도는 미얀마에서 학습 대상이 되지 못했다. 또한 정체불명의 이데올로기에 대한 천착은 미얀마가 국제질서에서 이탈하는 결과로 이어졌고, 이로 인해 민주주의에 대한 학습은 없었고 모든 이념은 미얀마적으로 해석해야하는 대상이 되었다. 전통의 발견과 계승 차원에서 종교에 대한 천착은 근대제도를 무기력화하고, 민주시민문화를 형성하는 데 있어서 별다른 도움이 되지 못했다.

2016년 3월, 54년 만에 회복된 민간정부에 대한 현재까지의 평가와 미래는 추가 부분에서 다루었다. 사실 민간정부의 출범은 이 책에서 다룬 세 요소들과 공식적인 결별수순을 맞고, 미얀마가 세계적 맥락에 편입되어 보편주의로 나아갈 수 있는 준비를 마쳤다는 의미로도 해석될 수 있다. 그러나 불행히도 민간정부 출범 1년을 돌아보면 그러한 기대감은 걱정으로 바뀐다. 군사문화는 어느새 민주진영의 의사결정과 조직운영방식에 복제되었고, 내각과 의회의 일원으로 귀환한 과거의 정치범은 국가운영을 위한 역량을 갖추기보다 조직적 충성심에 우선권을 부여하며 민간권위주의로 향하는 길을 트고 있다. 장기간 국제사회에서 고립된 현실을 인지하고 외부와 어떻게 협력하는가에 대한 문제의식도 발견되지 않는다. 관료사회를 배제하고 군부와 연관된 인사들은 민간정부의 모든 분야에서 배제되었다. 군부를 협력의 대상이라고 했던 아웅산수찌의 견해는 이제 군부의 심기를 건드리지 않으려는 방임으로 향하고 있다. 군부의 완전한 병영복귀를 위한 헌법개정은 빈 공약에 불과할 것 같다.

이렇게 보면 구체제로서 군부정권의 유산으로서 권위주의적 행동양식과 아웅산수찌에게 집중된 권력의 혼합은 정치적 관용tolerance과 신뢰trust의 확산으로 이어질 가능성은 낮아 군부정권보다 더 폐쇄적이고 편협한 정치구도로 나아갈 위험을 안고 있다. 민주제도를 디자인하고 운영할 수 있는 인물은 턱없이 부족하고, 누구든 자율성을 가지고 현안에 대한 자유로운 토론이 불가능하다. 그러나 이는 신생민주주의국가에서 겪는 과도기의 성장통일 수 있고, 민주주의를 정착시키고 발전시킬 미얀마의 힘을 제대로 보지 못한 필자의 쓸데없는 걱정일 수도 있다. 로마가 하루아침에 이뤄지지 않았듯 미얀마의 발전을 바라는 필자의 조급증이라고 하겠다. 분명 미얀마는 왕조시대 그들이 창달했던 것처럼 영화로운 미래를 만들 것이라고 의심치 않는다.

오욕과 질곡으로 점철된 현대사와 막연하지만 지금보다 나아질 것이라는 기대감은 이 책의 제목처럼 중의적이다. 하프인 싸웅과 공작새인 다웅은 지구상 그 어느 나라에서도 발견할 수 없는 미얀마의 특수성을 대변한다. 미얀마의 인도화가 독립 이후 세계 질서의 편입이라고 치환한다면, 싸웅은 세계 질서에서 이탈한 미얀마 정치행태의 독창성을 전시하는 것이다. 그것은 동양의 현악기와 유사한 소리를 내지만 그 생김새와 연주법은 독특하다. 연주를 하지 않을 경우에는 싸웅치saung che라는 받침대에 거치하여 일종의 장식품으로서 역할을 하듯이 군부통치로 집약되는 미얀마의 정치는 강제적으로라도 국민의 자긍심을 끌어올리면서 외부에 대한 국가적 우수성을 전시하는 그릇된 도구였다.

미얀마 국민들은 스스로를 태양의 자식이라고 정의하듯이 태양을 상징하는 공작새는 민족적 우월주의를 표방하고, 국내외적 투쟁을 의미한다. 타자와 구별되는 민족주의의 강화기제로서 공작새의 의미는 차치하고, 투쟁의 의미로서 공작새는 그 내용이 매우 복합적이다. 영국, 일본을 향한 군부의 투쟁은 독립운동사 그 자체가 되었다. 그러나 1962년 군부가 집권한 이후 군부는 국가 안의 국가가 되어 공작새의 전설을 폐기했다. 아웅산의 유산으로서 군부는 국가와 이격된 독자적 길을 걷고, 아웅산의 딸에게 공작새는 국민 위에 군림하는 군부에 대한 투쟁의 상징이었다. 힌다와 친데chinthe, 사자로 그들의 정체성을 마련한 독립 이후 정부의 주체로서 군부는 애초 그들이 만들어낸 상징과 대결하는 구도가 되었다.

정치와 역사적 단면으로 두 상징을 국한할 수 없다. 싸웅은 여흥을 즐기

고 문화와 예술을 사랑하는 미얀마 국민의 낙천적인 성격을 대변하는 것
이다. 전통의 상징으로서 공작새는 국민통합을 지향하던 아웅산의 희망
이 100년 가까이 지난 시점에서야 닿을 수 있는 가까운 미래의 단상이다.

『미얀마의 정치경제와 개혁개방: 성과와 과제』(2013) 이후 4년 만에 새
로운 책을 내게 되었다. 당시에는 급변하는 미얀마의 일면과 속성을 짚어
보고, 변화의 방향을 예측하는 의미에서 책을 출간하게 되었는데, 많은
분야를 망라하려는 욕심으로 인해 말 그대로 '수박 겉핥기'에 불과한 졸
저가 되고 말았다.

이 책은 2012년 한국연구재단 저술지원사업의 지원으로 집필되었다.
연구계획서가 시의적절하고 훌륭했다기보다 여전히 소외학문인 미얀마
연구에 대한 '신선함'과 학문적 독려가 지원의 주요 동기였다고 생각한다.
집필기간이 3년이나 주어졌지만, 배포가 없이 시작한 필자의 만용은 집
필 기간 내내 좌충우돌 그 자체였다. 2013년에 출간된 책처럼 연구와 집
필 과정에서 객관적 사실을 나열하는 데 치중하여 글의 대부분은 주관
적 감정이 녹아 중구난방이 되어버렸다. 정권의 성격을 규명한다는 애초
의 의도와 달리 논지는 주로 각 정권의 지도자의 행위에 치중했다. 미얀
마를 연구하면 연구할수록 객관적 사실에 대한 해석의 길은 더 많아지고
그곳으로 향하는 길도 험난해진다. 필자의 좁은 식견을 넓히는 데에는 평
생을 쏟아 부어도 불가능할 것 같다. 이 책에서 발견되는 오류는 전적으
로 필자의 책임이고, 특정 사안에 대한 다른 견해와 비판도 적극적으로
수용하고자 한다. 추후에 오류가 발견되면 바로잡고, 또 미얀마의 상황
변화에 따른 해석을 추가할 계획이다.

앞서 언급했듯이 이 책은 한국연구재단이 지원한 연구비로 작성되었

다. 지면을 빌어 감사의 말을 전한다. 상업성 없는 책의 출판을 흔쾌히 허락해주신 눌민의 정성원 대표님께도 감사의 마음을 드린다. 사실 이 책의 제목은 "미얀마 현대정치의 이해: 군부, 이데올로기, 종교"로 매우 딱딱하면서도 시시하며 진부했다. 루스 베네딕트Ruth Benedict의 『국화와 칼』과 같은 수사적 기법을 찾아보자는 제안을 정 대표님께서 주셨고, 한 달이상 고민한 끝에 책 제목이 정해졌다. 책을 쓰는 동안 미얀마를 열 차례이상 다녀왔다. 방문할 때마다 흔쾌히 시간을 내어준 선생님과 친구들에게 감사의 말을 전한다.

2010년 스타인버그David I. Steinberg 교수의 책을 번역하면서 미얀마 국민들이 누구나 자유롭게 스타인버그 교수의 글을 읽는 자유로운 날이 멀지 않았다고 확신했는데, 예상보다 그 시기는 빨리 찾아온 것 같다. 이제 국민은 역사가 후퇴하지 않도록 그들의 열의를 현실에 반영해야 할 것이다. 현안에 대한 회피나 자기검열로 스스로를 정당화하지 말고, SNS의 확산만큼이나 그들의 희망을 다양하게 표출해야 할 것이다. 미얀마 연구자이면서 첫사랑이자 짝사랑의 대상인 필자의 미얀마에 대한 애정이 이 책에 조금이라도 녹아 있다는 사실을 독자들이 활자 속에서 찾기를 기대해본다.

2017년 3월
장준영

# 차례

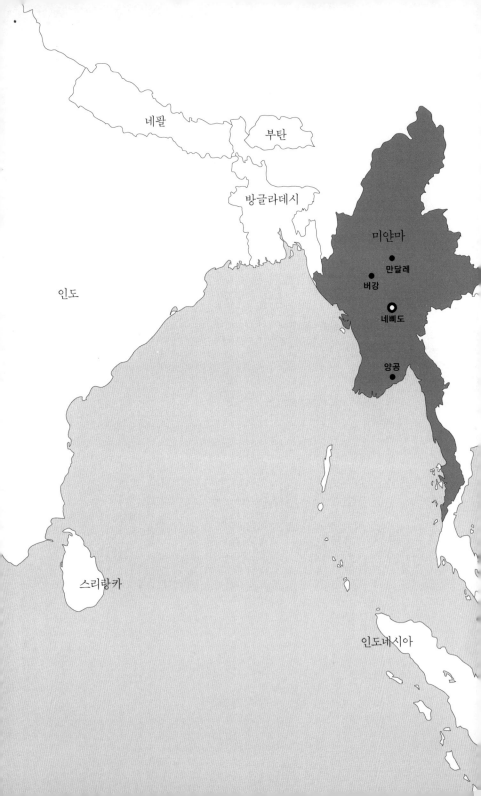

네팔

부탄

방글라데시

인도

미얀마

만달레

버강

네삐도

양공

스리랑카

인도네시아

**일러두기**

이 책의 외래어 표기는 국립국어원의 규정을 따랐다. 다만 미얀마의 인명과 지명은 현지 발음에 충실하게 표기하려
노력했다.

I

서론

## 1. 미얀마 연구의
## 경향과 쟁점

미얀마 현대 정치사는 제3세계 국가의 정치발전 과정과 구조적으로 동일한 맥락 속에서 전개되어 왔다. 식민주의의 유산으로 조직된 민간정부, 민간정부의 무능함을 극복하고자 한 군부정권의 탄생과 실정, 민주화의 "제3의 물결"의 영향으로 보일 수도 있는 대규모 민중항쟁 등 냉전 해체 이전까지 미얀마는 근대화론과 종속이론을 횡단했다.

그러나 그 내적 속성은 미얀마만의 독창성을 유지했으니, 냉전이 해체된 이후에도 지리멸렬한 군부정권이 20년 이상 더 유지되었다. 미얀마 현대정치를 관통하는 이념은 사회주의였다. 식민주의와 자본주의에 대한 반동으로 잉태한 사회주의는 한 걸음 더 나아가 미얀마 방식으로 세상을 읽고 정치적 독창성을 확보함으로써 미얀마를 세계에서 가장 신비한 국가 중의 하나로 만들었다.

온건한 사회주의를 내세운 1차 민간정권(1948~62)의 실패는 1962년 쿠데타로 집권한 군부의 더욱 급진적인 사회주의화로 이어졌다. 급진적 사회주의로 전환할 수 없는 국가구조는 결국 국가의 위기를 초래했다. 대신 사회경제적 발전보다 이념의 제시와 실천에 천착한 군부는 내적으로 자본축적을 통한 근대화의 유일한 수혜자가 되었다. 국가의 배태된 사회발전 프로그램은 기각되었고, 모든 자원은 소수의 군부를 위해 동원되었다. 그럼으로써 미얀마는 일반적인 군부통치이론과 근대화론으로 설명할 수 없는 국가가 되었다.

1988년 발생한 민주화운동은 미얀마 국경을 넘은 민주주의의 세계적 확산의 결과가 아니라 실패한 정부에 대한 국민적 분노의 표출이었다. 국민의 정치적 탈동원은 이미 사회저변에 확대된 상황이었고, 생계우선의 원칙을 지키는 국민들에게 공개적인 저항은 신변의 안전을 위협하는 위험천만한 행위였다. 단지 국민들 중 일부가 경험한 민주주의는 군부권위주의보다 나은 체제이며, 최소한 국민의 생계를 책임질 수 있는 도덕성을 갖춘 정부를 필요로 했다.

군부통치의 특성만 보더라도 미얀마의 정치는 국제적 맥락과 동떨어졌다. 그럼에도 불구하고 미얀마 정치의 본질에 대한 이해는 부족했던 것이 사실이다. 예를 들어 1988년 신군부가 집권할 당시만 하더라도 정치적 정통성의 부재, 붕괴 직전의 경제상황, 국제적 고립 등으로 인해 미얀마 군부의 퇴진은 시간적 문제로 예측되었다(Rudland and Pederson 2000, 2). 또한, 1988년 민주화운동을 눈덩이효과(snowballing effect)의 일환으로 보는 시각도 있었다(민세리 1997, 신동혁 1996).●

이념적으로도 미얀마를 이해하기에는 부족한 점이 많았다. 소련과 중국 등 사회주의권은 군부가 통치하는 사회주의체제(1962~1988)를 어떻게 정의해야 할지 모호했고, 미국을 중심으로 한 서방세계는 미얀마를 명백한 사회주의국가로 분류했다(Liang 1990). 군부가 주창한 사회주의의 본질을 마르크스와 레닌사상에서 검증하려는 시도도 이어졌다(이성형 1991).

이와 같이 미얀마 정치현상에 대한 이념적 또는 현상적 진단이 정확하

---

● 이 연구들은 민주화에 대한 기본적인 개념이 결여되어 있고, 외부로부터 어떠한 영향을 받아 민주화운동이 발생했는지에 대한 근본적인 성찰이 없다. 단순히 정부를 겨냥해 발생한 소요사태를 민주화운동으로 정의하거나 아시아 각지에서 발생한 민주화운동과 미얀마 내 민주화운동 간 개연성을 설명하지 못했다.

지 않았기 때문에 그 처방 또한 기대에 못 미쳤다. 예를 들어 1988년 이후 군부정권이 자발적으로 붕괴되지 않았던 이유는 세계 각국 군부정권의 퇴진이라는 경험적 연구결과를 대입시킴으로써 해답을 얻을 수 없었다. 미얀마만의 독특한 정치행위의 역동성을 찾아내지 못한 것이다.

이 책은 위와 같이 미지의 영역으로 남아 있는 미얀마 정치의 역동성을 군부, 이데올로기, 종교라는 3개의 키워드로 추적한다. 이에 앞서 지금까지 미얀마 연구는 어떤 분야에서 어떻게 진행되어 왔는지를 회고하고자 한다. 그리고 연구에서 나타난 다양한 문제점을 진단할 것이다.

외부, 특히 서양인에 의한 미얀마 연구는 16~17세기경부터 시작되었으나 성과는 많지 않다. 이에 2차 영국-버마전쟁이 종료된 1852년부터 일본이 미얀마를 점령한 1942년까지를 미얀마 연구의 '제1시기'로 정의할 수 있다(Selth 2008, 5). 영국 식민관리의 눈에 비친 미얀마의 사회구조와 생활상에 대한 지적 관찰(Hall 1898[1995]; Sangermano 1833[1995]; Shwe Yoe 1882), 서구 이방인이 현지에서 생활하며 겪는 다채로운 인생의 여정을 표현한 소설작품(Owell 1934)은 미지의 세계에 대한 새로운 발견이었다. 이에 반해 외부인의 유입으로 인한 사회구조의 변화를 복합사회plural society로 명명한 사회학적 연구(Furnivall 1938)와 미얀마 고대사를 정리한 최초의 역사연구(Harvey 1967)도 시작되었다.

독립 이후 역사학을 중심으로 미얀마 연구는 계승되었다(Cady 1958; Tinker 1957; Trager 1966). 특히 이 시기부터 민족지民族誌에 바탕을 둔 인류학 연구가 두각을 보이기 시작했다. 정령신 낫nat의 역할과 기능에 관한 종교인류학적 연구(Spiro 1967), 근대사회로 전환하는 전통적 농촌사회의 긴장과 갈등에 대한 사회인류학적 연구(Nash 1965), 구조주의적 시각

미얀마는 또 다른 이름으로 '황금의 나라'라고도 불린다.
황금빛 찬란한 불탑을 상징하기도 하고 들판에 누렇게 익은 벼와 같이 풍요로운 국가라는 뜻이기도 하다.

에 일격을 가하고 사회구성원의 행태에 주목한 종족 정체성에 대한 연구 (Leach 1973)가 대표적이다. 사례 연구case study로서 리치의 연구는 개별국가 사례뿐만 아니라 중범위 이론을 형성하고 검증하는 주요 표본이 되었다. 나아가 독립 후 미얀마 국내 정치(Butwell 1963; Trager 1958)를 비롯하여 내부 관찰자가 보는 근대 미얀마의 가족, 사회제도, 법, 제도의 변화에 대한 연구(Maung Maung 1956; 1963) 등 1962년 군부쿠데타가 발생하기 이전 '제2시기'는 미얀마 연구의 황금기로 정의할 수 있다.

1962년 군부정권이 태동한 뒤 군정은 모든 정당 활동을 금지하고 의회를 폐지했다. 모든 출판물은 검열의 대상이 되었고, 학자들의 활동은 제한되었으며 연구기관의 교류는 원천적으로 금지되었다. 폐쇄주의로 일관한 군부정권의 정책은 미얀마연구자들이 하나둘씩 떠나는 결정적 계기가 되었다. 암흑기로 정의할 수 있는 '제3시기'의 대표적 학자로는 스타인버그David I. Steinberg, 실버스타인Josef Silverstein, 테일러Robert H. Taylor 등이며, 이들의 연구(Taylor 1987; Silverstein 1977; 1980; Steinberg 1981a)를 통해서만 동시대 미얀마 정치와 사회를 들여다볼 수 있다.

'제4시기', 즉 1988년 이후 현재까지 미얀마 연구는 '중흥기'로 정의될 수 있다. 1986년 미국 노던일리노이대학교Northern Illinois University가 버마연구센터Center for Burma Studies를 개소한 뒤, 1999년 태국 나레쑤언대학교Naresuan가 미얀마연구센터Myanmar Studies Centre를 설립했다. 호주국립대학교Australian National University가 중심이 된 '버마업데이트'Burma Update 연례회담은 2004년부터 연구결과물을 단행본으로 출판해오고 있다(Cheeseman, Skidmore and Wilson eds. 2010; 2012; Skidmore and Wilson eds. 2007; 2008; Wilson ed. 2006).

이 시기에 들어 연구자의 양적 팽창도 목도된다. 앞에서 언급한 세 명의 학자들을 비롯하여 언론인 출신의 버틸 린트너Bertil Linter와 국경지역을 중심으로 연구를 진행한 마틴 스미스Martin Smith 등은 접근성이 제한된 미얀마 내부 정보를 외부와 공유하는 데 혁혁한 공과를 올렸다(Lintner 1989; 1990a; 1990b; 2011; Smith 1991). 그러나 이 시기 미얀마 연구는 주로 군부의 국내 정치역할과 인권 탄압 등 군부 변수에만 초점을 맞추었으나 실제로 군부의 작동방식에 대해서는 변죽을 울린 수준에 불과했다(Selth 2009, 280).

접근성의 문제와 비밀주의원칙을 근간으로 하는 군부의 특성상 군부 내부의 역동성을 탐구할 환경은 보장되지 않았다. 이런 행태는 미얀마 정치의 특성을 이해하는 데 있어서 가치중립성을 훼손할 수 있다. 군부정권이 종식될 가능성을 군부라는 단일변수에만 치중함으로써 국가와 사회 간 끊임없는 상호작용은 배제되었다(Englehart 2005; Reynolds et al. 2001; Silverstein 2002; South 2004). 즉 군부가 정권을 유지한다는 현상은 정치세력 간 상호작용을 의미하지만, 정작 체제변동 연구에서 정권에 저항하는 사회세력social forces 역할과 강도에 대한 연구는 배제되었다.

2000년대 이후 현지조사를 통한 반체제 집단의 행위에 대한 연구가 비로소 시작되었다. 스키드모어(Monique Skidmore 2004)와 핑크(Christina Fink 2001[2009]) 등 여성 인류학자들은 다년간의 현지조사를 통해 군부정권하에서 핍박받는 국민들의 삶을 직접적인 화법으로 그려내고 있다.

스키드모어는 폭력과 두려움에 길든 군부통치에 대한 국민들의 순응주의는 한편으로 동일한 감정, 집단적인 영향력 등 심리적 생존전략으로 구체화된다고 본다. 그녀는 군부가 강압적으로 행하는 두려움의 무게 속에서 국민들은 영혼이 없는 로봇과 같이 대응하며, 현실을 초월하고자 하는 초현실주의에 젖어 있다고 주장한다. 군부통치하 생존을 모색하는 국민들의 생활방식이 주요 의제인 셈이다.

핑크의 저작은 군부통치로 인해 국민들이 스스로 정권에 대한 두려움을 생산하고 자기검열을 생활하는 일상을 주로 다룬다. 가족, 공동체, 군부, 감옥, 교육, 예술가 공동체, 종교와 마술 등 다양한 분야의 주제를 통해 그녀는 군부정권이 어떻게 역사를 교묘하게 조종하는지, 군부의 정통성 획득과 군부의 가치를 깎아내리는 자들이 활용하는 특정 문화적 기준과 대중적인 신념체계를 분석한다. 또한 군부는 폭력을 행사하고 치안 불안 상황을 조장하면서 국민들이 수동적이고 불안한 생활을 하는 가운데 그들의 정권을 지속시켰다고 본다.

두 학자 모두 정권을 부도덕하고 타도의 대상이라고 전제함으로써 연구의 중립성을 훼손했을 가능성이 크다. 또한 국민들이 영위하는 일상적 생활과 군부통치의 개연성을 정확히 설명하지 못하고 있어 행위의 의도를 파악하기에는 상상력에 의존할 수밖에 없다. 참여관찰과 면접 방식으로 국민들의 생활을 서술적으로 묘사하고 있다는 점도 훌륭한 현지조사를 분석하는 데 걸림돌이 된다.

조지 오웰의 소설 『버마시절*Burmese Days*』의 행적을 추적한 기행문 *Finding George Orwell in Burma*(2005)의 저자 엠마 라킨Emma Larkin의 *Everything is Broken: Life Inside Burma*(2010)는 2008년 나르기스Nargis의 피해와 정부의 대응, 수도 이전 사례를 통해 미얀마의 비밀스러운 정치 결정을 가감 없이 기술한 훌륭한 민족지였다. 그녀의 주장은 직접 참여관찰하고 면접한 사실에 기초하여 객관성을 더하고, 다양한 현지어 자료와 소문들도 논지를 풀어가는 데 있어서 현장감을 더해준다. 그러나 그녀의 연구는 학술적인 성격보다 미얀마 군부정권에 대한 부정적인 측면을 부각시키기 위한 서술적이고 교훈적인 성격이 강하다. 사회가 통제되고 정보의 흐름이 원활하지 않은 곳에서, 더군다나 서양인에 대한 검열의 수위가 높은 상황에서도 장기간 현지조사를 수행했다는 사실 하나만 보더라도 미얀마 연구에 관심을 가지는 동학同學에게 주는 교훈은 적지 않다.

특정 정치행위가 아닌 일상적 생활에서 체제에 대한 지원과 저항을 하는 "일상적 정치"everyday politics는 미얀마 국민들의 정치적 성향을 반영한다. 이 연구에 따르면 미얀마 국민은 근무 태만이나 사회의 구조적 요인을 비판하기도 하지만 저항voice 또는 충성loyalty보다 현실에서 겪는 생활고를 탈출exit하는 전략을 선택한다. 예를 들어 더 좋은 취업기회를 얻기 위해 해외로 이주하거나 일자리를 찾아 고향을 등지기도 하고 일부 여성은 매춘부나 마사지사가 됨으로써 그들의 원래 영역을 이탈한다(Ardeth Maung Thawngmung 2011).

2000년대 이후 또 다른 특징으로는 시민사회에 대한 연구가 시작되었다는 점이다. 1999년 Burma Center Netherlands와 Transnational Institute가 공동으로 출판한 *Strengthening Civil Society in Burma: Possibilities and Dilemmas for International NGOs*가 그 첫번째 단행본이다. 이 책에서 네 명의 저자들은 군부통치뿐만 아니라 그들이 도입한 법령이 강압적이기 때문에 미얀마 내 시민사회의 성장과 국제적 연대는 쉬운 과제가 아니라고 지적한다. 그 가운데 스타인버그 교수는 사회주의시기 미얀마의 시민사회는 "아마도, 더 정확하게 살해당했다."고 쓰고 있다(Steinberg 1999, 8). 그리고 20년 뒤 그는 지역 공동체에 기반을 둔

약 270여 개의 비정부기구Community-Based NGO가 있다고 수정했다(Steinberg 2010, 183).

제임스(Helen James 2006)는 미얀마 문제의 국제화로 인해 아세안뿐만 아니라 국제NGO들이 미얀마의 민주화에 적극적인 지지를 표명하는 국제적 상황을 고려하여 시민사회 내부의 역량 강화, 민주화를 달성할 수 있는 기회를 포착하고 그 시기가 왔을 때 시민의 참여가 필요하다고 주장한다. 소수종족의 분리투쟁이 진행되는 가운데 지역 공동체에 기반을 둔 비정부기구가 평화 구축에 영향력을 행사하고 있는지, 시민사회의 네트워크가 정부의 통치체제에 영향을 미치는가에 대한 연구도 주목할 만하다(South 2008). 시민사회의 정의, 역량 강화의 필요성, 국제적 연대와 관련된 연구는 기초 수준에서 진행 중이다(Lorch 2007; Michael 2012).

후자의 경우 아직 태동기에 있는 미얀마 시민사회의 연구에 시사하는 바가 적지 않다. 시민사회라는 용어 자체가 미얀마에서 그대로 적용되는 데에는 한계가 따른다는 지적이 있기 때문이다. 영어-미얀마어 사전에는 사회를 "동일한 이익을 추구하는 집단"인 어띤(အသင်း[athin])*으로, 시민civil을 국민과 관련되나 국가와 분리되지 않는 것으로 정의한다(Thalun English-English Myanmar Dictionary 1994, 125, 736). 시민사회는 정부로부터 자율성을 누릴 수 있는 영역으로 정의할 수 있지만(Steinberg 1999, 2), 미얀마의 시민사회는 국가·군·종교 영역으로부터 분리되어 있지 않고, 궁극적으로 시민사회라는 용어 자체는 지극히 서구적인 개념이다

---

* 어띤은 사적인 모임이나 조직을 통칭할 때도 쓰는데, 공적인 모임이나 조직은 어풰(အဖွဲ့[ahpwe])이다. 1993년 군부에 의해 조직되고 2010년 총선을 앞두고 정당으로 탈바꿈한 연방단결발전연합의 경우 관변단체의 성격을 띠면서도 어풰가 아니라 어띤으로 기구명을 유지했다. 일종의 시민사회 성격을 강화하기 위한 방편이었다.

(Steinberg 2001, 103, 121).● 즉 미얀마에는 무수히 많은 사회들이 있지만 모두 국가를 위해 존재하는 것이다.

전버마학생민주전선All Burma Students Democratic Front: ABSDF과 함께 버마시민사회Civil Society for Burma를 조직한 퉁아웅쪼Htung Aung Kyaw도 서구 개념에 따른 시민사회의 정의는 미얀마에서는 통용될 수 없다고 지적했다(Skidmore 2005, 7에서 재인용). 그는 미얀마에서 자유와 민주주의, 다원주의를 보장하는 영역은 없지만, 대신 개인 간의 상호작용을 가능케 하는 공간이 존재하므로 시민사회를 "대중의 영역"popular domain으로 정의했다(Skidmore 2005, 8).

신정부 출범 이후 시민사회 연구는 과거 군부권위주의의 행위를 교훈으로 국내세력의 결집과 국제적 연대의 필요성을 제안하는 연구가 있다. 이 연구에 따르면 공갈집단으로서 국가가 자행한 경제적 착취는 농민을 비롯한 국민의 국가에 대한 종속으로 이어졌고, 이로 인해 국민은 수동적이며 저항에 소극적이게 되었다. 국가의 구조적 변화에도 여전히 시민사회는 허약하며, 이에 필자는 국제적 연대의 필요성을 주장한다(Morgan 2014; Prasse-Freeman 2012).

'88세대' 지도자 밍꼬나잉Min Ko Naing은 "혁명은 충분하지 않다. 또한 우리는 강한 사회를 필요로 한다."면서 국민에게 지혜와 용기, 협력으로

---

● 스타인버그 교수는 미얀마어 두 단어를 예로 들었다. 첫째 공무원(civil servant)을 의미하는 어흐무당 (အမှုထမ်း[ahmudan])이란 단어가 왕조시대 궁중 관리를 지칭하던 것에서 유래했다는 사실을 지적했다. 또한 왕의 명령인 야자땃(ရာဇသတ်[rajathat])에 비해 시민법과 일맥상통하며 야자땃과 반대되는 사회법인 담마땃 (ဓမ္မသတ်[dhammathat])에는 상속, 결혼과 같은 비정치적인 내용만이 있다고 주장한다(Steinberg 2001, 121). 공무원은 사전적 의미상 시민이라는 의미를 포함하고 있으나 실제 그 기능이 민간과 정부 간의 매개체 역할을 하므로 첫번째 주장은 신빙성이 떨어진다고 보인다. 그리고 후자의 경우에도 담마땃이 시민법의 한 부류가 될 수 있지만 반드시 시민법과 대등한 관계로 치환될 수 없어 보인다.

현상을 돌파하여 강력한 시민사회의 구축을 위한 계몽정신을 역설한다 (Min Ko Naign 2012). 신정부 출범 이후 해외 거주 미얀마인들이 본국의 개혁을 어떻게 평가하는지, 각 집단 간 갈등은 어떻게 표출되는지 등 전반적인 삶의 형태를 조망한 연구도 있다(Williams 2012).

이제 미얀마는 제도적으로 권위주의가 해체되었고, 시민사회는 양지 陽地에서 출현하고 성장할 환경을 보장받았다. 변화한 환경에서 미얀마 시민사회의 역할과 기능에 대한 민족지적 참여관찰이 필요하며, 이에 앞서 미얀마의 상황에 맞는 시민사회를 어떻게 정의할 것인가에 대한 지적 고민이 필요하다. 가령 승려를 시민사회의 일원으로 볼 것인지, 지역 공동체에 기반을 둔 비정부기구가 정치세력화하지 않는 이유를 고찰해볼 필요가 있다.

그러나 민족지적인 관찰을 위해서는 다음과 같은 문제에 봉착한다. 바로 현지어를 정확히 이해하고 이를 토대로 1차 자료를 수집 및 활용할 수 없는 언어적 한계이다. 고유 철자, 동남아 국가와의 언어적 미개연성 등으로 인해 미얀마어를 습득하는 것은 장기간의 시간과 부단한 노력을 필요로 한다(Steinberg 2010, 47). 특히 미얀마 정치 영역에서 미얀마어뿐만 아니라 다양한 언어들이 통용되므로 현지어로 표현된 문헌을 영어로 옮기는 것은 쉽지 않다(Taylor 2008, 220). 미얀마를 연구하기에는 기존 이론이나 사회과학적 틀만으로 부족한 언어습득과 사회적 관습의 이해가 필요하며, 그만큼 학술적으로 비용과 시간이 추가된다고 할 수 있다.

이제 한국의 미얀마 연구 동향을 살펴보자. 1992년 부산외국어대학교에 미얀마어과가 설치되면서 미얀마 연구는 태동하기 시작했다. 그러나 미얀마어과 출신을 중심으로 한 후속세대는 많지 않고, 타 대학에서도 독자적으로 미얀마 연구를 진행하는 학생이나 학자도 손에 꼽을 만하다. 한국의 해외 지역연구가 대학 학과나 연구소를 중심으로 진행되는 관행을 배경으로 했을 때, 미얀마에 대한 선행연구가 없는 상황은 학생과 연구자로 하여금 후속 연구를 진행하는 데 다양한 부담을 지게 한다. 지적 호기심보다 연구를 추진하면서 맞닥뜨리게 될 예기치 못한 장애요인, 이를 테면 언어적 부담과 현지조사의 어려움, 미얀마에 대한 오해 등은 학문적 '만용'으로 치부될 수 있다. 실제로 지금까지 필자가 보아온 몇 명의 석사과정 학생들은 미얀마 연구를 결정했음에도 불구하고, 대부분 언어적 문제를 호소하며 전공지역을 바꾸거나 아예 다른 지역을 연구 대상으로 선택했다.

연구 환경이 척박한 이유로 양질의 연구 성과도 기대하기 어렵다. 국내 최초의 미얀마 연구 박사학위 논문은 양길현 교수의 "제3세계 민주화의 정치적 동학 비교 연구: 한국, 니카라과, 미얀마의 경험을 중심으로." (1996)이다. 이 논문은 체제 전환에 성공하고 실패한 국가들의 내적 동학을 살폈는데, 여기서 미얀마는 필자의 주제에 선택된 사례연구 중의 하나이다. 따라서 미얀마는 비교 대상국가와 주제 면에서 필자에 의해 선택되고 다듬어졌기 때문에 거시적으로 미얀마의 정치적 맥락을 찾아내는 데 한계가 따른다.

이 책을 쓰는 시점에서 미얀마 연구로 박사학위를 취득한 학자는 총 6명이다. 그중 2명은 비교 대상이나 사례 연구의 대상으로 미얀마를 채택했다. 오윤아(2013, 149)는 미얀마 연구 박사학위 논문 수는 국내 미얀마 연구가 아직 시작단계이며, 향후 연구의 세분화와 심화라는 숙제를 주고 있다고 평가한다.

흥미로운 점은 미얀마 출신 학생들이 한국 대학에서 유학하며 석사 및 박사학위를 취득하며, 시간이 경과할수록 그 수가 증가한다는 것이다. 대부분은 석사과정이며 전공은 한국어 또는 한국어교육에 국한되지만 문화, 예술, 관광 등 인문학과 예술학과 관련된 석사학위 논문도 발견된다. 2016년 현재, 미얀마 출신 유학생이 국내에서 박사학위를 취득한 사례는 보고되지 않지만, 필자의 인적 네트워크에 따르면 한국어(교육)를 전공으로 3~4명 정도가 수년 내 박사학위를 취득할 것으로 예상된다.*

미얀마 유학생들은 학위 취득 이후 대다수가 본국으로 돌아간다. 전통적으로 미얀마인들은 박사학위를 취득한 이후에도 일자리를 제공하는 교육기관에서 근무하지 않고 모국으로 돌아가는 것을 선호했다(Steinberg 2010, 245). 그러나 현재 한국의 상황은 다른 것 같다. 유학생이 학위 취득을 한다고 하더라도 한국에서 일자리를 보장받기 힘들고, 유학생의 대부분은 한국정부의 국비로 학업을 하고 있어 국비지원이 종료되기 전 학위과정을 마치고 본국으로 돌아간다. 또한 2011년 이후 미얀마 국내에서 한국어를 구사하는 인력의 수요가 급속이 증가함에 따라 일자리 창출은 국내보다 미얀마가 더 용이하다.

유학생들의 전공이 정치나 국제관계보다 한국어나 한국어교육에 집중되는 이유이기도 하다. 대부분의 유학생들은 양공외국어대학교나 만달레외국어대학교 한국어과 출신으로 전공어학을 심화하는 차원에서 한국 유학길에 오른다. 또한 유학생들은 1988년 민주화운동 실패 이후 세대이기 때문에 정치학과 사회학 같은 사회과학에 관심을 두지 않는다. 한

---

* 2016년 8월 경희대에서 "한국어와 미얀마어 관용 표현의 표현 양상과 문화요소 대조 연구: 교육용 관용 표현을 중심으로"라는 논문으로 국내 최초의 미얀마 출신 박사학위 취득자가 탄생했다.

국의 미얀마 연구보다 미얀마의 한국 연구가 더 활발한 것이 2010년대의 현실이다.

2011년 이후 미얀마가 본격적인 개혁개방을 추진함에 따라 현지어를 구사할 수 있는 전문가의 수요도 증가하고 있다. 한국기업들이 현지에 성공적으로 진출하기 위한 다양한 방법을 동원했으나 현재까지 그리 성공적이지 못하고, 한국정부의 대 미얀마 외교도 기타 경쟁국에 비해 성과를 거두고 있다고 평가할 수 없다. 한국의 미얀마 진출 전략이 성공적이지 못한 다양한 요인이 존재하겠지만, 그동안 미얀마에 대한 우리의 무관심이 그 핵심이다.

이미 다수의 학자들이 지적했듯이 미얀마는 그들만의 독창적인 문화체계, 정치체계를 경제논리와 바꾸지 않으려는 아집我執이 존재하고, 언어적 접근의 난관은 이 나라를 더욱 신비하게 만든다. 미얀마에 내재하는 특수성을 이해할 수 있는 학문적 공급체계를 미리 갖추었다면 현지 진출에 고전하지 않았을 수도 있다.

한편, 비교정치학계에서 군부정치는 그리 인기 있는 분야가 되지 못했다. 민주화의 "제3의 물결" 이후 비교정치학자들은 제3세계 국가의 민주화, 민주주의체제의 공고화, 자유민주주의체제 내 비민주적 요소 탐구로 집약되면서 자연스럽게 군부정권과 같은 비민주적 정권에 관한 연구는 소외될 수밖에 없었다. 더욱이 1962년 이래 1988년까지 군부정권 고유의 체제 유지에 관한 선행 연구결과가 축적되지 않은 이유로 미얀마를 연구대상으로 선택한 학자들을 쉽게 발견하기 어렵다.

위와 같은 비교정치학계의 연구경향은 미얀마를 근대정치체제의 일탈적 사례로 분류하기도 했다. 이른바 미얀마의 사례는 제3세계의 민주화와 그 특성에 편승할 수 없는 제도권 외 사례로서 미얀마 정부, 정치행태, 제도적 가치 등을 분석하기보다 도덕적, 윤리적, 경제적 영역을 정치적 영역으로 확장하는 오류를 범했다(Taylor 2008, 222). 외생 변수의 몰가치성에 대한 도전으로 정치문화, 종교, 역사 등 미얀마의 특수성을 포함하는 내생적 변수에 치중하는 연구가 있다. 그러나 이 연구는 당위성의 문제, 즉 일반이론을 지향하는 비교정치학의 학문적 사조를 만족시키지 못했다(Taylor 2008, 222).

망명 여류학자 찌메가웅(Kyi May Kaung 1995, 1032)은 미얀마 연구를 수행함에 있어 감정에 치우치고 양극화된 관점에 골몰하는 이론이라는 용어보다 패러다임의 사용을 권유한다. 비록 그녀의 시각은 정치·경제적 문제를 해결하지 못한 미얀마의 과거를 재구조화하여 연구의 패러다임을 모색하려는 시도에서 출발했지만, 근본적인 문제의식은 미얀마 연구의 바람직하지 않은 관찰observation이 잘못된 현상reality에 대한 이해로 이어진다는 것이다. 셀스(Andrew Selth 2008, 2-3) 교수도 미얀마 연구는 다양한 분과학문으로부터 분리된 전문가들의 연구영역으로 주류 학문에 들지 못했고, 지역연구의 애매한 방법론으로 인해 연구의 일반성을 구축하지 못했다고 비판한다. 그러한 이유로 미얀마 연구는 학자들 사이에 인기 있는 연구주제가 되지 못했다.

이러한 연구경향은 향후 미얀마 정치연구의 항로를 제시한다. 즉 학계의 사조에 편승하지 않으면서도 비교정치학에서 제시된 다양한 이론을 검증하고, 이에 일탈적 현상이 발생할 경우 그 원인을 규명하려는 이론과 현실의 접목이 요구된다. 이를 테면 국내의 정치적 억압을 피해 해외로 망명한 자들에 의해 이끌어진 민주화운동이 소기의 성과를 거두지 못한 이유를 규명하게 되면 군부정권이 유지되는 원인과 배경을 도출할 수 있다. 시각과 접근 방법의 다양성이 필요하다는 주장이다.


## 2. 연구목적과
### 내용

이 책의 목적은 독립 후 현재까지 미얀마 정치의 발전 경로와 그것이 가지는 함의를 규명하고, 향후 정치변동의 방향과 특성을 전망하는 것이다. 구체적으로 1948년 독립 이후 미얀마 정치를 지탱해온 군부, 이데올로기, 종교를 정치의 핵심 궤적으로 선정하여 세 변인들이 각기 다른 정치 환경에서 적용, 응용, 변형, 평가되는 과정과 그 파급효과를 검증하고, 이를 바탕으로 미얀마 정치현상의 보편성을 정립하고자 한다. 나아가 2011년 새롭게 출범한 정부에게 요구되는 정치발전의 이상적인 측면을 제시함으로써 향후 미얀마 정치발전의 모델을 정립하는 부차적인 목적도 지향한다.

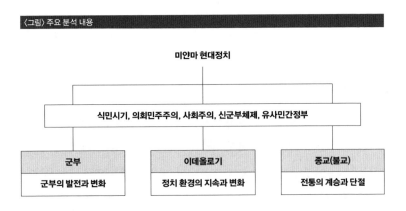

〈그림〉 주요 분석 내용

군부, 이데올로기, 종교를 배제하고 미얀마 현대정치가 설명되지 않는 요인은 다음과 같다. 첫째, 미얀마는 공식적으로 1962년 3월부터 2011년 3월까지 군부가 장기 집권한 군부권위주의국가이므로 군부가 현대정치에서 주역이었다는 사실은 따로 강조할 필요조차 없다. 엄격히 지적하면 군부는 독립의 주체이자 민간정권기(1948~1962) 당시 내란으로 국가 붕괴 상황에서 과도정부를 구성하여 국가의 기틀을 마련했다. 2011년 출범한 유사민간정권에서도 군부는 정치사회의 핵심세력이었고, 2016년 출범한 민간정권에서도 일정 지분 정치에 참여하는 구도를 유지한다. 간단히 말해 미얀마 현대정치는 군부를 배제하고 설명할 수 있는 요인은 없어 보인다.

둘째, 미얀마 군부정권은 중남미와 아시아 등 제3세계 군부정권과 차별화되는 노정을 걸었다. 그중 독특한 이데올로기의 실험이 군부정권의 독창성을 탄생시킨 근본이었다. 1962년 쿠데타 이후 군부는 사회주의를 불교철학으로 이해하는 "버마식사회주의<sup>Burmese Way to Socialism</sup>"를 채택했다. 주목해야 할 사실은 군부가 추진한 사회주의는 독립운동 당시부터 정치엘리트들에 의해 줄기차게 지향된 이데올로기였다. 따라서 독립 이후 미얀마 정치지형에서 사회주의는 군부와 함께 배제될 수 없는 요소이다.

그뿐만 아니라 1988년 이래 체제의 이데올로기로서 사회주의는 폐기되었지만, 2011년 출범한 신정부도 군부가 정국을 주도하는 "규율민주주의<sup>disciplined democracy</sup>"(စည်းကမ်းပြည့်ဝဒီမိုကရေစီ [sikan–pyiwa–dimoekaraci])를 주창함으로써 이데올로기적 독창성을 전시했다. 아웅산수찌<sup>Aung San Suu Kyi</sup>를 비롯한 군부 외 정치인들도 "버마식"(ဗမာလို[bama–lol]) 민주주의가 절실하다고 역설한다.* 즉 민주주의가 인류의 보편적 가치라는 세계적 맥락과 별도로 미얀마는 그들로부터 창출되고 적용될 수 있는 이데올로기를 정치의 전면에 등장시킨다.

셋째, 정치엘리트들이 사회주의를 지향함에 있어서 미얀마인의 정신 문명과 물질문명을 형성하고 지탱해온 종교, 즉 불교가 정치적 이념의 토대가 되었다. 문제는 식민시기를 통해 정착된 영국식 의회제도가 독립 후 정치제도로 채택되었으나 정치행위를 결정짓는 이념적 결정체는 왕조시대에서 계승된 통치철학으로서 전통과 근대가 공존하는 독특한 형태의 정치가 탄생하게 되었다. 이러한 행태는 정치와 종교의 결별을 선언한 사회주의시기에도 명확하게 드러날 정도였으니 근대정치와 종교는 불가분의 관계임이 틀림없다.

불교와 함께 다뤄져야 할 요소는 바로 불교의 한 영역인 점성술, 산자술을 비롯한 각종 비술과 토속신앙이다. 본문에서 자세히 다루겠지만 미얀마의 신앙체계는 기능적으로 현세와 내세, 철학적으로 현실과 이상으로 양분된다. 즉 전자가 각종 비술과 토속신앙이라면, 후자는 불교와 불교적 세계관이다. 궁극적으로 후자를 지향하지만 현실에서의 적용은 전자를 강조함으로써 정치의 신비화를 조장해왔다. 미얀마 현대사를 관통하는 종교적 특성은 이러한 신앙체계의 기능성을 거스르지 않고 지속성을 유지한다는 점이다.

넷째, 방법론적으로 세 변인은 군부 통치라는 외생변수와 이데올로기와 종교라는 내생변수를 접목시킨 것으로써 기존 연구에서 비판받았던

---

- 헌법 제59조(f)항에 따라 아웅산수찌는 대통령에 입후보하지 못했다. 이런 구도하 아웅산수찌는 자신과 가장 가까운 틴조(Htin Kyaw)를 대통령으로 지명 및 의회에서 대통령으로 선출되었다. 이로서 아웅산수찌는 "대통령 위의 존재"를 현실화했다. 또한 민간정부는 총리직과 유사한 국가고문(State Counsellor)직을 신설했고, 아웅산수찌가 임명되었다. 비판의 소지가 많은 헌법이라고 하더라도 아웅산수찌를 비롯한 민간정부는 현행 헌법을 무력화할 정도의 정치적 '일방주의'로 나아가고 있다. 법치, 인권, 민주주의를 주창하는 아웅산수찌의 국정 철학과 이를 추구하는 방식은 민주주의의 원칙에 위배되고 있다.

연구 시각의 가치 편향성을 극복한다. 다양한 행위자들에 의한 복잡한 관계로 규정되는 정치과정, 외부의 영향력에 대응하는 외교정책, 정치 엘리트의 신념과 가치체계인 정치사상 등 한 국가의 정치현상을 설명하는 동인은 무척이나 다양하고 중첩적이다.

그런데 위의 세 변수만을 추출하여 분석할 경우 궁극적으로 미얀마 현대정치 현상의 보편성을 도출하여 정치학에서 지향하는 보편성과 일반화의 궤도를 이탈하지 않을 것으로 기대된다. 그뿐만 아니라 기존 연구에서 배제되었거나 오역된 정보를 바로잡고, 이를 학문적 영역으로 유도함으로써 미얀마 정치의 본질에 대한 왜곡된 현상을 정립할 수 있다.

각 변수 간 관계는 〈그림〉과 같다. 군부는 민간정권(1948~62)과 군부정권(1962~2011)으로 구분된다. 군부는 허약한 정통성을 마련하기 위해 이데올로기를 동원하고, 그 이데올로기는 종교에서 추출되었다. 종속변수로서 종교는 군부정권이 작동되게 하는 보조적 수단으로 그 기능이 분화되었다.

〈그림〉 군부, 이데올로기, 종교 간 상관관계

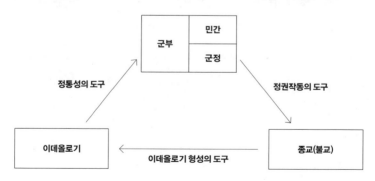

군부와 관련하여 이 책에서는 각 정권별로 군부의 성격과 기능이 변화하는 국내외적 환경에 주목하면서 변화의 원인과 그 동인을 추적한다. 독립 이후 정권의 유형은 민간정권(1948~62)→군부정권(1962~74)→유사민간정권(1974~88)→군부정권(1988~2011)→유사민간정권(2011~2016)→민간정권(2016~)으로 변화해왔다. 정권의 성격별로 군부는 혁명군부, 집정관Praetorian군부, 이익집단으로서 군부로 진화하는 특성을 보였다. 이 책에서는 군부라는 공통점 위에서 각 정권에서 발견되는 군부 정치의 유형과 특징이 주요 연구내용이다.

이데올로기는 각 정권이 지향하고 실현가능한 이상향을 추구하는 정신과 일맥상통한다. 의회민주주의시기, 버마식사회주의시기, 신군부통치 시기, 신정부 시기 등 총 4개 정부에서 주창된 이데올로기를 상호 교차적으로 비교 검토함으로써 모든 정부에서 공통적으로 추출되는 이데올로기의 보편성을 모색하고자 한다. 미얀마에서만 발견되는 이데올로기는 국제적 맥락의 보편성과 비교 대상 자원이 되며, 제도적 민주체제에서 어떠한 이념이 지배적인 것인가를 예상할 수 있다. 만약 미얀마가 제도적으로 민주화를 달성한 2016년 이후에도 이데올로기적 독창성을 유지한다면, 이는 미얀마 정치현상의 특수성으로 개념화될 수 있다.

종교로서 불교는 왕조시대부터 지속성을 유지한다. 종교로서의 일차적 기능을 초월하여 불교는 미얀마의 정신문명과 물질문명 형성의 토대가 되었고, 정치적 이념을 형성하는 근본적인 도구였다. 우리가 주목할 사실은 근대 국민국가에서도 정치지도자들은 국가의 역할과 기능을 왕조시대의 그것과 동일하게 구조화했다는 측면이다. 이에 저자는 전통의 단절과 계승이라는 측면에서 근대 사회에 들어서도 종교가 끊임없이 정치에 개입하고 적용된 근본적인 원인을 규명하고자 한다. 정치에 종교가 적극적으로 융합된다는 사실 또한 다른 국가에서 발견되지 않는 미얀마 정치행태의 독특한 사례로 규정될 수 있을 것이다.

이상을 바탕으로 이 책은 미얀마 군부가 정권을 유지할 수 있었던 배경을 군부, 이데올로기, 종교라는 현미경을 통해 고찰함으로써 미얀마가 제3세계 국가와 왜 다른 발전경로를 걷게 되었는지를 탐구하고자 한다. 이러한 분석 전략은 근대 미얀마 정치의 외형과 내적 속성을 체계화하는 결정적 요소이자, 향후 정치발전의 방향과 특성을 가늠하는 중요한 기준이 될 것이다.

군부를 제외한 대안세력이 부재한 가운데 2011년 이래 빠른 속도로 진행 중인 개혁개방의 과정에서 군부의 역할과 기능은 향후 미얀마의 정치 및 경제발전의 진로와 방향을 가늠하고 제시할 것으로 기대된다. 다시 말해 퇴역 군부가 주축이 된 유사민간정부quasi civilian government가 연성화의 과정을 거쳐 민주화의 단계로 진입한다고 하더라도 군부를 대체할 세력들이 등장하기 전까지 군부는 미얀마의 주축집단이 될 수밖에 없다. 그들이 과거부터 누려온 기득권을 유지하는 보수주의나 강경노선을 고집할 경우 개혁을 추구하는 미얀마의 미래는 어두울 것이 자명할 것이며, 과거의 과오와 만행으로부터 자유롭고 이익집단으로 특화되어 병영으로 복귀할 것을 합의한다면 정치발전의 속도는 빠르게 진행될 것이다.

이 책은 '버마연방'이라는 국호로 근대국가로 출범한 뒤 집필을 마치는 2015년까지를 연구시기로 설정한다. 공교롭게도 집필을 마치는 시기에 2015년 총선이 실시되었고, 아웅산수찌가 이끄는 국민민주주의연합National League for Democracy: NLD이 승리했다. 54년 만에 민간정부는 복원되었고,

군부의 정치적 지분은 크게 축소되었다. 이 책에서 중점적으로 다루고자 하는 세 가지 변수는 아마 새로운 정부에서도 중요하게 다뤄지지 않을 가능성이 크다. 그 만큼 민주주의는 군부로부터 자유롭고 쓸모없는 이데올로기 논쟁에 휩싸이지 않는 세속적 이념이고, 지난 미얀마의 70년을 독창성이라는 이름으로 정치적 저발전 또는 정체를 정당화해왔다. 그럼에도 지난 반세기 이상 군부가 만들어놓은 국가구도는 단기간에 새롭게 재구조화될 가능성은 낮고, 군부를 대체할 대안세력이 등장하기 전까지 군부는 민간정부에서 일정 부분 역할을 할 것이다. 책의 말미에 2016년 이후 변화한 미얀마의 정치지형과 정치발전의 미래를 짧게 다루었다.

### 3. 미얀마 정치현상의 보편성: 파벌주의와 종교적 상징주의

흔히 미얀마 사회를 가리켜 "세대에서 세대 간 변화가 거의 없는 사회" (Hagen 1962, 55), "새우가 권태롭게 빈둥거리며 천수天壽를 누리는 곳"(신봉길 1991, 6), "근대화를 향한 행동 양식을 변화시키는 데 충분하지 않은 사회"(Mya Maung 1991, 3) 등으로 정의한다. 스칼라피노Robert A. Scalapino 교수는 "군부통치가 45년(2006년 기준) 이어지는 가운데 고도의 권위주의, 제도를 무시한 사유화의 지배, 강력한 중앙주의, 변방의 약화, 정체성의 자원으로서 종교의 중요성 등 전통적 요소들이 여전히 작동 중"이라는 미얀마 정치의 특징을 지적했다(Steinberg 2006, xi).

근대적 인간의 사회적 행위와 상호작용, 그러한 상호작용을 통제하는 질서, 협약, 제도, 규범은 반드시 과학적 검증에 의해 이뤄져야 하고 이를 지탱하는 합리적 이성의 주체자인 사회과학자들의 시각에 위와 같은 평가는 가당치 않아 보인다. 식민시기를 통해 왕정은 폐지되었고 모든 제도는 근대화의 대상이 되었다. 기독교 선교사에 의해 도입된 기독교는 소수 종족에게 전파되어 그들의 정체성을 형성하는 데 주요 동인이 되었다. 근대화의 산물인 군부 쿠데타가 두 번이나 발생했고, 민주화라는 미명으로 군부정권을 반대하는 국민의 봉기가 수차례 발생했다.

혹자는 비교적 최근 제기된 주장에 대해서도 주장자의 신분과 전공 분야를 지적하며 편견에 의한 결론이거나 일부 특수한 상황만을 부각시킨 일반화의 오류라고 비판할 것이다.● 실로 신군부(1988~2011) 집권 이후 변화한 미얀마 사회상을 묘사한 이방인들의 시각을 마주하면 변화가 없는 사회라는 기존 정의를 더 이상 신뢰할 수 없게 된다.

양공으로 개명한 수도 랑군Rangoon은 외형적으로 동남아 여느 대도시나 마찬가지로 과밀하다. 아침 체증시간에는 폐차 수준의 버스가 도로를 점거하고, 부서진 유리창 밖으로 손을 뻗치거나 천장 위에 매달린 승객들로 뒤뚱거린

---

● 실제로 신봉길은 외교관, 먀마웅은 경제학자이다. 신봉길은 그의 책 서문에서 밝혔듯이 스스로가 미얀마에 대한 편견에 가득 찬 채로 외교업무를 시작했고, 시간이 지나면서 미얀마를 조금이나마 이해할 수 있다고 고백했다. 먀마웅은 1953년 양공대학에서 경제학을 전공으로 정치학과 철학을 부전공으로 학사학위를 취득했고, 미국으로 건너간 뒤 미시건대학(University of Michigan), 아메리카가톨릭대학(Catholic University of America)에서 1957년, 1961년 각각 석사와 박사학위를 취득했다. 박사학위 논문 제목은 "The Genesis of Economics Development in Burma: The Plural Society."이다. 1961년 양공으로 돌아온 그는 군사학교 경제학과 학과장으로 교편을 잡았다. 1962년 군사 쿠데타 후 당시 자신의 은사와 교수법을 두고 마찰이 발생하자 군부체제에 동조하지 않고 미국행을 택했다. 1998년 12월 17일 심장마비로 사망할 때까지 4권의 단행본을 집필하였고, 기타 유명학술지에 옥고를 게재하였다. 먀마웅은 32년간 보스턴대학(Boston College)에 재직한 경제학자이지만 미얀마 역사, 사회, 정치분야에 정통한 학자로 평가된다.

다. 최근에 건축한 고급호텔은 관광과 비즈니스센터의 꿈에 부푼 군사정부 개방정책의 청사진을 전시하는 듯하다(Victor 1998, 3).

얼마 전까지 버마에서 555담배, 위스키, 립스틱, 볼펜 등은 체류하는 동안 원하는 품목들이었다. 그러나 1988년 이후 군부는 거대 파시스트 원더랜드 wonder land, 즉 독재자를 위한 디즈니랜드Disneyland for Dictators로 환생시키며 선별적으로 세계자본을 국가로 유입시켰다(Skidmore 2004, 79, 122).

그러나 필자의 눈에는 아직도 미얀마는 근대와 전통 사이에서 진통을 겪고 있는 과도기 사회로 보인다. 위와 같은 일상의 단면은 미얀마보다 근대화의 수준이 더 낮은 국가에서도 흔히 발견되는 것으로서, 도시 속 이름 없는 민중의 머릿속을 지배하는 것이 무엇인가를 알아볼 필요가 있다. 성급한 판단인지는 모르겠으나 미얀마에서 도입된 근대제도는 식민시기를 거쳐 독립과 함께 그 기능이 마비되었고, 전통의 강력한 흡입력에 모두 실종되었을지도 모른다. 외형적인 측면의 산업화가 아니라 국가의 근대화에 맞는 제도의 시행과 이를 통한 정신문명의 발전이 전혀 이뤄지지 않았기 때문이다. 그러한 이유로 각 정권은 지도자의 정치적 성향에 따라 전통을 현재로 유도하기도 하고, 때로는 자발적으로 현재를 전통화했다.

근대제도를 도입하고도 미얀마 정치가 전통을 지향하거나 때로는 전통을 답습하는가에 대한 의문은 미얀마 정치인들뿐만 아니라 사회에 보편적으로 자리 잡은 가치, 신념, 정향, 태도 등 정치의식에 대한 탐구로 규명이 가능하다. 정치과정에 절대적 영향을 미치는 요소로써 정치문화는 정치행태의 양상과 흐름을 거시적으로 파악할 수 있는 주요 동인이기 때문이다. 그렇지만 문화의 다중성, 정의의 모호함, 국가마다 상이한 문화가 빚어내는 정치문화의 다양성 등으로 인해 정치현상의 과학화, 법칙화, 통칙화를 지향하는 정치학의 연구 방법론과 정면으로 대치된다는 비판도 유념할 필요가 있다(Formisano 2001, 393-426; Garvia-Rivero, et.al. 2002, 163-168).

주목할 점은 세계화로 인한 정치사회의 유사화와 민주주의의 보편화이다. 근대화와 산업발전으로 인해 국가는 유사한 정치문화를 가진 정치체제를 향유하고, 내부적으로 문화는 국가와 사회를 중재하는 요소가 된다(Kamrava 1995, 691-702). 또한 역사적 경험, 제도적 변화, 정치적 사회화 등과 같은 경제·사회구조·국제적 요소의 변화에 따라 변형되기도 한다(Diamond 1993, 8-9). 민주화가 확산될수록 국제적 맥락에서 유사한 정치제도와 정치문화는 공유되며, 이럴 경우 한 정치체제의 특수성을 설명하는 정치문화는 결국 상수화될 가능성이 커진다.

이를 미얀마에 대입하면 미얀마는 국제적 궤도에서 이탈한 것이 분명해 보인다. 1962년부터 자력갱생을 기치로 외부와 단절을 선언한 군부정권은 26년 이후 민주화의 '경제적 문턱'을 달성하지 못했고, 사회·경제적 저발전으로 인해 시민의식의 성숙을 유도하지 못했다. 그런 이유로 1988년 민주화운동은 시민사회 내 이익집단의 미발달, 외부의 압력 부족, 정치적 대안의 부재 등으로 실패했다(양길현 2009, 109). 2007년 승려 주도의 반정부 시위도 1988년 실패를 반복하면서 더욱 편협한 군부권위주의를 강화하는 계기가 되었다. 결국 2011년 신정부가 출범하기 전까지 미얀마는 근대적 제도에 부합된 정치의식이 함양되지 않았고, 그에 따른 정치문화의 보편화에 기여할 어떠한 기회도 보장받지 못했다.

필자가 미얀마 정치를 연구하며 발견한 연구 경향 중 하나는 서구학자를 중심으로 한 연구방법론이다. 흔히 미얀마 연구자들은 앞선 지적처럼 미얀마는 여전히 전통의 굴레에서 헤어나지 못한다고 주장하거나 이에 동의한다. 그러면서도 연구 내용과 방법론은 일반적인 비교정치이론의 틀을 벗어나지 못했다. 다시 말해 기존 논의들은 정치자원의 배분방식, 즉 정책결정의 형태로 정권의 유형을 분류하거나, 권위주의체제하 이뤄지는 정치행태, 제도, 과정 등 현대정치학을 대변하는 이론에만 치중했다.

이런 류의 연구방법대로라면 미얀마는 영원히 정치발전이 이뤄질 수 없는 국가에 지나지 않는다. 1988년 민주화운동과 2007년 샤프론혁명이 실패한 이유와 2011년부터 시작된 '위로부터의 변화'는 상호 연계되어 있으며, 이는 허약한 시민사회를 가진 미얀마 정치지형의 특성을 전시하는 것이다. 실제 2011년부터 시작된 미얀마의 개혁은 '이행이론'의 조건과 과정을 벗어났다.●

본론에서 자세하게 다루겠지만 필자는 100년 이상 지속된 서구의 간섭, 영국의 정치적 병합과 이에 따르는 근대적 제도의 도입에도 불구하고, 미얀마의 정치제도와 이념은 불교 교리와 여기서 파생한 가치관에 바탕을 두고 지속성을 유지했다고 주장한다. 미얀마 정치행태를 근대주의의 기반 위에서 연구하기에 앞서 왜 미얀마 정치는 전통의 틀을 벗어나지 못하는가에 대한 사색이 필요하다.

이에 필자는 미얀마 국가와 사회구조는 버마족Burman 최초의 통일왕조인 버강Bagan시기(1044~1287)부터 형성되어 1,000년 이상 지속성을 유지

---

● 유사민간정권의 탄생은 군부권위주의의 자발적 해체로서 그 수순은 전환(이행)→개방의 형태로, 기존 이행 이론에서 제시한 개방→전환(이행)→공고화와 다른 경로를 걷는다(장준영 2015a, 40).

해 왔다는 주장에 주목한다. 물리적으로 버강왕조가 몰락한 뒤에도 고전체계classical system◆는 후대의 왕조에서 사회적 영속성으로 계승되었고, 최소 영국이 식민통치를 시작하기 전인 1886년까지, 그리고 오늘날 현대사회에도 유효하다.

그 어떤 것도 영원한 것이 없다는 불교사상이 왕조체제의 정체로 이어진다. 이 개념을 수용하면 어떤 왕조에서도 혁신이 발생하지 않았고, 오히려 "순수한 과거"로 돌아가려는 풍습과 전통이 미얀마 역사에서 되풀이되었다(Michael Aung Thwin 1985, 200). 최소한 왕조시대에는 여섯 가지 고전체계들이 정착되었고 현실적으로 운영되는 것이 가장 이상적이며, 그런 이유로 버강 이후의 왕조들은 과거로 회귀하려는 구조적 동일성을 공유했다.

다시 고전체계를 완성한 여섯 가지 요소들을 종합해보면 농경사회의 특징을 대변하는 행정구조를 제외하고 불교라는 공통분모를 가진다. 사실 각 분야로 배태된 농업 중심의 경제구조는 불교의 보시布施, 기부와 연관되고, 노동력을 확보하기 위해 벌인 대외정복사업은 힌두불교 신앙에 근거한다. 우주의 중심인 수미산須彌山을 왕실과 일치시키거나, '은하계 정체'galactic polity▲의 개념은 대외정복, 즉 노동력을 획득하기 위한 수단이었다.

---

◆ 첫째, 다양한 대전통과 소전통이 융합되었으나 근본적으로 구원의 방법을 제공하는 상좌불교. 둘째, 종교, 정치, 사회적 지위, 법령 등으로 배태된 재분배 형태의 경제구조. 셋째, 제한된 노동력 공급에 따른 농업에 기반을 둔 행정구조. 넷째, 후견–수혜관계이면서 한편으로 수직적이기도 한 위계화된 사회조직. 다섯째, 위계주의와 공동체주의의 개념에 근거하면서 미얀마인들이 정의라고 규정짓는 성문화된 법령. 여섯째, 공덕왕(kammaraja)이라는 왕권 개념에 바탕을 둔 정체이다(Michael Aung Thwin 1985, 199–200).

▲ 현재 세계는 대우주의 그림자에 투영되는 작은 소우주에 불과하며 그 소우주의 중심은 언제나 하나만 존재하기 때문에 세계의 평정을 위해 정복 사업이 필요하다는 논리이다. 자세한 내용은 Tambiah(1985, 252–286)를 참조할 것.

고전체계 시작의 구심점은 상좌불교였다. 그것은 정령신앙과 밀교密教가 팽배한 상황에서 도입되어 미얀마인의 문화 및 문명을 형성하는 근간이었고, 버마족을 제외한 기타 종족들이 왕조의 동질성을 확인하는 매개체가 되었다(Ray 1946, 263). 나아가 상좌불교는 정치권력으로부터 지지와 인정을 받고, 사회를 통합하고 통제하는 역할을 했으며, 왕실에서 사회 말단에 이르기까지 동일한 구도 속에서 이상적 교리의 실천과 세습을 지향해왔다. 인간세계의 질서, 서열구조와 권위, 정통성을 결정짓는 핵심 매개체가 바로 상좌불교였다.

근대에 들어서 미얀마의 정치적 경험, 사회·경제적 발전 수준 및 문화적 배경이 미얀마 정치체제의 독특한 형태를 생산했고, 이로 인해 미얀마의 정치제도는 전통적 정치문화의 소산인 불교와 종교적 가치관을 바탕으로 발전해왔다는 연구가 지배적이다(Sarkisyanz 1965; Smith 1965; Taylor 1987). 식민시대 이전과 근대정치의 정체성에 차이가 없다는 주장이 대두되어 정치현상의 순환이 불교적 가치관으로 재편되는 상징체계가 지속된다는 주장도 경청할 필요가 있다(Matthews 1998; 1999).

1세대 미얀마 정치연구자인 파이(Lucian W. Pye 1962a, 15-25) 교수는 미

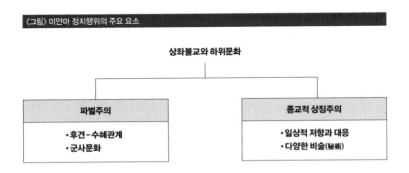

〈그림〉 미얀마 정치행위의 주요 요소

상좌불교와 하위문화

| 파벌주의 | 종교적 상징주의 |
|---|---|
| •후견-수혜관계<br>•군사문화 | •일상적 저항과 대응<br>•다양한 비술(秘術) |

얀마 정치의 본질을 다음과 같이 '파벌성'으로 집약한다.

> 독립이후 국민국가 건설 과제를 안고 있는 비서구권 국가들은 민주주의체
> 제의 구현보다는 정치적·사회적 전환과정을 겪는 서구에서 찾아볼 수 없는
> 파벌성이 생겨났으며, 이런 특수성을 반영하는 새로운 국가 통합 모델은 혁
> 명적 운동을 일으킬 엘리트와 야당의 성장, 정치 지도자의 권한 확대를 통해
> 높은 수준의 정치참여를 필요로 한다.

나아가 그는 동남아 정치문화를 후견-수혜관계patron–client relationship로 일반
화하려고 시도했다. 그는 동양사회를 유교 문화권인 동아시아, 상좌불교
와 이슬람 문화권인 동남아 사회로 구분했는데, 두 지역에서 후견-수혜
관계를 공통적 문화요소로 정의했다(Pye 1985). 그러나 그는 후견-수혜
관계가 왜 성격이 다른 두 종교에서 공통적으로 나타나는지, 그리고 후
견-수혜관계라는 문화코드로 아시아의 공통성을 설명하려면 왜 굳이
종교권으로 나누었는지에 대한 설명이 없다. 엄격히 말하면, 후견-수혜
관계는 아시아문화권이 아닌 동아시아사회의 보편적인 문화이면서, 불
교와 정치가 접목되어 탄생한 정치구조의 하위문화 중 하나이다. 또한, 이
슬람 문화권에서 발견되는 후견-수혜관계는 종교적인 기원보다 사회구
조적 맥락에서 다뤄질 필요가 있다.

　그러므로 후견-수혜관계의 특징은 유교사회, 불교사회, 이슬람사회에
서 각각의 역사와 문화적 맥락에서 발견되며, 특히 불교사회에서는 인적
관계가 종교의 영향력으로 인해 형성되었다는 사실에 주목할 필요가 있
다. 이런 의미에서 "불교는 버마인 생활의 중심으로서 권력을 간접적이면

서 교묘하게 장악할 수 있는 수단이다."(Pye 1962b, 146)고 한 자신의 주장을 스스로 부정한다.

인적 관계에 기초한 미얀마 정치현상은 후견-수혜관계, 미얀마어로 스승-제자관계(ဆရာ-တပည့်ဆက်ဆံရေး [saya-dapei sethsanyei])로 설명된다(Kyaw Yin Hlaing 2008, 173). 후견-수혜관계는 권력과 재력을 가진 자가 그렇지 못한 자에게 물질적, 정신적 수혜를 베풀고 그 대가로 수혜자의 자발적인 보답을 받는 관계로 상호 호혜성이 높지만 수직적 불평등 관계를 특징으로 하는 인적 네트워크이다.

그것은 비인격적 교환 관계가 아니기 때문에 상품을 매개로 하는 관계도 아니고, 무조건적인 충성을 강요하는 일방적인 지배-피지배관계도 아니다. 미얀마에서 정치적 파벌주의에 입각한 권력은 철저히 사유화되고 하나의 정보로서 작동하는 전통으로 이어져 왔다(Maung Maung Gyi 1983, 119-125; Mya Maung 1991, 80; Steinberg 2001, 50-52). 그런 이유에서 합리주의와 제도주의는 개인적 파벌과 사유화된 권력에 의해 작동되는 인치人治의 영역으로 복속된다.

근대에 들어서도 스승-제자관계에 기초한 인적제도는 사회를 수직으로 서열화하는 데 결정적인 역할을 해왔고, 위계서열이 명확한 군부문화와 결합하면서 더욱 경직되고 견고한 사회구조를 형성했다. 권력은 사유화되고 파벌주의는 강화되며 각 파벌 간 갈등은 미묘한 긴장과 갈등 속에서 유지되었으니, 모든 근대제도는 스승-제자관계 앞에서 무기력해진다. "(어떤)사람과 친해지고 싶거든 법을 고치고, (어떤)사람을 싫어하면 법을 집행한다."(လူကိုခင်ရင် မှုကိုပြင်မယ်၊ လူကိုမုန်းရင် မှုကိုသုံးမယ်။ [lugouhkinyin-mugoupyinmei-lugoumounyin-mugouthounmei])라는 미얀마 속담이 여전히 유효한 배경도 이러한 인적관계에 의해서이다.

근대화된 군부 내에서 불만을 가진 자들이 모반을 일으키지 못하는 이유는 바로 후견-수혜관계가 작동하기 때문이다. 1976년 쿠데타 음모설로 인한 당시 서열 2위인 띤우<sup>Tin Oo</sup> 국방장관의 축출, 1983년 동명이인 띤우<sup>Tin Oo</sup> 정보국장 축출, 2002년 네윈<sup>Ne Win</sup> 족벌 축출, 2004년 킨늉<sup>Khin Nyunt</sup> 총리 축출 등 최고지도자에 대한 도전이 잠재적으로 가시화될 경우 권력은 재편되었다. 미얀마 정치에서 권력은 모든 구성원들의 동의에 의해 정해진 기간 동안 위임된 것이 아니라 특정 인물에 의해 사유화되는 경향이 강하고, 만들어진 모든 제도들은 독재자의 권력 유지를 위해 언제든지 교체되고 새롭게 도입되거나 왜곡될 수 있다.

폐쇄적 군부정권과 이를 지탱했던 인치<sup>人治</sup>, 즉 사람에 의한 통치는 미얀마 정치의 발전을 가로막은 핵심요소였다. 이로 인해 정치행위를 결정하는 정치엘리트의 이념과 사상, 이에 대한 국민적 시각도 근대화의 초기 단계에 머물러 있거나 과거를 현재에서 답습하려는 경향이 높으며, 국제적 맥락과 비교하여도 후진적 수준에 머물러 있다.

파벌주의의 기원은 왕권과 관련한 현실과 이상의 괴리에서부터 출발했다. 전생에 쌓은 업<sup>業</sup>은 현세의 사회적 지위와 권력의 정도를 규정짓는 운명 결정론적 사고에 의해, 이론적으로 왕의 권력은 견제의 대상이 될 수 없는 절대적인 존재였다. 그러나 이론과 달리 왕의 권한과 기능은 상당히 제한적이었다(Mya Sein 1938, 18). 중앙 정부에 반감을 가지는 자들이 왕실을 상대로 암살을 기도하는 일 등 권력의 분산이 극심한 편이었다. 주로 왕실 귀족들이 중심이 되어 관료체제를 구축하여 왕실 기능은 전문화, 분업화되었다.

왕들은 종교적인 목적 이외에 자신의 수하에 있는 상가를 후원하고 보호함으로써 효율적으로 정사를 돌볼 수 있으며, 이에 대한 정통성을 보장받았다. 상좌불교가 국가통치원리의 이념이 됨과 동시에 힌두신앙과 토착신앙이 혼합된 종교체제가 탄생되었기 때문에 행정제도의 정통성 확보를 위해 왕은 성직자들과 연계할 수밖에 없었고, 이로 인해 법 집행은 체계화되지 못하고 개인의 성향 또는 의지에 좌우되는 권력구조의 특징이 나타났다(Taylor 1987, 52–53).

반면 실질적인 권력은 지방의 토호土豪의 손아귀에 있었는데, 지방 관리에 의해 통치되는 지방행정구역인 묘자(မြို့သား [myo-za])체제*의 존재가 이를 증명한다. 즉 왕권은 왕실을 벗어나면 약화되거나 심지어 상실되고, 지방 토호가 권력을 분점하는 권력 공존 형태가 나타났다.

토호와 마찬가지로 상가들은 왕의 권력으로부터 자유로웠다. 이론적으로는 계율과 상가의 교리를 지속시킴으로써 왕실에서부터 마을 촌장에 이르기까지 상명하달식의 통치체계를 갖추고자 시도했으나, 실제로는 승려들이 종교적 영역뿐만 아니라 행정적인 권력까지 장악하여 국가 조직에서 독립적인 개체로 거듭났다(Smith 1965, 16). 수도에서 변방으로 확대될 경우 왕권의 영향력은 약해지며 그 거리가 멀어질수록 다양한 권력이 자율성을 누리는 이른바 만달라mandala형태가 보편적이었다. 하나의 만달라는 수평적이라기보다 수직적인 관계로 정형화되며, 다른 만달라로부터 끊임없는 도전을 받게 된다. 그렇기 때문에 내부적으로 긴장과 갈등 속에 있는 한 만달라 내 권력구도는 철저히 사유화의 대상이 되었다.

---

● 도시를 관할하는 '행정관리'를 가리킨다. 세부적으로는 묘웡(Myo Wun), 예웡(Ye Wun), 어쿵웡(Akunwun), 어카욱웡(Akaukwun), 씻께(Sitke), 나캉(Nakan) 등으로 분류된다(Mya Sein 1938, 35–40).

가정일, 직장, 진급, 건강, 학업 등 인간 생활의 전반은 미래를 예측하는 각종 비술에 의존하는 경향이 크다.

일상적 저항과 대응, 다양한 비술秘術로 대변되는 종교적 상징주의는 지배층과 피지배층 모두에게 해당된다. 일상적 저항은 주로 체제를 반대하는 국민들의 정치행위 방식이고, 일상적 대응은 정권을 유지하기 위한 군부의 정치행태이다. 비술은 정치인이 처한 운명 또는 현재의 상황을 바꾸려는 초자연적 신앙으로서 역시 정치권과 일반 국민 사이에서 유행하는 문화요소이다. 앞의 두 요소는 불교와 결합한 힌두신앙*의 유산으로서, 현재에는 낫신앙과 함께 토착화된 점성술과 산자술을 포함한 각종 비술의 영역에 속한다. 미얀마 현대 정치사에서 일상적 저항과 대응은 의사결정에 적극적으로 개입하여 민주성의 원칙이나 합리적인 정책 도출과정을 무력화시킨다.

군부체제하 국민의 일상적 저항은 언급한 비술과 함께 언어유희와 유언비어의 생산과 유통을 통해 진행되었다. 군부정권과 같은 비민주체제는 민간 및 사회세력을 포섭하여 제도권 내로 편입시키거나 제도권에서 철저히 소외시켜 억압하는 전략으로 맞서는데, 근본적으로 반체제 집단은 체제의 감시와 통제대상으로 규정되어 강제 소멸단계를 거친다 (Alagappa 2004, 37). 그러므로 국민들은 청원, 시위, 파업, 폭동 등과 같은 공개적인 저항을 통해 체제의 물리적 독점에 저항할 수 없으며, 체제에 관한 공식적이고 전면적인 공격이나 반이데올로기를 수립시킬 자유도 없다.

그 대안으로 국민들은 속담, 민요, 구전설화, 해학, 언어, 의례 등 그들만

---

● 12세기 이후 미얀마에서 종교적 측면에서 힌두요소는 대부분 사라졌으나 국사(國師)가 브라만 사제의 역할을 대신하면서 점성술 및 산자술 등 힌두교의 하위문화를 적극 계승하며 왕실 업무의 보조적 장치로 계승했다. 이후 브라만 사제를 대신한 승려가 비술을 계승하여 그것을 국민들의 삶에 전파했다. 근대에 들어서 비술은 일상적 영역뿐만 아니라 정치권에도 영향력을 행사했으니, 힌두신앙에서 파생된 점성술과 수비학, 낫신앙 등 미래를 점지하고 액운을 막아줄 수 있다고 믿는 각종 비술은 정책 결정의 보조적 수단이 아니라 결정적 주체, 정치이념 형성의 바탕이 되었다.

이 향유하는 기층문화를 "말들의 전쟁war of the words"이라는 대항문화로 발전시키는 이른바 "일상적 저항everyday resistance"을 전개한다(Scott 1985).◆ 농민의 "일상적 저항"은 사회적 기반이 넓은 독재체제하에서 대중의 생존과 저항 방식으로 확대 적용되었다.▲ 지주와 지방엘리트는 국가, 농민을 이들에 의해 억압당하는 대중으로 확장하면 스캇 교수의 연구는 미얀마의 일상적 저항을 설명하는 데 매우 유용하다.

또한 생계우선의 도덕경제moral economy를 실천하는 말레이시아 농촌사회 연구는 미얀마 국민들의 일반적인 생활 방식과 유사하다. 스캇에 따르면, 농민들은 가장 많은 산출을 보장하는 영농방식과 안전한 산출을 보장하는 영농방식 가운데, 수확량은 적지만 안정적이고 정기적인 산출을 보장받을 수 있는 전통적인 영농방식을 선호한다. 그는 이러한 경제생활 원칙을 "안전우선safety-first"주의라고 주장했다. 생존을 위한 농민의 경제생활 원칙은 지주에 대한 최소한의 도덕적 요구이기 때문에 이들의 도덕경제가 침해받을 때 반란이 일어난다. 그렇지만 농민들은 대체적으로 현실과 타협하거나 적응하려는 전략을 선택하기 때문에 반란은 거의 일어나지 않는다(Scott 1976).

2007년 발생한 승려 주도의 반정부 시위는 도덕경제의 시각으로 설명될 수 있다.■ 승려들은 그들이 탁발을 할 때 이전처럼 다양한 공양물을

---

◆ 농민들은 지주 및 지방엘리트와 격리되지만 이들에게는 익명성을 무기로 지주와 지방 엘리트에 대항할 수 있는 숨겨진 기록물(hidden transcript)을 공유하고 독점할 무기가 있다(Scott 1992).

▲ 예를 들어 소련식 노동구조로 노동환경을 재편하자 동독 공장노동자들은 개인적이고 사소한 근무환경에 불만을 가지기 시작하는 "일상적 저항"의 행태로 구체화되더니 결국에는 노동자의 나태한 근무를 비난하는 소유주와의 대립으로 파업이 발생했다(Kopstein 1996, 391~423). 동독 체제의 붕괴를 굳이 설명하려 하지 않지만 권력이 없는 노동자들이 지난 40년간 국가를 어떻게 공격해왔는지를 규명함으로써 체제 붕괴의 전말을 다른 시각에서 규명했다.

받지 못한다는 사실을 인지했고, 이에 국민을 대신하여 정부에게 물가안정을 요구했다. 국민은 항상 "자루 속 감자"이며, 적어도 국가는 이들이 생존할 수 없을 정도로 수탈해서는 안 되고, 생계 곤란에 이르지 않도록 물질적 수혜를 베풀 의무가 있다. 이러한 메커니즘이 깨어질 경우 원자화된 개인은 군중으로 확대되고 공개적으로 체제에 비판을 가하는 반란으로 이어질 가능성이 높다. 미얀마 국민에게 있어서 정부에 대한 그들의 저항 임계점은 약 한 달이었고, 부처의 자식인 승려에 대한 탄압은 불교를 보호하고 후원하려는 정권의 마지막 도덕성까지 스스로 무너뜨린 것이었다.

미얀마에서 언어유희, 유언비어를 통한 일상적 저항은 말레이시아 농촌사회와 동일하게 작동하며, 그 저항의 목적도 동일하다. 상호 접합도가 높은 언어유희의 생산과정은 대중의 놀이문화로 전수되어 왔기 때문에 일상 속으로 보급되는 데 어려움이 없다.

또한, 미얀마에서 일상적 저항은 종교의 하위문화로서 비술과 결합한다. 예를 들어 1988년 민주화운동 당시 시위대는 8월 8일 아침 8시 8분이 상서로운 날이라고 하여 사실상 정권이 무너진 6월부터 정권 접수를 미루어 군부가 쿠데타를 준비할 수 있는 시간을 주었다. 좀처럼 발생하지 않을 것 같은 신비한 현상에 대한 징조omen를 해석하고, 이를 시구 형태인 뜨바웅(တဘောင်[tabaung])으로 만들어 회자시키는 언어유희도 존재한다.

미얀마 사회에서 미래에 대한 예측으로서 징후나 징조는 과학적으

---

■ 2007년 8월 15일 정부는 예고 없이 유가 인상을 발표했고, 5일 뒤 소수의 '88세대'(88မျိုးဆက်[shithse – shit – myo – hset]) 지도부가 평화시위를 도모하다가 체포되었다. 그리고 이 시위는 일반 국민이 아니라 승려들이 계승하여 소위 '샤프론 혁명'(Saffron Revolution)으로 확대되었다. 9월 20일 양공에서 약 3,000명의 시위대가 출현하기 이전까지 약 한 달 간 승려들이 시위의 주도권을 잡았다.

로 검증되지 않더라도 하나의 전통으로 계승되어 왔기 때문에 보편화된 문화의 단편이다. 그것은 힌두사상에서 전승된 비술로서 우주 만물은 상호 조화롭게 소통한다는 법칙에 따라 '현세의 학문', 즉 로끼삔냐 (လောကီပညာ[lawkipyinnya])로 체계화된다.

이처럼 미얀마 사회는 권위주의가 유지되는 동안 공개적이고 물리적 저항보다 비공개적이고 상징적 저항이 끊임없이 생성과 소멸의 단계를 거치며 정권의 부도덕성을 고발해왔고, 이를 통해 더 이상 정권에 대한 지지를 하지 않았다. 그럼에도 불구하고 물리적 저항은 국민들이 그들의 생계에 치명적 위기를 느낄 때만 발생해온 것으로 보아 미얀마 국민들의 저항의식은 철저히 생계우선원칙인 도덕주의에 맞춰져 왔다.

일상적 저항을 위한 언어유희의 성행과 유언비어의 살포는 정권의 즉각적인 반응을 유도한다. 즉 정치지도자들도 미얀마의 구성원 중 하나로서 미얀마 사회에서 횡행하는 비술로부터 자유롭지 못하다. 그래서 정권의 지도자는 공개적으로 불교를 후원하지만, 비공개적으로는 국민이 활용하는 비술에 의존하여 개인의 정권을 연장하려고 시도했다.

유사민간정권에 들어서도 국영신문에는 떼잉쎄인 대통령 내외를 비롯하여 주요 정치인이 승려에게 보시하는 장면을 보도하는데, 이러한 행위는 군사정부의 연장이었다. 그들에게 있어서 국민들이 공유하는 불교는 정치의 자원으로 전환되며, 이는 매우 경제적인 자원동원이 된다. 또한 정치인들은 국민들에게 그들이 종교의 수호자라는 왕의 개념과 일치시킴으로써 자발적으로 신성함과 경외심을 유발시킬 수 있다.

비공개적으로 각 정권의 지도자들이 주술을 포함한 각종 비술에 의존한 사례는 본문에서 자세히 다룬다. 비술에 의존하는 근본적인 이유는 스스로가 합법적인 지도자가 아니고, 합법적이라고 하더라도 기층문화를 활용하여 자신이 지도자가 될 수밖에 없다는 신비감을 조성하여 국민에게 전시하고자 한다. 이를 통해서 지도자는 범인凡人과 다른 영험한 존재라는 것을 인정받고자 한다. 그들이 쌓은 전생의 업은 그 누구도 범접할 수 없기 때문이다.

아웅산수찌는 그의 저작『공포로부터의 자유』(1991)*에서 공포(두려움)는 국민들이 정권에 갖는 것이기도 하지만, 국민에 대한 군부의 두려움이기도 하다. 즉 정권을 유지하는 군부로서는 국민의 지속적인 저항의식과 체제에 대한 지지철회는 그들이 언제든지 책임을 져야 하는 두려움으로부터 벗어날 수 없다. 이런 이유에서 국민에 대한 두려움, 즉 정권을 지속시킬 수 없다는 불안함은 2011년 예고치 않은 신정부의 개혁개방으로 표출되었다.

시민사회의 발전이 없는 상태에서 이루어진 민주화는 대단히 불안하다. 개혁 프로그램이 실패할 경우 더욱 편협한 독재체제로 회귀할 수 있기 때문이다. 언론이 발달하지 못했거나 권위주의적인 시민사회내의 전통은 언제나 절차적 민주주의를 통한 비민주적 국가권력의 탄생 가능성을 내포한다. 즉 시민사회의 비민주적인 성격으로 인하여 인기영합적인 정치가 전개될 가능성이 있다.

이에 반해 권위주의체제가 유지되는 기간 동안에도 구성원간의 신뢰를 확인할 수 있는 사회자본이 축적된 결사체는 정권의 위기와 같은 체제변동의 결정적 국면에서 일사불란한 단결력과 조직력을 앞세워 소기의

---

● 이 책의 미얀마어 제목은 두려움으로부터의 해방(ကြောက်ရွံ့ခြင်းမှ လွတ်ကင်းရေး)이다. 영어로 번역되는 과정에서 제목이 *Freedom from Fear*로 확정되었고, 다시 한국어로 번역되는 과정에서 오역이 발생했다.

목적을 달성할 수 있다. 미얀마의 경우 민주화에 대한 염원은 충분하지만 이를 견인할 수 있는 행동심리가 근대적이지 못하다. 권위주의가 지속되는 내내 체제에 반대하는 개인들은 개인의 의견을 표현하고 그것을 수렴할 수 없는 환경적 제약으로 인해 이성적이기보다는 감정적이고, 직접적이기보다는 간접적이고, 적극적이기보다는 소극적으로 행동하며 그들만의 무기인 언어유희만으로 정권에 저항해왔다.

행동양식의 전통성이 만연한 사회에서 예상치 못한 환경의 급진적 변화는 적응과 조화로 연계되지 못한다. 대중은 군중으로 확대되고 그들의 열의를 표출할 다양한 기구들이 조직화되지만 기구 내 파벌은 내재하고 지도자에 대한 권위는 수립되지 않아 결국 수평적 연대가 불가능하게 된다. 태국과 미얀마 등 미얀마 국내외에서 지난 20년 동안 활동해온 대부분의 민주화운동가들은 민주화운동을 그들의 생계로 활용하며, 경우에 따라 외부 지원금을 확보하기 위해 기구 간 대립과 갈등을 하는 행태도 여전히 후진적 정치행태의 단면을 전시한다(장준영 2012, 235-274).

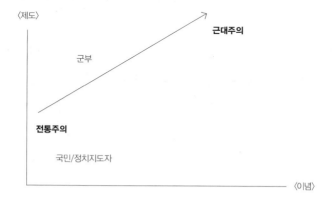

〈그림〉 미얀마 정치의식과 정치문화

이처럼 미얀마의 정치사회와 정치문화가 발전하지 못한 근본적인 이유는 장기간에 이른 군부통치와 그에 따른 사회경제발전의 실패, 독립 이후에도 전통적 방식에 의거 권력을 해석하고 이에 따라 통치하려는 정치지도자들의 정치행태와 이에 동조한 국민들의 의식 등으로 요약된다. 외부와 교류할 수 없는 폐쇄적 구도는 모든 정치이념과 이에 따른 정치행태를 정체시켜 버렸고, 군부만이 근대교육을 통해 주된 근대화의 주체자로 나아갔다. 군부의 발전이 사회 전반으로 확대 및 파급되지 못했기 때문에 군부와 국민 간의 간극은 커졌고, 군부는 국가 안의 또 다른 국가로 그 기능을 특화했다.

국민들은 "말들의 전쟁", '언어유희'를 통해 군부에 대한 지지를 완전히 철회했다. 그렇지만 민주화운동이나 반정부시위와 같은 대규모 소요사태에 대한 조직적 활동을 준비하지 못했기 때문에 갑자기 찾아온 정권의 위기 속에서 역량을 최대로 결집하지 못하여 군부정권을 퇴진시킬 수 없는 한계에 봉착했다. 나아가 민주주의에 대한 교육이 부족한 관계로 모든 정치행동의 양식과 이념은 권위주의행태와 동일한 맥락으로 전개되었고, 그러한 행동양식을 결정짓게 되는 사회 저변에 확대된 문화적 요소들의 적극적인 지원을 받았다. 조직화된 대중이 분절적 양상을 보일 경우이에 대한 군부의 진압이 용이해지며 결국 사회적 억압이 넓어지며 권력의 공유가 더욱 편협해지는 독재체제가 강화된다.

이러한 미얀마 정치지형의 특성은 이 책의 논지를 전개하는 데 없어서는 안 될 요소이다. 첫째, 군부정치로 대변되는 미얀마 현대 정치에 있어서 군부 내부의 역동성은 마치 왕조시대 권력의 작동과 유지방식과 매우 흡사하게 전개되었다. 군부의 정치행태는 군부에게만 국한되는 것이 아니라 생물生物로서 미얀마 내 생존하는 모든 정치기구, 정당, 관료사회 등에 적용될 수 있는 보편성이 내재한다.

둘째, 군부를 근대화시킨 제도, 훈련, 이념은 또 다른 차원에서 강력한 민족주의를 유인했고 이는 태생적으로 지속성을 유지하고 있다. 따라서 군부가 그들의 통치에 스스로 정당성을 부여하고, 시기와 상황에 따라 그것들이 어떻게 변화해왔는지는 미얀마 정치지형의 보편성을 추적하는 데 없어서는 안 될 과제이다. 또한 이는 근대제도로서 군부의 행동양식을 결정짓는 주요 동인이기도 하다.

셋째, 앞서 지적했듯이 현대 미얀마 정치를 움직인 것은 제도가 아니라 인적 관계로써, 개인의 행위를 지배하고 결정하는 필수 요소로서 종교와 이데올로기는 정치와 동일한 수준에서 다뤄질 필요가 있다.

# II
## 군부의 발전 경로와
## 역할 변화

## 1. 군부와 군부정치: 이론적 논의*

군부가 정치에 개입하는 이유는 군 내외부적으로 설명할 수 있다. 먼저, 군 내부적으로 군부가 정치에 개입하는 원인은 군부 자체의 조직적 성향에 의해서이다. 군부는 다른 집단에서 찾아볼 수 없는 조직력, 위계질서, 가치관, 직업주의professionalism 등 기능적 분별성과 효율성 등 조직적 특수성을 지닌다(Janowitz 1986).

반면, 군 외부적으로 군부가 정치에 개입하는 가장 직접적인 원인은 사회·경제적 혼란이다. 군부는 다른 사회집단에 비해 근대화의 수준이 높고, 국가와 국민을 수호할 고유 의무와 임무를 전면에 부각시켜 사회적 혼란을 수습할 수 있는 최적의 집단임을 자처한다. 특히 다양한 계층, 종족, 이해관계가 혼재하는 사회일수록 또한 물리적 방법으로 중앙정부의 권위에 도전하여 기존 질서를 전복하려고 시도할 경우 군이 정치에 개입할 가능성은 높다.

두 접근법은 공히 민간정권의 제도적 취약성과 같은 정권 자체의 위기에 주목한다. 즉 근대화가 진행되는 과정에서 발생하는 정치와 사회·경제적 모순을 극복하기 위해 사회세력들 중 상대적으로 근대화의 수준이 높은 군부가 정치에 개입할 가능성이 높다는 설명이다.◆

군부의 정치퇴진은 군부 개인의 이익, 군부의 조합적 이익, 군부 이데

---

● 이 부분은 장준영(2015b, 450-457)을 참고로 수정한 것이다.

◆ 아프리카의 경우 사회·정치적 취약성과 비효율성으로 인해 군이 정치에 개입한다는 접근을 비판하고 군 장교의 개인적 야심, 공포 등 개인적 동기가 군의 정치개입에 결정적이라는 연구가 있다(Decalo 1976).

올로기, 군부의 응집력 등 군부 내부조직의 역동성과 시민사회의 형세, 경제발전 수준, 치안, 안보 등 군부 행위에 영향을 미치는 외부요소 등에 의해 좌우된다(Bünte 2013, 6–7). 전자는 군부의 조직적 동기, 분위기, 내적 자원, 응집력 등에 영향을 미치는 추진요소push factor로, 후자는 민간정치영역으로 군부를 끌어들이는 유인요인pull factor으로 개념화되기도 한다(Croissant 2004, 361–365).

군부의 정치적 퇴진이 성공적으로 이뤄지기 위해서는 민주주의를 이행시키고 공고화할 수 있는 대안세력으로 민간집단이 존재해야 한다. 제도적으로 군부의 정치퇴진은 성공했으나 대안세력이 허약하거나 시민사회가 민주화를 추동할 수 있는 역량이 결여되면, 군부의 완전한 병영 복귀는 불가능해질 수 있거나 경우에 따라 군부가 다시 정권을 장악하는 현상이 발생하기도 한다. 그러므로 군부퇴진은 그 정도에 따라 부분적 또는 전체적으로 나눠질 수 있다.

이런 의미에서 자유민주주의의 승리라는 낙관적 미래를 예견한 민주화의 "제3의 물결"은 비판적 성찰의 대상이다(Fukuyama 1989; Hungtinton 1991). 민주화의 "제3의 물결"이 지난 지 오래되지 않아 제3의 물결이 끝났는지, 아니면 제3의 역류가 도래했는지에 대한 성찰을 주목할 만하다(Diamond 1996; Huntington 1997). 신생민주주의국가는 자유민주주의적 요소와 과거 권위주의체제의 요소가 복합적으로 나타나는데, 이는 학자에 따라 유사민주주의pseudo democracy, 선거권위주의electoral authoritarianism, 비자유적민주주의illiberal democracy, 혼합체제hybrid regime 등 다양하게 정의된다.◆

민주주의의 공고화가 지연되는 다양한 이유 가운데 군부의 쿠데타로 인한 체제의 역전 가능성을 빼놓을 수 없다.◆ 심지어 안정적인 선거민주주의를 유지하는 국가에서도 쿠데타는 정치적 후퇴에서 배제할 수 없는 요소였다(Barracca 2007).

국가가 쿠데타의 가능성에 취약한 이유는 정치체제의 정통성 수준, 시민사회의 강도, 과거 군부쿠데타의 빈도 등으로 설명된다. 첫째, 현재 민간체제가 군부에 대한 우위를 확실시 여기고 군부에 대한 통제전략을 강화한다. 반면, 불복종이나 쿠데타 음모와 같은 비용이 높아지기 때문에 높은 정치적 정통성은 정치지도자들에게 군부 종속을 위한 인센티브를 제공한다. 즉 정통성을 지키기 위해 취하는 정부의 행동은 군부에 대한 의존으로 변질되어 군부의 쿠데타 발생으로 이어질 수 있다. 둘째, 강한 시민사회의 존재는 군부의 반란을 억압하는 민간 엘리트의 역량을 증대시키고, 세계적으로 잘 연결된 시민사회는 군부의 정부전복시도putsch에 대해 국제적 저항을 견인한다. 셋째, 쿠데타는 쿠데타 지도자의 전략적 기술이 필요하고 쿠데타를 시도하는 군부의 조직적 역량이 필요하다(Croissant 2013, 269).

쿠데타로의 위험을 완전히 배제하기 위해서는 제도화된 정치적 정통성의 유지, 강한 시민사회, 과거 쿠데타의 성공사례가 없어야 한다. 이 세 요소는 유기적으로 연계되어 있으니 그 공통점은 민주화 이전 정권의 유산 정도이다. 즉 제도적으로 권위주의정권을 퇴진시킨 어떤 정부가 선거

---

- Journal of Democracy는 창간 20주년을 기념하여 2010년 창간 이후 세계의 민주주의 성과를 기획으로 다뤘다. 편집자들의 서문에는 1990년부터 2009년까지 민주화로의 이행과 공고화는 낙관론에서 비관론으로 확대된다고 보는데, 정치제도나 헌법질서가 불안정한 상황을 그 이유로 들고 있다(Editors 2010, 5-8).

- 1990년부터 2009년까지 전 세계적으로 쿠데타 건수는 68건으로 이 가운데 29건만 성공했다. 반면, 1970년부터 1989년까지 쿠데타 시도 건수는 153건으로 성공한 건수는 81건이었다. 2000년대 이후 군부 쿠데타 시도는 수적으로 감소한 것은 사실이지만 실패와 성공 사례를 기준으로 했을 때 비슷한 비율을 보인다(Croissant 2013, 267).

에 의해 구성될 때 정부의 막후에서 주요 의사결정에 영향력을 행사하는 '막후(후견)권력'의 유무가 중요하다.

장기간 군부통치가 지속된 신생민주주의국가에서 민간정권이 어떠한 비용을 치르지 않고 단기간에 군부를 통제하고 우위에 서는 것은 사실상 불가능하다. 만약 체제변동이 위로부터 또는 타협에 의해 진행될 경우 군부에게는 "예약된 영역"reserved domain이 존재한다. 위계서열로 조직화되어 있고 장기간 정치권력을 장악한 군부가 민주적으로 정치에서 퇴장하는 것은 쉬운 일이 아니며, 그만큼 군부에 대한 민간우위의 원칙을 정착시키는 것은 민주주의가 역전되지 않는 전제가 된다.

그런데 군부가 쿠데타를 통해 권력을 장악하지 않더라도 군부는 더욱 강력해질 수 있다. 지난 30년간 신생 민주주의 국가에서 군부는 정치권력을 스스로 포기했지만 국방과 안보정책에 있어서 군부의 예약된 영역은 존재했고 지도적인 권력도 지속적이었다(Bünte 2013, 5). 그러므로 군부-민간 관계는 영합의 결과처럼 양분론적으로 설명될 수 없다. 군부가 정치 일선에서 물러났다고 하더라도, 쿠데타를 통해 정권을 지속적으로 유지하지 않더라도 이들의 정치적 영향력은 유효하기 때문이다.

군부에 대해 민간이 점하는 우위의 원칙은 다음과 같이 다섯 가지 조건을 전제한다.

첫째, 엘리트 채용: 정치적 경쟁을 포괄하는 수준에서 공정한 참여와 경쟁이 보장되는 정치엘리트를 채용할 때 규칙과 기준이 명확해야 한다. 민간우위의 체제에서 공정한 경쟁이 배제되거나 군부가 선거과정에 영향력을 행사할 경우 정치적 경쟁은 침해당한다. 또한 군부가 헌법적으로 내각이나 의회에 대표로 예약되거나 공식적 또는 비공식적으로 정치엘리트의 임명에 거부권을 행사하거나 선거과정을 통제 또는 현역 군부가 정치지도자가 되는 것도 이 경우에 해당된다.

둘째, 공공정책: 의제 설정, 정책 형성, 정책 적용 등 의사결정과 정책 수행에 있어서 과정이나 규칙이 있어야 한다. 일련의 정책 과정에서 군부가 거부권을 행사거나 심지어 사회, 경제, 정치 결정에 있어서 영향력을 행사하면 민간 통제는 정책 결정과정과 정책을 수행하는 데 있어서 군부에 종속된다.

셋째, 국내 치안: 국경 내 평화, 질서, 치안을 위해 군대의 배치와 관련한 모든 결정권과 민간의 사회 기반시설의 복구에 있어서 군부의 지원이 포함된다. 민간이 군부의 역할과 목표를 설정하고 군대를 운용하는 원칙과 지침을 세우며, 군부와 관련 없는 치안, 법 집행, 국가 정보의 역할도 군부가 담당한다.

넷째, 국방: 외부의 적으로부터 국가의 영토를 수호한다. 탈냉전 이후 인도적 지원, 재난 구조, 평화 유지 등 국방과 관련된 의제도 새롭게 발생했다. 외부의 위협이 강해짐에 따라 민간과 군부 간 국방 정책에 협력해야 하고 군부는 여기에 포함된다. 그러나 민간우위 원칙에서 민간엘리트는 전적으로 정책을 결정한다.

다섯째, 군부 조직: 군대의 역할, 임무, 구조와 관련된 정책을 일컫는다. 만약 군부가 그들의 역할을 수행하기 위해 특정한 자율성을 요구하면 민간엘리트는 그 범위와 경계를 정의해주어야 한다. 민간통제가 가장 잘 지켜지는 체제에서 민간정치인은 국내 문제에 대해서 군부의 역할을 제한하고 민간과 군부 간 갈등이 발생할 때 이를 조정한다(Croissant and Kuehn 2009, 189-191; Croissant et. al. 2012, 5-7).

위 조건은 군부의 정치적 영역에만 국한되기 때문에 군부가 사회·경제적으로 행사하는 영향력을 측정할 수 없다. 군부는 집권 기간 동안 그들에 대한 계급적 이익을 보호하는 이른바 군부 생디칼리즘에 천착하는 경향이 강하다(Finer 1975, 41-48). 그러므로 군부는 정치개입에 성공한 이후에도 군의 충원, 병력, 훈련, 군사장비 근대화 등에 있어서 조합주의적 이익을 옹호한다.

아시아사회에서 군부는 국방산업, 상품재 생산, 방송국이나 언론매체, 국영항공사, 선박사업, 각종 농장 소유, 농촌지역 발전에 개입하는 등 적극적인 경제활동을 해왔다. 군부의 경제활동은 내부적으로 파벌주의를 찾아볼 수 없고, 국가발전과 치안 강화의 이름으로 정당화되었다(Alagappa 2001, 37). 나아가 군부통치가 종식된 이후에도 군부는 그들과 관련된 예산권에 독립성을 보장받기 위해 노력하고, 나아가 그들과 관련된 경제주체나 군인가족에 대한 보호의 필요성도 제시한다.

또한 공공정책, 치안, 군부 조직 등은 군부의 자율성으로 범주화할 수 있어 영역 분류의 수준에 한계가 따른다. 군부가 그들만의 직업주의를 강화할 경우 제도적 자율성은 보장되며 그들의 행위와 관련된 의사결정은 모두 민간의 영역의 몫이다. 그러므로 군부는 직업주의원칙에 근거하여 민간의 정책결정을 합리적이라고 순응할 필요가 있다.

따라서 경제활동을 포함하여 민간정부와 군부 간 역할 범위는 다음 〈그림〉와 같이 도식화할 수 있다. 〈그림〉에서 '관할권'은 정부 구성과 조직, 정책과 관련한 의사결정에 대한 최종 판단과 책임의 소지이며, 군부에 대한 민간통제의 수준과 같은 맥락이다. '분리관할'은 민간정부 내에서 군부가 자율성을 인정받는 범위이며, '민간통제'와 '군부통제'는 해당

| | | 역할 범위 | | | |
|---|---|---|---|---|---|
| | | 정치 | | | 경제 |
| | | 제도적 자율성 | 국방 | 대내안보 | 경제활동 |
| 관할권 | 민간통제 | (1) | | | (2) |
| | 분리관할 | | | | |
| | 군부통제 | (3) | | | (4) |

※ 출처: Alagappa(2001, 39)에서 수정.

집단이 배타적 자율성을 보호받는 상황을 의미한다. 민간통제는 다시 군부의 자율성 보장과 직업주의에 입각하여 군부의 중립적 성향이 극대화된 상태인 객관적 통제와 군부에 대해 민간정부가 지니는 권위의 극대화와 자의적 통제를 의미하는 주관적 통제로 양분된다(Huntington 1984, 198-209).

'역할 범위'는 정치와 경제 분야를 세분화한 것이다. 군부는 그들의 통치 기간 내 향유한 정치적 지위와 권한, 역할, 과거사 청산을 비롯하여 국방 및 안보에 대한 우월한 지위를 지속시킬 수 있도록 민간정부와 협상을 전개한다. 만약 민간정부가 군부의 특정 기능이나 기득권을 인정하거나 군부를 정치적 후견인 또는 지지자로 재설정할 경우 절차적 제도와 상관없이 군부의 완전한 정치적 퇴진으로 규정지을 수 없다. 즉 '역할 범위'는 군부와 민간정권이 경쟁과 합의 등 다양한 방법을 통해서 각 진영의 우월적 지위를 공고화하려는 영역이다.

따라서 〈그림〉에서 (1)로 나타날 경우 그 정부는 군부에 대한 민간의 관할권이 완전히 작동되는 민간정부이며, (2)에서 (4)로 향할 경우 민간정부에서 군부의 영향력이 강화되어 향후 민주적 질서를 담보할 수 없는 권위주의의 부활에 이르게 된다. (3)에서 (4)로 향할 경우도 군부의 통제가 지속되는 상황으로 민주주의가 역행한다. 마지막으로 (3)에서 (1)로 향하는 경우 군부의 점진적인 퇴진과 절차적 수준에서 민주주의 제도가 성립되는 체제변동 시기이다.

이제 군부가 정치에 개입하는 수준은 다음과 같이 미시적으로 고려될 수 있다.

〈표〉에서 (1-1) 민간우위는 정부가 군부의 어떠한 개입 없이 국방의 목표와 조직을 정의하고, 국방정책을 구성하고 시행하며, 군부 정책의 수행을 감시하는 능력을 의미한다. (1-2) 민간통제는 정부와 그에 상응하는 당국이 군부의 어떠한 개입 위협 없이 군대와 관련된 인사, 조직, 예산 등을 전적으로 책임지는 수준을 의미하지만 정도에 있어서 민간우위보다 낮다.

(2-1) 조건부 종속에서는 군부가 민간정부로부터 제도적 자율성을 향유하지만 위기의 순간에 민간정권에 개입하거나 그들의 선호를 강요할 수 있다. (2-2) 군부 지도는 특정 정책에 있어서 군부가 민간정치인을 관리 감독할 수준의 고도로 높은 자율성을 가지는 경우이다. (3-1) 군부통제는 군부가 직접 통치하지 않지만 배후에서 정부를 통제하는 것이다. 형

**〈표〉 군부개입의 수준**

| 체제 | (1)자유민주주의 | | (2)선거민주주의 | | (3)독재 | |
|---|---|---|---|---|---|---|
| 군부<br>개입<br>수준 | (1-1)<br>민간우위<br>supremacy | (1-2)<br>민간통제<br>control | (2-1)<br>조건부 종속<br>subordination | (2-2)<br>군부 지도<br>tutelage | (3-1)<br>군부통제<br>control | (3-2)<br>군부통치<br>rule |

※ 출처: Siaroff(2009, 90)에서 수정.

식상 민간지도자가 대통령 또는 총리가 되지만 국방 또는 내무와 같은 주요 직위는 군부가 담당하는 등 군부가 국가의 주요 정책에 깊이 관여한다. 마지막으로 (3-2) 군부 통치는 용어 그대로 군부가 통치하는 정부체제를 의미한다(Bünte 2013, 5).

〈표〉 군부개입 수준과 〈그림〉 민간 – 군부의 역할 범위를 개연적으로 종합하면 민간우위 정권일수록 군부의 제도적 자율성은 민간통제의 영역과 가까워진다. 반대로 군부 독재체제일 경우 관할권과 역할범위는 군부통제와 가까워진다. 〈그림〉의 2와 3의 경우, 〈표〉의 선거민주주의 체제는 특정 국가의 군부 조직, 기능, 역할, 군부통치 역사에 따라 다르게 나타날 가능성이 크다. 또한 군부의 조건부 종속, 또는 군부 지도도 군부의 제도적 자율성, 국방, 대내안보, 경제활동 등 변수에 따라 다양한 형태로 나타날 것이다.


## 2. 군부의 탄생과 독립(1941~1948): 독립의 주체로서 혁명군부

미얀마는 세 차례(1824~26, 1852, 1885)에 걸친 영국과의 전쟁에서 패배한 후 인도의 일곱번째 주로 편입되어 식민국가로 전락했다. 식민지 초기부터 1928년 서야 상Saya San 운동이 발발하기 전까지 독립운동은 종교민족주의적 성향이 강했다. 승려와 계몽운동가들이 주도한 종교민족주의는 불교를 매개로 소수종족을 제외한 버마족의 결집을 유도했다. 이를 통해 근대화의 과정에서도 불교는 여전히 민족적 정체성을 형성하는 구심점이었음을 알 수 있다. 1920년대까지 영국은 군과 경찰을 중심으로 국내에서 발생하는 모든 범죄를 엄격히 단속함으로써 민족주의자들의 정치적 동원과 같은 일련의 정치적 움직임은 원천적으로 봉쇄되었다(Callahan 2003, 31). 이로 인해 각종 종교운동으로 위장한 독립운동이 가장 현실적인 대안이었다.

한편, 소규모 비정규군은 1930년대부터 등장하기 시작했다. 1930년 우 마웅지U Maung Gyi가 기초군사, 간호, 소방 및 이론교육을 행하는 '비정규용맹군'(အပျော်တမ်းရဲတပ်[apyodan-yethat])을 창설했고, 1936년 우리버마연맹 제2차 의회에서 비전투 훈련법, 기초 규율 교육 등을 목적으로 하는 버마상박上膊군(ဗမာလက်ရုံးတပ်[bama-letyonthat])이 창설되었다. 대학생을 포함한 학생들은 기초 군사훈련을 습득할 목적으로 강철군(သံမဏိတပ်[thanmanithat])을 결성하여 우리버마연맹We Burma Association(ဒို့ဗမာ အစည်းအရုံး[doe-bama-asiayone])*과 공조체제를 이루었다. 이외에도 빈민당(ဆင်းရဲသားပါတီ[hsinyeda-pati])을 결성한 바모Ba Maw 박사 휘하에 도끼군(ဓားမတပ်[damathat]), 우 쏘U Saw 휘하에는 걸롱군(ဂဠုန်တပ်[galon-that]) 등이 존재했다(စစ်သမိုင်းပြတိုက် နှင့်တပ်မတော်မော်ကွန်းတိုက်မှူးရုံး[sitthamain-pyathaihnin-tatmadaw-mawkundaik- hmuyon] 2003a, 93-94).

영국은 버마족이 거주하는 지역을 행정적으로 버마 프로퍼Burma Proper 또는 행정버마, 소수종족이 거주하는 지역을 변방지역Frontier Area으로 양분하고, 이들이 상호 연대할 수 없도록 분할통치divide and rule 전략을 채택

---

● 1933년 공식 기구로 발족했다. 1935년 3월 중부지방 예낭자웅(Yenanchaung)에서 개최된 1차 우리버마연맹 회의(convention)에서 이들은 서야 상 운동을 높이 평가하고, 식민당국이 체포한 승려들과 국민을 조속히 석방해줄 것을 요구하는 결의문을 채택했다(စစ်သမိုင်းပြတိုက်နှင့်တပ်မတော်မော်ကွန်း:တိုက်မှူးရုံး [sitthamain-pyathaihnin- tatmadaw-mawkundaik-hmuyon] 2003a, 78).

했다. 1937년 미얀마가 인도에서 분리된 직후 4월 1일, 영국은 미얀마에 서 행정제도를 표본으로 중부 버마군과 국경지역을 관할하는 버마국경 군Burma Frontier Force 으로 양분한 영국버마군British Burma Army을 창군했다. 이로 써 영국에 의한 행정제도는 독립 후 현재까지 해결되지 않은 미얀마 내전 에 중요한 영향력을 미쳤을 뿐만 아니라 미얀마의 대영투쟁이 버마족 중 심으로 전개되는 빌미를 제공했다. 〈표〉에서 보는 바와 같이 소수종족의 영국군 구성 비율이 약 80%를 차지했고, 특히 영국버마군이 창설된 이 후인 1941년에는 인도인도 2,000명 이상 모병되었다.

제2차 대전에서 독일과 일본이 승승장구함에 따라 국내 독립 운동가 들은 현 시국을 독립을 위한 좋은 기회로 간주하고 이들 국가들과 공동 투쟁을 선언했다. 이에 맞서 영국은 독립 운동가들을 체포하기 시작하면 서 이들의 입지가 줄어들기 시작했는데, 아웅산을 비롯한 일부 운동가들 은 일본과의 연대를 모색했다.

일본은 중국 함락이 용이하지 않다고 판단하자 미얀마를 전략적 요충

〈표〉 미얀마 내 영국군(영국버마군)의 종족 구성 비율

| 연도 종족 | 1931 | | | 1941 | | |
|---|---|---|---|---|---|---|
| | 군병력 | 퍼센트 | 인구 구성 | 군병력 | 퍼센트 | 인구 구성 |
| 버마족 | 472 | 12.30 | 75.11 | 1,893 | 23.71 | 75.11 |
| 꺼잉족 | 1,448 | 37.74 | 9.34 | 2,797 | 35.03 | 9.34 |
| 친족 | 868 | 22.62 | 2.38 | 1,258 | 15.76 | 2.38 |
| 까친족 | 881 | 22.96 | 1.05 | 852 | 10.61 | 1.05 |
| 인도인 | - | - | - | 2,578 | 32.29 | - |
| 기타 | 168 | 4.38 | 12.12 | 530 | 6.27 | - |
| 합계 | 3,837 | 100 | 100 | 7,984 | 100 | 100 |

※ 출처: Callahan(2003, 36, 42)에서 일부 수정.

지로 선택했다. 이윽고 1940년 6월 당시 참모본부 선박과장이었던 스즈끼 게이지Suzuki Keiji, 鈴木敬司 대령은 미나미Minami, 南益世란 가명으로 버마로드 Burma Road 조사와 버마 민족주의 운동 조직을 수집하기 위해 양공으로 위장 잠입했다. 스즈끼 대령은 아웅산이 외부 세력과의 연대를 꾀하기 위해 10월 중국 샤먼Amoy, 厦門로 떠났다는 사실을 알게 되었고, 곧 방콕을 거쳐 샤먼에서 아웅산 일행을 수배하여 접견하고, 이들과 1940년 11월 도쿄로 향했다.

1941년 1월 16일, 스즈끼 대령을 포함한 일본 해군 장교들은 일본해군 사령부 직속기관에 육군과 해군 공동으로 남기관南機關을 설치하기로 합의했다. 기관장은 스즈끼 대령으로 정해졌고, 비밀조직을 유지하기 위해 남기관은 남부기업조사협회로 위장했고, 다음과 같은 결의문을 채택했다(စစ်သမိုင်းပြတိုက် နှင့်တပ်မတော်မော်ကွန်းတိုက်မျုးရုံး [sitthamain-pyathaihnin-tatmadaw-mawkundaik-hmuyon] 2003a, 108).

1) 버마의 애국 청년들을 일본으로 보낼 수 있도록 계획하고 이들의 독립운동을 지원한다.

2) 일본에 도착한 버마 애국 청년들에게 해군이 하이낭Hinan, 海南섬에서 실시할 군사교육훈련을 담당하고 무기와 군수품을 지급한다. 육군은 군사이론교육을 담당한다.

3) 애국 버마 청년들의 군사교육이 종료되면 이들에게 무기를 공급하여 버마로 다시 돌아가게 하여 이들이 독립전쟁을 할 수 있도록 일본군이 전적으로 지원한다.

4) 애국 버마 청년들을 일본으로 호출함과 동시에 군사교육훈련이 종료되면

다시 버마로 돌려보내 독립운동을 수행하고, 태국-버마 국경지역에서 남
기관은 양분된다.

5) 버마의 독립을 쟁취하는 동안 떠닝다이주.region를 점령하여 일본은 버마의
독립을 선포한다.

1941년 2월 15일, 아웅산은 수끼Suki, 杉井와 함께 독립 운동가를 일본으
로 탈출시키기 위하여 미얀마로 향했다. 아웅산은 인민혁명당People's
Revolutionary Party: PRP, 우리버마연맹, 양공대학 학생들에게 독립운동의 방향
이 수정되었음을 알리고, 여기에 동참할 정예요원을 선발했다. 흘라페Hla
Phe, 에마웅Aye Maung, 바장Ba Gyan, 퉁세잉Htun Shein을 선발대로 하는 청년단이
3월 9일 일본으로 향했다. 이후 4월부터 6월까지 4차에 걸쳐 무장 독립
투쟁을 감행할 청년들이 일본에 당도함으로써 마침내 '30인의 동지'Thirty
Comrades'(ရဲဘော်သုံးကျိပ်[yebaw-thounjeik])*가 결성되었다. 선발대는 4월부
터 하이낭섬에 도착하여 일본 해군과 육군의 지도로 군사훈련을 시작했
다. 3개의 중대로 나눠 기초 군사훈련, 유격, 심리전, 독도법, 군사전략, 무
기 사용법 등 광활한 분야의 군사 전문지식을 터득했다.◆

1941년 10월 16일 '30인의 동지'는 하이낭섬을 떠나 대만 위리Yuli, 玉里에
서 군사훈련을 이어가다가 태평양전쟁이 발발하자 12월에 방콕에 집결
했다. '남기관'과 '30인의 동지'는 버마 독립을 위한 정규군을 모집했다.
마침내 12월 31일, 스즈끼 대령보 모쪼, Bo Moe Kyo을 작전사령관으로 하는 버

---

● '30인의 동지' 구성원에 대한 자세한 이력은 ဦးကျော်ငြိမ်း[U Kyaw Nyein](1998)을 참조하라. 명단은 부록 을
참조하라.

◆ 버마독립군의 조직은 부록을 참조하라.

아웅산 장군은 미얀마 군부의 창시자이자 독립의 주체인 군부를 이끌었던 국부(國父)이다.
아웅산의 동상은 전국 어느 곳에서나 만날 수 있다. 사진은 버고에 소재한 동상.

마독립군<sup>Burma Independence Army: BIA</sup>(ဗမ့ာလွတ်လပ်ရေးတပ်မတော်[bama-lutlatye-tatmadaw])이 창군되었다. 아웅산은 "버마국민들은 일본군과 함께 일본의 대동아공영권을 달성하고, 버마를 점령한 후 (일본이) 버마의 독립을 보장한다는 약속을 했고…"라는 협약 조건을 내세워 일본이 버마의 독립에 결정적 역할을 해줄 것을 요구했다(Jones 1954, 332).

그러나 일본은 '30인의 동지'가 결성될 당시 버마 청년들에게 했던 약속을 지키지 않았다. 일본군 15사단 소속 나수<sup>Nasu</sup> 대령은 양공을 점령한 후 미얀마의 독립을 선포하는 것은 시기상조라고 반박하고, 버마 국민들의 효율적 징병과 일본군의 대동아공영권을 달성하기 위해 1942년 8월 1일 바모 박사 외 10인을 내각으로 하는 꼭두각시 임시정부를 구성했다(သခင် လွင်[Thakhin Lwin] 1969, 139).

한편, 내각을 조직하기 두 달 전부터 일본은 BIA에 대한 조직 개편을 단행했다. 일본군 15사단은 남기관을 흡수했고, 스즈끼 대령은 본국으로 송환되었다. BIA는 모병을 중지한 채 3천 명의 병력만 남긴 채 1942년 7월 27일 공식적으로 해체했다. BIA는 일본의 대동아공영권의 일환으로 일본의 미얀마 점령을 위한 도구로 활용된 지 8개월 만에 공식 해체되었고, 아웅산은 일본의 의도를 명확하게 알아차렸다.

그러나 당시 도조<sup>Hideki Tojo</sup> 총리가 이미 버마의 독립을 선포한 상황이었고, 당시 일본의 군권이 최고조에 달했기 때문에 버마독립군이 단독으로 일본군을 대적할 상황은 아니었다. 또한 국내적으로도 일본군의 대중적 인기가 높은 편이어서 버마독립군이 이들에 대한 지지를 철회할 경우 버마 국민들이 쉽게 납득하지 못했을 것이며, 군부를 제외한 국내 정치 세력 간 이념 갈등이 상존하여 세력 규합이 어려웠다. 아웅산은 당시 버마에게 불리한 조건을 이해하고 일단 일본의 제안을 수락했다(Ba Than 1962, 35-36).

일본군 15사단 이다Shojiro Iida 준장은 1942년 8월 9일, 일본은 버마독립군을 해체하고, 일본군 휘하에서 유사시 미얀마를 방위할 목적으로 버마방위군Burma Defence Army: BDA(ဗမာ့ကာကွယ်ကွယ်ရေးတပ်မတော်[bama-kakweye-tatmadaw])을 창군한다고 공표했다. 군 병력은 종전 5만 명*에서 1만 4천 명으로 감축하고, 여기서 선발된 사관후보생들은 간부후보학교Officer Training School: OTS나 일본 군사관학교Imperial Military Academy에 입교하여 근대 군사훈련을 실시할 계획이었다(စစ်သမိုင်းပြတိုက်နှင့်တပ်မတော် မော်ကွန်းတိုက်မှူးရုံး[sit thamain-pyathaihnin-tatmadaw-mawkundaik-hmuyon 2003a, 195).

군 조직도 새롭게 개편되었다. 만달레에 네윈과 양나잉Yan Naing을 대대장으로 하는 제1·2대대, 제야Zeya를 대대장으로 버고Bago에 제3대대를 재조직했고, 삔머나Pyinmana는 군사훈련소로 지정되었다. 9월부터 일본군은 양공 외곽 밍글라동Mingladon에 간부후보학교OTS를 개교하고 300명의 군 간부 후보생을 입교시켰다. 이들 중 성적이 우수한 후보 30명을 선발하여 이듬해 6월 일본 군사관학교로 보내 수준 높은 군사교육을 실시했다(Ba Than 1962, 38).

1943년 1월 14일 일본은 미얀마의 독립을 승인했고, 8월 1일 공식적으로 독립했다. 바모 박사 내각으로 구성된 정부가 구성되었는데 아웅산과 네윈은 각각 국방장관과 군총사령관에 취임하였다. 일본과의 약속에 따라 독립 직후 미얀마는 영국과 미국에 전쟁을 선포함으로써 일본 진영에

---

* BIA 군대 수에 대해서는 현재까지 논란이 있는데, 2만 명 또는 5만 명 정도로 추산된다. 자세한 내용은 아시아·아프리카·라틴아메리카연구원(1989, 22), Maung Maung(1959, 55)을 참조하라.

가담하는 것처럼 보였지만 영국과 일본을 배제하고 완전한 독립을 쟁취하기 위한 일시적 전략이었다.

버마독립군과 버마방위군에 소속된 미얀마 군인들은 일본이 의도하는 군인의 모습으로 변모하지 않고, 일본이 만들어놓은 군부 양성 교육기관에서 일본에 대한 비판과 적대심을 키워가며 저항을 준비했다(Callahan 2003, 67). 이런 정황은 다양하게 포착된다. 첫째, 먼저 일본이 버마국군을 해체한 뒤 버마방위군 창군을 발표하기 이전 아웅산은 7월 27일, 3천 명의 병사를 이끌고 삔머나Pyinmana를 사령부로 정하여 독자적으로 창군 준비를 함으로써 버마 군대가 일본군의 전유물이 아니라는 사실을 우회적으로 입증했다. 또한 일본군도 아웅산이 이끄는 버마독립군의 자율성을 일부 인정했거나 이미 아웅산은 버마 군대 내에서 확고한 입지를 다졌다. 나아가 일본이 미얀마 중북부까지 점령하자 일부 떠킹Thakhin들은 일본에 대한 투쟁을 결의하는 등 군부 외 세력들도 대일투쟁에 가담했다. 독립 운동가들은 꼭두각시 정부의 수장이었던 바모 박사에게도 일본의 의도를 제대로 이해하라고 경고했다.

둘째, 일본은 OTS를 통해 소수정예의 버마 군부를 양성하여 일본 군부에 적극 동조하는 정예장교 육성을 희망했다(Guyot 1966, 321). 그러나 입교한 버마 군 사관생도들은 민족주의자로서 정체성을 확립하고, 일본이 주도하는 군사 훈련을 적극 수용하면서도 일본이 의도한 대로 친일사상에 물들지 않았고, 오히려 반일정신을 함양하는 등 민족주의의식을 고취시켰다(Callahan 2003, 60-61).

한편, 1943년 8월 6일 네윈 대령은 군사령부 회의에서 BDA를 버마국군Burma National Army: BNA (ဗမ့အမျိုးသားစစ်တပ်ကြီး[bama-amyotha-sittatkyi])으

로 개칭할 필요성을 제기했다. 국가를 방위한다는 것이 아니라 적들과 싸울 수 있는 군대의 양성이 그 목적이었다(ဦးလှ[U Hla] 1968, 185-188). 이를 빌미로 일본은 버마국군을 다시 재편했으나 내부적으로 미얀마 군부의 대일본 저항의식은 확대되었고, 임시정부 수립 후 군부도 체계적인 조직체로 거듭났다.•

버마국군이 창군된 이후 이제 소수종족들과 공산주의세력 등 노선과 출신성분이 다른 집단들도 아웅산의 휘하에 가담하기 시작했다. 아웅산은 꺼잉족Kayin, 또는 까렌 Karen 출신의 짜도 Kya Doe◆와 산뽀띵San Po Thin을 비롯하여 쏘Soe와 딴뚱Than Tun 등 버마적기赤旗공산당Communist Party of Burma: CPB의 수뇌부를 버마국군으로 끌어들였다(Maung Maung 1959, 63-65).▲ 이로써 1944년 8월, 아웅산은 인민혁명당PRP을 비롯해 열거한 모든 단체들을 포함하여 일본을 파시스트로 규정하고 이들을 본국에서 축출하기 위해 반파시스트인민기구Anti Fascist Organization: AFO를 설립했다. 이 기구에서 아웅산이 의장, 딴뚱이 사무총장, 쏘가 정치 지도자로 선출되었다(Callahan

---

● 1944년 말 기준 군 병력은 정예 요원만 선발하여 1만 5천 명으로 확대되었고, 국방부(War Office) 산하에 총사령부, 지역 사령부 2개 사단, 보병대 8개 대대, 방공포대 2개 대대, 기술부대 2개 대대, 지원대, 통신대, 군의대 4개 대대, 군수보급부대 3개 대대, 수송부, 예비대, 교육부, 모병부, 양공수비대, 해군 등 근대 군대 조직을 갖추었다(Ba Than 1962, 40).

◆ 꺼잉족들도 버마족과 마찬가지로 공계친족 제도를 택하고 있기 때문에 이름에 성(姓)이 없다. 대신 남자 이름 앞에 쏘(Saw), 여자는 노(Naw)를 붙인다. 꺼잉족 반군 내각 관리들은 이름 앞에 빠도(P'doh)를 붙인다.

▲ 1939년 조직된 공산당은 원래 연합여당인 반파시스트인민자유연맹(AFPFL)의 구성원이었으나 1946년 떠킹 쏘(Takhin Soe)를 중심으로 하는 버마적기공산당(CPB)과 딴뚱(Than Tun), 떼잉페(Thein Phe)를 중심으로 하는 버마백기공산당(BCP)으로 양분되었다. 분열의 원인은 당내 권력다툼이라고 알려졌는데, 떠킹 쏘가 딴뚱과 떼잉페를 제국주의자이자 기회주의자로서 공산당 내 패권을 장악하고 있다고 비난했다. 수적으로 적었던 적기공산당은 러시아 트로츠키주의를 옹호하며 비공산세력과의 연대를 강력히 반대한 반면, 백기공산당은 AFPFL의 구도 내에서 좀 더 대중적인 공산운동을 목표했고, 대영투쟁 당시에는 무력 투쟁만이 해답이라고 강조했다. 두 정당은 1946년 7월 10일, 정부에 의해 불법으로 규정되었다.

2003, 74-75). 마침내 1945년 3월 27일, 아웅산의 지휘 아래 일본군에 대한 총 공세가 시작되어 5월 3일 버마군은 양공 탈환에 성공했다.

1945년 일본의 패방 이후 영국은 일본의 영향력이 비교적 적은 변경지역을 중심으로 다시 군대를 조직하기 시작했는데, 서부와 북부에 거주하는 약 1만 6,000여 명의 소수종족 지원군을 모집하여 연합군의 일원으로 충원했다. 영국, 미국, 중국은 전쟁에서 승리할 경우 이들에게 자치권이나 독립을 부여한다는 조건으로 군 병력 충원에 열을 올리기 시작하여 변방지역은 혼란과 장래 버마연방의 갈등을 조장하고 있었다(Selth 1986, 483-507). 또한 아웅산이 일부 소수종족과 공산주의자들과의 연합을 달성했지만 국경지역의 대다수 소수종족들이 연합군으로 재편됨에 따라 버마국군과 소수종족 간 갈등의 불씨는 상존했다.

1945년 7월 영국과의 합의하에 버마국군은 버마애국군<sup>Patriotic Burmese Forces: PBF</sup>(ဗမာမျိုးချစ်တပ်မတော်[bama-myochit-tatmadaw])으로 개칭했고, 같은 해 9월에 스리랑카 캔디<sup>Kandy</sup>에서 열린 협상에서 버마애국군<sup>PBF</sup>의 처우가 결정되었다. 여기에서 아웅산과 영국의 마운트배튼<sup>Louis Mountbatten</sup> 제독은 버마애국군<sup>PBF</sup> 소속 5,700명의 군인을 제3, 4, 5 소총대대로 재편하는 등 정규군의 규모를 1만 2천여 명으로 축소 재편성, 그 중 200명을 장교로 충원하고 나머지는 전역시키는 방안에 합의했다(Ba Than 1962, 61; Callahan 2003, 98).■

이질적 성분의 소수종족이 하나의 군에 통합됨에 따라 새롭게 재편된 버마국군 내부에서는 일사불란한 단결을 찾아보기 어려웠다. 소수종족

---

■ 정규군으로 편성된 PBF 병사수는 바땅(Ba Than)이 5,700명, 캘라한(Callahan)이 5,200명으로 다르게 집계했다.

군은 PBF 군인을 갑자기 출세한 자로 간주했고, 반면 PBF 군인은 소수 종족군을 잇속만 차리는 용병이라고 경멸감을 가졌다(아시아 · 아프리카 · 라틴아메리카연구원 1989, 25). 아웅산 진영에 참여했던 일부 꺼잉족들도 버마족 군인들과 갈등했는데, 다수의 역사학자들은 이 시기부터 버마족과 꺼잉족들의 대립이 시작됐다고 지적한다(Smith 1991, 62).

한편, 1945년 5월 반파시스트인민기구Anti Fascist Organization: AFO는 그 명칭을 반파시스트인민자유연맹Anti Fascist People's Freedom League: AFPFL (ဖက်ဆစ်ဆန်. ကျင်ရေး၊ ပြည်သူ့လွတ်မြောက်ရေးအဖွဲ့.ချုပ် [hpethsit-hsankyinye-pyithu-lut myaukye-ahpwechouk])으로 개칭하고, 8월 15일 버고에서 열린 PBF 12차 회담에서 아웅산이 전역하여 정치에 전념해줄 것을 요구하는 결의안을 채택했다. 마운트 배튼과 영국 식민관리들도 아웅산의 지도력하 AFPFL이 정치기구로 확대되는 것을 실감했다(Maung Maung 1959, 70).

군부 최고지도자인 아웅산을 자연스럽게 정치지도자로 추대하고, 식민관리조차도 이에 동감했다는 사실은 미얀마 정치사에서 아웅산의 개인적 리더십과 군부가 사회에서 차지하는 위상을 증명한다. 그러나 아웅산의 갑작스런 암살*은 독립 미얀마의 가장 유력한 정치지도자를 잃는 결과를 가져왔다. 아웅산의 리더십에 대해 트래저Frank N. Trager는 다음과 같이 지적한다.

---

* 1947년 7월 19일 오전 10시 30분경 각료회의에 참석한 아웅산과 그의 각료 6인을 포함하여 언론인 1명, 각료의 경호원 1명 등 총 9명이 우 쏘(U Saw)를 중심으로 한 10명의 무장 괴한에게 피살되었다. 우 쏘는 식민시기 부총리를 역임하는 등 국민적 인기가 높은 편이었으나 자신보다 나이가 적은 아웅산의 카리스마와 인기를 항상 시기했다. 그는 AFPFL을 탈당, 애국당을 창당하여 독자적 세력화를 꾀하였으나 아웅산의 인기를 능가할 수 없었다. 아웅산 암살의 결정적인 원인을 여기서 찾을 수 있다. 그러나 우 쏘가 개인적 야욕을 위해 아웅산을 암살하려고 시도했던 결정적인 동기가 없었던 점과 영국 군 비비안(David Vivian) 대위가 우 쏘에게 권총을 판매했던 점을 고려할 때 이 암살 사건은 여전히 미제로 남아 있다. 아웅산 암살 사건에 관한 내용은 Kin Oung(1996), တက္ကသိုလ်နေဝင်း[Tekkatho Ne Win](1998)을 참조하라.

어떤 역사적인 사건들을 다만 그 어느 위대한 인물의 행동으로만 설명한다는 것은 역사를 왜곡하는 일이다. 하지만 버마에 국한한다면, 떠킹당이 처음으로 정치적 지위를 획득한 뒤 1948년 1월 독립 초기에 이르기까지 12년간의 기록은 아웅산의 리더십을 중심으로 검토하는 것이 적절하리라고 본다(အောင်ဆန်းစုကြည် [Aung San Suu Kyi] 1993, 94-95).

이와 함께 아웅산의 사망은 식민시기 비대화된 군부의 기능과 역할을 축소하여 사회구성원으로서 재분배할 카리스마적 군부 지도자를 잃는 결과이기도 했다. 우선, 정치 지도자와 버마애국군PBF이 영국의 통제하 제한된 자율권을 보장받는 동안 여기에서 배제된 군인들은 인민의용군People's Volunteer Organization: PVO (ပြည်သူ့ရဲဘော် [pyi-thu-yei-baw])으로 재조직되었다.♦ 그런데, 아웅산 장군이 사망한 후 PBF로 편입되지 못한 6만 5천여 명의 PVO 병사들은 독립 이후에도 준군사조직으로 남기를 희망했으나 제헌의회는 이들의 해체를 계획했다.

1948년 버마백기공산당Burma Communist Party: BCP이 무장봉기를 일으키자 일부 PVO 회원은 이듬해 2월 보 포꿍Bo Pho Kun, 보 라야웅Bo La Yaung, 보 흐무아웅Bo Hmu Aung을 각각의 지도자로 하는 백기PVOWhite Band PVO와 황기PVOYellow Band PVO로 다시 분열되었다. 정부가 제안한 좌파연합프로그램Program of Leftist Unity이 아웅산이 초창기에 추구하려던 사회주의국가의 이

---

♦ 이 단체는 일본이 영국에 맞서 후원한 동아시아청년연맹(East Asia Youth League)과 연대했는데, 1945년 11월부터 복지기구로 지정되었다. PVO는 캔디협의의 결과가 미얀마의 즉각적인 독립을 보장하지 않는다고 판단하고 무장 세력화했다(Callahan 2003, 109-111). 그 실체에 대해서는 알려진 정보가 거의 없으나 아웅산이 영국 당국에 의해 체포된 PVO 요원들을 전원 석방한 점, 아웅산이 사망한 후 조직력이 붕괴되었던 점 등을 참고로 했을 때 아웅산이 이 기구에 관여했을 개연성은 높다.

상과 동떨어졌다고 판단한 백기PVO는 반정부 투쟁을 결의했던 것이다 (Trager 1966, 100-102). 즉 버마군부의 일원이었던 PVO는 자신들을 이끄는 지도자가 사망한 뒤 지도력 공백으로 인해 무게중심을 잃었고 급기야 내부 갈등으로 분열되었다.

PVO 구성원들의 경우에도 아웅산의 부재 이후 정치적 성향에 따라 분열되었다. 1939년 조직된 버마공산당은 1946년 7월 식민정부에 의해 이적단체로 분류되었는데, 아웅산의 동지였던 떠킹 쏘Takhin Soe●는 1957년 버마적기공산당CPB으로, 딴뚱과 뗴잉뻬는 버마백기공산당Burma Communist Party: BCP으로 각자의 길을 갔다(Trager 1966, 97).

또한 일본이 퇴각한 이후 1946년 영국이 조직한 군부 구조는 독립 이후에도 그대로 유지되어 혁명군부의 위상이 크게 격하되었다. 특히 영국의 구미에 맞게 선택된 군 수뇌부는 버마족이 아닌 꺼잉족 출신의 스미스 던Smith Dun, 시쇼Shi Sho, 짜도Kya Doe 등이 독립 후 각각 군총사령관, 공군참모총장, 작전사령관으로 임명되는 등 영국 식민시기 지휘체계는 지속성을 유지했다(Callahan 2003, 119).

꺼잉족은 바우지Ba U Gyi의 지도하 1947년 2월 까렌민족연합Karen National Union: KNU을 창설하고, 몇 개월 후 자체 군사조직인 까렌민족방위기구Karen National Defence Organization: KNDO를 조직하여, 꺼잉국Karen State 건설을 위해 1948년 7월부터 반정부 투쟁에 들어갔다. 이에 대해 전쟁사무소War Office(국방부의 전신)는 무기력했고, 버마족으로 구성된 지역사령부는 스미스 던 국방

---

● 아웅산 장군을 암살한 우 쏘(U Saw)와 한글 발음은 같으나 다른 사람이다. 우 쏘는 항상 아웅산을 능가할 수 없는 카리스마와 지도력의 한계를 인지하고 있었는데, AFPFL 창당 초기 우 쏘는 AFPFL을 탈당하여 애국당이란 의미의 묘칫빠띠(မျိုးချစ်ပါတီ[myochitpati])를 창당했다.

장관을 무시하거나 전쟁사무소의 명령에 따르지 않았다(Callahan 2003, 147).

결론적으로 아웅산의 사망 이후 정부는 PVO의 처우 문제, 군대 인사상의 서열 문제, 공산당과 소수종족 무장단체 등 반정부 세력과 대항할 수 있는 군대 육성에 실패했다. 또한 군 인사들이 이탈하지 못하도록 하는 제도적 장치를 마련하는 과제들을 해결하거나 군부의 구조적 변화에 대응하는 처우 개선 등이 이뤄지지 않았다. 독립 후 정부는 영국이 조직한 군대 구조를 그대로 계승함으로써 독립운동에 투신했던 군부의 상대적 박탈감은 증가했다.

미얀마 군부의 탄생과 발전 경로는 외부, 즉 일본의 지원이 결정적인 동인이었다고 볼 수 있다. 그러나 군부 내부적으로 아웅산의 리더십은 일본의 미얀마 식민화를 극복하기에 충분했다. 출신 성분으로 볼 때 혁명군부는 종족적으로 버마족 중심에서 일부 소수종족으로 확대되었고, 성향상으로는 식민시기 당시 민족주의자들이 주창한 사회주의와 마르크스주의에 탐닉한 공산주의자 등 이질적인 성분이 아웅산의 지도력하에 규합되는 형태였다. 그러나 이들의 공동 목적이 독립이라는 것을 제외하고, 각 구성원들 간의 화합이나 일치단결을 찾을 수 없었다. 긴장과 갈등 국면은 1947년 아웅산이 사망한 뒤 극한 상황까지 치달았고, 독립 이후 민간정권의 출범 이후 구성원 간 충돌은 가시화되었다.

오벨리스크 모양의 독립기념탑. 양곤 시내 반둘라 공원에 조성되어 있다.
하단부에 독립선언서가 영어와 미얀마어로 조각되어 있다.

## 3. 민간정권(1948~1962)시기 군부의 기능과 역할: 국가 수호자로서 집정관군부

1948년 1월 4일, 미얀마는 영국으로부터 독립하여 우 누$^{UNu}$를 총리로 하는 민간정부를 출범시켰다. 그러나 아웅산이 사망한 뒤 정국은 이미 내전으로 인해 혼란수순으로 접어들었고, 혁명군부의 위상도 크게 격하되었다. 이른바 군부가 정치에 개입할 수 있는 환경을 마련하는 시기였고, 군부도 상대적 박탈감을 치유하고 자립할 수 있는 역량을 배양하기 위해 경제활동에 참여하는 등 그 기능을 확대하기에 이르렀다. 오늘날 미얀마 군부의 기능을 직능화하며 신직업주의 군부로 전환하는 유인 동기였다.

네윈을 비롯하여 군부 지도자들은 정치지도자들과 함께 반영反英, 반일反日 투쟁과정에서 생성되고 성장했기 때문에 독립 후에도 여전히 국가의 유지와 번영을 위해 노력하는 것이 자신들의 의무라고 생각했다. 그러나 독립 후 제정된 헌법 제97조에는 "육·해·공군을 포함한 군부와 공공질서 유지를 담당하는 준군사조직과 관련한 업무의 전권은 의회로 귀속된다."고 규정함으로써 군부는 민간의 통치를 받는 집단이 되었다(Maung Maung 1950, 275).

제도적으로 군부에 대한 민간의 우위는 군부의 자율권마저도 상실케 했는데, 그것은 바로 우 누의 정치적 전략에 의해서였다. 양공대학 학생회장으로서 우 누가 아웅산과 함께 1936년 양공대학 학생들의 시위를 지도하여 일시에 독립운동 지도자로 급부상했지만, 실제로 독립을 이끈 미얀마 군부에서 그는 어떠한 역할도 하지 않았다. 우 누는 정치와 불교의 접목을 시도한 페이비언 사회주의자이자 전통주의에 심취한 정치인으로서, 독립 후 군부에 대한 국민적 인기를 극복하기 위해서 민간이 군부 위에 군림하는 정치구도를 원했다. 근본적으로 그는 아웅산에 대한 국민의 기억을 자신에 대한 지지로 전환하여 군부의 기능과 위상을 정치무대에서 최소화시키고자 했다.

정규군에서 제외된 전역 군인들은 독립 후 정치세력화를 꾀하였다. 아웅산의 사망 이전부터 내부 분열을 보이던 반파시스트인민자유연맹^AFPFL은 독립 이후 영국과 일본 등 식민종주국의 보호와 후원하 독자적 세력을 구축하려던 우파, 버마애국군^PBF에서 강제 퇴역한 잔군세력인 인민의용군^PVO, 정부의 온건한 사회주의에 반기를 들고 급진적 무장혁명을 지향한 두 개의 공산당 파벌 등 이해관계를 달리하는 다양한 세력으로 진화했다.

우파세력들은 우 누 내각에서 전쟁사무소를 구성한 꺼잉족 군부들로 이들은 버마애국군^PBF에 근무한 이력이 전혀 없으며, 영국의 지속적인 영향력 행사를 기대했다. 꺼잉족에 의한 군지도부가 구성되자 보 렛야^Bo Let Ya는 영국의 힘을 빌려 꺼잉족 군 수뇌부를 축출하는 방안을 고려하는 등 우익의 영향력을 강화하는 한편, 연합군 편에 섰던 꺼잉족 분리주의단체인 까렌민족연합^KNU도 1947년 2월 이후 반정부 투쟁을 공식화했다.

인민의용군^PVO도 아웅산의 사망 이후 고유의 응집력을 잃고 추진동력을 상실했다. 결국 이 단체는 친정부적인 황색PVO와 반정부성향의 백색PVO로 양분되었다. PVO는 당초 이념으로 분리되는 연방의 미래보다 정규군에 편입되는 것을 목적으로 설정했다. 그러나 정부는 PVO를 배제한 준군사조직 창군에 관심을 기울이며 끝내 이들을 배제함으로써 두 파벌은 다시 이해관계에 따라 좌우로 분리되었다.

우 누 총리는 보 렛야와 같은 우파들의 의견을 수용하여 준군사조직인 쎗원당(စစ်ဝန်ထမ်း[sitwundan])을 창설했다. 전 버마애국군PBF과 반파시스트인민자유연맹AFPFL과 가까운 파벌들의 결속력을 다지고, 꺼잉족과 공산당 세력들로부터 쎗원당을 격리시키기 위해서였다. 그러나 정규군은 쎗원당을 즉각적으로 비난했다. 애초의 목적과 달리 본 군사조직에 가담한 병력의 전투력 수준은 매우 낮았고, 약 1,200명 이상의 병력이 꺼잉족과 공산당 세력과 연대함으로써 조직을 더 이상 운용할 수 없었기 때문이다(Callahan 2003, 129).

1948년은 독립과 동시에 분리독립운동으로 인해 내정은 그야말로 혼란한 시기였고, 우 누 내각은 군부를 직접 동원할 수도, 그렇다고 꺼잉족 중심의 전쟁사무소를 통제할 능력도 갖추지 못했다. 꺼잉족이 무장봉기를 일으키는 것을 비롯하여 1948년 8월부터 12월까지 공산당-인민의용군PVO 잔군-소수종족 연합군에 의한 반정부투쟁이 이어졌다. 1949년 2월, 꺼잉족이 북부사령부 본부 및 주요 군사시설이 소재한 메묘Maymyo●를 함락할 때 정부는 '양공정부'라고 불릴 정도로 위기에 휩싸였다.

1949년 2월 들어 네윈이 군권을 장악했으나 군부와 우 누 내각은 여전히 첨예하게 대립했다. 꺼잉족의 무장 봉기가 시작된 이후에도 우 누 총리는 변방지역을 순시한 후 군과 어떠한 상의도 하지 않고 꺼잉족 장교를 진급시켰다(Callahan 2003, 151). 전 인민의용군PBF 소속 중령급 장교들은 전

---

● 영국군 메이(May) 대령의 이름을 딴 곳으로 사전적 의미로 '메이 도시'이다. 높은 고도로 인해 기후가 선선하여 영국식민시대에 식민관리의 휴양도시로 본격 개발되었다. 네윈을 비롯하여 미얀마 군 고위장성들도 이곳에서 휴식을 취했다고 한다. 식민시대에는 약 1만 명의 인도인과 5천여 명의 네팔인들이 거주했다고 한다. 1989년 현 군부가 국명과 각 지방 명칭을 변경하면서 삥우르윙(Pyin Oo Lwin)으로 변경되었다. 미얀마 군사관학교(DSA)가 소재하고 있는 군사도시이기도 하다.

장에서 2년 이상 근무하더라도 일 계급 진급할 가능성이 희박한 상황이었는데, 우 누 총리의 독단은 야전에서 근무하는 버마족 장교들의 사기를 떨어뜨리기에 충분했다.

국군통수권을 둔 군부와 민간의 애매한 분리원칙도 양공 소재 국방부와 야전에서 근무하는 지역사령부 군인들 간의 갈등으로 확대되었다. 독립 이전부터 지역사령부 소속의 각 마을에는 토호가 사병 부대를 이끌고 있었는데, 1950년대 들어 그 수가 3만~5만 명 정도로 늘어났다(Englehart 2005, 626). 예를 들어 쀈머나에는 보 따욱타잉Bo Tauk Htain, 예더쉐Yadashe에는 아웅지Aung Gyi●가 이끄는 얀더야Yandaya, 르웨Lewe에는 찌쉐인Kyi Shein이 이끄는 사설 군대가 존재했다. 이 조직들은 창설 초기에는 군부와 함께 반정부투쟁에 동참했으나 시간이 흐를수록 약탈을 일삼거나 지역 암시장을 형성하는 등 그 성격이 변질되었다(Callahan 2003, 117).

또한 각 지역 사령부 소속 군인들은 토호와 결탁하거나 이권다툼에 빠진 정치인들의 하수인이 되었다. 이로 인해 군 기강은 문란해졌고, 군권은 분열의 기로에 서게 되었다. 이를 돌파하기 위해 네윈은 각 지역사령부가 전쟁사무소를 지원하지 않고, 명령마저 잘 따르지 않는다고 지적하며 지역사령부 소속의 장교에 대한 인사 개혁의 필요성을 정부에 몇 차례 제안했다. 그러나 우 누 총리는 네윈의 요구를 일축했고, 오히려 군 수뇌부를 구성하고 있는 네윈을 비롯한 아웅지, 마웅마웅 대령 등에게 각

---

● 과도정부 시기 네윈에 이은 제2의 실권자로 실용주의 노선을 견지했다. 쿠데타 이후 정국이 안정된 후 다시 민간에게 정권을 이양해야 한다고 강력하게 주장하다가 1963년 네윈에 의해 축출당했다. 네윈에게 보내는 장문의 서한이 유포되어 1988년 민주화 요구 시위가 촉발하는 데 큰 영향을 미쳤다. 이후 7~8월 체포되었다가 1989년 아웅산수찌와 함께 NLD 창당에 앞장서 초대 당의장에 취임하였다. 그러나 공산세력이 NLD에 가입했다는 사실을 두고 아웅산수찌와 이견 대립을 보여 12월 탈당하여 연방민족민주당(UNDP)를 창당했으나 1990년 총선에서 1석을 얻는 데 그쳤다.

료 직위에서 사임할 것을 요구하는 등 균형자적 역할을 수행하지 못했다(Callahan 2003, 186-187).

1950년대에 들어 군부는 조직 개편과 현대식 무기를 갖춘 군대로 거듭나기 위해 개혁안을 발표했다. 군 지도자들은 이스라엘과 유고슬라비아 군대를 모델로 혁명정신을 계승하여 군 조직을 제도화하기 원했으나, 정치인들은 군부의 제안을 묵살했다.

민간과 군의 갈등은 1950년 네윈이 국방장관과 내무장관에서 사임한 이후에도 나타났다. 민간출신인 우 윈$^{U Win}$ 신임 국방장관은 국군 내에서 네윈을 비롯한 모든 군부의 정치적 영향력을 제거하고자 했다(Callahan 2003, 153). 그러자 1955년 아웅지 대령은 경제개발 강연장에 참석한 우 쪼 네잉$^{U Kyaw Nyein}$ 산업부 장관에게 "AFPFL이 국내문제를 효율적으로 해결하지 못하면 군부가 개입할 수밖에 없을 것."(Callahan 2003, 180)이라고 경고하여 민간과 군부의 갈등을 공론화했다.

한편, 국내 반군들의 활동이 일시적 소강상태로 접어들자 군부는 군사교리$^{doctrine}$를 수립했는데, 국내 반군 소탕보다 국외의 위협으로부터 국가를 수호하는 내용을 핵심으로 했다. 마웅마웅$^{Maung Maung}$에 따르면 미얀마의 최대 적은 중국이고 인도는 실질적인 문제가 되지 않으며, 태국은 강력한 수준이 아니었다. 반면 현실적으로 중국을 능가할 수 있는 가장 위협적인 집단은 공산주의자였다(Callahan 2003, 161).

당시 중국은 동남아의 공산화를 위한 이념수출과 동남아 내 활동 중인 공산세력에 대한 지원도 병행했는데, 중국 공산당은 성향이 유사한 버마백기공산당$^{BCP}$을 전폭 지원했다. 미얀마 공산주의자들 중 일부는 중국 윈난$^{雲南}$에서 군사훈련을 받고, 일부는 베이징에 거주하기도 했지만,

베이징정부는 근본적으로 이들이 미얀마의 공산화를 달성할 역량이 부족하다고 판단했다. 그렇기 때문에 미얀마 정부와 마찰을 일으키지 않는 수준 내에서 이들을 지원했다.

1949년부터 시작된 국민당Kuomintang: KMT 잔당 세력의 미얀마 영토 침범은 중앙 정부의 추가적 군사비용을 치르게 하는 결과로 이어졌다. 공산정권을 수립한 중국인민군People's Liberation Army: PLA의 KMT 추격전으로 인해 삽시간에 수천의 KMT 세력이 윈난을 통과하여 미얀마 영토로 유입되었는데, 1951년 4월 4천 명에서 1953년 1만 6천 명까지 늘어났다. 중국 인민군 리미李彌 장군이 국경지역에 병영을 설치할 정도로 이들의 세력은 비대해졌다. 또한 이들은 정부에 반기를 든 꺼잉족 꺼잉방위군KNDO과 연대하고, 군자금을 마련하기 위해 아편을 재배하는 등 지역사회의 치안을 위협하고, 미얀마 내란을 확대하는 결과를 초래했다.

1953년 초 중국은 국민당 세력을 소탕하기 위해 미얀마에 공동 군사작전을 제의했으나 우 누 총리는 이로 인해 더 많은 수의 중국인이 유입될 것을 우려하여 거절했다. "너가나잉"Naga-Naing(승리한 해룡)으로 명명된 이 군사작전 정보가 미리 언론에 노출되어 작전은 "너가숑"Naga-Shone(패배한 해룡)으로 조롱거리가 되었다(Maung Aung Myo 2009, 17-18). 미얀마 입장에서 국민당 세력의 소탕으로 인해 이들과 연대하는 소수종족들의 활동 반경을 크게 위축시킬 수 있었다. 그러나 군사작전으로 인해 국경지대에 거주하는 중국인들이 미얀마 영토로 대거 이주할 경우 양국은 외교적 갈등을 빚을 수 있고, 우 누는 그러한 가능성의 싹을 틔우지 않기 위해 군사작전을 포기했다.

1956년 미얀마가 미국과 경제원조 재개 협상을 시작하자 중국이 이에 강력히 반발하여 같은 해 7월, 중국인민군 5천 여 명이 미얀마 밋찌나Myitkyinar로 침범해 왔다(Johnstone 1963, 193). 일각에서는 중국 티베트지역에서 반정부 폭동이 발발하자 폭도들이 미얀마 국경지역을 통해 군수물자를 비롯하여 각종 지원을 받지 못하게 하도록 중국 인민군을 파병했다는 주장도 제기되었다(Hinton 1958, 54). 침범의 원인은 다양하게 제기되지만, 두 사건으로 인해 미얀마는 중국 내정에 따라 자국의 운명을 결정지어야 했다. 이런 배경에서 외부의 위협으로부터 국가를 수호한다는 군부의 교리는 매우 적절하다.

이 교리는 1960년 중반까지 매년 개최되는 군부 정례회담Commanding Officers' conference)에서 지속적으로 발전되었다. 특히 1957년 회담에서 네윈은 군부의 교육을 강조하는 방안을 제안하는 등 군부의 지속적인 근대화를 역설했다(Maung Aung Myo 2009, 18). 반군세력 소탕과 같은 국내문제 대처에 대해서도 각성과 보완을 제시했다. 1958년 회담에서 군부는 공산반군에 대한 대처 전략을 명확히 수립할 필요가 있고, 반군을 격퇴하기 위한 군사전략이나 작전도 대폭 수정해야 한다고 제안했다(Maung Aung Myo 2009, 18).

이 시기까지 군부는 혁명군부의 모습을 갖추었다. 그러나 1958년 9월부터 18개월간 유지된 과도정부caretaker를 겪으면서 군부는 집정관군부로 변화한다. 1958년 4월, 집권 여당인 반파시스트인민자유연맹AFPFL은 이념과 파벌 갈등으로 인해 우 누와 농업부장관 떠킹 띤Thakhin Tin이 이끄는 청렴파The Clean, 바스웨Ba Swe와 쪼네잉Kyaw Nyein이 이끄는 안정파The Stable로 분열되었다.

군부는 후자를 지지했다. 독립 당시부터 군부는 우 누 내각과 대립각을 세우고 있었던 점에 반해 바스웨와 쪼네잉 일가는 1930년대 초부터 대학생 시위를 주도한 세력으로 군부의 연민과 지지를 동시에 받았다. 그러나 1949년 1월 개최된 군부 정례회담 이후 군부는 내부적으로 정치적 중립을 확인하여 군내외의 다양한 논쟁을 종식시켰다(Callahan 2003, 185).

우 누와 군부 간 갈등은 1958년에 들어 최고조에 달했다. 우 누는 1960년 총선에서 승리하기 위해 공산당을 포함한 불순분자 5만 5천 명을 대사면하고, 이들 중 4만 명에게 선거권을 부여함으로써 이들을 토벌한 군부의 공로를 무시했다. 또한 꺼잉족을 비롯하여 몽족Mon, 여카잉족Arakan에게 추가적으로 자치권을 부여한다는 선심성 발언도 했다. 8월 31일 개최된 AFPFL 전당대회에서 우 누 측 인사는 국군을 "인민의 제1호 적"이라고 폄하하여 군부의 공분을 샀다(아시아 · 아프리카 · 라틴아메리카 연구원 1989, 33).

1958년 9월 초 네윈, 아웅지, 마웅마웅, 띤페Tin Pe 등이 순차적으로 우 누를 독대했다. 그러나 우 누는 이들의 사퇴를 종용하여 야전사령부를 구성하던 군부와 심지어 청렴파 내부로부터도 비난을 샀다. 우 누는 친영파와 꺼잉족으로 구성된 국방부와 청렴파를 비공식적으로 지지하는 야전사령부 간 갈등을 실감하지 못했다. 야전사령부를 중심으로 군부쿠데타 분위기가 확산되는 가운데, 9월 23일 3인은 우 누와 다시 회동했다. 그자리에서 우 누는 자신과 떠킹 띤Takhin Tin은 야전사령부 소속 군부에 의해 사살될 것이며, 국방부도 이들을 통제하지 못할 것이라는 소문을 들었다(Callahan 2003, 187-188).

3일 뒤 9월 26일, 우 누는 공식적으로 정권을 네윈을 위시한 3인에게 이양한다고 약속했다. 이제 과도정부, 미얀마어로 보족어쏘야

(ဗိုလ်ချုပ်အစိုးရ[bogyoke asoeya])는 10월 28일 정권을 이양받았다. 미얀마 헌정상 첫번째 군부정권이 출범한 것이다. 보족어쏘야는 1960년 선거를 위해 법과 질서의 회복을 그 집권 의도와 명분으로 설정했다. 군부는 내 각의 3분의 1까지 진출했고, 각 지역사령부는 "치안위원회"로 조직되었 으며, 각종 군사 및 준군사조직은 통폐합하여 군부로 편입되었다. 국방부 와 지역사령부 간 갈등은 봉합되어 군부는 분열에서 통합되었고, 도처의 반군을 소탕했다. 18개월의 짧은 기간 동안 군부의 인기는 일시에 민간정 부를 능가할 수준까지 상승했다.

1960년 병영으로 복귀하면서 군부는 그들의 치적을 자평하며 *Is Trust Vindicated?*라는 서적을 출판했다. 영어로 작성된 이 서적에는 농업생 산량의 증대, 식료품 분배 증가 등 민생부분에서 군부가 혁혁한 공을 올 렸고, 법과 치안을 회복하여 민간정권과 다른 면모를 전시했다. 동시에 군부는 민간정부가 부패하고 무능한 정권이라는 사실도 대비시켰다(The Director of Information 1960).

흥미로운 점 중의 하나는 1960년 총선에서도 군부는 간접적으로 안정 파를 지지하여 우 누 정권에 대한 지지철회를 명확히 했지만, 공식적으 로 정치에는 중립적인 성향을 보였다는 것이다. 1958년 AFPFL이 분열되 었을 때도 네윈은 두 집단에 대한 무력 사용을 경고하면서도 공식적으로 어느 파벌에 대한 지원을 하지 않았고, 공산주의자들과도 연대하지 않 았으며, 군 인사의 정치개입을 강력히 경고했다(Butwell 1963, 203; Maung Maung 1969, 242-243).

필자의 견해로는 과도정부 시기는 네윈이 군권과 정치권력을 독점하 기 위해 잠재적 정적을 제거하고 자신의 입지를 공고화하기 위한 시기였다고 판단된다. 과도정부 당시 영국과 미국 대사관에 따르면, 마웅마웅과 아웅지는 우 누-떠킹 띤 내각이 재출범하는 등 민간정권의 출현을 방지하기 위해 병영으로 복귀하지 않으려는 의도가 명확했으나 네윈은 흔쾌히 병영 복귀를 선언했다고 분석했다(Callahan 2003, 196). 1959년 군부 정례회담 당시 보고서에는 군부가 거만하게 행동하고 각종 사업권에서 부정부패를 일삼으며 애초의 정치개입 정신에서 이탈하여 국민적 여론이 좋지 않다고 평가되었다. 더욱이 1960년 총선에서도 군부의 후원을 받은 안정파가 예상 외로 우 누 파벌에게 패배하면서 군부가 더 이상 정치에 개입할 수 있는 명분이 서지 않았다.

군부의 병영 복귀를 두고 소강 상태였던 국방부와 야전사령부 간 갈등이 재점화되었다. 이제 같은 파벌이었던 마웅마웅, 아웅지, 네윈도 갈등하기 시작했다. 네윈은 1960년 총선에서 엄정 중립을 선언했는데, 이 명령에 따르지 않은 자들은 이듬해 2월 6일, 미국식 군사제도 도입을 주장한 마웅마웅과 함께 새 내각에서 퇴출되었다(Callahan 2003, 198-199). 마웅마웅과 아웅지는 네윈과 대립하여 자신들이 의도한 방식대로 군부를 재구조화하고 내각으로부터 자유로운 집정관 군부를 지향했다.

이에 반해 네윈은 민간정권 지도자나 당의 효율성과 정통성을 직접적으로 부인하지 않지만, 민간정권이라는 테두리 안에서 자신의 입지를 다지는 데 관심을 가졌다. 그런 이유로 과도정부 기간에 그는 국민적 여론과 군부 내 갈등관계를 정확히 파악하고 권력을 도모할 시기를 조율했던 것으로 간주된다.

한편, 군부의 조합적 이익은 자구적 생계대책으로 경제활동에 참가하면서 확대되었다. 1951년, 군인의 복지와 구호를 위해 국방협회Defence Service

Institute: DSI가 군 중앙평의회 소속으로 조직되었고, 1958년에는 버마회사법Burma Company Act에 근거하여 공식 사업체로 등록했다. 국방협회DSI는 국민의 복지를 도모하고, 국가경제에 기여하는 설립 목적을 수립했다. 과도군사정부에 따르면, 미얀마는 정치적으로 독립했으나 경제적으로는 그렇지 못하고, 자립경제를 달성하기 위한 일환으로 국방협회DSI가 선봉에 설 것이라고 선언했다(The Director of Information 1960, 223-225).

DSI는 정부 예산 외 영역에서 군부가 독자적으로 생존할 수 있도록 조직되었는데, 최초 설립 시 정부 예산 중 60만 짱Kyat, 항만시설에 투자하기 위해 120만 짱을 대출했다(The Director of Information 1960, 223-225). 초기자금을 바탕으로 1952년 5월, DSI는 군인과 일반인들에게 우유, 설탕, 맥주 등을 특별 판매하면서 비영리단체에서 영리추구단체로 변모했고, 1년 뒤 만달레에 영업점 개설을 시작으로 이후 메묘, 메익띨라, 따웅지로 영업점을 확장했다(Callahan 2003, 168-169). 1960년까지 아웅지와 그의 동료들이 은행, 선박, 수출입 회사, 건설업, 양공대중교통사업 등 다양한 민간경제에 참여하면서 군부의 경제활동은 본격화되었고(Callahan 2003, 168-169), 이 기간까지 DSI는 국내적으로 가장 큰 영리기구로 발전했다(Sliverstein 1977, 79). 이 기구는 정부로부터 세금과 관세의 면제 특혜를 받았다(Callahan 2003, 191).

1960년 DSI는 버마경제발전공사Burma Economic Development Corporation: BEDC로 개칭되어 사업권이 총리 직속으로 이관되었으나 실질적인 운영권은 여전히 군부 통제하에 있었다(Taylor 1987, 257). 1962년 이후 군부는 공무원과 군부만의 출입을 허용하는 상점으로 빠돔마Padommar를 신설하여 이들의 복지뿐만 아니라 민간에 대한 우월의식을 갖게 하는 작업도 병행했다

(Tin Maung Maung Tan 이메일 인터뷰 2007/12/24). 민간 통제하 군부는 국방과 경제적 생산 활동을 병행함으로써 민간지도자나 정당이 이들과 대립할 수 있는 경제적 권한을 독자적으로 집행 및 결정할 수 있는 환경을 구축했다. 이를 통해 군부는 경제적 조합주의를 완성함으로써 사회의 주도세력으로 그 기능과 역할을 확대해 나갔다.


## 4. 구군부정권시기(1962~1988) 군부의 기능과 역할: 이익집단으로서 신직업주의군부

군부는 민간정권의 제도적 취약성과 같은 정권 자체의 위기에 주목하며, 정권이 달성하지 못한 정치, 사회, 경제적 발전과 모순을 해결하기 위해 정치에 개입한다. 또한 군부는 고유의 조직체계 특성뿐만 아니라 사회 제세력에 비해 근대화의 수준이 높기 때문에 정치에 개입할 경우 그 성공 가능성은 상대적으로 높다.

미얀마 군부의 정치개입에 대한 연구는 근대화의 위기와 같은 취약한 사회·정치적 조건을 정면으로 돌파하기 위해 군부가 정치에 개입한다는 이론을 강화하는 이론 확증용으로 채택되었다(Lissak 1976; Pye 1962a). 또한 미얀마 군부는 군과 민간 엘리트와의 관계, 군의 조직적·제도적 자율성의 영역, 군부가 향유하는 정치·행정적 역할, 군부의 계급과 집단적 의향 등에 의거 사회주의적·과두적 군사체제로 명명되었다(Perlmutter 1980, 109).

그러나 내적 요인까지 종합할 때 위 평가는 군부통치의 일반화와 보편화를 위한 조작적 정의에 불과하다. 다시 말해 미얀마 군부의 정치개입은 우 누 정권의 무능함과 지속적인 내란과 같은 군 외적 요인, 국방부와 야전사령부의 갈등을 봉합하고 군부 내 입지를 다진 네윈의 개인적 카리스마, 1958년부터 시작된 18개월의 과도정부기간 동안 배양된 군부의 정치개입 자신감 등 군 내적 요인이 복합적으로 작용한 것이다.

1962년 3월 2일, 새벽 4시 네윈은 쿠데타*를 일으켜 자신을 의장으로 하는 17인의 혁명평의회Revolutionary Council: RC를 구성했다. 그리고 오전 8시 50분 네윈은 라디오 방송을 통해 쿠데타가 발생했음을 선언했다. 네윈은 군부가 국가의 평화를 유지하기 위해 정권을 장악했다고 발표하면서, 국민들과 공무원들이 어떠한 동요나 두려움 없이 각자 생업에 집중하고, 시험기간 중인 학생들에게도 본업에 충실할 것을 당부했다(Maung Maung 1969, 424). 이에 국민들은 군부 주도의 과도정부를 기억하고, 군부가 질서를 회복하고 나면 정권을 민간에 넘겨줄 것으로 판단했다(Lintner 2007, 96).

쿠데타는 피를 한 방울도 흘리지 않는 혁명에 가까웠다. 대통령 싸오 쉐따익Sao Shwe Thaik의 장남이 사살되었고, 띠보Hsipaw 지역 통치자chao fa인 싸오 짜셍Sao Kya Seng만이 구금상태에 들어간 것을 제외하고 모든 것이 평화

---

● 쿠데타의 시간은 여전히 논쟁거리이다. 네윈의 전기작가이자 1988년 대통령직을 수행했던 마웅마웅에 따르면 그는 정치에 관심이 없는 완벽한 군인이었다(Maung Maung 1969, 210). 또한 과도군사정부기간 동안에도 내란 해결을 통한 국가 질서 회복이 군사평의회의 주요 목적이었다고 회고한다(Maung Maung 1969, 242). 이에 반해 1961년, 네윈이 중국을 방문했을 당시 정치권력을 장악할 의도를 드러냈다(Steinberg 2012, 72). 마웅마웅 박사의 저작이 군인으로서 네윈의 치적을 찬양할 의도로 집필되었기 때문에 정치적 야욕이 없었다는 지적은 논쟁이 된다. 다만 과도정부를 이끌면서 정치력을 학습하며 통치에 대한 자신감을 배양했던 것으로 보인다. 또한 민간정부의 무능은 국가가 처한 각종 위기를 돌파할 수 없고, 독립운동 당시 군부가 주창한 사회주의 건설도 교착상태에 있었다고 평가한 것 같다. 그는 쿠데타와 같이 군부가 정치에 개입해야 한다는 결론에 도달한 것 같지만, 3월 2일 새벽 1시를 쿠데타 시간으로 최종 결정한 배경은 명확하지 않다.

로웠다(Seekins 2002, 37). 이외 군부는 50명의 정부 각료를 포함하여 연방의 분리에 찬성하여 연방회의Federal Seminar에 참석한 자들을 모두 체포했다.

3월 7일 권력서열 2위인 아웅지 준장은 기자회견장에서 다음과 같이 말했다.

우리 버마는 연방주의 창설 문제로 인해 경제, 종교, 정치적 위기를 맞았고, 이것이 쿠데타의 가장 중요한 이유였다⋯ 버마와 같은 작은 국가는 분리될 수 없다. 국가는 자율성과 국회에 의해 보장되는 연방 탈퇴권리를 누리지만 정작 소수종족의 탈퇴가 시작되면, 작은 신생 독립국 버마는 라오스나 베트남처럼 침몰할 것이다(Butwell 1963, 240-241).

아웅지 준장의 언급은 연방분열의 방지가 쿠데타의 명확한 명분이었다. 라디오 방송에서 네윈은 소수종족문제를 직접 언급하지 않았지만 "국가의 위기"deteriorating condition 중 하나는 이로 인한 국론분열이었을 가능성이 크다. 그 정황은 명확하게 포착된다.

쿠데타 한 달 전 우 누는 꺼야주Kayah와 샨주Shan의 독립을 승인하는 연방회의를 개최했다. 1947년 제정된 헌법에서 연방은 버마족 지역, 샨주, 까친주, 꺼야주, 미래의 꺼잉주와 친 특별주 등 6개의 주로 구성되며, 샨주와 꺼야주는 10년 후 국민투표로 연방 분리를 선택할 수 있도록 했다. 정말로 우 누가 헌법을 준수할 목적으로 두 개 주의 독립을 보장할 의도가 있었는지 확인되지 않지만, 그 배경에는 중앙뿐만 아니라 지방마저도 군부에 복속되는 형국에 대한 우 누 개인의 불만이 표출된 것으로 해석될 수 있다. 우 누는 자신의 실추된 명예를 회복하기 위해 자의에 따라 과도

정부를 구성했고, 군부는 국가질서를 회복하는 데 공헌했다고 평가하는 등 군부의 치적을 깎아내렸다.

군부는 우 누 총리의 재가에 따라 조직된 "연방운동"이 활발히 진행되는 것은 곧 연방의 분열로 해석했다. 그래서 쿠데타 이후 "연방운동"을 주도한 인사들이 즉시 체포되었다. 또한 쿠데타 하루 뒤 네윈은 "연방주의Federalism는 불가능하고, 그것은 연방Union을 분열시킨다."고 했다(Smith 2007, 31).

군부가 연방의 분열을 우려했던 사실은 쿠데타 이후 군부가 채택한 그들의 교리에서 명확하게 드러난다. 민간시기 군부는 외부의 위협으로부터 국가수호를 우선원칙으로 삼았다. 그러나 1964년 군부는 국내반군, 전통적인 정적, 강력한 힘greater strength을 가진 정적 등 세 종류의 주적을 소탕하는 것을 그들의 목적으로 설정했다. 즉 국내 반군세력을 소탕하면서 외국의 침입을 대비하는 전략으로 대외적 안보에서 대내적 안보로 우선순위가 바뀌었음을 알 수 있다(Maung Aung Myoe 2009, 21-22).

일반적으로 쿠데타가 성공하면 소수의 군 장교로 구성된 군사평의회junta가 구성되고, 군부는 성명서를 통해 통치기간을 명시하지 않지만 사회·경제적 안정이 도모되면 단시일 내 병영으로 복귀할 것이라고 천명한다. 군부는 그들의 정치권력을 정당화하는 데 임시적이고 단기적인 선전을 사용함으로써 국민으로부터 반강제적 집권의 정당화를 유발한다. 정권을 항구화하지 않는다는 군부의 약속에 군부통치 경험이 없는 국민은 과도정부caretaker로서 군부를 신뢰한다.

혁명평의회는 공식적으로 쿠데타의 이유를 정치적 분열, 민족적 분열, 자본주의적 의회주의의 부패, 외국자본의 침투, 문화적 타락, 교육수준의 저하, 노동자·농민계급의 경제적 피폐 등으로 꼽았다(Ardeth Maung Thawnghmung 2001, 2; Mya Maung 1971, 126). 이런 이유로 네윈을 위시한 군부는 국가 전 분야에 걸친 빠른 속도의 개혁이 불가피하다고 역설했다. 그는 관료사회를 필요악이면서도 언젠가는 버마사회주의계획당Burma Socialist Programme Party: BSPP (ဗမာ့ဆိုရှယ်လစ်လမ်းစဉ်ပါတီ [bama-hsoshelit-lanzin-pati])의 반대급부가 될 것으로 간주했다. 이에 따라 BSPP를 관료사회 상위에 위치시킴으로써 당이 관료사회를 장악하는 형태로 재구조화했다(Englehart 2005, 625). 최종적으로 권력구조는 위에서부터 아래로 국가평의회State Council – 버마사회주의계획당BSPP – 중앙치안행정위원회Central Security and Administrative Committee: CSAC●순으로 서열화되었다.

민간정치인들로부터 배울 것은 없고, 군부만이 당면한 국가문제를 해결할 수 있다는 군부의 자신감은 행정구조의 재구조화를 통해 현실화되었다. 나아가 네윈은 군을 동원해 사회를 장악하는 일에 우선권을 부여했다. 잘 훈련되고 지휘와 명령에 익숙한 군인들을 중앙 및 지방의 행정기관과 국영 기업체에 포진시킴으로써 군대에 의한 국가 지배를 기도했다(〈표〉 참조).

외형상 일당지배에도 불구하고 전·현직 군인들이 당 중앙위원의 60% 이상을 차지했고, 군 장교의 99%가 BSPP 당원 신분을 보유했다. 이는 군이 당을 지배하는 제3세계 군부통치의 전형적 사례라고 정의할 수 있다

---

● 1948년 공무원위원회(Public Service Commission: PSC)를 해체하고, 1962년 혁명평의회의 직접 통제를 받는 고위 군장교로 구성하여 재조직되었다. 본 기구를 중심으로 각 지방은 행정안전위원회(SACs)하 통제되었는데, 공공법령, 행정법령, 정부 지시사항 등 중앙정부의 정책을 말단 행정단위까지 집행하는 체제가 구축되었다. 또한 네윈은 관료사회가 특권의식을 가질 수 없고, 국민들과 더 가까워질 수 있도록 중앙 부처 장관의 미얀마어 명칭인 원지(ဝန်ကြီး[wun-gyi]) 대신 일반적인 공무원인 따웡강(တာဝန်ခံ[tar-wun-gan])으로 대체했다(Taylor 2009, 309).

**〈표〉 국가 주요 기관에서 군인 및 퇴역 군인이 점하는 비율**

| | 군인 | | | | | | 민간 | | 합계 | |
|---|---|---|---|---|---|---|---|---|---|---|
| | 현역 | | 퇴역 | | 소계 | | | | | |
| | 군인 | % | 군인 | % | 군인 | % | | % | | % |
| **혁명평의회** | | | | | | | | | | |
| 1974 | 15 | 17 | 12 | 41 | 17 | 58 | 12 | 42 | 29 | 100 |
| 1983 | 1 | 3 | 17 | 58 | 18 | 61 | 11 | 39 | 29 | 100 |
| **인민의회** | | | | | | | | | | |
| 1974 | 96 | 21 | 185 | 40 | 281 | 61 | 183 | 39 | 464 | 100 |
| 1983 | 60 | 13 | 197 | 42 | 257 | 55 | 217 | 45 | 474 | 100 |
| **각료 평의회** | | | | | | | | | | |
| 1974 | 3 | 17 | 13 | 72 | 16 | 89 | 2 | 11 | 18 | 100 |
| 1983 | 2 | 12 | 13 | 76 | 15 | 89 | 2 | 12 | 17 | 100 |
| **계획당중앙회** | | | | | | | | | | |
| 1974 | 46 | 21 | 109 | 51 | 155 | 72 | 60 | 38 | 215 | 100 |
| 1983 | 58 | 22 | 88 | 34 | 146 | 56 | 114 | 44 | 160 | 100 |
| **평균** | | | | | | | | | | |
| 1974 | | 21 | | 44 | | 65 | | 35 | | 100 |
| 1983 | | 16 | | 40 | | 56 | | 44 | | 100 |

※ 출처: 아시아·아프리카·라틴아메리카 연구원(1989. 56)

(양길현 1994, 126).◆

네윈은 아웅산과 같이 정치에서 종교는 완전히 분리되어야 한다고 생각했는데, 그런 이유로 우 누가 실시한 불교국교화는 국가통합에 전혀 도움이 되지 않는다고 믿었다. 그는 쿠데타 후 종교가 정치영역에 포함되지 않을 것이라고 선언하고, 성공적인 군정체제는 불교기구를 포함한 모든 기구를 억제할 때 가능하다고 선언했다(Houtman 1999, 269). 이에 따라 네

---

◆ 네윈 집권 당시 군의 수는 17만 명(육군 15만 3,000명, 해군 9,000명, 공군 7,500명)으로 220명당 1명 꼴로(인구 3,800만 명) 군인이었다. 한편 BSPP는 군인뿐만 아니라 일반인도 당원으로 입당시켜 당원은 한 때 230만 명에 육박했다(Shwe Lu Maung 1989, 42).

원은 즉각 불교 국교화를 무효화했고, 불교평의회<sup>Buddha Sasana Council: BSC</sup>의 해체를 포함하여 모든 종교의 자유를 인정했다.

위와 같은 군부의 대대적인 개혁에도 국민들의 전폭적인 지지가 있었다고 단언하기 힘들다. 이미 1958년 군부가 정치권의 전면에 등장하면서 민간정부의 무능함을 만회했지만 이와는 반대로 군의 정치개입에 대한 국민들의 반대에 부딪히기도 했다. 그래서인지 네윈은 즉각적인 쿠데타를 미룬 것 같다. 즉 미얀마 국민들은 군부의 쿠데타를 긍정적이라기보다 부정적으로 보았다. 일례로 쿠데타 4개월 후 7월 7일, 양공대학 학생들에 의해 군정을 반대하는 시위가 발생하여 수백 명의 학생이 사망했다.<sup>●</sup>

군부의 쿠데타 이후 군부와 사회 간의 간격은 벌어졌고, 군부도 내부적으로 네윈 독재체제가 강화되었다. 군부가 국가를 수호하고 국가를 발전시킬 것이라는 쿠데타의 애초 목적이 사라진 것이다. 이미 군부의 화력, 조직적 특수성 등 군부만이 보유하는 배타적 기능과 역할은 기타 사회구성원과 비교했을 때 우월한 지위를 차지한 상황이었다. 그뿐만 아니라 내전의 효율적 관리와 통제를 군부교리로 채택함에 따라 군사장비의 첨단화와 함께 장교의 유학을 통한 선진화된 교육제도를 유지할 수 있었다. 무엇보다도 소수종족과 민간정치인에 대한 군부의 편협한 시각으로 인해 군부는 준군사조직을 통제하고, 이를 바탕으로 사회전체를 거대한 병영국가로 재구조화하고 있었다.

네윈의 독재체제 강화로 군부는 개인권력의 도구로 전향되었다. 네윈

---

● 정부는 15명 사망, 27명 부상이라고 공식발표했으나 목격자들은 수백 명 이상의 학생이 사망하고 체포되었다고 한다. 특히 미얀마 독립운동의 상징이라고 할 수 있는 양공대학 학생회관이 군부에 의해 폭파되었다. 당시 진압군의 지도자는 1988년 '랑군의 도살자'로 알려진 쎄인르윈(Sein Lwin)이었다. 2012년 대통령 경제자문단장인 우 묀(U Myint) 박사에 의해 양공대학 학생회관 재건이 제안되었다.

미얀마 독립의 영웅이자 독립 후 잠정 내각의 주요 9인을 모시고 있는 순교자 묘소.
1983년 북한에 의한 폭발 사건 이후 현재 모습으로 재건축했다. 2011년 이후 일반인에게 개방되었다.

이후 신군부가 등장하면서 정치권력은 군 지도자가 사유화하고, 사회적으로 정착된 후견-수혜관계는 군사문화와 결합하여 권위주의는 한 단계 더 강화되는 정치지형을 고착화시켰다. 네윈은 자신에게 충성하는 하급자가 우선이며 똑똑한 하급자는 두번째라는 의미로 루가웅 루도 (လူကောင်း၊ လူတော် [lukaun-ludaw])라는 원칙을 재확인했다. 그의 부하들도 네윈이라는 큰 정원에서 출생하고, 양육 받은 네윈 창빠욱(နေဝင်းခြံပေါက် [newin-chan-pauk])으로 스스로를 평가했다(Mya Maung 1992, 25). 2002년 12월 사망할 때까지 넘버 원Number One, 또는 '큰 할아버지'라는 의미로 어포지(အဘိုးကြီး [ahpogyi])로 불린 사실만으로도 독점적 정치권력을 향유한 네윈의 입지를 확인할 수 있다.

정치권력의 사유화를 지향한 네윈의 노력은 다양한 측면에서 포착된다. 우선 그는 과도정부가 끝난 직후 자신과 경쟁했던 마웅마웅을 직위해제 한 뒤 쿠데타 이후 설치된 혁명평의회RC의 위원에 '30인의 동지' 출신을 한 명도 포함시키지 않음으로써 그만이 독립운동의 유일한 계승자임을 자처했다. 쿠데타 1년 뒤에는 혁명평의회의 서열 2위이며 급진적 사회주의경제체제 추진을 반대했던 당시 육군사령관인 아웅지 준장을 해임했다. 이외 1976년, 1977년 1983년 등 세 차례에 걸쳐 네윈은 자신들의 정적을 차례로 축출했는데, 특히 1976년 띤우Tin Oo● 당시 군 참모총장 겸 국방장관을 쿠데타 음모설과 연관 지어 해임했다.

---

● 1974~76년간 국방장관으로 재직했고, 축출 이후 민주화운동가로 변신하여 대표적 야당인 국민민주주의 연합(NLD)의 원로당원을 맡고 있다. 띤우의 부인이 서구국가 외교관들의 도움으로 주방용품을 밀수한 사실이 발각되자 네윈으로부터 이혼하라는 압력을 받았는데, 이를 거부하자 네윈이 그를 축출했다고 전해진다. 한편, 1984년 북한 공작원의 아웅산 묘소 폭파 사건으로 전격 경질된 동명이인 정보국 띤우도 있는데, 덩치가 상당히 큰 편이어서 장신(長身)이라는 의미인 랑바지(lanbargyi) 또는 MI 띤우로 불렸다.

한편으로 네윈은 아웅산과의 친분을 과시하기 위해 아웅산의 연설을 수시로 인용했다. 이를 통해 그는 아웅산에 대한 국민의 기억과 지지를 자신에게로 유인하고자 했다. 또한 그는 식민시기 당시 가담한 독립군의 사상인 사회주의를 정권의 이념으로 적극 수용하였는데, 이 또한 아웅산의 정치철학을 계승한 것으로 보인다. 실제로 그는 진정한 사회주의를 행하지 못했기 때문에 의회주의가 실패했다고 평가했고, 사회주의야말로 국민들과 함께 독립군의 혁명정신을 실현할 수 있는 유일한 이념으로 간주했다. 그렇기 때문에 그가 주창한 버마식사회주의Burmese Way to Socialism는 우 누의 사회주의보다 더욱 급진적일 수밖에 없었다.

그는 우 누 정권의 복지국가Welfare State는 제국주의적 생산양식을 기반으로 하고, 여기에 기생하는 외국인이 존재하는 한 온건한 사회주의를 완성할 수 없다고 평가했다. 그리고 이를 돌파하기 위해 대규모 국유화조치 등 경제적 혁명을 모색했다. 1962년 8월, 혁명평의회는 영국인 소유의 제국화학공업Imperial Chemical Industries을 최초로 국유화했고, 1963년 기업국유화법과 사회주의경제건설보호법을 제정했으며, 이듬해 6월에는 국유화된 모든 기업에 대해 운영과 보상 문제를 담당할 기관으로 사회주의경제건설위원회Socialist Economy Construction Committee: SECC를 설치했다(양길현 2009, 32). 마지막으로 1965년 사회주의경제계획법을 공포함으로써 사회주의를 향한 법적·제도적 장치가 완성되었다.

네윈이 추진한 사회주의경제정책은 경제발전을 위한 청사진이 없이 단순히 외국 소유 기업을 정부의 통제로 돌리는 것이었다. 즉 경제체제를 전문적으로 운용할 수 있는 구체적 계획이나 실무진은 존재하지 않았다.♦ 장교들은 업무수행능력이 검증되지 않았고 전문성도 없었으며, 단지 상명하복의 군사문화만이 관료사회 전반을 침투했다. 혹자는 이를 버마식 사회주의가 실패한 직접적인 원인이라고 주장한다(Seekins 2002, 67). 버마식사회주의와 별도로 네윈체제가 붕괴될 때까지 암시장이 존재했는데, 군정이 경제를 관리하거나 통제할 역량을 갖추지 못했다는 사실을 의미한다.

미시경제정책이 전무했던 이유로 버마식사회주의는 곧 위기를 맞았다. 1971년 BSPP 1차 전당대회에서 비효율성과 무기력한 정책 시행, 주요 정책의 혼선이 경제구조를 파괴했다는 진단이 도출되었다. 이러한 내부 비판에도 불구하고 BSPP는 도시와 산업 프롤레타리아를 강조하는 다소 온건한 마르크시즘의 고수원칙을 포기하지 않았다(BSPP 1973). 도시에 기반을 둔 경제영역은 매우 적었고, 인구의 3분의 2는 농업에 종사했기 때문에 BSPP가 추구하고자 했던 사회주의 혁명은 구조적으로 달성될 수 없었다.

이에 반해 1970년대 들어 국가경제의 위기를 간파한 지도층은 제한적 수준에서 시장개방을 추진했다. 1977년 2월 개최된 BSPP 3차 전당대회에서 경제정책의 실패를 인정했고, 그 원인을 정책적 오류라기보다 정책 담당자의 과오로 돌렸다(Trager and Scully 1978, 142).▲

---

◆ 사회주의시기에 들어서서 양공과 버고 사이에 위치한 파웅지(Hpaung Gyi)에 공무원교육학교를 설립했는데, 여기서는 버마식사회주의 강령 교육과 함께 마치 군사학교를 연상시킬 수준의 군사훈련을 병행했다. 선발된 공무원이라고 하더라도 실무에 배치되기 전 본교에서 능력보다는 충성을 함양하는 정신개조 프로그램이 실시되었다(Mya Maung 1992, 27-28).

▲ 1971년에 들어서야 비로소 20년 장기 경제개발계획(1971/72~1990/91)이 수립되었고, 1차 4개년 계획(1971/72~1974/75)이 시행되었다. 1%대의 성장률로 저조한 성과를 거두자 1974년 민간정부 출범과 함께 개발계획이 수정되어 2차 4개년 계획이 추진되었다. 제3차 4개년 계획(1978~1982)에서 GNP는 6.6% 성장하여 정권 수립 이래 가장 높은 성장률을 달성했다. 그러나 이러한 경제발전은 외국경제원조, 차관 도입, 농업을 비롯한 원자재 생산 호조 등에 있었다.

소위 버마식 사회주의 시기에는 정부가 모든 생필품을 직접 생산했다.
이러한 전통은 아직까지 남아 있어 국영기업이 생산한 물품은 저가에 팔려나간다.

그런데 이러한 결의에 도달하는 과정에는 네윈의 독재체제를 강화하려는 숨은 의도가 있었다. 즉 내각과 국가평의회 구성원 일부가 경제정책 실패에 책임을 지고 교체되었으나, 군부가 정책전반을 책임지는 원칙은 유지되었다. 한편으로 네윈은 군부 독재에 반대하는 군 인사들을 경제정책 실패의 당사자로 매도함으로써 정적들을 제거함과 동시에 군 내부 단결과 네윈에 대한 충성심을 유도하는 계기로 활용했다.

국부國富를 장악한 군부의 경제적 이득은 극대화되었다. 사회주의경제 건설위원회는 1962년~1964년 광활한 국유화를 실시하며 버마경제개발공사BEDC가 경영하는 35개 유한회사, 어업위원회, 국민의 진주, 정미소, 22개 외국은행 및 외국기업 등 기업과 자산을 모두 국영화했다(Mya Maung 1991, 122). 1962년 기준 버마경제개발공사BEDC 하위에 총 38개 기업과 5개 주식회사가 있었고, 사업을 통해 얻은 이익은 군 모병과 사관생도에 대한 교육으로 충당되었다(Mya Maung 1991, 92-94).

1965년 군부는 그들의 교리를 "내전"으로 결정하고, 이에 대한 효율적 대응을 위한 세부 전략을 수립했다. 1968년 반군지역을 중심으로 식료품 제공 중지, 자금 유입 중지, 국민과 반군과의 접촉 금지, 반군지역 인근 주민의 반군 소탕 등 4대 중지 전략(ြဖတ်လေး:ြဖတ်[hpyat-lay-hpyat])을 수립하고 즉각 시행했다(Maung Aung Myo 2009, 25-26). 그렇지만 1967년 중국 문화혁명의 대외 확산전략의 일환으로 홍위병이 미얀마에서 폭동을 일으키면서 외부로부터 국가를 수호한다는 신직업주의관을 충족시키지 못했다. 국내 반군세력에 대한 효율적 대처와 관리체계에 비해 예상치 않은 외부의 침입에 대응하지 못함으로써 군부의 역량은 도마 위에 올랐다.

역사를 되돌아보면 군부는 중앙집권적이고 버마족 중심의 국가체제에 반대했던 소수종족들을 완전히 소탕할 역량은 부족했고, 군사작전을 위한 적절한 명분도 마련하지 못했던 것 같다. 꺼잉족을 비롯하여 대부분의 소수종족 반군은 밀림으로 우거진 국경지역을 배경으로 게릴라전이 가능했고, 군부로부터 정복의 위기가 발생하면 국경을 넘어 신변의 안전을 보장받을 수 있었기 때문이다. 또한 버마공산당의 사례에서도 보았듯이 시대적 조류에 편승하여 중국, 소련과 같은 공산권으로부터 이념적, 물리적 지원을 받을 수 있었다.

또한 네윈이 쿠데타를 통해 정권을 접수했기 때문에 정통성 차원에서 군부에 대한 지지철회는 소수종족의 당연한 정치적 권리로 보였다. 그런 이유에서 네윈은 이들에 대한 대대적인 군사작전을 개시하기 이전 유화전략으로서 1963~64년 무장반군과 정전협상을 벌였다(Zaw Oo and Win Min 2007, 9). 1980년 재차 정부-소수종족 간 정전협상이 실시되었으나 소수종족의 연방 편입과 사회주의체제의 수용 등 중앙정부의 고자세는 탄력적으로 적용되지 않았다(Zaw Oo and Win Min 2007, 10).

그럼에도 불구하고 소수종족들은 반군활동의 상이한 배경과 역사, 요구 조건의 차이 등 수평적으로 연대할 수 없는 환경적 제약으로 인해 자발적으로 와해되었다는 사실도 지적해야 한다. 밀림에서 전개되는 게릴라전은 각 반군들의 응집력을 한곳으로 모을 수 없고, 이에 따라 반군은 내적으로 피로감이 축적되었다. 이러한 이유로 1950년대 말이 되면서 소수종족 반군단체들은 대부분 와해되었다. 더욱이 1975년 정부군의 대대적인 공세가 있은 후 반정부 조직의 위세는 크게 위축되었다.[*]

일반적으로 사회주의시기를 1962년부터 1988년까지로 명명하지만 1974년부터 1988년까지 BSPP 일당체제가 구축된 후 명목상 민간정권은 혁명평의회 시기와 구별되어야 할 필요가 있다. 국가 구조상 이 시기는 네원이 주창한 사회주의를 제도화한 시기이며, 군부의 시각에서 군부가 국가를 임시로 통치하는 과도기를 탈피하고 군부의 후원을 받는 정당이 배타적으로 정치권력을 장악한 합법적인 정부로 인정받는 시기였다.

1974년부터 네원은 이념적으로 또한 정치적으로 변화한 모습을 보였다. 실제로 네원은 사회주의를 전면에 내세우며 독립운동가들의 정신을 부활시켰다고 쿠데타를 옹호했지만, 네원은 사회주의를 전혀 알지 못하는 인물이었다. "마오쩌둥이 골프를 배웠던 바로 그날에 네원은 사회주의자였을 것."(Steinberg 2010, 96)이라는 언급이 그의 이데올로기적 실체를 고발한다. 이런 의미에서 그에게 있어서 사회주의는 계급적 접근을 차단하고 실질적으로 자신을 중심으로 한 군부지배를 교묘하게 은폐하는 정치적 수사에 불과했다.

---

- 이를 돌파하기 위해 1976년 5월 1일, 까렌민족연합(KNU)이 주축이 되어 총 9개 종족기구를 회원으로 하는 민족민주전선(National Democratic Front)을 창설하고, 정부의 공세에 공동으로 대처한다는 목적의식을 분명히 했다. 그러나 와해 수순으로 치닫는 반정부운동 상황에서 조직의 탄생은 이들의 위기의식을 보여주는 것으로 별다른 성과를 올리지 못했다. 당시 민족민주전선에 참가했던 단체로는 여카잉자유당(Arakan Liberation Party), 까친독립기구(Kachin Independence Organization), 까렌민족연합(KNU), 까렌니민족진보당(Karennni Nationl Progressive Party), 까양신영토당(Kayan New Land Party), 라후민족통일당(Lahu National Unity Party), 연방빠오민족기구(Union Pa‐O National Organisation), 빨라웅국가자유기구(Palaung State Liberation Organization), 샨주진보당(Shan State Progress Party) 등 9개 단체이다. 이후 1982년 신몽주당(NMSP), 1983년 와민족기구(Wa National Organization), 1990년 친민족전선(Chin National Front) 등 3개 단체가 추가로 가입했다.

## 5. 신군부정권기(1988~2011) 군부의 기능과 역할:
   약탈자로서 신직업주의의 강화

소위 '8888'로 명명된 전국 규모의 민중봉기가 발생한 뒤 1988년 9월 18
일 오후 4시, 국영방송 버마방송국Burmese Broadcasting Service: BBS 음악방송의 전
파를 끊고 쏘마웅Saw Maung 국방장관은 "국가전역의 악화된 상황을 중단
하고 국민의 이익을 도모하기 위해 군부가 오늘부터 국가 권력을 장악
한다… (군부는) 법과 질서 회복, 안전하고 원활한 교통망 확보, 식량과 의
복, 주거의 충분한 공급을 위해 노력, 다당제 민주총선 실시 등 4대 과업
을 제시한다."는 성명서를 발표함으로써 군부쿠데타가 성공하였음을 국
민에게 공표했다. 2시간 후 급조된 국가법질서회복평의회State Law and Order
Restoration Council: SLORC의 위원 19명이 발표됐다(Lintner 1989, 176; Seekins
2002, 175).◆

쏘마웅 장관의 성명서와 군사평의회의 명칭만 보더라도 군부의 집권
의도는 명확했다. 그것은 어지러운 국가의 법과 질서를 회복하는 것이며,
그들이 제시한 4대 과업이 완성될 경우 병영으로 복귀한다는 것이었다.
사실 1988년 민중항쟁은 26년간 장기화된 군부체제의 경제적 파탄과 이
를 효율적으로 관리할 수 없는 네윈 정권의 실정失政 등 사회주의체제에
대한 미얀마 국민들의 총체적인 불신의 표현이었다.

네윈이 집권한 후 1962년 7월 7일, 1974년 우 땅U Thant 전 유엔사무총장
장례식 등 두 차례에 걸쳐 민중항쟁이 발생했으나 앞의 두 사건과 1988년

---

◆ 군사평의회 명단, 쿠데타 배경 등은 부록을 참조하라.

민중항쟁의 성격은 다소 상이하다. 세 사건은 공통적으로 양공대학 학생들이 중심이 되었으나 앞의 두 사건은 국민의 생계와 직접적인 연관은 없다. 서론에서 제기했듯이 미얀마인들의 도덕적이지 못한 정권에 대한 저항과 비판의식은 시대를 관통하며 상존한다. 특히 미얀마에서 대학생은 식민시대 무장독립투쟁을 결의한 주도 세력이자 식자층으로서 사회비판의식이 가장 강력한 집단이다. 1962년 쿠데타가 발생했을 때 일부 학생들은 이를 적극 지지했지만 방학이 끝나고 5월 기숙사로 돌아왔을 때 이전 정권에서 없었던 각종 구속을 경험하고 바로 시위를 일으켰다(Steinberg 2010, 110).

1974년 시위는 국제사회에서 미얀마의 위상을 고양한 우 땅 전 사무총장의 시신屍身을 군부가 자의적으로 처리하려는 시도에 맞선 대학생들의 항거였다. 국가적 지도자의 장례식을 둔 갈등이 시위의 배경이었으나 그 이면에는 네윈 1인 지배체제가 강화되는 상황, 사회주의계획에 따른 사회경제적 발전의 정체 등 정권에 대한 국민의 분노가 함축되어 있었다.

1988년 민중항쟁도 1974년 시위와 같이 장기간 지체된 사회경제적 저발전에 대한 국민적 실망감이 외부로 표출된 사건이었다. 민주화운동의 시작은 학생 간 사소한 말다툼에서부터 비롯되었으나 곧 군인의 발포가 이어지면서 휘발성이 강한 대학생의 성향을 자극했다. 발포를 지시한 군부가 1962년 시위 당시 양공대학 학생회 건물을 폭발시킨 쎄인르윈Sein Lwin이었기 때문에 학생들의 분노는 극에 달했다. 그는 "양공의 도살자"라는 오명을 쓰게 되었다.

군부정권이 행하는 사회경제적 발전은 도달 불가능한 과제가 되어 국민들의 생계마저도 책임질 수 없는 지경에 이르렀다. 권력은 독재자 1인에게 철저히 사유화되었으며, 개인의 자유와 권리는 보장되지 않았다. 이런 상황에서 발생한 신군부의 쿠데타는 전혀 명분이 없는 것이었다. 그래서 신군부는 1958년 민간정부의 무능을 돌파하고 내란으로 혼란한 정국을 수습했던 그들의 선배처럼 어지러운 내정을 돌파하기 위해 과도정부를 구성한다는 명분을 내세웠다. 바로 "합헌 쿠데타constitutional coup"로 명명되기도 하는 1958년 군부의 정치개입을 그들의 표본으로 설정한 것이다. 그리고 쏘마웅 장군은 국민에게 가까운 장래에 총선을 실시하고 그 결과에 따라 군부는 병영으로의 복귀할 것이라고 약속했다.

중요한 사실은 신군부가 정치에 개입하게 된 배경과 명분이었다. 군부는 네윈 정권의 실패를 언급하는 대신 역사적으로 혐오의 대상이었던 외국세력과 공산당과 결탁한 일부 국내세력이 국가혼란을 조장했고, 이를 척결하기 위해 그들이 정치에 개입했다고 선언했다.● 신군부의 집권 '의향'은 다분했지만 체제변동을 열망하는 국민들의 시위 앞에서 신군부는 정치개입의 '기회'만 엿보았고, 소위 '8888'사태 이후 사회적 상황을 그들에게 유리하게끔 조장했다.

그러나 정부의 주장이 날조되었다는 정황은 명확해 보인다. 먼저 군부가 집필한 『미얀마 군대역사』에는 1988년 3월 봉기는 술에 취한 대학생들이 일으킨 우발적 사고로 기술했고, 3월과 6월 항쟁과 관련된 내용은 전혀 언급되지 않았다(စစ်သမိုင်းပြုတိုက် နှင့် တပ်မတော် မော်ကွန်းတိုက်မျုးရုံး [sittham ain-pyathaihnin-tatmadaw-mawkundaik-hmuyon 2003b, 345).

---

● 미얀마 지식인에 따르면 군부 지도자들은 정치적으로 외국의 간섭과 공산당에 대한 알레르기를 가지고 있다(신봉길 1991, 148). 예를 들어 독립 후 꺼잉족은 자종족의 자치권과 권익을 위해 우 누에게 협상을 제의 했으나 그는 이들이 공산주의자들과 연합했다는 이유로 민주주의를 해치는 집단으로 규정했다(Shwe Lu Maung 1989, 33).

군부의 일사불란한 군사작전과 달리 군부 입장에서 소요사태의 진상 조사 결과 보고서는 약 1년 뒤인 1989년 8월 5일 "버마공산당의 국가권력 전복 음모 Burma Communist Party's Conspiracy to take over State Power"라는 제목으로 발표되었다. 킨늉 당시 국가법질서평의회 SLORC 제1서기는 중국과 미얀마 국경지역에서 공산당원들과 반군들이 연합하여 국가전복을 모의했고, 다음 달인 9월 9일 비공산주의자들로 구성된 대규모 조직이 공산당 세력과 연계하여 국가전복을 기도했다고 발표했다. 내용은 다음과 같다.

1. 버마백기공산당뿐만 아니라 일부 외교관, 외국 언론, 언론인 등 정부(버마 군부정권)를 반대하는 자들이 1988~89년 소요사태에 개입했다.

2. 양공 소재 강대국 대사관들은 의회주의시기 법관의 아들 우 예퉁 U Ye Htoon 에게 자금을 전달했고, 우 예퉁은 그중 일부를 수수료로 챙기고 나머지는 학생들과 반체제집단들에게 분배했다.

3. 우 예퉁은 미얀마 관련 소식들을 버틸 린트너 Bertil Lintner 에게 전했다.

4. 미얀마는 다른 국가의 주권을 존중하는 외교정책을 펼쳤으나 외국 정치인, 외교관, 언론인, 라디오 방송국(BBC, VOA, AIR), 국제사면위원회 등은 국가 내정에 악의적으로 간섭해왔다.

5. 미국 의회, 특히 스테판 솔라즈 Stephen Solarz 의장과 상원의원 다니엘 모이니한 Daniel Moyinihan 은 국경지역의 반군들에게 도덕적·물질적 지원을 함으로써 이들이 버마의 정치적 위기에 가담케 했다.

6. 아웅산수찌와 띤우는 외국 정치지도자, 언론, 인권 기구에게 수많은 서한을 보냈다. 국민민주주의연합 NLD 사무총장으로서 수찌는 수시로 외국인을 만났으나 회담내용을 당 중앙위원회에 제출한 적은 없다.

7. 까렌민족연합KNU과 기타 반군단체들은 초기부터 시민에게 잔인한 짓을 한 제국주의의 앞잡이였고, 외국 용병을 포함하여 외국의 지원자였다.

8. 띤우의 군부에 대한 비난은 늙은이의 악의에서 시작된 것이고, NLD는 민주적이 아니라 사실 좌파 지식인과 기타 유해인사들에 의해 지원받는 수찌 여사 한 사람에 의해 운영되는 독재체제이다(Ministry of Information 1989; Seekins 2002, 204-205에서 재인용).

군부는 공산당세력뿐만 아니라 외세의 개입, 소수종족 분리주의자들에 대한 불신, 아웅산수찌를 비롯한 NLD에 대한 비난을 동시에 공론화함으로써 국내외 다양한 세력들이 국가의 전복을 꾀하고 있다고 주장했다. 군부에 따르면, 민중봉기의 직접적 원인은 네윈의 실정과 같은 군부체제의 한계가 아니라 도처에 산재한 국가 전복을 꿈꾸는 불순한 세력들이며, 이들을 제거하는 것이 그들의 집권 의도이자 목적이었다. 결론적으로 이 쿠데타는 민간정부로써 BSPP의 대체가 아니라 군부통치를 강화하는 정치적 쇠퇴를 향하는 긴 여정의 시작이었다.

군부 스스로 합헌 쿠데타로 규정했기 때문에 그 성격도 이전 체제를 거부하며 발생한 거부veto쿠데타가 아니라 이전 군부체제의 존속이나 연장을 의도한 친위쿠데타로 정의해야 한다. 네윈을 비롯한 전 정권의 지도자가 체포되거나 군부대가 전략 지점을 접수하는 등 군사작전은 목격되지 않았다.

무엇보다도 쿠데타의 배후 인물은 네윈이었을 가능성이 매우 높다. 쿠데타 하루 전 9월 17일 오후 3시쯤 마웅마웅 당시 대통령이 인야Inya 호수에 소재한 네윈의 자택에서 네윈을 독대했고, 이보다 약간 늦은 시각 쏘

1989년 군부를 반대하는 세력이 이합집산한 국민민주주의연합(NLD)은 이듬해 총선에서 압승을 거두었으나
곧바로 군부는 총선 무효를 선언했다. 장외정당으로 남았던 NLD는 2012년 보궐선거에서 다시 제도권에 입성했고,
2015년 총선에서 승리함으로써 집권 여당이 되었다.

마웅이 네윈의 자택을 방문했다(Steinberg 2001, 2).[•]

1962년 쿠데타와 마찬가지로 군부는 정치권력을 포기할 의향은 없어 보였다. 1989년 6월 9일 개최된 제43차 SLORC 기자회견에서 정부 대변인은 "우리(군부)는 선거가 완료되는 즉시 권력을 이양할 수 없다. 정부는 헌법에 따라 구성되어야 한다. 만약 국가권력이 급조된다면 위태롭고 허약한 정부가 될 것이다. 헌법에 기초해 체계적으로 구성된 정부에 의해서만 안정이 달성될 수 있고…"라며 권력 의지를 표출했다(Steinberg 2006, 186). 또한 1990년 4월 12일 킨늉 당시 SLORC 제1서기는 신헌법이 작성되고 '강력한' 정부가 구성될 때까지 선거 이후에도 군부는 정치권에 남을 것이라고 천명했다(Steinberg 2006, 186; Tin Maung Maung Tan 2007, 342).[•]

그렇다면 26년간의 실정에도 불구하고 신군부가 다시 정권을 장악하고, 1990년 총선을 무효화하며 정권 유지에 천착한 이유는 무엇인가? 독립 이후 1988년 당시까지 이어졌고, 2011년 유사민간정권이 출범한 이후까지도 지속성을 유지하고 있는 군 내부의 이익관계와 그들의 존재 철학

---

- 네윈의 배후 지지설을 묻는 외신기자와의 인터뷰에서 쏘마웅은 자신에게 있어서 네윈은 부모와 같은 존재이지만 정계에서 완전히 은퇴한 인물이며 쿠데타를 절대 지시하지 않았remote고, 쿠데타는 소명의식에 찬 군부 스스로에 의한 선택이라고 답변했다(ပြန်ကြားရေးဝန်ကြီးဌာန [pyankyaye-wungyi-htana]1990, 34). 또 다른 쿠데타설로는 쿠데타 며칠 전 쏘마웅은 치앙마이에서 차왈릿(Chavalit Yungchaiyudh) 태국 군총사령관을 만나 쿠데타의 필요성을 역설했다고 한다. 쏘마웅은 쿠데타를 일으키지 않으면 공산주의자들이 활동을 재개하여 국내 치안 상황을 악화시킬 것이며 이는 곧 태국에게 큰 위험을 줄 것이라고 설득했다(Steinberg 2001, 28의 미주 4). 쏘마웅도 「아시아위크」(Asia Week)와의 인터뷰에서 차왈릿 장군과 회동한 사실을 부인하지 않았으나 둘의 관계가 각별하다는 것 이외에 어떠한 언급도 피했다(ပြန်ကြားရေးဝန်ကြီးဌာန [pyankyaye-wungyi-htana] 1990, 55-56).

- ◆ 총선 결과 이후 권력 이양에 관한 정부 및 정당 등 이해 당사자 간 합의가 명확하지 않았다. 가택연금에 처해지기 바로직전인 1989년 7월 5일, 아웅산수찌는 "당선되는 어떤 사람이든지 권력을 이양하기 이전 채택되어질 헌법을 작성할 것이다."라고 개인적 소견을 피력했다(Steinberg 2010, 144). 그러나 NLD는 총선 승리 직후 간디홀선언을 통해 정권을 이양받은 뒤 헌법을 작성하겠다고 선언함으로써 아웅산수찌의 언급과 대조되는 행보를 보였다. 이는 군부가 총선을 무효화하는 데 일정 수준 좋은 변명거리가 될 수 있었다고 보인다.

에서 그 해답을 찾을 수 있다. 그것은 배타적 이익단체로 그 기능을 탈바꿈한 군부가 사회주의시기 동안 유지한 독점적인 이익의 지속적인 추구, 이와 대조적으로 국민의 자유와 권리를 제한하고, 반민주적 원칙에 따라 정권을 유지하는 가운데 발생한 그들의 과오와 각종 만행에 대한 국민적 심판의 두려움, 마지막으로 군부만이 연방의 분열을 방지할 수 있는 유일한 집단이라는 소명의식 등 세 요소이다.

첫째, 군부는 정치권력을 장악한 뒤 경제 분야에 대한 독점권을 확보할 수 있었고, 경제활동에서 얻게 되는 각종 이득은 군사장비의 근대화뿐만 아니라 군인가족의 복지까지 책임져야 하는 책무까지 지게 되었다. 사회주의시기에는 정권의 특성상 이론적으로 군부가 직접 상업 활동을 할 수 없었으나 실제로는 군인과 군인가족의 복지를 위한 생필품 생산과 금융 활동 등에 개입했다(Maung Aung Myo 2009, 175). 정부 예산과 별도로 군부는 재정 면에서 그들의 자율성을 극대화할 수 있는 환경을 보장받고 있었던 것이다.

사회주의의 폐기와 시장경제체제의 도입은 군부가 공식적이고 합법적으로 민간경제의 영역을 장악할 수 있는 환경을 보장한 조치였다. 군부는 시장경제체제 도입을 위해 1965년 제정된 사회주의경제(계획)법을 폐지했지만 동시에 국가법질서회복평의회<sup>SLORC</sup> 명령 제89/9호에 의거 국영경제기업법<sup>State-Owned Economic Enterprises Law</sup>을 도입했다. 이 명령에 따르면 티크, 석유, 천연가스, 진주, 옥과 같은 보석류, 수산물, 통신사업, 철로 및 항공사업, 은행 및 보험, 방송, 금속 산업 등 고부가가치 재원 12개 품목에 대해서는 국가가 직접 관리 및 경영한다. 12개 품목과 관련되는 산업은 각 중앙 부서로 분산되고, 해당 품목을 담당하는 국장급<sup>managing director</sup> 관료가 실질적인 사장 역할을 하는 국영기업으로 운영된다. 이런 원칙에 따라 생필품부터 시작하여 생활전반에 관련되는 산업은 모두 국영기업의 통제하에 두는 사회주의시기 경제구조와 동일한 구도를 현실화했다.

둘째, 민간으로 정권을 이양하기 위해서는 군부는 과거를 청산하기 위한 준비가 되지 않았고, 특히 1990년 총선에 패배한 뒤 군부는 극도로 불안했다. 1990년 총선에서 승리한 NLD 소속의 찌마웅Kyi Maung 당시 임시 대표는 Asiaweek와의 인터뷰에서 군부의 처우에 대해서 뉘른베르크 재판Nuremberg trials을 염두에 두지 않았다고 언급했다(Lintner 2008, 225). 예상치 못한 야당 대표의 언급에 군부는 당황한 기색이 역력했고, 당장 그를 체포했다.

군부는 뉘른베르크 재판의 내용을 제대로 모르지만 분명 자신들을 향한 국민들의 불만이 표출되고 있다는 사실을 직감했다. 또한 총선에서 승리한 야당 대표의 사면을 암시하는 언급을 함으로써 국제법에 문외한인 국민들의 분노를 사기에 충분했다. 국민 다수는 군부의 만행과 과오에 대한 정당한 처벌을 원했다(Steinberg 2010, 145). 이에 반해 민주화운동 당시 네윈에게 공개서한을 보냈던 아웅지는 국민들이 군부를 경멸하는 행위를 경계하며 네윈을 비롯한 군부가 국가 발전을 위해 무엇인가를 해줄 것이라는 기대를 꺾지 않았다.

셋째, 군부는 자신들이 병영으로 복귀할 경우 연방은 즉각 와해될 것이고, 국가는 또다시 혼란과 무질서로 점철될 것이라고 단언해왔다. 1989년 미얀마 내 공산당이 와해되면서 군부는 즉각적인 정전협상을 맺어왔지만 이와 별도로 반군에 대한 무력공세를 포기할 의향은 없어 보인다. 그들은 소수종족이 주장하는 종족 간 평등과 자유에 기초한 연방제

국민의 3대 대의. 신군부는 그들의 통치원리를 거리의 곳곳에 조성하여 마치 전체주의와 가까운 통치 행태를 보였다.
현재 신군부의 구호는 모두 사라졌다.

federalism가 아니라 다수인 버마족 중심으로 국가가 통합되어야 하는 단일 체제의 연방제union을 고수한 네윈의 철학을 계승해왔다.

이런 의도에서 신군부는 군사평의회의 출범과 함께 국민의 3대 대의(연방 비분열, 국가 결속, 주권 영속)를 제정했고, 2011년 신정부가 출범한 이후에도 이 강령은 헌법의 상위에 위치해 있다. 1941년 군부의 탄생에서부터 2010년까지 군부는 그들의 이념이 8단계를 거쳤다고 교육했는데, 마지막 8단계(1988~)는 국민의 3대 대의를 핵심이념으로 채택하고 있다(Steinberg 2010, 136).

또한 독립 이후 한 번도 빠지지 않았던 외부세력의 개입을 대비한 안보체계 구축, 대규모 민주화운동 이후 체제 전복을 꾀하는 정치조직의 출현 등 변화한 정치 및 안보환경에 대처하기 위해 군부는 군의 근대화를 새로운 교리로 채택했다(Maung Aung Myo 2009, 33).● 신군부는 내전의 효율적 관리와 함께 외부세력의 개입에 즉각적으로 대처할 수 있도록 군의 근대화를 가장 중요한 과제로 인식한다.

신군부체제에 목격되었던 세 요소는 군부가 직접 정치권력을 관리하고 있지 않더라도 유사민간정부에도 여전히 지속성을 유지했다. 그 가운데 신군부체제가 유지되는 22년간 군부는 경제영역에서 배타적 이익단체로 비대해졌다. 1988년 외자도입을 위해 정부는 외국인투자법을 공포했는데, 민간경제의 활성화보다 정부로 대변되는 군부가 외국자본의 일부를 합법적으로 독점하는 계기가 되었다.

---

● 실제로 버마의 영해 내부인지 외부인지 여전히 논란이지만 쿠데타 며칠 전인 9월 12일, 운송기 코랄시(Coral Sea)를 실은 다섯 척의 미국함대가 해안에 출현했다. 철수 과정이었다고 하지만 군부는 미국의 침입을 두려워했다. 중국은 버마 국경에 군대를 배치시켰고 미국이 행동을 취하지 않으면 중국이 산주를 점령할 것이라는 소문이 나돌았다(Steinberg 2010, 145).

1988년 제정된 외국인투자법 제4장 5, 6조에 따르면 외국인직접투자$^{FDI}$는 100% 외국자본, 최소 35%의 외국자본과 국내기업 간의 합작 사업에만 국한된다고 명시되었는데(ကုန်သွယ်ရေးဝန်ကြီးဌာန [kounthweye - wungyihtana] 1993, 6), 외국투자 분야의 특징상 실제로 국내기업은 정부가 직접 관리하는 국영기업에 국한되었다. 일례로 1995년 기준으로 51개의 공기업 예하에 약 1,800여 개의 사업체가 가동 중인데, 이들의 경제규모는 GDP의 22%, 산업 규모의 50%, 수출의 50%, 수입의 40% 조세의 40%를 차지했다(IMF 1995, 10). 또한 2006/07년 기준 미얀마 수출의 1~5위를 차지한 기업 중 국영기업이나 합작한 기업이 4개였고, 총 수출액인 50억 달러의 40%에 해당하는 20억 달러어치를 수출했다.[*] 이 중 천연가스 판매 수익금은 전체 수출액의 43%를 차지했다(EIU Country Profile 2007, 29).

국영기업 외 외국인직접투자$^{FDI}$의 대부분을 독식하는 민간기업은 미얀마경제지주공사$^{Union\ of\ Myanmar\ Economic\ Holdings\ Limited:\ UMEHL}$이다. 이 기업은 1950년 제정된 미얀마기업법에 근거하고, 1990년 2월 19일 상무부 고시 제90/7호에 의거 국방부 산하 조달국, 참전용사회$^{War\ Veteran\ Organization}$[◆]와

---

● MOGE(10억 8,000만 달러), 미얀마목재공사(Myanma Timber Enterprise, 5억1,900만 달러), 미얀마보석공사(Myanma Gems Enterprise, 2억 9,690만 달러), 광산부와 캐나다 아이반호사가 합작한 미얀마 아이반호 구리(Myanmar Ivanhoe Copper Co. Ltd., 1억 660만 달러)였다(Myanmar Times 2007/06/04 -10). 그런데 상무부 무역국 자료에 따르면 같은 시기 수출업체 순위는 미얀마 아이반호가 1위를 차지했는데, 국영기업은 모두 제외되었다(http://www.commerce.gov.mm).

◆ 국가 독립에 투신했거나 그에 상응하는 공적을 올린 군인들이 퇴역한 후 결성한 사조직이다. 1973년 공식 조직으로 발족하였고, 1975년 중앙정부의 후원을 받아 독립기구로 등록되었다. 1989년 국가법질서회복평의회(SLORC)의 후원하 미얀마 퇴역군인기구로 재탄생하였으나 별다른 활동은 없었다. 1998년 국가평화발전평의회(SPDC)가 30명의 위원으로 구성된 중앙위원회를 결성했고, 2005년 중앙위원수를 42명으로 늘렸다. 현재는 전국 각지에 지부를 두고 있으며 회원 수는 17만 명에 이른다.

함께 독립기업으로 설립되었다.

공사의 설립목적은 국가 자본 수출의 극대화, 국가의 필수 수요영역에 관한 수입 부문의 지원, 국가 GDP 성장으로 인한 국민의 복지 향상, 생필품 가격안정 등 4개 조항에 달한다(UMEHL 2008, 2). 실제로 본 기업은 현역, 퇴역, 참전용사회 등 군부 및 군부기업들의 복지를 전담하는 역할을 한다(Maung Aung Myo 2009, 176). 예를 들어 1995년~1996년 사이 이익금의 30%가 이들 세 집단에게 할당되었다(Steinberg 2010, 229). 또한 국방비에 편성되지 않는 군 총사령관의 특별 활동 등의 기금을 마련하는 등 퇴역군부의 주요 수입원이 되어왔다(ICG 2012b, 11).

〈표〉와 같이 UMEHL이 관여하는 사업 수는 제조업, 무역, 서비스업 분야 등 총 47개에 달한다. 2014년 기준 사업체는 총 54개로 증가했고, 2010~11년 기준 이익금은 4,800만 달러였다(Aung Min and Kudo 2014, 155). 사업 형태는 단독, 합작, 외국이나 국내기업이 UMEHL의 승인하 현지법인을 설립하는 등 3개의 영역으로 나눠진다. 주로 보석, 봉제, 식품, 목재, 호텔 및 관광, 통신, 철강, 자동차 등 정부가 외국인 투자를 금지한 영역에 대한 배타적 사업권을 가지며, 면세권도 보장받았다. 특히 이 기업은

〈표〉 UMEHL이 관여하는 사업 수

| 사업형태<br>사업분야 | 단독 | 합작 | 기타기업[1] |
|---|---|---|---|
| 제조업 | 17 | 7 | 5 |
| 무역업 | 3 | | 1 |
| 서비스업 | 11 | 2 | 1 |
| 계 | 31 | 9 | 7 |

1) 외국이나 국내기업이 UMEHL의 승인하 단독으로 국내 법인을 설립하는 경우임.
※ 출처: UMEHL(2008, 5).

미곡 무역, 담배와 술 생산 및 유통, 자동차 수입의 독점권을 가지면서 부를 축적했다(ICG 2012b, 11).

국방부 산하 기구로 등록된 미얀마경제공사Myanmar Economic Corporation: MEC는 군부의 가장 비밀스러운 기업으로 알려진다(ICG 2012b, 11; Maung Aung Myo 2009, 181; Steinberg 2010, 229). 1997년 SLORC 고시 97/4호를 근거로 설립된 이 사업체는 4개의 철강회사, 은행, 시멘트공장, 보험업 독점을 포함하여 21개의 사업 분야에서 배타적 독점권을 향유해왔다(Steinberg 2010, 229). 2014년 현재 중공업 분야로 특화시켜 자회사는 34개로 증가했다(Aung Min and Kudo 2014, 154).

국방부 부관참모가 UMEHL의 대표를 맡고, 퇴역한 군인이 구성한 이 사회에서 실질적인 운영이 행해지는 것과 달리 MEC는 국방부 산하 병참참모가 대표를 맡고, 사업 부문에 대한 비밀주의가 고수되는 것을 보면 국방비에 할당되지 않는 군사물자 충당을 위해 존재한 것으로 보인다. 물론 군인과 군인가족을 위한 복지기구의 역할도 충실히 해왔다.

한편, 군부의 성격은 네윈의 1인 지배체제에서 네윈 후원의 집단지도 체제, 그리고 네윈이 사망한 2002년 이후 다시 딴쉐 1인 지배체제로 회귀한 특징을 띤다. 통상 지도자caudillo로 명명된 개인에 의해 장악된 정권은 권력 자체가 사유화되어 있고, 독재자를 중심으로 비교적 단합된 힘을 나타내기 때문에 권력층 내부의 도전에 의거 와해되는 경우가 드물다(O'Donnell and Schmitter 1986, 34-35).

이에 반해 제도적 정권은 민간의 참여와 권력의 사유화를 배제한 채 일부 군 장교가 순환적으로 통치체제를 구현한다(O'Donnell and Schmitter 1986, 34). 이 경우 군부의 제도화와 직업화 수준은 상대적으로 높기 때문에 군부는 하나의 '제도'로서 정치에 개입한다. 그러나 쿠데타에 참여했던 군인사가 교체되는 정권 2기에 접어들면, 제도이자 정부로서 군부는 그들이 지속적으로 통치할 수 있는 정통성과 역량성의 침식 정도에 따라 파당적으로 균열이 발생할 가능성이 높으며, 정치적 성향에 따라 강경파와 온건파로 양분된다.

미얀마의 경우 네윈이 사망하지 않았고, 스스로 권력에서 물러났지만 2002년 네윈 족벌이 제거되기 전까지 배후에서 막강한 영향력을 행사했다. 1992년 4월 건강상의 이유로 쏘마웅 장군이 퇴진하고 딴쉐 장군이 권력을 승계했을 때 군부 내 특별한 동요가 없었고, 심지어 네윈이 쏘마웅을 축출하라는 비밀 지령을 내리기도 했다. 네윈은 딴쉐보다 자신의 심복인 권력서열 3위인 킨늉 제1서기를 지지함에 따라 제도로서 군부의 파벌 갈등을 조장하기도 했다. 킨늉을 자신의 권력 유지를 위한 지렛대로 활용함으로써 신변의 안정을 보장받는 궁극적 목적도 향유했다.

네윈을 막후로 하는 집단지도체제는 네윈이 병약해지면서 종말을 고했고, 딴쉐도 네윈과 마찬가지로 자신의 정적을 제거하며 독주체제를 구축했다. 딴쉐가 집권하고 있을 당시 특별계획수행위원회Special Projects Implementation Committee●라는 집담회가 구성되었다. 이 위원회는 국가발전계획을 검토하고 수행하는 업무 이외에 각 지역사령관의 진급, 지역 이동, 보직변경 등 주요 인사의 거취를 결정했다. 이와 별도로 2002~2003년까지 군사평의회 위원 중 딴쉐의 신임을 받는 장교 4~5인이 참석하는 비공식

---

● 1995년 공식적으로 설치되었으며 매년 상하반기 각 1회씩, 연 2회 개최한다. 구성위원은 각 중앙부서 장관, 군사평의회 위원, 지역사령관 등이며 국가재건 현황과 향후 계획을 공론화시키는데, 특히 사회간접시설 확충이 주요 의제이다.

의사결정기구인 야간학교(ညေ‌ကျောင်း[nya kyaung])에서 모든 정책이 결정되었다(장준영 2009, 194-195). 소수 권력자에 의한 의사결정구조가 유효했다고 하더라도 그것이 반드시 실행된다는 필연성은 없으며, 합의된 사안은 최고 권력자에 의해 언제든지 번복될 수 있었다. 이런 측면에서 2004년 킨늉 총리의 축출은 군사평의회가 집단지도체제에서 다시 1인 체제로 회귀하는 계기였다.

또한 1992년 쏘마웅 장군이 퇴진함으로써 혁명군부의 마지막 세대는 종말을 고했다. 즉 아웅산이 조직한 혁명군부의 정신적 유산을 계승하는 군 인사는 완전히 사라짐으로써 군부의 세대교체가 완성되었다. 이제 네윈을 후견인으로 하는 신군부정권의 구성원은 네윈 정권의 군부처럼 신직업주의로 무장하여 그들의 배타적이고 독점적인 이익을 강화하는 집단으로 거듭났다.

## 6. 유사민간정권기(2011~2015) 군부의 기능과 역할: 생존전략의 변화?

2011년 3월 30일 퇴역한 군인이 중심이 된 유사민간정부가 출범했다. 2010년 11월 실시된 총선에 NLD, 샨족민주주의연합<sup>SNLD</sup>을 비롯한 야당은 불참했고, 부재자투표(사전투표)에 의한 선거부정이 저질러졌다(장준영 2011, Englehart 2012). 군부의 단결주의, 군부와 경제와의 연결, 군부의 신직업주의, 광활한 대중동원 등 신군부체제의 특성은 신헌법 아래 출범한 새로운 정부에서 극복될 수 없는 구조적 한계가 존재하고, 이에 따라 유사민간정부는 1974년 네윈이 선택한 민정이양과 다를 바가 없을 것이라는 예견도 있었다(Nyein 2009, 638).

그렇다면 원론적으로 돌아가 왜 미얀마 신군부는 군사평의회를 해체하고 헌법에 의해 작동되는 헌정체제를 채택한 것일까? 2003년 민주화 7단계 로드맵을 발표했으나 이는 디베인<sup>Depayin</sup>학살에 대한 국제적 비난 여론을 무마하기 위한 전략에 가까웠다. 2007년 샤프론 혁명은 정부의 무력 진압으로 실패했고, 2004년 킨늉 총리 축출 이후 군부 내부도 균열 조짐은 목격되지 않았다. 한 고위 군부의 언급대로 군부는 통치에 자신감을 내비친다.

제재와 시위는 우리를 불량 국가처럼 만들었다. 제재는 우리를 무기력하게 하지 못했다. 서방국가가 제재를 해제하지 않아도 우리는 장기간 국가를 통치할 수 있다. 우리는 어떠한 민주적 시위도 진압할 수 있을 정도로 충분하다. 그러나 제재는 국민을 상처 입게 했다. 우리가 국민들을 돌보지 않았다고 많은 사람들이 생각하지만 우리는 국가가 발전할 수 있는 것을 하기 원했다. 원로장군(딴쉐)은 앞으로도 몇 년간 권력층에 남아 있기를 원하지만 그는 국가를 위해 은퇴해야 하는 것을 안다. 우리 정부는 사실상 정부이다. 우리가 진정 국가를 발전시키고자 했다면 정치적 변화를 도입해야 했을 것이다. 물론 친민주주의 집단의 활동은 정부의 결정에 영향을 미쳤다. 디베인 사건이 가져온 추가의 제재가 없었다면 로드맵은 빨리 진행되지 않았을 것이다. 동시에 승려 시위로 인한 추가 제재가 없었다면 국민회의는 빨리 끝내지 못했을 것이다(Kyaw Yin Hlaing 2012, 204).

위 언급대로라면 국내외 친민주주의 집단을 포함한 국제사회의 압력으로 인해 군부정권은 더 이상 유지될 수 없으며, 이러한 이유로 체제의 변화를 꾀한 것이다. 그러므로 신정부는 군사정부가 취할 수 있는 최소한의 비용으로 재조직된 것이며, 위험성을 제거하는 차원에서 선거는 조작됐고 군 인사들이 신정부의 요직을 차지했다. 변화와 개혁보다는 군부체제의 연장선에서 안정을 유지하는 것이 신정부가 생존할 수 있는 유력한 전략이라는 관측도 이런 배경에서 제기된 것이다.

정치권과 다소 거리를 두면서도 정치에 직간접적으로 개입하기를 원하는 측면에서 신정부의 출범은 군부의 출구전략은 분명 아니다. 다만 직접적으로 정치에 개입하지 않으면서 군 내부의 조직적 결속력을 다지고 제도화를 달성하여 정부에 영향력을 행사하려는 차원이다(Huang 2012, 2). 정치 제도로서 정부를 구성하고 정부를 권력 분점의 수단으로 활용하려는 생존전략으로 볼 필요가 있다(Croissant and Kamerling 2013, 110).

우리가 유의해야 할 점은 생존전략의 변화를 주창한 것과 자유화의 단계, 즉 군부의 정치개입 수준을 낮춘 개혁은 분명 다른 결과를 가져왔다는 것이다. 전자로 향했을 경우 군부개입은 독재체제하 군부통제 또는 선거민주주의하 군부지도체제로 귀결되었을 가능성이 크다. 반면 제도적으로 정부와 군부를 분리하고 자유화 조치를 취함에 따라 군부는 군부지도 또는 민간에 조건부로 종속하는 결과를 낳았다. 군부의 생존전략을 바꾼 장본인이 딴쉐라면(Callahan 2012, 122; Macdonald 2013, 26), 자유화 조치를 통해 군부의 정치개입 수준을 낮춘 장본인은 바로 떼잉쎄인 대통령이다.

이런 측면에서 미얀마 군부의 파벌주의는 체제의 변동이 발생한 뒤 본격화되었다는 점이 독특하다. 즉 2004년 킨늉 총리가 축출된 뒤 봉합된 강경파 중심의 군부는 내부의 균열 조짐이 없이 '위로부터의 변화 transformation'를 통해 체제변동을 견인한 뒤 자유화의 과정과 정도를 두고 강경파와 개혁파로 나뉘게 되었다. 신정부 출범 초기에는 띤아웅뮌우 Tin Aung Myint Oo 부통령과 떼잉쎄인 간 파벌갈등과 권력경쟁이 불거졌다. 띤아 웅뮌우는 떼잉쎄인을 배제하고 군 수뇌부와 내각들로 구성된 회의를 매일 주재하고 독자적 의사결정을 추진하며, 궁극적으로 현 체제를 인정하지 않고 과거 군사평의회로의 회귀를 선호한다고 전해진다(Aung Zaw, 2011/7/8; Sai Zom Hseng, 2011/6/30).[*]

정부 관계자에 따르면 현재 개혁파와 강경파 비율은 20:20이며, 나머지 60은 양자 간 갈등구도에서 승리하는 쪽으로 성향을 정할 것이라고 한다(Jagan 2012/2/16). 이 사실에서 두 가지 측면, 즉 신정부에 들어서도 권력 수뇌부에서는 후견-수혜관계로서 스승-제자관계가 여전히 작동 중이며, 개혁은 매우 불안한 미래를 담보한다는 사실을 알 수 있다.

먼저 스승-제자관계 측면에서 볼 때, 유사민간정권의 스승으로서 막후정치의 핵심에는 딴쉐가 자리한다(The Irrawaddy, 2011/5/23). 그는 공식적으로 모든 직위에서 은퇴한 원로 장군이다. 그가 남긴 정치적 공백에서 일부 원로 관료는 그들 스스로 자유주의자로 변신하여 해결되지 못한 국가의 정치·경제적 현안을 공개적으로 지적하거나 아웅산수찌와 공조하

---

[*] 필자는 위 사실에 대해 퇴역군인과 공무원을 포함하여 10명 이상을 면접했다. 대부분은 정확하지 않지만 그럴 가능성이 높다는 의견을 주었다. 실제로 띤아웅뮌우는 군 작위와 자신의 이름을 합쳐 8음절이라는 이유로 '싯롱'(ဈစ်လုံး[shitlone])으로 불린다. 네윈을 할아버지라는 뜻에서 어포지(aphogyi)라고 불렸던 것처럼 권력의 상층에 있는 자들을 은유적으로 부르는 정치권의 습성을 참조했을 때 띤아웅뮌우의 영향력은 내각 내에서 절대적임을 추측할 수 있다. 미얀마 연구의 대가인 한 학자도 그는 군인이지 정치인이 될 수 없는 '거친 인물'(tough guy)로 정의했다(Steinberg 인터뷰, 2011/8/3).

는 방안을 고려하기도 한다. 내각의 약 30%에 이르는 인물들이 개혁파로 변신했다(Kyaw Yin Hlaing 2012, 209). 만약 딴쉐가 그의 정치적 영향력을 직접 행사할 경우 과연 개혁주의자 또는 자유주의자를 표방하는 내각이 존재할지 의문이다. 딴쉐가 의도적으로 자신의 정치적 공백을 내어주었을 가능성도 있다. 다만 자신과 자신 족벌의 안위를 보장받는 대가에 한해서이다.

유사민간정부의 개혁은 미래를 쉽게 예측할 수 없는 상황이며, 자유화란 일정 부분 불확실한 미래를 전제한다. 특히 미얀마에서는 군부통치가 이뤄진 지 반세기 만에 새로운 형태의 정치체제를 실험하는 단계이기 때문에 권력의 당사자들조차 미래를 어떻게 설계하고 실행해 가야 하는지에 대한 스스로의 의문을 해소하지 못한다. 그렇기 때문에 군부출신의 각료와 국회의원 등 정치엘리트들은 불확실한 미래 구도에서 자신의 생명과 직위 등 신변을 보장받기 위한 보험 차원에서 정치적 입장을 유보한다.

특히 딴쉐와 마웅에 등 군사평의회의 절대 권력자들이 현실정치에서 완전히 퇴진했다고 하지만 이들의 활동은 법적으로 보장받는다. 신정부 출범 이전 1차 정기국회 회기 동안 초헌법 기관인 국가최고평의회State Supreme Council: SSC가 창설되었는데, 이 기구는 1974년 혁명평의회RC가 버마사회주의계획당BSPP으로 권력을 이양할 당시 구성된 국가평의회State Council와 그 기능이 유사하다. 또한 8명*의 원로장교로 구성된 일종의 상설 고

---

● 딴쉐, 마웅에, 쉐망 하원의장, 떼잉쎄인 대통령, 띤아웅뮌우 부통령, 띤에(Tin Aye) 연방선거위원회 의장, 군 지도자 2명(군총사령관, 부사령관)이다.

◆ 국가평화발전평의회(SPDC) 고시 제97/3호에 의거 조직된 이 기구는 대외적으로 군부의 통합 이미지를 알리기 위함이었으나 실제로는 군부의 부패 혐의를 조사하는 국가정보국의 역할을 대행하는 임무가 부여됐다. 그 생명은 1년도 가지 못하면서 해체됐다(Selth 2002, 60).

문단顧問團으로서 SSC는 1997년 군사평의회가 SPDC로 개칭할 당시 퇴역 군 인사들로 구성되어 출범한 국가고문단*과도 유사하다. 그러나 당시 고문단은 퇴역 장교에 대한 예우 차원에서 조직되었다면, 이 기구는 현실정치에 대한 직접적인 조언과 방향을 제시하는 실질적인 정치기구이다. 현역 정부인사 4명, 군인사 2명이 상임위원으로 편재하다는 사실이 이를 증명한다.

막후권력의 존재는 전혀 새로운 것이 아니다. 1988년부터 2002년 3월 영어囹圄의 상태에 이르기까지 네윈이 군사평의회에서 막후권력을 행사했기 때문이다. 네윈이 킨늉 전 총리를 앞세워 딴쉐와 마웅에를 견제함으로써 자신의 건재를 확인한 것처럼, 딴쉐는 자신의 심복인 쉐망Shwe Man 하원의장을 통해 사퇴하기 전까지 띤아웅뮌우 부통령과 함께 떼잉쎄인 대통령을 견제해왔다.

다만 신정부는 군사정부처럼 지속적으로 군부가 정치에 개입하거나 권위주의적 통치양식을 지속할 수 없는 구조적 한계에 봉착해 있다. 그렇기 때문에 네윈이 행사하던 막후권력보다 딴쉐의 막후권력은 범위가 축소되거나 때로는 딴쉐의 영향력이 사라질 수 있으며, 그 경우 생존을 위해 정치엘리트는 강경주의 또는 보수주의보다 온건주의 또는 개혁주의를 표방할 가능성이 크다. 만약 딴쉐가 사망하게 될 경우 그들의 '스승'은 사라지기 때문에 노선 변화의 속도는 빨라질 것이다.

뒤에서 자세히 다루겠지만 신정부의 이데올로기, 즉 달성 가능한 이상향은 신군부정권에 의해 형성되고 완성되었다. 그들에 따르면 미얀마 역사에서 전사왕이 통치한 시기가 바로 국가의 전성기였으며, 이러한 역사적 교훈을 바탕으로 군부가 정치사회의 주역이 되는 사회를 건설해야 한다. 군부는 국가의 미래에서 정치의 주역이 되고, 국민의 3대 대의를 수호하며, 의회에서 활동적으로 행동해야 한다는 신직업주의를 공식적으로 표방하기에 이르렀다. 이른바 규율민주주의(စည်းကမ်းပြည့်ဝသိမိုကရေစီ [sikan-pyiwa-dimoekaraci])로 명명된 신군부의 통치전략은 2008년 국민투표에 의해 통과되고 공포된 헌법에 잘 드러난다.

신헌법 제7장은 땃마도(တပ်မတော်[tatmadaw]), 즉 군부의 역할과 기능을 중점적으로 다룬다. 기본적으로 군부는 국내외의 위험으로부터 국가의 수호를 주요 목적으로 두고(제338, 339조), 국가와 국민이 군부의 도움을 필요로 할 때 이를 지원해야 한다(제314조). 군부의 수장인 군총사령관은 국방안보평의회National Defence and Security Council: NDSC●의 제안과 승인을 취득한 후 대통령이 임명한다(제342조).

신헌법 제7장에 규정된 땃마도의 기능과 역할은 빙산의 일각이다. 정부의 유형상 미얀마는 대통령제로 모든 권력은 대통령에게 집중된다(제58조). 그러나 군총사령관이 의장이 되는 비상설기구인 NDSC가 대통령보다 상위에 위치하고, 군 통수권은 군총사령관이 가진다. 또한 군총사령관은 부통령에 준하고, 국가비상사태가 발생할 경우 자동으로 대통령으로부터 권력을 이양받는다. 신헌법에는 국가비상사태의 기준과 조건이 명시되어 있지 않다(제11장). 따라서 군부의 정치개입 가능성은 언제든지 열려 있다. 군총사령관은 국방, 내무, 국경지역장관 등 행정부의 핵심 인사를 지명할 권리도 가진다(제232조 b(iii)).

---

● 대통령, 부통령 2명, 양원의장, 군총사령관, 군부사령관, 외무장관, 국방장관, 국경장관, 내무장관으로 구성된다.

군부의 기능과 역할과 관련하여 신헌법은 인도네시아 수하르또<sup>Suharto</sup> 체제 헌법을 모체로 했기 때문에 이들의 자율성도 보장된다. 군부는 상하원으로 구성된 연방의회뿐만 아니라 지방의회에서도 선거와 관련 없이 의석의 25%를 무투표로 확보하고(제109조 b, 제141조 b), 민간 의원과 달리 의원직과 군 현직을 겸직할 수 있다. 또한 군부는 그와 관련하여 행정부로부터 완전한 자율권을 보장받는다(제20조 b).

신정부는 구체제의 과오와 만행을 면책하고 있다. 헌법 제14장 "이행", 제445조에 따르면 "미얀마연방공화국은 국가법질서회복평의회와 국가평화발전평의회의 전권을 이양받고, 두 평의회, 평의회 위원, 정부 구성원에 반하는 어떠한 제도도 도입될 수 없다."고 명기하고 있다. 상원에 설치된 국민고충 및 청원위원회Public Complaints and Petitions Committee로 접수되는 민원들을 전 정권과 현 정권으로 구분하지 않고 있어 상기 조항을 존중한다. 전 군사정권으로부터 받은 각종 불이익에 대한 보상이나 잘못된 과거를 바로잡고자 하는 정부의 의도는 없어 보인다. 헌법 제14장은 이론적으로 신정부가 출범하면 군사평의회는 자동적으로 해산되면서 그 법적 효력을 발휘할 수 없지만 여전히 유효한 것으로 확인된다.

권력의 분점과 반대파를 포섭하거나 포용하는 행위는 앞서 제기한 제도로서 군부가 정치에 개입하여 권위주의의 행태를 유지하는 전략이다(Jones 2014, 782). 권력 분점을 위해 군사평의회는 2010년 4월 26일, 장차관급 군부 46명을 퇴역시키고, 8월 27일에는 딴쉐를 비롯하여 군사평의회 소속의 핵심 군 인사 10명을 차례로 퇴역시켰다. 후자 가운데 쉐망, 띤 아웅뮌우, 띤에<sup>Tin Aye</sup> 등은 신정부에서 각각 하원의장, 부통령, 연방선거위원장 등 요직으로 진출했으나 그 외 인물은 일선에서 완전히 물러났다. 그

| | 출범(2011.3.30) | 2012~2013 | 2015.1 현재 |
|---|---|---|---|
| 군부출신 인사 | 25(경찰 1인 포함) | 25(경찰 1인 포함) | 25(경찰 1인 포함) |
| 민간출신 | 5 | 11 | 11 |
| 합계 | 30 | 36 | 36 |

※ 출처: 필자.

리고 1차로 퇴역한 군부는 민간인이라는 의미에서 우ᵁ라는 호칭을 붙여 총선에 참가했고, 당선된 뒤 다시 입각하는 형태로 정계에 복귀했다.

다음 〈표〉는 신정부 출범 이후 내각을 구성하는 장관의 출신 성분을 나타낸 것이다. 2011년 3월 30일 신정부가 출범할 당시 내각은 34개 부서(대통령실 포함)였는데, 민간 출신 인사는 5명에 그쳤다. 그 가운데 5개 부서*는 한 명의 장관이 각각 겸직했다. 민간인 가운데 상무부와 호텔·관광부 및 체육부 장관은 굴지의 사업가로 군부와 결탁한 인물이다. 학자 출신 관료는 2명이었고, 1명은 정통 관료출신이다.

2012년 들어 부서 통폐합이 단행됐다. 우선 산업발전부Ministry of Industrial Development는 폐지됐고, 제1, 2부로 나뉜 산업부Ministry of Industry와 전력부Ministry of Electric Power는 각각 산업부와 전력부로 통합됐다. 2명이었던 대통령실Ministry of President Offoice 장관은 6명으로 증원되었으며, 대통령과 각별한 인맥을 형성한 군부 출신으로 알려진다.

2012~2013년까지, 또한 2015년 1월 현재 군부출신 인사는 동일하게 총 25명으로 출범 당시와 같은 수를 보이고 있다. 그러나 총 내각 구성원이 6명 늘어났고, 모두가 민간출신으로 충원되었다는 측면에서 신정부의

---

● 해당 부서로는 국경부 및 산업발전부, 정보부 및 문화부, 국가기획·경제발전부 및 축수산부, 노동부 및 사회복지부, 호텔·관광부 및 체육부이다.

내각은 군부출신 인사에서 민간출신 인사로 교체되고 있다고 평가할 수 있다. 그러나 내각에서 민간출신 인사가 차지하는 비율이 절반을 넘지 못하고 있어 권력분점은 군부 중심으로 진행되는 것으로 파악된다.

여기서 주목할 점은 민간출신 인사를 등용할 수 있는 여건이 풍부하지 않다는 점이다. 2012년 이후 학자출신 장관은 3~4명 수준이고, 나머지는 사업가 또는 부서 내부에서 승진한 자들인데, 학자출신을 배제하고 나머지 인사들은 군부와 깊게 결탁한 인물들인데, 특히 정통 관료라고 하는 인물들도 영관급 출신이다. 1962년 이래 군부가 관료사회를 장악했고, 이로 인해 민간정권에서 관료로 발탁될 수 없는 구조적 한계를 가진 미얀마의 현실을 대변한다.

위 〈표〉에는 나타나지 않지만 권력의 핵심인 대통령과 부통령 2인도 군부출신 인사가 맡을 가능성이 유력한 구조이다. 대통령은 의회에서 간접선거로 선출되는데, 양원 각 1인과 군부출신 1인이 결선 투표로 결정된다. 최소한 군부출신 인사가 부통령 이상 선출된다. 신정부에서 떼잉쎄인 대통령과 띤아웅뮌우 부통령은 군부출신이다. 띤아웅뮌우는 와병상의 이유로 2012년 냥뚠Nyan Tun 전 해군제독에게 직위를 이양했고, 싸잉 마욱

〈표〉 보궐선거 의석수 및 결과(2012.4)

| 정당 | | 연방의회 | | 지방의회 | 합계 |
|---|---|---|---|---|---|
| | | 민족의회(상원) | 국민의회(하원) | | |
| 총 의석수 | | 6 | 37 | 2 | 45 |
| 획득 | USDP | 1 | – | – | 1 |
| | NLD | 4 | 37 | 2 | 431 |
| | SNDP | 1 | – | – | 1 |

※ 출처: 필자.

2010년 총선에는 37개의 정당이 참가했다. 사진은 1차 민간시기의 주역이었던 우 누(U Nu)와 우 쪼녜잉(U Kyaw Nyein)의
딸인 먀딴딴누(Mya Than Than Nu)와 초초쪼녜잉(Cho Cho Kyaw Nyein)이 공동으로 창당한 민주당 지방 당사이다.

칸Sai Mauk Kham 부통령은 민간출신이다.

야당의 포섭 또는 포용의 사례는 2012년 4월 실시된 보궐선거이다. 〈표〉에서 보는 바와 같이 NLD는 전체 45석 가운데 43석, 샨주Shan를 기반으로 하는 샨족발전당USDP이 샨주 상원 1석에서 각각 승리했다. 집권 여당은 국민민주주의연합NLD 후보가 출마 부적격으로 처리된 상원에서 1석을 획득했다.

2012년 보궐선거는 국민의 전폭적인 지지를 받는 야당의 제도권 진출과 민주적 정당정치의 서막이 올랐다고 평가할 수 있다. 그러나 여당 입장에서 44석을 한꺼번에 잃는 결과를 가져왔지만 그들이 얻을 수 있는 이익이 더 컸다는 점에 의미를 부여할 수 있다. 즉 정부는 그들 스스로의 힘으로 해결하기 힘든 미국과 유럽연합EU발 제재를 완화 또는 해제할 수 있는 조건을 보장받았다. 나아가 국민적 신망의 대상인 야당의 의회 입성을 보장함으로써 정부가 구축한 민주제도가 원활히 작동되고 있다는 사실도 입증하고자 했다. 이 선거는 유사민간정부의 정당성을 확보하는 정치적 계략이었다(장준영 2013, 158).

한편, 2012년 기준 하원 8석, 지방의회 4석 등 총 12석이었던 공석은 2013년 들어 상원 6석, 하원 13석, 지방의회 11석 등 총 40석으로 늘어났다. 입각 또는 사망으로 인한 공석의 발생과 함께 치안 불안 등으로 인해 하원 배속 샨주 5개 선거구와 지방의회 배속 까친주와 샨주 각 2개 선거구는 2010년 총선에서 배제되었다.

2014년 3월, 연방선거위원회는 11월 또는 12월 들어 이들 선거구에 대한 보궐선거를 실시하겠다고 발표한 뒤 9월 7일 전격 취소했다. 2015년 총선이 임박하고 총선 준비로 업무가 과중하며, 해당 지역에서 새로 대표자가 선출된다고 하더라도 정치적으로 큰 의미가 없다는 이유에서였다. 당초 여당뿐만 아니라 NLD도 참가의사를 밝혔으나 취소 의견에 NLD도 동의했다.

정부와 여당의 회유 또는 협박이 있었는지 확인되지 않지만 NLD의 결정은 당혹스러웠다. 대의민주주의의 핵심이자 기초는 바로 선거이고, 정당의 제도권 입성을 통해 제도적으로 군부의 유산을 제거할 수 있다. 특히 까친주와 샨주 등 일부 선거구는 2010년 총선, 2012년 보궐선거조차도 치르지 못했기 때문에 형식적으로나마 대의민주주의의 절차를 경험하지 못했다. 버마족의 영향력이 떨어지는 지역이지만 국민 화해와 국민 통합을 달성하려는 의지는 모든 정당의 숙원사업이자 반드시 해결해야 할 국가적 과제이다. 아웅산수찌가 자의적으로 연방선거위원회의 결정을 따랐다면 이는 민주주의의 원칙을 지키지 않은 과오 중 하나일 것이다.

국방 예산은 군부의 제도적 자율권 정도를 측정할 수 있는 또 다른 지표이다. 커트 캠벨Kurt Campbell 전 미국 동아시아태평양차관보는 "미국정부는 버마보다 북한의 의사결정과정을 더 잘 알고 있다."라면서 미얀마의 의사결정 비밀주의를 역설했다(Joseph 2012, 138). 국방과 관련된 의사결정의 비밀주의원칙은 이보다 더 높은 수준으로 예산에서 국방비 지출 변동은 군부에 대한 민간의 견제를 객관적으로 보여줄 수 있는 지표로 판단된다.

〈표〉에서 보는 바와 같이 미얀마 국방비는 신정부가 출범하기 전까지 지속적으로 증가했다. 특히 2005년은 전년도 대비 2배 이상 증가했고, 2005년부터 3년간 국방비는 국내총생산GDP의 3분의 1을 차지했다. 2008년과 2009년에는 국방비가 외부로 노출되지도 않아 군부 내 비밀주의를

〈표〉 국방비 지출(2000~2014)

| 항목<br>년도 | 국방비<br>(백만달러) | 1인당<br>국방비(달러) | GDP대비<br>(%) | 현역<br>(천명) | 예비군<br>(천명) | 민병대<br>(천명) |
|---|---|---|---|---|---|---|
| 2000 | 1,020 | 21 | 2.8 | - | - | - |
| 2001 | 2,236 | 46 | 5.0 | 344 | - | 100.3 |
| 2002 | 5,632 | 124 | 9.4 | 444 | - | 100.3 |
| 2003 | 6,260 | 136 | 9.6 | 488 | - | 107.0 |
| 2004 | 5,889 | 127 | 15.6 | 482 | 0 | 0.25 |
| 2005 | 6,944 | 148 | 32.4 | - | - | - |
| 2006 | 7,266 | 155 | 34.1 | 376 | 0 | 107.0 |
| 2007 | 7,009 | 148 | 33.4 | 406 | 0 | 107.0 |
| 2008 | - | - | - | 406 | 0 | 107.0 |
| 2009 | - | - | - | 406 | 0 | 107.0 |
| 2010 | 1,762 | 33 | 4.9 | 406 | 0 | 107.0 |
| 2011 | 2,415 | 45 | 4.7 | 406 | 0 | 107.0 |
| 2012 | 2,228 | 41 | 4.1 | 406 | 0 | 107.0 |
| 2013 | 2,400 | 44 | 4.2 | 406 | 0 | 107.0 |

※ 출처: International Institute for Strategic Studies, 각호(2002-2014)에서 정리.

강화했다. 그러나 신정부 들어 국방비는 2001년 수준으로 줄어들었다. GDP에서 차지하는 비율도 연평균 4%대로 크게 감소했음을 알 수 있다.

미얀마는 전쟁 가능성이 매우 낮은 국가이지만 정규군이 40만 명으로 베트남에 이어 동남아에서 두번째로 현역 군인수가 많은 국가이다. 또한 200만 명에 달하는 군인가족까지 포함할 경우 그 수는 전체 인구의 4%에 해당된다(Steinberg 2010, 101, 166). 신정부 출범 이후에도 군부의 감원이 발생하지 않은 것으로 보아 국방비가 가장 적었던 2010년 수준에서도 군 조직을 운영하기 위한 재정적인 부담은 없다. 즉 2010년 국방비가 군부를 유지하기 위한 최소 금액이라고 할 때 신정부 출범 이후에도 여유분

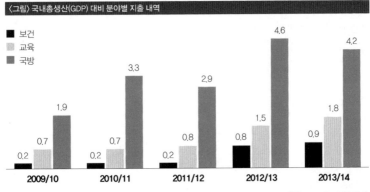

〈그림〉 국내총생산(GDP) 대비 분야별 지출 내역

■ 보건
▨ 교육
■ 국방

※ 출처: World Bank(2013, 6).

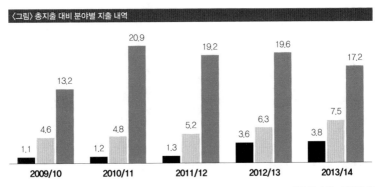

〈그림〉 총지출 대비 분야별 지출 내역

※ 출처: World Bank(2013, 6)

은 충분한 것으로 판단된다.

〈그림〉에서와 같이 보건과 교육 분야 총 지출은 국방비의 4분의 1 수준에 그쳤다. 또한 〈그림〉와 같이 재정 총 지출 대비 국방비는 19.2%, 19.6%, 17.2%로 보건과 교육 분야보다 여전히 높은 수준으로 유지된다. 다만 신정부 출범 이후 보건과 교육 분야의 지출도 소폭 증가하고 있음을 확인할 수 있다.

위에는 드러나지 않지만 신정부 출범 당시 군사평의회는 마지막으로 군부를 위한 재정을 할당했다. 국가평화발전평의회 법령 제2011/10호에 의거 국가의 주권을 영속시키기 위한 차원에서 군부에게 특별기금이 조성됐다. 이 법령에 따르면 군부는 국내외 적으로부터 국가와 헌법을 보호하는 집단으로서 국가의 주권을 상실하지 않기 위해서 군부에 대한 지출을 결의한다. 회계연도가 종료되면 특별기금의 사용처와 내용을 대통령에게 제시하지만, 어떠한 개인이나 기구도 이 기금에 대한 질의를 할 수 없고 감사의 대상도 아니다.* 특별기금의 액수는 공식적으로 발표되지 않고 있어 국가 예산과 별도로 군부는 재정적 자율성을 누리는 것으로 확인된다.

신군부정권기 군부는 신직업주의를 강조하며 배타적 이익집단으로 거듭났다고 지적한 바 있다. 사회의 모든 자원을 군부로 집중시켜 군부의 근대화를 추동하고, 군부를 제외한 사회계층을 루당자(လူတန်းစား [ludanza]) 즉, 쓸모없는 배제 집단으로 남겨두었다. 그럼으로써 군부는 국가 안의 또 다른 국가로서 루당자의 포식자가 되었다.

그러나 이러한 관행은 신정부 들어 축소되기 시작했다. 앞서 보았듯이 내각에 민간출신 인사가 이름을 올리기 시작하여 군부 내부적으로도 정치개입의 수준을 서서히 낮추고 있다. 예를 들어 지역사령부 사령관이 지방 행정부를 장악했던 군사정부의 관행과 달리 현재 주 지역 장관들이 모든 행정권한을 위임받았다(ICG 2014, 8).

1988년부터 무기체계의 근대화, 반군소탕목적을 위한 빠른 속도의 팽창, 군정보국의 확장 등 새로운 군사교리가 도입되었다. 군부의 자립을 위

---

* 법령 내용은 부록을 참조하라.

한 전략으로 경제 개입은 토지 몰수, 비공식적 과세와 강제노동 등 예상
치 않은 결과를 가져왔다(ICG 2014, 15).

이에 군부는 신정부 출범 이후 네번째 교리를 채택했다(Callahan 2012).
군부가 정치에서 공식적으로 철수함에 따라 군부의 역할은 수정될 수밖
에 없는 환경에 처했다. 평화협상으로 인해 내전과 관련한 군부의 개입을
줄이고, 공공질서는 경찰에게 이양하는 소위 "그린투블루"green to blue ● 전
략이 시작되었다. 이외 사관학교 모집 인원을 축소하고 소년병의 모집은
완전히 종료했다(ICG 2014, 15).

또한 국방부는 공공부문으로부터 국방부의 역할을 재조정하기 위해
다양한 의견을 청취하는 차원에서 국방관련소위원회(ကာကွယ်ရေးဆိုင်ရာဆပ်
ကော်မတီ[kagweye-hsainya-hsatkawmati])를 설치했다(NLM 2014/2/16). 전
화, 팩스, 이메일 등 다양한 방법으로 공공의 의견을 청취한다고 하더라
도 의견이 접수될 가능성은 낮아 보이지만, 지금까지 폐쇄주의와 권위적
행태로 일관하던 정부의 행정적 관행, 특히 국방부라는 비밀스러운 조직
이 공공부문으로 개방된다는 측면에서 진일보한 입장 변화를 확인할 수
있다.

경제적으로도 군부가 장악하던 이권은 미세하지만 해체의 과정을 걷
기 시작했다. 특히 군부가 직접 경영하는 UMEHL과 MEC에 대한 다양한
혜택이 철회되기 시작했다. UMEHL이 독점하던 가솔린 수입권은 폐지되

---

● 그린, 즉 녹색은 군부를 상징하고, 블루는 경찰을 상징한다. 미얀마가 군부에 의해 장기간 통치되는 국가라
는 사실은 국민들의 농담 속에서도 발견된다. 예를 들어 국민들은 텔레비전에는 딱 두 가지의 색깔, 황색과
녹색만 나온다고 한다. 군부 관련 소식 아니면 황색 가사를 걸친 승려들의 설법 전파 방송 이외에 텔레비전
을 시청할 내용이 전혀 없다는 국민들의 비아냥거림이다. 혹자는 후자를 두고 벼가 황금색으로 익어간다
는 것을 뜻하기도 한다는데, 풍요로운 미얀마를 상징한다.

었고, 2011년 10월에는 자동차 수입이 자유화되면서 이제 민간기업과 경쟁구도에 놓이게 되었다(ICG 2012b, 12).

신정부 출범 이전 법인세, 수출입세 등 두 기업이 누리던 세금 면제 혜택은 철회되었다. 종전에는 UMEHL을 통해 수출을 하던 일반 기업은 10%의 수출세, UMEHL는 5%를 납부했는데, 실제로 후자는 면세 특혜를 받았다(ICG 2014, 9-10). 또한 이들 두 기업이 독점하던 담배, 주류, 정제유, 식용유, 자동차 시장이 자유화되거나 이들 기업의 점유율이 대폭 축소되면서 해당 제품의 시장가격이 하락해 두 기업이 취하던 이익률도 크게 감소했다.

이와 같이 군부의 경제적 역할을 축소하는 이유는 다음과 같은 배경을 들 수 있다. 첫째, 군부가 지속적으로 경제운영을 할 역량을 유지할 수 없다. 군부가 정치적 영향력을 행사할 수 없다는 사실을 의미한다(ICG 2012b 12). 군사정부 당시 군부는 군부의 지출과 관련하여 의회의 견제나 검토를 받지 않고, 이에 따라 투명성도 보장되지 않았다. 그러나 제한적이지만 신정부 출범 이후 군 예산은 의회의 동의와 승인을 받아야 하는 절차가 도입되었다.

둘째, 군 내부적으로 군총사령관은 군부의 경제적 역할을 축소하면서 내부 결속력을 다지고자 한다. 군부의 경제활동영역이 축소됨에 따라 군부기업의 역할도 축소될 수밖에 없기 때문에 군부는 군 본연의 임무에 충실하면서 내적으로 제도적 구속력을 유지하고자 한다. 군총사령관을 중심으로 한 위계질서를 확립함으로써 경제활동으로 인한 부정부패를 일삼는 군부의 이미지를 쇄신하고자 하는 의도가 있다.

셋째, 군부 소유 기업의 수익은 현역 군부에게 유입되는 것이 아니므로 군부는 경제활동에 천착할 필요가 없다. 군부 소유 기업의 수익은 감소할 것이 유력하지만, 국가 전체 예산은 증가했다. 다시 말해 국가 예산 할당에 있어서 군부 예산은 축소되지만, 전체 예산이 증가하는 것만큼 군부에게 배정되는 예산도 증가할 가능성이 크다는 의미이다. 군부 입장에서 그들이 운영하는 기업의 경영 손실 부담금을 정부 예산으로부터 벌충받을 수 있기 때문에 무리하여 기업을 운영할 필요성을 체감하지 못한다 (ICG 2014, 10). 그러므로 군총사령관은 자신과 군 수뇌부의 정치적 위협을 최소화하는 차원에서 군의 경제적 역할을 축소하고자 한다.

정치와 제도적 환경의 변화에도 불구하고 신정부하 군부는 정부에 통제의 대상이 될 가능성은 낮아 보인다. 바로 대내 안보, 특히 소수종족과의 평화협상이 마무리되지 않은 상황에서 연방의 분열을 방지해야 한다는 명분으로 지속적으로 정치적 영향력을 행사할 가능성이 크다. 돌이켜 보면 군부의 정치개입 배경에는 항상 연방과 주권의 영속이 존재했고, 그만큼 미얀마라는 영토 내 국민들을 하나로 묶는 작업은 국가적 과제였다. 1947년 2월 삥롱회담, 네윈의 쿠데타 배경, 자치연방제federalism에 대한 부정적인 신군부의 견해 등이 그 사례이다.

군부 입장에서 평화협상을 통한 정전협정이 완료되지 않은 사실이 그들의 정치개입을 위한 훌륭한 명분임에는 틀림없다. 그렇지만 국가의 전환을 꾀하는 신정부하 군부는 기존의 노선을 유지할 수 없는 새로운 국면을 맞이했다. 실제로 신정부는 대통령 직속 기구를 설치하고 정부 주도와 의회 주도 등 두 갈래 방식으로 소수종족과의 평화협상을 진행 중이다. 국가의 기틀을 재구조화하고 정상국가로 나아가기 위해 국민화해의 국가통합은 가장 기초적이면서 신정부가 추진하는 최우선 과제이다.

정부의 평화적인 문제해결 의지와 달리 군부는 협상에 소극적이거나 협상 자체를 거부하는 집단에 대한 물리적 공세를 유지하면서 정부와 불협화음을 연출했다. 그 사건의 시초는 국경수비대Border Guard Force: BGF 편입 여부를 둔 군부와 소수종족 간 갈등이었다. 신정부 출범 이전 군사정부와 소수종족 간 정전협정 당시 각 소수종족은 헌법이 완성되는 시기에 국한하여 자군을 보유할 수 있도록 정부의 재가를 받았다. 즉 헌법이 완성되고 신정부가 출범한 후 각 종족들은 정부와 협상을 통해 군대 보유 여부를 결정하기로 합의했다.

그러나 군부는 어떠한 예고 없이 2009년 4월, 국경수비대 창설안을 발표했다. 창설안에 따르면 각 1개 부대는 총 326명(정부군 30명, 정전협정 소수종족 296명)으로 구성되고, 모든 소수종족 군대는 국경수비대로 편입한다는 것이었다.* 정부의 독단적인 결정과 소수종족에게 불리한 본 국경수비대 창설안은 정부와 소수종족 간 정전협정이 파기됨은 물론이고, 향후 출범할 정부에게도 큰 부담이 될 것으로 예상됐다.

정부는 2009년 6월까지 본 국경수비대 편입 여부를 결정하라는 통첩을 했고, 7월 말 각 지역사령관이 소수종족 지도자들과 마지막 협상을 벌였으나 결렬되고 말았다. 국경수비대 창설이 몇 차례 연기된 뒤 2010년 9월 1일, 정부는 지금까지의 모든 정전협정은 무효null and void라고 선언하고 가입 거부의사를 보인 까친족, 와족, 꼬깡족 등 중국 국경지역의 반군단

---

● 국경수비대는 소수종족 반군단체를 군총사령관의 직접적인 통제를 받기 위해 고안된 것이다. 2009년 4월, 군정보국 폐지 이후 창설된 군무안보실(Military Affairs Security: MAS) 수장 예뮌(Ye Myint)중장이 산주, 까친주 등 중국 국경지대를 방문하여 소수종족 반군 지도자를 직접 면담했다. 1개 부대는 326명으로 구성되는데, 정부군 출신 1명, 소수종족 출신 2명 등 소령급 3명의 사령관에 의해 지휘된다. 모든 국경수비대는 정규군과 달리 위수지역을 벗어날 수 없고, 보수는 정규군과 동등하게 받는다(Wai Moe 2009/8/31).

체들에 대한 봉쇄활동에 돌입했다. 그사이 꼬깡족에 대한 군부의 군사작전으로 인해 3만 7,000명의 난민이 발생하여 중국으로 월경越境하는 사건이 벌어지는 등 신정부정권 말기 정부와 지방 간 갈등은 극에 달했다.

신정부는 대통령 직속과 정부 주도 등 두 갈래 방식으로 소수종족과 정전협상을 진행해왔다. 2012년 6월 발표된 2차 발전전략에서 떼잉쎄인 대통령은 집권 1년차 정부는 국민화해와 국가통합을 부분적으로 달성했다고 치하했다. 나아가 신정부는 국경수비대를 폐지하고, 군부정권 당시 제시한 선편입후협상안을 포기했다. 삥롱협정이라는 용어를 직접 사용하지 않았지만 소수종족의 정치적 요구를 수용할 국민회담을 제안했고, 2014년 연방의 날(2.12)에는 소수종족의 자치를 부분적으로 인정하는 연방제 창설을 언급하기도 했다.

신정부의 변화한 입장과 평화협정의 완성에 대한 의지와 별도로 군부는 소수종족에 대한 물리적 공세를 포기하지 않는다. 이런 행위는 정부에 대한 소수종족의 불신을 키우는 행위임과 동시에 정전협정을 완료하려는 정부의 의지를 꺾는 부정적인 효과만 불러온다. 군부의 배타적 자율권이 헌법에 보장되어 있고, 대통령이 군부의 독자적 행동을 경고하거나 견제할 수 없는 제도적 장치가 없는 상황에서 군부는 정전협정이 완료되었다고 하더라도 그들의 위상을 확인하는 차원에서 정부와 대립각을 형성할 수 있는 행위를 할 수 있다.

그러므로 군부의 역할과 기능을 변화시키고 제한할 수 있는 현실적인 대안은 헌법 개정이다. 이 글을 쓰는 시점에서 헌법 개정은 정치개혁의 가장 큰 쟁점이 되고 있으나 개정 여부는 불투명하다. 대통령을 비롯한 개혁 인사는 개정의 필요성을 언급하지만 그 범위와 내용에 대해서는 함구한다. 헌법 자체가 민주주의 질서에 반하는 요소가 다수이므로 실제로 헌법은 재작성되어야 하겠지만, 현 수준에서는 점진적인 개정을 지향하고 있다.

명확한 사실은 국가의 개혁과 개방으로 인해 군부의 역할은 변화했다는 것이다. 특히 정치와 경제 모두를 장악했던 군사평의회와 달리 군부는 의사결정에 있어서 그들의 영향력이 감소했다는 사실을 인지하고 인정했다. 그러나 의회에서 상당수 의석을 차지함으로써 국방 관련 의사결정에 직접적인 영향력을 행사하고, 헌법 개정에 있어서도 결정자 역할을 담당한다. 그러므로 군부의 정치적 영향력은 과거처럼 직접적인 통치체제는 아니지만 지도의 수준을 유지할 가능성이 크다.

군부가 정치적 역할을 일정 수준 포기했으나 경제적으로는 기득권을 포기할 의향은 크지 않아 보인다. 실제로 1988년 이래 군부가 정치권력을 포기하지 않은 이유 중 하나는 그들이 향유했던 각종 경제적 이권의 지속이었다. 정치권력을 장악하면서 얻게 되는 경제적 이득은 어느새 전도되는 결과를 맺게 되었고, 이제 군부와 결탁한 정실자본가의 출현과 이들과의 연대는 경제활동에 그 기능을 특화시키는 군부의 새로운 모습을 예고한다.

미얀마의 현재와 미래에서 군부는 당분간 가장 중요한 행위자가 될 가능성이 농후하다. 미얀마의 정치지형을 볼 때 군부의 능력과 위상이 탁월한 것이 아니라 군부를 대체할 수 있는 세력이 없기 때문이다. 또한 1962년 이래 국가는 군부의 주도 아래 군대 운영방식으로 재구조화되었다. 국정운영에서 배제된 민간관료는 그들의 국정운영능력을 자발적으로 상실했다. 신정부 출범 이후 학자 출신의 관료가 등장하기 시작했으나 이들이 차지하는 영역은 크지 않고, 군부를 대신할 사회세력 또한 목격되지 않는다. 아웅산수찌가 완전한 민주주의를 주창하면서도 군부와 협력이 필요하다고 주장하는 이유에도 군부의 역할과 위상을 과소평가하지 않는 현실적 안목이 포함된다. 군부는 그들의 의도였든 그렇지 않든, 그들의 역할을 사회에 고착화시켜 놓았다. 그래서 국가의 정상화와 민주적인 국가의 발전에 있어서도 군부의 협력과 지도가 필요한 상황이다. 미얀마 정치발전의 미래는 근본적으로 모순을 안고 진행될 수밖에 없어 보인다.

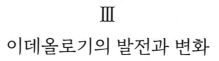

# Ⅲ
# 이데올로기의 발전과 변화

## 1. 이데올로기와 미얀마 이데올로기의 독창성: 이론적 논의

이데올로기는 어떤 집단에 의해서 진실로 또는 사실로 받아들여진 가치 또는 신념체계이며, 사회의 다양한 제도와 과정에 대한 일련의 태도로 구성된다. 일시적이고 일관성이 부족하며 순간적 변화에 민감한 성향이 짙은 개인의 가치체계와 달리 이데올로기는 통찰력 있는 세계관을 제공해 주며 현실과 미래의 당위성에 대한 비판적 시각도 주는 믿음의 집합체라고 할 수 있다.

정치이데올로기는 일반시민들이 그들의 정치체제와 제도 그리고 그 정치체제 내에서 자신들의 위치와 역할에 대해서 가지는 일련의 생각과 믿음의 총체적 집합으로 정의할 수 있다(Macridis 1985, 2). 또한 정치이데올로기는 현상유지를 정당화하는 정치이데올로기와 이에 대항하는 경쟁적 정치이데올로기가 존재한다. 전자가 어떤 사회에서 하나의 주어진 시점에 존재하는 정치적·경제적·사회적 질서를 합리화한다면, 후자는 기존 질서를 변화시키고자 하는 급진적이고 혁명적인 성격을 띤다. 두 이데올로기의 중간에서 점진적인 변화를 추구하려는 개혁적 성향의 이데올로기도 존재한다.

〈그림〉과 같이 각 이데올로기는 상황에 해석이 가능한 유동적인 성격을 가진다. 한 사회에서 혁명이 성공하게 되면 그것은 곧 경쟁적 이데올로기에서 대중에게 보편적인 질서로 자리 잡으려는 속성으로 인해 현상유지 이데올로기로 변화한다. 예를 들어 1962년 쿠데타 이후 정부가 도입한 버마식사회주의는 혁명적이고도 경쟁적인 이데올로기이다. 민간정권의

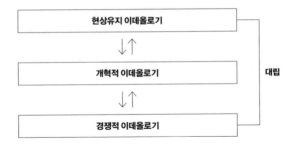

무능을 돌파하고, 진정한 사회주의를 건설한다는 명분이었기 때문에 기존의 온건한 사회주의는 타파의 대상이었다. 이런 의미에서 혁명적 이데올로기의 본질은 주로 무력에 의존하는 경향이 높다. 이에 반해 2011년 신정부 출범의 사례에 보았듯이 개혁적 이데올로기는 부분적이고 점진적인 국가의 변화를 유도하므로 설득과 제도적 개혁 또는 도입을 통한 다소 온건한 특성을 보인다.

한편, 정치이데올로기는 인간의 본성과 역할, 진리의 발견을 통한 인간 삶의 진보, 개인과 집단 간 상호 관계의 본질을 규명, 정치권력의 본질에 대한 탐구, 개인의 평등이라는 속성을 가진다(김순규·전동흔 2004, 310–311). 인간의 다양한 천부적 속성을 이데올로기라는 틀 속에 강제하여 국가가 정치제도와 조직을 통해 국민을 보호하고 동원함으로써 인간의 본성을 도출할 수 있다.

또한 인간이 발견하려는 진리가 소수에 의해 독점된다면 이는 평등의 정신에 위반되는 것이요, 한 공동체 구성원의 상호 이해의 폭도 협소하게 유지되는 것이다. 비단 물질적 소유의 문제만이 아니라 가치의 생산과 분배에 있어서도 평등의 원칙이 위반된다면, 그 사회는 인간의 본성을 지키면서 발전할 수 있는 가능성을 상실하게 된다. 그러나 한 사회가 가진 희소한 자원을 분배하는 가치체계는 불평등한 자원과 가치의 배분을 전제하기 때문에 이데올로기는 개인과 집단의 상호관계, 즉 정치권력의 배분에 대한 불평등을 공론화한다.

이데올로기는 하나의 신념체계로서 집단적 성격을 띠고 있으므로 집단을 규정하는 규범성과 실현 가능한 세계를 향하는 실천성을 함유한다. 그렇기 때문에 이데올로기는 정치와 결합한다. 또한 이데올로기가 정치와 결합했을 때 특정 가치를 바탕으로 하는 사상체계를 가지므로 철학적 성격도 띤다. 이러한 기능을 수행하기 위해 정치이데올로기는 정권과 정치제도에 대해 가치를 부여하는 정당화가 필요하다. 제한된 정치자원으로서 국민을 동원하고 정부에 협조를 구하여 합리적으로 정치를 할 수 있는 기본적인 틀과 범위를 제공하는 정치적 정당화가 정치이데올로기의 핵심적 기능이다.

나아가 구성원의 일체감과 통합을 위한 기제로서 정치이데올로기는 작동한다. 한 사회를 국가로 규정할 때 각 국가의 국민들은 타국과 다른 그들만의 이데올로기를 통해 국민적 일체감과 민족주의를 형성할 수 있다. 이러한 집단적 성격은 국가의 정체성이나 법, 제도, 정책 등을 결정하는 데 핵심적인 요소로서 권력 관계로 얽혀 있다. 결집과 동원으로서 정치이데올로기는 타자를 구별하는 기준이 된다.

개인적 수준에서 볼 때 정치이데올로기는 정치권력을 보유한 자와 그것을 획득하고자 하는 자 사이를 구별하는 기준이 되며, 개인적인 정치야욕을 충족시킬 수 있도록 조작되기도 한다. 이러한 행태는 정당성이 취약한 독재자에 의해 자행된다. 그러면서 이전 지도자와 차별화되는 이상향을 제시하는 비판적 역할을 자행함으로써 구질서를 전복하는 것을 정당화한다. 미얀마에서 군부정권이 출범한 뒤 민간관료와 정치인들을 대거 투옥시키거나 배제한 사실은 민간정권이 실패한 사회주의의 정착에 대한 귀책사유였다.

현대 미얀마 정치이데올로기를 설명할 수 있는 배경으로는 사회주의 이데올로기를 꼽을 수 있으나 그 본질은 정통 사회주의와 다르다. 두 이론은 근본적으로 자본주의의 폐단과 인간의 소외에 관심을 기울인 공통점이 있다. 그러나 불공평한 사회를 돌파하기 위한 과정은 상이했으며, 역사적 인과관계를 해석하는 기준도 달랐다. 미얀마에서 사회주의는 유물론적 세계관을 부정하기 때문에 인간의 역사는 계급투쟁의 역사가 아니었다. 그렇기 때문에 미얀마의 사회구조는 계급화의 대상이 될 수 없었다. 다만, 식민지 시기부터 타의에 의해 만들어진 분절적 사회계층은 반드시 타파해야 할 자본주의와 제국주의의 유산이었다.

이와 같은 배경에서 미얀마 정치를 이해하는 데 있어서 오류와 편견으로 점철된 분야는 바로 이데올로기이다. 독립 이후 정치체제상으로 보았을 때 미얀마는 민주주의→군부권위주의→유사민간정권(반민주주의)으로 정의될 수 있지만, 유사민간정권을 제외하고 두 체제를 뒷받침한 이데올로기는 사회주의이다. 여기서 사회주의는 계급투쟁에 빗댄 인간의 역사를 수용하지 않고, 사회구조를 계급적으로 접근하는 시각에 대한 강한 혐오감을 드러낸다.

일부는 미얀마를 공산주의국가로 오인하기도 했다. 그렇지만 당대 미얀마 정치엘리트는 공산주의자를 '종교의 적'으로 간주할 정도로 반공산주의로 무장했다. "미국인들이 버마에서 공산주의에 관해 내게 자주

질문을 하고, 버마에서는 공산주의가 없다는 대답을 한다."로 시작하는 퍼니발의 글이 좋은 사례이다(Furnivall 1949, 193). 미얀마에서 공산주의 운동이 발생한 것은 사실이지만 그들이 대중의 지지를 얻기 위해 주창하는 농업개혁과 자본주의의 폐기는 성공할 가능성이 크지 않고, 정부의 억압과 반대로 인해 그 생명력이 길지 않다는 것이 퍼니벌의 주장이다(Furnivall 1949, 195-196). 민족주의로 포장한 공산주의는 미얀마에서 생존하지 못할 뿐만 아니라 공산당운동의 위험도 크지 않다는 것이 그의 결론이다.

1988년 구군부 정권이 종식될 때까지 미얀마가 추진하는 사회주의에 대한 몰이해는 각 국가에서도 두드러졌다. 1952년 7월, 오스트리아의 종전 이후 미얀마는 유럽 각국들과 외교관계를 수립했는데, 그중 자유진영은 미얀마가 추진하는 사회주의를 소련과 중국의 사회주의와 동일한 맥락으로 해석함으로써 이념적으로도 미얀마는 그들과 가까워질 수 없는 국가로 인식했다.

이에 반해 소련은 미얀마의 독립 한 달 뒤 즉각 외교관계를 수립했으나, 자국뿐만 서방자유진영에게도 전후 복구사업과 원조를 요청한 사실을 두고 이들 국가들의 꼭두각시정권으로 분류했다. 아이젠하워 행정부(1953~1956)가 구성된 시기부터 미국은 미얀마를 영연방의 한 국가로 오인하여 공산세력, 특히 러시아의 공산화 위협으로부터 자유롭다고 판단했다(Kanbawza Win 1986, 313).

1962년 군부가 발표한 '버마식사회주의'는 논쟁의 수준을 한 단계 끌어올렸다. 미국을 위시한 자유진영에서 버마식사회주의는 친공산주의였고, 사회주의권도 미얀마를 유사사회주의국가로 분류했다(ဥပဒေ:[Hla

Min] 2002, 15; Kanbawza Win 1986, 326). 미국은 네윈의 폐쇄주의와 그가 내세운 국가 이념에 사회주의가 포함되었다는 이유로 미얀마를 전체주의 국가로 분류했다. 이에 대해 네윈은 1966년 미국을 방문했을 당시 미얀마의 독특한 이데올로기를 설명했으나, 미국의 이해와 동의를 획득하는 데는 실패했다.

미국과 마찬가지로 영국은 미얀마 정권의 성격을 어떻게 정의해야 할지 모호했을 뿐만 아니라 자유진영의 일원으로 미얀마의 공식화된 사회주의정책을 우려했다. 1964년 캐링턴Lord Carrington 외교부 차관과 마운트배튼Luis Mountbatten장군이 미얀마를 방문하여 미얀마의 사회주의정책에 대한 회담을 개최했고, 같은 해 네윈은 영국을 답방하여 사회주의의 원칙을 재확인시켰다.

자유진영과 마찬가지로 사회주의권도 미얀마가 추진하는 사회주의를 이해하지 못하거나 아예 인정조차 하지 않았다. 양공 주재 중국대사관은 "미얀마 정부는 부르주아처럼 행동하고 군사평의회와 군부정당의 독재체제이며… 네윈을 중심으로 한 군부는 미얀마의 부르주아들 중 핵심세력"으로 규정했다(Steinberg and Fan 2012, 81-82). 또한, 중국은 미얀마의 사회주의는 외형적인 측면만 추종하고 있을 뿐 관료적 자본주의라고 정의했다.

나아가 중국은 미얀마의 사회주의는 소련으로부터 전수받은 것으로 비난의 날을 세웠다(Steinberg and Fan 2012, 79, 81). 그러나 소련은 이에 대한 즉각적인 평가를 유보했다. 소련에게 있어서 미얀마의 사회주의는 그들의 핵심인 마르크스의 역사적 필연성을 부정한다는 측면에서 허울 좋은 이데올로기로 치부했다(Steinberg 2010, 111).

1974년 미얀마가 일당독재체제를 구축한 뒤 개원한 의회의 기능은 소련공산당의 정치국과 유사했다(Taylor 1987, 327). 사회주의의 이념적 토대는 상이할 수 있지만, 기능적 역할은 소련의 정치체제를 모방했을 가능성이 크다. 소련과 그 위성국가인 루마니아, 체코슬로바키아, 폴란드, 헝가리 등은 미얀마의 사회주의 성명서를 두고 즉각적으로 지지의사를 밝혔다. 미얀마의 사회주의는 그 내용과 본질이 아니라 용어 자체에서 발산하는 이념적 정향으로 자유민주주의와는 대척점을 이루었기 때문에 이들 국가들의 지지가 있었다.

위와 같이 미얀마의 정치체제와 상관없이 체제의 통치철학을 이룬 사회주의를 두고 진영 간의 논리가 명확하게 나뉘지 않은 이유는 국제적 환경 요인과 미얀마 정치이데올로기의 독창성 등으로 설명될 수 있다. 냉전이라는 국제질서의 흐름과 맥락이 미얀마의 정치이데올로기 형성에 상당 수준 영향을 미쳤다고 볼 수 있겠지만, 미얀마의 사회주의는 미얀마에서만 발견되는 독특한 문화 요소들을 잉태하고 있다.

첫째, 제1세계와 제2세계로 양분된 국제질서는 미얀마의 정치체제와 정치이데올로기를 동시에 수용할 수 없는 구조적 한계에 봉착해 있었다. 즉 민간정권 당시 정치제도상으로 미얀마는 자유진영에 가까웠으나 정권이 추구한 이념적 지향은 사회주의였다. 구군부정권에서는 공식적으로 사회주의체제를 도입하고, 군부권위주의로 체제의 이념을 보호함에 따라 사회주의정권과 더 가까운 관계를 구축할 수 있었다.

그러나 미얀마 외교정책이 비동맹중립노선이었고, 독립 이후부터 제3세계의 움직임에 능동적으로 참여했던 점은 당시 미얀마의 정치엘리트들로 하여금 분명 제1세계, 제2세계와 동행할 수 없는 문제의식을 명확히 하도록 했다. 특히 자력갱생과 비동맹독자생존을 기치로 국가의 문호를 닫은 구군부정권은 제3세계 국가 어디에서도 찾을 수 없는 독특한 체제를 창조하는 시도로 이어졌다. 이런 측면에서 미얀마의 사회주의는 제1세계의 민주주의와 제2세계의 사회주의가 아닌 그들만의 '제3의 길'을 가기 위한 이념적 무장이었다. 동시에 미얀마를 식민화한 영국의 정치체제를 민주주의보다 제국주의로 정의했다. 따라서 미얀마가 제국주의국가에 의해 재차 식민화되지 않고, 타국을 식민화하지 않으려면 제국주의를 선택하지 않아야 하며, 제국주의와 반대되는 이념은 바로 사회주의라는 결론에 도달하게 된 것이다.

둘째, 미얀마 정치이데올로기의 독창성은 미얀마 국민이 공유하고 있는 문화적 자산에서 기인한다. 뒤에서 자세히 설명하겠지만, 독립 이후 정치엘리트들은 최소한 사상적 측면에서 왕조시대의 부활을 줄기차게 지향해왔다. 근대적 제도에 전통적 통치철학과 사상을 접목시킴으로써 그들만의 독특한 통치체제와 이념을 구현하려는 끊임없는 시도를 포기하지 않았다. 60년의 식민통치 기간 동안 단절된 그들의 문화적 제도와 사회적 관습의 부활이 필요했기 때문이었다.


## 2. 사회주의의 도입:
   온건주의대 급진주의


미얀마에 사회주의가 도입된 시기는 1930년대 이후로 추정된다. 왕조시대 미얀마는 공동체communalism 형태였고, 그 이념은 '왕명'王命, 또는 '불교도의 도덕'이라는 로까니띠Lawkaniti에 근거했다. 외형상으로 평등한 사회를 추구하는 공동체주의가 채택되었음에도 불구하고, 실제 마을을 움직이는 이념은 불교였고, 불교를 도구로 통치하는 자들은 토호土豪와 승려였다. 미얀마 독립운동의 효시가 된 단체는 1906년 결성된 청년불교도연맹Young Man Buddhist Association: YMBA 으로서 단체명에서도 드러나듯이 불교가 활동의 중심이었다.

국내에서 발행되는 각 잡지에서 소련의 사회주의혁명 등과 같은 소식이 보도되었으나 1920년대까지 미얀마에서 사회주의는 익숙지 않은 이데올로기였다(စစ်သမိုင်းပြတိုက်နှင့် တပ်မတော် မော်ကွန်းတိုက်မှူးရုံး [sitthamain-pyathaihnin-tatmadaw-mawkundaik-hmuyon 2003a, 93). 통상 미얀마의 독립운동을 서야 상Saya San 반란을 기점으로 이전 시기는 종교민족주의 또는 계몽운동, 이후를 세속적 독립운동으로 분류한다. 미얀마에 사회주의가 본격적으로 도입된 시기가 바로 서야 상 반란이 맹위를 떨치고 있던 1930년이었다.

1918년 영국에서 출판된 레닌의 12권의 역작을 떼잉마웅Thein Maung 박사가 구입하여 1930~1931년, 2년간 미얀마어로 번역 소개하면서부터 본격적으로 사회주의 이데올로기가 보급되기 시작했다(Maung Maung 1969, 61-69). 이후 다양한 지식인들이 외국에서 출간된 사회주의 서적을 국내로 들여와 번역하고 대중에게 보급하려는 시도를 이어나갔다(Maung Maung 1980, 79).

이 시기 사회주의가 미얀마 사회에 보급되는 두 경로는 학생세력과 그들 자신을 떠킹이라고 불렀던 독립 운동가들이었다. 전자는 영국에서 발행된 사회주의 서적을 본국으로 들여와 번역하고 이를 현실에 적용시키는 다소 온건한 사회주의를 지향했다. 이른바 페이비언Fabian 성향의 사회주의였다. 전버마청년연맹All Burma Youth League: ABYL이 대표적인 단체인데, 초대 총리였던 우 누U Nu, 서야 띤Saya Tint, 꼬 옹Ko Ohn 등이 여기에 속한다 (Maung Maung 1980, 78-79).

이에 반해 떠킹들은 정통 마르크시즘과 레닌사상을 탐독했다. 양공 항구 노동자들을 대신하여 시위를 주동한 바따웅Ba Thaung, 흘라보Hla Baw 가 중심이 된 떠킹들은 후에 우리버마연맹(ဒို့ဗမာအစည်းအရုံး[Doe Burma Asiayoun])을 창설하여 직접 독립운동을 제창한 정치적 단체로 성장했다. 전버마청년연맹ABYL 소속의 학생들이 후에 우리버마연맹으로 가담하여 자신들도 떠킹으로 불리는 등 떠킹운동은 확대되었다. 그러나 1936년 총선 당시 우리버마연맹 운동은 학생세력과 떠킹세력으로, 다시 떠킹세력은 사회주의와 급진적 공산주의자들로 분열되었다(Kyaw Zaw Win 2008, xv).•

온건적 성향의 학생세력과 급진적 성향의 떠킹들은 이념적 간극을 극복할 수 없었다. 그러나 서야 상 반란과 별개로 1930년 떠킹에 의해 조직화된 독립운동은 사회주의라는 공통분모를 공유했기 때문에 추진 동력을 얻을 수 있었다. 사회주의를 어떻게 해석하고 미얀마에 어떻게 적용할 것인가에 대한 공방은 치열했고, 이로 인해 1940년대 들어 독립운동가들은 각자의 이념에 따라 또다시 분열했다.•

1930년대 중반에 들어서 미얀마에서 사회주의는 급속도로 확산되었

---

• 우 누는 온건적인 성향의 떠킹으로 정의되지만 일부 떠킹들은 초기의 성향대로 급진적인 측면을 강화해나갔다. 1938년 초 떠킹 먀(Thakhin Mya)는 농민 및 노동자당을 창당했고, 이듬해 인민혁명당(People's Revolutionary Party)으로 개칭하여 지하조직화 하는 등 급진적 인물들은 독자적으로 세력화했다.

다. 각 지역 언론들은 사회주의에 대한 자유로운 기고를 할 수 있는 환경을 보장받았고, 특히 사회주의사상과 관련된 서적을 쉽게 접할 수 있는 북클럽Book Club의 조직이 쉬웠기 때문이다. 당시 식민당국 관리였던 퍼니발J.S.Furnivall이 1931년 조직한 버마북클럽The Burma Book Club을 시작으로, 1936년 떼킹 누가 조직한 나가니북클럽Nagani Book Club(붉은 용), 이듬해 바초Ba Cho가 조직한 버마페이비언사회Burma Fabian Society 등이 대표적인 북클럽이었다. 이외에도 도버마어시어용(우리버마연맹)출판사, 아웅랑도Aunglantaw출판사 등도 사회주의 서적을 현지어로 번역하여 배포했고, 양공대 학생회는 1938년부터 마르크시즘연구회를 조직했다.

이들 북클럽은 유럽의 다양한 사회주의 관련 서적을 통해 노동자와 농민들에게 인권의 중요성을 이해시키며 이들이 자유에 대한 의지를 일깨우는 데 그 목적을 두었다. 그중 떼킹 누가 조직한 나가니북클럽은 런던의 좌파북클럽Left Book Club을 모체로 탄생했으며, 누 자신이 직접 마르크스와 카네기Dale Carnegie의 저술을 번역 및 보급했다. 나가니북클럽의 회원인 바스웨U Ba Swe는 "로까네입반띠싸옷네두 스따린"(လောကနိဗ္ဗာန်တည်ဆောက်နေသူ စတားလင်: [lawka-neitban-ti-hsaut-nay-thu-satalin], 열반을 창시한 자, 스탈린)이라는 제목의 글을 기고했다. 이로 인해 사회주의체제에서 사회주의적 지도자는 불교에서 말하는 열반涅槃과 동등한 것으로 인식되기 시작했다(Kyaw Zaw Win 2008, 26).

한편, 1930년대 후반에 들어 사회주의자들은 온건한 형태의 페이비언

---

◆ 한편, 1936년 바모(Ba Maw) 박사는 총선을 대비하여 정당을 결성하게 되었는데, 정당명이 빈민당(Hsinyetha Party)이었다. 공식 정당명은 빈민민족주의자당(Hsinyetha Wunthanu Party)로 빈민은 마르크스 사상의 무산자, 즉 프롤레타리아를 의미했다.

사회주의와 급진적 공산주의로 양분되기 시작했다. 1938년 중부 원유 시추현장인 예낭자웅Yenanjaung에서 발생한 "1300년 대혁명"이 그 계기가 되었다. 이 사건은 마르크스와 레닌사상을 추종하는 떠킹 세력들에 의해 주도되었고, 노동자와 농민들이 적극적으로 지원했다.

실패한 혁명에 대한 사회주의 진영과 공산주의 진영의 해석은 상반됐다. 사회주의자들은 혁명에 성공할 물리적 지원, 이를테면 무기를 포함한 군수 물자의 부족을, 공산주의자들은 이념적 무장이 부족했다고 평가했다(Kyaw Zaw Win 2008, 37). 구성원의 연령, 정치적 경험, 교육 배경 등이 상이했기 때문에 혁명에 성공하지 못했다는 결론에 도달했다. 상대적으로 연령이 높은 사회주의 진영은 영국 식민행정부에서 봉직한 경험이 있는 중산층 출신의 개혁파였기 때문에 극단적 사회혁명을 통한 독립보다 점진적인 개혁을 선호했다.

이에 반해 공산주의자들은 행정 경험이 아주 없지만 마르크스와 레닌 사상으로 무장하여 계급투쟁을 성공리에 수행할 수 있다는 이상적 세계관에 젖어 있었다. 이들은 대부분 '도버마'(우리 버마) 출신들로 이념에 관대하거나 허약한 성향의 사회주의자들을 비난했다. 또한 국제적인 공산주의운동에 동조하려는 움직임을 보였는데, 특히 인도공산당ICP과 연대를 추진했다.

사회주의자들의 온건한 행위에 대해 공산주의자들은 불만을 가지고 있었고, 이들의 공동행동은 사회주의자들보다 빠르게 진행되었다. 1939년 8월 15일, 버마공산당Communist Party of Burma: CPB을 창당한 것이다.● 그

---

● 떠킹 쏘(Thakhin Soe), 떠킹 흘라페(Thakhin Hla Pe), 떠킹 아웅산(Thakhin Aung San), 떠킹 보(Thakhin Bo), 떠킹 바헤잉(Thakhin Ba Hein), 고샬(H.N.Goshal 또는 예보 바띤 Ye Baw Ba Tin) 등 6인이 창당원이었다.

러나 당시 버마공산당은 정당이라기보다 마르크스 사상을 연구하고 대중에게 전파하는 정도에 불과했고, 이로 인해 정치활동의 흔적은 찾아보기 힘들었다.

사회주의자들은 버마공산당이 창당된 3개월 뒤 인민혁명당People's Revolutionary Party: PRP이란 당명으로 지하 조직화했다. 인민혁명당 역시 정당 활동을 하기에는 조직력이나 환경적 측면에서 제한적이었고, 향후 독립운동의 전개방향에 대한 의견을 조율했다. 서야 상 반란과 1300년 대혁명이 실패한 원인을 무기의 부족, 혁명 준비의 부족, 일반 국민의 포용 실패 등으로 요약하고, 우선 독립을 위해서는 물리력의 충원과 준비를 선결조건으로 선택했다.

이데올로기적 갈등을 배제하고 버마공산당도 영국에 대한 무장투쟁을 통한 독립 쟁취를 당의 강령으로 채택했기 때문에 사회주의자들과 연대했다. 즉 두 세력의 연합이후 공산주의자들은 이념적 무장을, 사회주의자들은 현실적 대안을 모색하는 분업체계를 완성할 수 있었다. 그러한 결실이 바로 후에 버마독립군BIA의 효시가 된 '30인의 동지'였고, 이들의 대다수는 사회주의자였다. 또한 공산주의운동이 확산되던 러시아와 중국을 배척하고, 일본을 미얀마의 독립 지원국가로 선택했던 사실도 이념보다 실용적인 측면을 강조한 사회주의자들의 임시적 승리라고 이해할 수 있다.

1942년 일본이 영국을 몰아내고 미얀마를 점령한 뒤 애초 약속대로 미얀마의 독립을 승인하지 않자 두 파벌은 제국주의에서 파시즘에 대한 저항으로 전향했다. 일본이 미얀마를 점령한 1942년부터 1945년까지 독립운동의 지형은 기존의 사회주의자, 공산주의자와 함께 아웅산이 주도한 군부로 삼등분되었다. 그렇지만 아웅산과 그를 추종한 세력들은 이념적 진영 논리보다 아웅산이라는 개인적 지도자의 카리스마에 충성을 맹세했으므로 임시방편이었지만 아웅산이 두 파벌을 규합하는 데 절대적인 역할을 했다. 나아가 독립운동가들이 절실히 원했던 자주적 군부의 존재로 인해 1940년대 들어 독립운동은 조직적 성향을 띠었다.

때를 같이하여 1944년 8월 23일, 세 파벌은 반파시스트기구Anti Fascist Organization: AFO로 확대되었고, 이듬해 3월 다시 반파시스트인민자유연맹Anti Fascist People's Freedom League: AFPFL으로 확대 개편되었다. 느슨한 정파 간의 연합인 반파시스트인민자유연맹이 출범한 뒤 본격적인 이데올로기 대립은 시작됐다.

첫번째 대립은 일본의 패방 이후 대영투쟁의 방향으로 발생했다. 당시 인도공산당의 이념과 전략에 영향을 받은 공산주의자들은 미국의 브로우디즘Browderism을 적극 수용했다. 미국의 제국주의가 전 세계로 확장되면서 각 국가의 국민들이 자본주의를 경험하고 이를 토대로 경제발전을 도모함으로써 종국에는 독립을 쟁취할 것인데, 이에 대한 연쇄작용으로서 공산주의운동의 확산을 기대한다는 논리이다. 버마공산당의 다수가 이 주장을 수용하여 영국에 대한 무장투쟁을 포기하자고 제안함으로써 아웅산을 비롯한 사회주의자들의 반발을 샀다(Kyaw Zaw Win 2008, 58-59). 버마국군Burma National Army: BNA 이후 비대해진 버마애국군Patriotic Burmese Army: PBA의 처리 문제에 대해서도 공산당은 이들의 해체를 강력히 주장했다.

이데올로기적 대립을 좁히지 못한 인민혁명당People's Revolutionary Party: PRP은 당의 사회주의 색채를 강화하기 위해 버마사회주의당Burma Socialist Party: BSP으로 당명을 개칭한 뒤 곧 인민자유당Peoples' Freedom Party: PFP으로 다시 개칭했다. AFPFL의 다수를 차지하는 정당으로서 인민자유당은 독립 후 헌법 작성, 정치구조 등을 마련하기 위한 작업에 착수했고, "과학적 사회주의", 즉 정통 마르크시즘을 정당의 강령으로 채택했다.

한편, 공산주의자들도 이 시기부터 마르크시즘 연구집단에서 정당으로 탈바꿈을 시도했다. 대일 투쟁기간 동안 약 3만 명의 게릴라가 버마공산당에 의해 통제되었고, 대영 투쟁 기간이던 1945년 5월부터 1948년 3월까지 국내에서 발생한 노동자와 농민의 파업은 대부분 버마공산당에 의해 주도되었다(Lintner 1990b, 8-9).

그러나 버마공산당도 내부적으로 이념 논쟁과 외부환경의 변화에 따라 분열되었다. 1946년 떠킹 쏘와 떠킹 딴뚱이 당권을 놓고 경쟁하는 가운데 급진파인 떠킹 쏘가 브로우디즘을 옹호하는 반면, 딴뚱은 온건 노선을 주창했다(Lintner 1990b, 8-9). 둘의 갈등은 인신공격과 상호 비방전으로 비화되어 결국 공산당은 이듬해 떠킹 쏘를 중심으로 하는 버마적기공산당CPB과 딴뚱, 떼잉페Thein Pe를 중심으로 하는 버마백기공산당Burma Communist Party: BCP으로 양분되었다.

외부적으로 버마공산당은 아웅산이 영국과 서명한 캔디협정Kandy Agreement을 신랄하게 비난했다. 본 회담에서 아웅산은 당시 5,700명이던 버마애국군PBF을 해체하고 영국의 요구대로 인도를 모델로 한 군부를 재결성하기로 결정했다.* 버마군 장교는 영국식으로 교육을 받고 군인 수도 1,000명 내로 간소화하는 방안이었다. 아웅산은 해고된 3,500명을 자신의 휘하에 준군사조직인 인민의용군People's Volunteer Organization: PVO으로 재조

---

● 정규군의 주요 구성원은 꺼잉족, 까친, 친족 등 소수종족이었던 반면, 인민의용군은 버마족이 주를 이루었다.

직했다(Lintner 1994, 75). 그럼으로써 인민의용군<sup>PVO</sup>은 반파시스트인민자유연맹<sup>AFPFL</sup>의 준군사조직으로 그 성격을 변화시켰다.

그런데 앞서 지적했듯이 대일투쟁 기간 동안 버마공산당 당원들은 정규군과 별도로 게릴라전을 포함하여 무장활동을 주도한 세력이었다. 그렇기 때문에 공산당과 같은 급진세력들은 아웅산의 결정을 영국에 대한 항복으로 간주했다(Lintner 1990, 10).

1946년 10월 버마공산당은 반파시스트인민자유연맹<sup>AFPFL</sup>에서 축출되었다. 실버스타인은 축출의 명확한 사유를 찾을 수 없다고 하면서 아웅산의 사적 견해를 대안으로 제시했다. 아웅산의 견해에 따르면, 공산주의자들은 국민을 배신하고 동료들을 속이며 직위에 연연하는 매우 지저분한 자들로 사적 이익에 급급한 타락한 집단이다(Silverstein 1993, 46-52).

아웅산의 언급 또한 감정적 측면이 강하기 때문에 이들에 대한 불신과 상호 간 반목이 축적되었음을 알 수 있다. 실제로 아웅산은 공산당 창당 발기인이자, 대영 투쟁 당시에도 공산당 진영의 일원으로 군부 창설을 주도한 인물이었다. 그러나 대영 투쟁 동안 사회주의자와 공산주의자 간의 감정적 갈등을 해결하거나 중재하려던 그의 시도가 좌절되었고, 특히 공산당이 파벌로 분열 조짐을 보였을 때 공산당에 대한 지지를 철회했을 가능성이 크다. 결정적으로 캔디협약 이후 자신에게 쏟아진 공산당원의 비난은 그가 민족주의적 성향이 강한 인물로 전향한 계기였던 것으로 보인다(Smith 1991, 66).

제도권에서 축출, 내부 분열 등으로 인해 1947년부터 공산주의운동은 지하로 스며들었다. 1947년 1월 정부는 적기공산당을 이적단체로 규정하자 적기공산당은 곧바로 지하운동으로 그 영역을 탈바꿈했다. 그 일환으로 4월로 예정된 총선 거부운동과 함께 국제 공산주의운동의 현지 도입을 위한 대중동원을 전개했다.

그럼에도 불구하고 1947년 총선에서 적기공산당은 255석 가운데 7석을 차지했다. 제도권 입성에 성공한 공산당은 향후 대중적 기반을 확보하기 위해 농민과 노동자를 중심으로 한 대중동원을 전개하면서 반파시스트인민자유연맹AFPFL과 대립각을 세웠다(Lintner 1990, 11). 반파시스트인민자유연맹AFPFL 내에서 판로를 모색하던 백기공산당BCP과 달리 적기공산당CPB은 대중과 동떨어진 혁명 노선에 천착하면서 에야워디Ayeyarwaddy 델타지역으로 거점을 옮겨 급진적 사회혁명을 도모했다.

이상의 논의와 같이 식민시기 독립운동 당시 미얀마의 정치적 이념은 유럽에서 유행하던 사회주의사상을 도입하고 현지에 착근시키는 과정에서 양분되는 특징을 보였다. 후에 버마공산당을 조직한 공산주의자는 정통 마르크스 사상에 매몰된 반면, 사회주의자들은 이보다 온건하며 현지의 문화적 유산과 접목시키려는 시도를 했다. 1940년대 들어 본격적인 무장 투쟁이 전개되고, 군부를 창설한 아웅산 장군의 정치적 영향력이 확대되면서 독립운동은 공산주의자, 사회주의자, 군부 등 세 집단에 의해 주도되었다.

아웅산 장군이 정통 공산주의자를 배격하면서 공산주의자는 연합정당 내 기득권을 상실하게 되었고, 이로 인해 공산주의자와 사회주의자 간 연정 가능성은 희박해졌다. 이 사실을 놓고 볼 때 당시 미얀마 내 사회주의는 정통 공산주의보다 온건한 성향의 사회주의가 더 대중적이었다고 판단할 수 있다.

물리력과 정통 사상만으로 사회혁명을 꿈꾸던 당시의 급진적 공산주의자들에 비해 페이비언주의자들은 다양한 방법으로 사회 곳곳에 사회주의를 침투시키는 데 있어서 그들의 전통문화를 적극 활용하는 면모를 보였다. 예를 들어 우리버마연맹은 민족주의를 강조하는 노래*를 만들어 대중에 보급했고, 떠킹들은 대도시를 중심으로 전통 통치마인 롱지 loungyi와 슬리퍼인 퍼낙 hpanak을 착용했다(Trager 1966, 56).

또한 나가니북클럽은 사회주의의 전국적 보급을 위해 나가니 노래를 만들었다. 생소한 가사와 음률을 상대적으로 쉬운 구절로 보급하기 위해 불교 경전구의 음률을 이용하거나, 가사도 불교와 사회주의와의 연관성을 강조했다. 나가니 노래에 규정된 사회주의는 '희망 나무'(ဗေဒသာဝင်[badedhapin]), '공산주의'(ကွံဝါဒ[bounwada]), '현세의 열반'(လောကနိဗ္ဗာန်[lawkaneibban]), '평온의 이념'(သမစိတ္တဝါဒ[dhamaseittawada]), '부유함의 이념'(ချမ်းသာရေးဝါဒ[chanthayewada]), '가난으로부터 탈출'(လူမွဲတို့၏ထွက်ရပ်လမ်း[lumweiihtwetyatlan]) 등 이다(Kyaw Zaw Win 2008, 27-28).

다양한 형태로 정의된 사회주의는 근본적으로 식민주의를 극복하고 열반을 달성할 수 있는 새로운 환경을 조성하는 것과 동일시되며, 서구의 이념을 미얀마 역사와 문화 속에 용해시켜 토착적 정신세계로 현지화하는 이상적인 행태였다. 또한 이 시기까지만 하더라도 '봉와다', 즉 공산주의와 사회주의는 같은 '좌파'의 이념으로 동일시되었다는 점이 특이하다. 후에 두 이념은 종교의 정치참여 여부를 두고 갈등했듯이 이 시기까지만

---

● "버마는 우리의 나라/ 버마문자는 우리의 문자/ 버마어는 우리의 언어/ 우리 나라를 사랑하자/ 우리 문자를 찬양하자/ 우리 언어를 존경하자"라는 가사가 중심이 된 "우리버마의 노래"는 우리버마연맹의 핵심 사상이었다(စစ်သမိုင်းပြတိုက်နှင့်တပ်မတော် မော်ကွန်းတိုက်မှူးရုံး[sitthamain-pyathaihnin-tatmadaw-mawkundaik-hmuyon 2003a, 77).

하더라도 양자 간 이념적 갈등은 표면화되지 않았다.

이데올로기적 대립이 발생하기 이전인 1930년대부터 떠킹들은 자유민주주의를 거부하는 대신 국가사회주의를 추종했지만 그것이 어떻게 달성되어야 하고, 어떤 경로를 통해야 하는지에 대한 합의를 이루지 못했다. 또한 소수종족보다 버마족의 정복 역사를 그들 역사의 중심에 두며 과거를 현재에 반복시키는 반백인, 반외국, 반제국주의를 전개했다(Chao-Tzang Yawnghwe 1997, 45; Gravers 1999, 79). 여전히 독립을 향한 미얀마의 여정은 버마족 중심으로 전개되어야만 했고, 부분적으로나마 근대화된 국가의 미래를 준비하는 다원주의적 사고와 제도의 도입이 부족했던 것은 사실이다.

이념적 간극은 존재했지만 독립에 대한 공통적인 견해는 효율적인 대영, 대일투쟁으로 전개되는 동인이 되었고, 군대의 창설과 육성 등 물리적 저항의 토대 마련은 독립운동의 추진 동력을 강화하는 배경이 되었다. 그렇지만 동맹을 결성할 당시부터 시작된 이념적 갈등을 해결하지 못함으로써 독립운동 과정과 독립 이후 정국은 더욱 혼란스럽게 전개되었다. 아웅산은 이념적 갈등으로 인해 정적에 의해 암살되었고, 연합정당인 AFPFL은 정파 간 갈등으로 분열되었으며, 독립 이후 지하 공산세력은 각 소수종족과 연대하여 무장투쟁을 전개했다. 국론 분열의 단초는 이미 식민시기부터 시작된 것이다.

## 3. 사회주의의 토착적 적용(1): 아웅산의 세속적 사회주의

미얀마의 사회주의를 정의함에 있어서 그 핵심은 불교 철학이다. 종교 철학, 교리 등 비세속적인 일인 로꼬웃떠야(လောကုတ္တရာ[lawkouttaya])는 민주주의, 현실의 문제를 실천하는 일은 로끼예(လောကီရေ:[lawkiye])로 사회주의를 의미한다(Houtman 1999, 32). 현세의 열반, 즉 로까네입반(လောကနိဗ္ဗာန်[lawka-neibban])의 달성이 진정한 사회주의의 완성이다(Sarkisyanz 1961, 57). 이러한 정의는 우 누 정권기를 거쳐 1962년부터 시작된 버마식사회주의 강령에서 명확히 드러난다.

미얀마의 사회주의는 영국의 제국주의에 대한 반동과 마르크시즘에 대한 자의적 해석을 바탕으로 하나의 국가이데올로기로서 자리매김했다. 그런데 영국의 제국주의에 대한 반동은 현실적인 측면과 이념적 측면으로 양분되며, 이는 사회주의에 대한 두 갈래 해석으로 나아가게 된다. 후자는 마르크시즘의 최종 단계인 계급이 없는 평등사회와 로까네입반을 달성한 사회의 본질적 평등을 강조하므로 종교(불교)에 그 이념적 토대를 마련하고 있음을 알 수 있다.

스미스(D.E. Smith 1965, 118)에 따르면 미얀마의 민족주의는 정치발전에 지대한 영향력을 미쳤으며, 우 옥뜨마-서야 상U Ottama-Saya San 전통, 떠킹-아웅산Thakhin-Aung San 전통을 그 양대 산맥으로 분류한다. 전자는 서구 문화를 전적으로 거부하고 영국 통치자에 대해서는 부분적인 물리적 저항이 필요하다고 인식한다. 지도자는 정치 승려이며 왕조시대에 이룩한 전통, 종교, 문화, 언어 등을 고수해야 한다고 믿는다.

아웅산 장군이 실제 거주했던 관사로 2011년부터 아웅산 박물관으로 대중에게 선보였다.
거실에 들어서면 막내딸인 아웅산수찌에게 마당에 열린 열매를 따주겠다는 평범한 아버지의 편지가 전시되어 있다.

이에 반해 후자는 외국의 통치에 군사적으로 저항하지만 서구의 정치제도, 마르크시즘을 수용하는 특징을 띤다. 근본적으로 이 두 부류의 차이점은 정치에서 종교의 역할이었다. 다시 말해 아웅산이 독립 운동의 지도자, 독립 이후 버마연방의 지도자로 내정된 상황에서 종교는 정치에서 완전히 분리된 종교 본연의 역할로 국한되어야 한다는 근대적이고 세속적인 통치철학의 근간이었다.

그러나 우 누의 리더십하 여당 반파시스트인민자유연맹AFPFL은 우 옥뜨마-서야 상 전통으로 그들의 민족주의적 성향을 수정했다. 우 누는 정치적 문제에 대해 승려를 배려했고 불교를 부흥하는 다양한 프로그램도 실시했으며, 점성술과 정령신 낫에 대한 숭배도 유지했다. 미얀마의 국가적 정체성을 형성하는 데 있어서 불교를 핵심 요소로 삼았다(Smith 1965, 121). 아웅산의 민족주의와 어떠한 공통점도 발견할 수 없었다.

공산주의자를 배제하고 사회주의자 가운데에서 정치와 종교의 분리를 주창한 자는 아웅산이 거의 유일했고, 그의 정치철학은 사회주의를 넘어 식민통치 당시 동남아에서 유행하던 민족주의로 전이되는 현상을 보였다. 서구에서 차용한 이데올로기의 여과 없는 현지 도입은 여전히 전통적 성향의 대중이 수용하기에는 문화적 간극이 충분했고, 물리적 착취를 넘어 정신적 지배까지 그 영역을 넓힌다는 상징성은 사회적 거부감을 형성하기에 충분했다. 그렇기 때문에 서구의 이념을 토착적인 문화의 토대 위에서 재해석하고 이를 민족주의로 승화하는 전략이 아웅산의 사회주의이자 민족주의였다.

아웅산은 정치와 종교를 명확히 분리하는 입장이었고, 따라서 불교의 세계관이나 사상을 정치에 접목시키는 일은 무용한 것으로 보았다.

통시적인 미얀마 전통으로서 불교가 아웅산의 동지들에게 영향을 미친 것과 달리 아웅산의 정치사상뿐만 아니라 연설이나 행동의 기초는 되지 않았다. 그러나 그는 종교를 무시하거나 폄하하지 않았다… 그의 견해에 따르면 종교와 정치는 반드시 분리되어야 한다. 그는 "정치는 종교의 자유권을 포함하는 개인의 권리로 보아야 한다. (그러나) 우리는 종교와 정치 사이를 멈추고 선을 그어야 한다."(Silverstein 1993, 5).

정치는 높은 것도 낮은 것도 아니고, 마술, 점성술, 연금술도 아니다. 위험한 땅에 두고 짓밟는 것도 아니다. 편협한 민족주의에 관한 문제도 아니다. 모든 일에 동원되고 우리 일상의 한 부분이다… 아리스토텔레스가 언급했듯이 인간은 정치적 동물이고, 정치는 우리의 존재와 우리의 일 속에 존재한다…. 더 좋은 삶을 위해, 행복을 추구하기 위한 것이 정치이다… 그래서 정치는 더러운 것도, 위험한 것도 아니며, 신비로운 마술도 아니다. 혹자는 정치가 종교라고 하지만 그것은 사실이 아니다. 더러운 정치인들이 국민을 혼란하게 하고 삶의 본질을 감추기 위해 그렇게 말한다. 종교가 정치라고 말하는 자들은 진정한 정치인이 아니다(Maung Maung 1962, 126).

위와 같이 아웅산은 당시 유행하던 종교의 정치화를 극단적으로 경계하는 인물이었다. 그에게 있어서 종교는 절대적으로 개인의 문제이고, 정치는 순수한 세속적 과학으로 공존의 대상이 아니었다.● 또한 각종 비술 등

---

● 그러나 호트만(Houtman 1999, 244–245)은 아웅산이 자신의 신념과 달리 정치의 영역에서 종교를 활용했을 가능성을 제기했다. 영어로 남아 있는 아웅산의 연설문이 적은 편이고, 미얀마어로 된 연설문에서도 각종 불교 용어를 사용한 흔적이 역력하기 때문이다. 이외 불탑과 같은 불교의 성역에서 연설을 하거나 아웅산과 관련된 글을 쓴 학자들의 개인적 오해나 편력도 객관적 사실을 정립하는 데 방해가 됐다고 주장한다.

을 동원하여 국민을 현혹하는 정치인들의 행태를 적극 반대하는 입장이었다. 그는 인류는 보편적으로 종교의 자유를 포함하여 개인의 권리를 추구해야 하지만 정치에 종교가 섞이게 되면 종교 본연의 정신이 도전받는다고 간주했다.

그의 정치관은 정치 입문 초기 단계부터 확고했다. 일찍이 1930년대 학생운동을 주도할 당시 아웅산은 그의 선배들과 달리 승려들의 정치 참여를 강력히 반대하는 입장이었다(Mendelson 1975, 262). 나아가 승려의 정치 참여는 반反근대적인 행태로 비판의 대상으로 삼았다(Houtman 1999, 244). 또한 청년불교도연맹YMBA과 우리버마연맹이 슬로건으로 내건, "우리 종족, 우리 종교, 우리 언어"에 대해서도 비판적인 입장이었다.

아웅산이 주창한 사회주의는 제국주의의 철저한 반동에서 기인했다. 그는 자본주의를 제국주의의 부산물로 보고 이를 반대했다. 파시즘은 자본주의가 생산한 최악의 생산물이라고 규정하면서 양자는 금융 자본이라고 그 명칭만 달리하지만 속성은 동일한 것이었다. 잉여물의 무질서한 생산과 부의 불평등한 분배를 야기하는 자본주의는 그 자체로서 문제를 해결할 수 없다. 자본주의 국가 간 경쟁은 상호 신뢰를 무너뜨리고, 인간과 국가 간 갈등을 확대시켜 모든 생산 요소를 파괴하고 인간 소외가 발생한다고 그는 주장한다(Silverstein 1993, 97-98).

아웅산은 정치 활동 초기에 공산주의자와 연대를 모색했으나 이들과의 이념적 갈등은 그가 온전한 사회주의자로 변모하는 계기였다. 사회주의자들과 결별하기 전까지 그는 마르크시즘 연구회에서 다양한 사회주의 서적을 탐독했다. 마르크스, 레닌, 스탈린, 트로츠키, 무솔리니, 히틀러의 수사법과 아이디어를 통해 그의 사회주의 사상은 완성되었다. 여기에서 아웅산의 사회주의가 전통주의자, 급진적 공산주의와 차별화되는 민족주의적 성향을 발견할 수 있다.

전통주의자와 대항하여 아웅산은 왕정은 더 이상 유용하지 않은 가치라고 반박한다. 그는 역사 속에서 왕정은 2~3세대에 걸쳐서만 작동되었고 이후 파벌주의로 인해 허약한 상태로 지속되었다고 주장했다(Silverstein 1993, 19-20). 그래서 독립 미얀마에게 요구되는 정치체제는 왕정의 복고가 아닌 사회의 문제를 해결할 수 있는 공화제였다(Silverstein 1993, 152).

그는 국민의 주권이 보장되는 공간은 사회Society이며, 그 사회로부터 기인하여 권력을 유지하는 공간이 국가State라고 본다. 왕정체제하 사회는 신민臣民의 공간이므로 사회가 국가를 형성하는 기초 단위가 되지 않는 것이다. 그러므로 현대사회에서 입헌군주제는 존재할 수 있지만 과거와 같은 절대왕정체제는 무용한 것이라는 결론에 도달한다.

아웅산에 따르면, 근대적 의회제는 개인주의의 정신을 성숙시킬 수 있지만 동시에 행정과정을 지체시키거나 방해할 수 있는 훼방꾼이 등장할 수 있다고 경계한다. 그래서 그는 독일과 이탈리아의 사례를 언급하며 하나의 국민, 하나의 정부, 하나의 정당, 한 명의 지도자만 필요하며 개인주의와 같은 허튼수작이나 의회 내 반대세력을 억제할 필요가 있다고 본다(Silverstein 1993, 20).

아웅산의 국가사회주의는 강력한 국가가 정치적·경제적으로 공평한 분배를 통해 평등을 달성하는 사회개량주의라는 측면에서 전체주의와 유사점을 발견할 수 있지만, 나치즘이나 파시즘과 달리 의회주의를 부정하지 않았고 민주주의는 국민이 누려야 할 기본적인 가치로 판단했다. 강력한 리더십에 의해 운영되는 정당은 파당주의를 미연에 방지할 수 있고, 미얀마 역사 속에서 지속된 파벌주의도 일당체제로 종식될 수 있다고 믿었다. 다양한 종족으로 구성된 국가 구성원은 근대국가에서 하나의 국민 (민족)으로 통합될 필요성이 있었다(Silverstein 1993, 20-21).

그에게 있어서 진정한 민주주의true democracy는 국민의 진정한real 선을 추구하고, 계급, 종교, 성性, 지위 등과 상관없는 진정한 평등이 작동하는 것인데, 사회주의와 공산주의도 여기에 그 뿌리를 두고 있다고 지적한다. 그러나 후자는 정치적 내포를 외부로 확장하려고 시도하는데, 경제적 영역의 확장이 그 사례이다.

자본주의자와 달리 그는 정치와 경제는 불가분의 관계이지만 환경에 따라서 두 요소 간 관계는 고정적이지 않다고 본다. 아웅산이 추구하려는 국민의 손에 위임된 실질적인 권력은 소위 민주주의라고 칭하는 국가에서는 자본가와 대기업Big Business에 의해 결정된다. 그래서 그는 자본주의를 절대적으로 경계하는 대신 국민의 이름으로 국가가 모든 생산수단을 통제하는 국유화가 필요하며, 이를 통해 협력적인 사회를 구축할 필요가 있다고 주장한다. 나아가 구성원 간 이익의 갈등이 발생하기 마련인데, 국가는 불가피하게 가난한 대중의 편에 서야 한다는 것이 그의 논리이다. 아웅산은 이러한 체제를 신민주주의라고 정의한다(Silverstein 1993, 153-155).

박은홍(2014, 127-165)은 독립운동 당시 전개된 사회주의운동을 국가민족주의를 근간으로 하는 레닌 사회주의혁명이나 파시즘에 대한 동경으로 요약한다. 행태적으로 서구의 시민혁명과 같은 급진적 사회개혁을 주창하면서도 개인의 자산을 법적으로 보장하지 않는 사회주의 프로그램에 대해 이중적 태도를 취한다고 비판한다. 서구 시민혁명의 토대였던 자유민족주의는 그 자체만으로도 위선이라고 간주했기 때문이다.

그런데, 아웅산이 주창한 국가사회주의는 서구의 자유민족주의를 지양하는 대신 국가가 사회혁명에 주도적으로 개입하므로 대중민족주의의 속성은 찾기 힘들다. 오히려 아웅산은 종족과 종교에 치중되는 민족주의운동의 특수성을 배제하고 모든 구성원의 평등을 주창함으로써 사회구조의 근본적 개혁을 도모하는 국민적 계몽을 유도했다. 즉 아웅산의 이념적 토대는 마르크시즘에 두고 있으나 이에 대한 현실적 적용은 미얀마의 역사와 현실에 바탕을 두고 있다.

이상의 논의와 같이 아웅산은 이념 진영의 논리에 천착하기보다 미얀마의 상황에 맞는 실용주의적 사회주의를 주창했던 인물이었다. 유럽의 나치즘과 파시즘을 표방하는 매우 급진적인 사회혁명을 추진했으나 미얀마의 역사와 현재 처한 상황을 통시적으로 관찰함으로써 독립 국가의 이상향을 제시하는 현실 타협적이고도 온건한 측면을 보였다. 그에게 있어서 사회주의는 지향해야 할 이상향이 아니라 그가 정의한 자본주의가 배격된 민주주의국가를 달성하기 위한 과정상 도구였다.

그의 이념과 사상이 식민주의로 인한 피해의식이나 이를 스스로 치유하기 위한 자발적 처방에서 기인되었을 수 있으나 변화한 사회구조에서 근대화된 미얀마가 나아갈 바를 선견지명으로 제시했다는 사실은 주목할 만하다. 이를 테면 버마족 중심으로 전개되는 독립운동의 통합과 소수종족을 규합하여 통합된 연방을 구성하려고 했던 시도, 전통주의에 매몰된 복고주의자들에게 울린 경고 등이 그것이다.

## 4. 사회주의의 토착적 적용(2):
## 우 누의 불교사회주의


아웅산의 암살 이후 우 쪼네잉[U Kyaw Nyein]이 권력을 장악했더라면 아웅산의 세속주의 정책은 지속성을 유지했을 것이라는 지적이 있다(Smith 1965, 140-141). 이 짧은 문구는 아웅산의 사후 그리고 독립 이후 미얀마의 사회주의는 전혀 새로운 국면을 맞았다는 사실을 함축한다. 1930년대에 들어 비정치적 승려들은 정치권에서 완전히 철수했고, AFPFL이 결성된 뒤 마르크시즘이 독립운동가에게 확산된 뒤 승려의 정치 참여는 완전히 배제됐을 뿐만 아니라 선거권과 피선거권도 모두 박탈당했다(von der Mehden 1961, 64). 종교와 승려가 본연의 임무로 귀환하는 과정에서 우 누의 등장은 불교에 근거한 전통주의의 부활, 아웅산의 주도로 추진해온 국가사회주의의 수정과 이로 인한 파벌주의의 부활과 같은 정치적 혼란, 행정적 시행착오 등 식민지시기 동안 창달해온 독립운동의 전통을 불식시키는 전환기였다.

우 누의 불교사회주의는 근본적으로 제국주의와 동등한 개념으로 해석된 자본주의를 배격하는 데에는 아웅산의 그것과 이견이 없었으나, 정통 마르크시즘을 배척하고 불교에서 제시하는 이상사회를 현실에서 성취하기 위한 종교적 색채가 가미된 특징을 보였다. 특히 그는 현실정치에서 불교사회주의를 실험하게 되는데, 불교도경제[Buddhist economy]에 바탕을 둔 복지국가론[Welfare State]과 1961년 선포한 불교의 국교화가 그 대표적인 사례이다.

아웅산이 서구의 사회주의와 사회주의 지도자 서적을 탐독하며 자신의 정치사상을 완성했다면, 우 누의 정치사상은 매우 복잡한 양상을 띤다. 승려가 되려던 시도가 부모에 의해 좌절당한 아웅산과 달리 우 누는 전통과 근대를 넘나드는 교육을 받았고, 나가니 북클럽을 통해 서양의 다양한 사상도 접했다. 총리 재직 시절 국가적 위험이 닥칠 때마다 총 일곱 차례에 걸쳐 불가에 입문하는 등 불교를 통해 자신의 정치적 이념을 달성하려 했던 독실한 불교신자이기도 했다. 다양한 이력과 경험에도 불구하고 우 누는 자신의 정체성을 확립하는 데에는 중심을 잡지 못했다. 스스로를 사회주의자라고 공언하면서도 상황과 이익의 조건에 따라 민주주의자, 전통주의자 등으로 다양하게 정의했다. 그는 전통주의에 근거한 사회민주주의를 추구하는 정치인이었다.

우 누는 다양한 사회주의 서적을 번역하거나 집필하면서 그의 사회주의 사상을 완성했다고 한다.* 그러나 일부의 외국 관찰자와 그의 정치적 경쟁자들은 우 누의 사회주의에 대한 이해도와 진정성은 의심할 여지가 있다고 비판한다. 그의 사회주의는 다양한 사회주의 서적을 탐독하기보다 개인적 경험, 관찰, 타인과 토론의 결과였으며, 근본적으로 그의 사회주의는 불교적 전통에 뿌리를 내리고 있었다(Butwell 1963, 73).

앞서 보았듯이 나가니 북클럽에서 정의한 사회주의의 다양한 토착적 적용은 정통 마르크시즘을 왜곡하거나 오역할 가능성을 보장했다고 보인다. 즉 마르크스 사상이 사회적으로 확대되면서 유물론과 계급투쟁이라는 본질은 왜곡되거나 생략되고 계급적 접근을 금하거나 평등을 지향

---

- 주요 번역서로는 *Information of Please Almanac, the Penguin Dictionary of Politics*, 웰(H.G.Well)의 *Outline of History*, 맥켄지(Norman MacKenzie)의 *Socialism*과 *Short History, Encyclopedia of the Social Science* 등이다(Butwell 1963, 73).

하고 착취를 배척하는 두 사상의 우연적인 공통점만이 부각되었을 가능성이 크다.

일부는 마르크스가 불교적 세계관을 이미 이해하고 있었다는 곡해도 하기도 했다. 예를 들어 교육부 장관인 바잉$^{U Ba Yin}$은 "마르크스는 틀림없이 직접적 또는 간접적으로 부처의 영향을 받았을 것이다."라고 언급했다 (Sarkisyanz 1965, 193). 또한 그의 저서에서 미얀마에서 사회주의는 '현세의 열반'과 동등하다는 주장을 한 꼬도흐마잉$^{Kodaw Hmaing}$은 영어를 전혀 몰랐던 인물이었다(Sarkisyanz 1961, 57). 정통 마르크스 사상을 이해하지 못하는 자가 미얀마에서 사회주의를 정의했다는 사실은 어불성설이며, 두 사상의 공통점은 우연의 일치에 불과하다.

우 누의 사회주의가 이들과 어떠한 차별성을 두었는지 명확하지 않다. 그렇지만 미얀마인들의 정신문명 속에 내재된 불교의 전통과 사회주의의 공통점을 자의적으로 해석하며 서구의 사회주의를 토착화시키려고 시도한 측면에서 그는 분명 정통 마르크스 사상을 수용하지 않았을 것이다. 나아가 총리 재직 시절 보인 그의 정치 행태와 정책 결정과정에서의 혼선은 그가 사회주의를 제대로 이해하고 있었는지에 대한 의문점도 생겨나게 한다.

그러면서 그는 마르크시즘과 불교는 양립할 수 있다고 믿었는데, 양자는 공히 탐욕과 착취를 반대하는 공통점이 있었다(Gravers 1999, 52). 독립 초기 우 누는 "마르크시즘이 혁명과, 농민과 노동자를 위한 사회주의 버마 건설을 위한 행동 지침이다. 지침의 원칙으로서 마르크시즘을 달성함으로써 우리의 혁명은 성취될 수 있다… 마르크시즘은 불교철학과 적대적이지 않다. 솔직히 말해 두 요소는 유사하지 않지만 개념 면에서 동일하다."(Smith 1991, 123)고 지적했다.

불교에서는 탐욕(ഌന [lawba]), 분노(ദിന [dawtha]), 업신여김 (ഌന [mawha])을 고통의 근원으로 간주하는데, 우 누의 불교사회주의에서도 이 세 요소를 경제적 불평등과 갈등의 근원으로 본다. 우 누는 부의 자본주의적 집중은 노동의 가치를 없애고 그로 인해 미얀마 국민들이 종교로부터 멀어진다고 보았다(Sarkisyanz 1965, 172). 그에게 경제는 종교적 목적을 위한 하나의 도구에 지나지 않았으나 인간이 노동의 노예가 되는 현실은 경건한 마음으로 수행을 할 환경을 조성할 수 없는 것과 동일했다.

우 누의 사회주의는 정치보다 경제운영원칙에서 착안했고, 그의 전통주의자 선배들이 그랬던 것처럼 불교와 사회주의에서 추구하는 이상세계의 유사성에 동의했다. 1935년, 우 누는 "우리의 부처"Kyanto Buthama라는 에세이를 집필했는데, 여기서 그는 사회주의는 일상생활보다 불교적 목적에 의해 제거되지 않아야 한다고 지적했다(Sarkisyanz 1965, 171). 즉 일상생활에서 사회주의는 불교의 가치를 훼손하지 않는 범위 내에서 추구되어야 한다는 의미이다.

우 누에 따르면, 세계가 열렸을 때 모든 인간의 물질적 수요는 특별한 노력 없이 자연적으로 충족되었다. 그러나 욕심이 인간들의 즉각적인 수요를 넘어 적정한 공급체계를 바꿔버렸고, 사유재산은 인간들을 분리시켰으며 이로 인해 욕망과 고통이 생겨나게 되었다. 그래서 그에게 있어서 사회주의는 더없이 행복했던 과거로 향하는 인간성의 회복을 가르치는 것이다(Sarkisyanz 1961, 58).

1951년 당시 국방 및 광업부 장관이던 우 바스웨U Ba Swe는 미얀마에서 혁명의 근간인 이데올로기는 마르크시즘이라고 공식 선언했다. 그러나 미얀마에서 마르크시즘은 러시아나 중국 모델의 적용이 아니고 공산주의자의 마르크시즘을 수용하지 않는다고 주장했다. 그에 따르면, 마르크시즘이 창조론을 수용하지 않지만 종교를 반대하지 않듯이 그것은 불교의 철학과 적대적이지 않고, 두 이념은 상호 보완적이다(U Ba Swe 1952, 5-7).

온건하면서도 종교적 성향이 강한 그의 사회주의는 불교도경제와 이를 현실화한 삐도다(ြြည်တော်သာ[Pyidawtha]), 즉 복지국가론으로 집약된다. 1955년 우 누 총리의 경제고문 슈마허Ernst Friedrich Schumacher는 유물론적 사회에 길드는 세계의 위기 속에 인간본성 회복, 생활환경 보존, 자원 보존 등을 통해 인간의 삶이 영속될 수 있다고 주장했다. 동서양의 사회발전상을 동시에 관찰하면서 경제학에 도덕적·윤리적 가치관을 주입하고, 인과응보因果應報의 원칙 수용, 결과를 위한 행위의 최소화, 모든 사물의 본성을 반영하는 전체론적 경제관을 도입했다. 싯다르타가 설법한 불교적 가치, 철학, 도덕을 서구의 경제관에 접목시킴으로써 발전에 대한 근본적인 시각을 바꾸려는 대안적 경제관이 바로 불교도경제이다.●

아웅산은 그의 급진적인 이념과 달리 경제운영원칙에 있어서는 매우 온건한 편이었다. 아웅산과 우 누의 공통점을 확인할 수 있는 분야가 바로 경제구조와 운영원칙이다. 이들은 영국 식민주의로 인해 미얀마의 경제주권이 영국인, 인도인, 중국인에게 있다고 보고 이들이 장악한 경제권을 미얀마 국민에게 원상 복구시키는 경제적 사회주의를 목표점으로 삼

---

● 불교도경제에 대한 더 자세한 내용은 장준영(2013a)을 참조하라.

왔다. 특히 아웅산은 모든 사유재산을 하루아침에 국유화하는 대신 사회주의국가 건설을 위한 로드맵을 설정하고, 단계적으로 실행해야 한다고 보았다. 우선적으로 통신과 교통, 산림, 천연자원 등 사회간접자본을 국유화하고, 국가사회주의를 위한 조건이 완료되었을 때 개인의 사유재산은 인정하지만 모든 생산 자원은 근본적으로 국가가 통제한다는 계획이다(Charney 2009, 81-82).◆

1948년부터 시작된 2개년 경제개발계획은 우 누 정부의 경제적 이념을 국민에게 전시하고, 토지의 국유화, 산업의 사회주의화를 완성하며, 해외 다자원조 프로그램을 통해 경제발전의 토대를 쌓기 위한 것이었으나 정치와 사회 불안으로 인해 착수도 하지 못했다(Mya Maung 1971, 46). 정부는 향후 2년간 미국의 기술자와 경제학자를 초청하여 국가 전 분야에 걸친 발전계획을 수립했다. 이윽고 1952년 8월 4일~17일간 정당, 관료, 시민단체 등 1,000명 이상의 대표단의 환영을 받으며 복지국가회담 Pyidawtha Conference은 성공적으로 거행되었다(Trager 1966, 154).▲ 2개년 경제개발계획과 달리 반군활동이 위축되면서 새로운 8개년 경제개발에 대한 성공도 확신하는 분위기였다.■

8개년 경제개발계획은 매년 9%대의 GDP 성장률을 목표하며, 2차 대

---

◆ 아웅산의 경제사회주의는 1948년 독립 헌법에 보존되었는데, 헌법 제30조 1항과 2항에는 국가가 모든 재산의 주인이며, 국가가 모든 토지를 소유 및 점유하고 공동생산을 위해 토지 배분을 실시한다고 명기했다(Maung Maung 1959, 262). 이로써 이념적으로 독립 운동가들이 이상향으로 제시했던 경제적 사회주의는 독립과 함께 제도화의 대상이 되었다. 그러나 헌법에서는 미얀마 국가구조를 사회주의로 정의하지 않았다. 대신 헌법 제2장, 3장, 4장은 미얀마가 경제사회주의를 지향하고 있음을 시사한다(장준영 2013a, 57-58).

▲ 본 회담에서 10개 부서 장관들은 10개 사안에 대해 합의했다. 1. 권력의 이양, 2. 지방정부의 민주적 재구조화, 3. 5개년 농업 및 농촌 발전계획, 4. 경제발전계획, 5. 8개년 토지국유화, 6. 저개발지역의 발전계획, 7. 주택 문제 해결, 8. 교통과 통신 문제 해결, 9. 교육, 10. 공공보건 등이다(Trager 1958, 20-21).

전 이전의 생활수준을 복원하고자 계획했다. 구체적으로 1960년까지 국내총생산GDP을 70억 짯까지 달성하고자 했는데, 이는 1952~53년 기준보다 63% 성장한 수치이다. 정부는 총 30억 짯을 투자하고, 농업, 전력, 교통, 광산, 산업, 산림·어업·통신 등 6개 부분을 주요 산업으로 책정했다(Union of Burma 1954, 27).

삐도다의 성격은 크게 세 가지로 요약되는데, 단순히 경제발전을 위한 프로그램의 규정이 아니라 경제적으로 사회주의를 지향하는 가치가 함축된다(Union of Burma 1954, 12–15). 첫째, 전쟁과 내전의 폐해를 복원하는 것을 초월하여 국가경제의 재구조화를 지향한다. 현재 경제상황이 2차 대전 이전보다 더 열악하므로 경제 구조의 질적 변화를 꾀하여 경제의 체질character을 바꾸겠다는 의지이다. 둘째, 삐도다 계획은 시간이 경과함에 따라 진화하고 변화한다. 미시적인 경제개발계획을 수립하기보다 상황과 조건에 맞는 단계별 액션플랜을 가동하고, 달성 목표치를 두지 않는 유동적이고 탄력적인 경제발전 프로그램이 필요하다는 것이다. 마지막으로 삐도다의 성패 여부는 모든 관련자들의 손에 좌우된다. 정부와 모든 유관부처의 상호 협력뿐만 아니라 국민 개개인의 참여가 필요하다. 삐도다는 국민을 위한for 것이자 국민에 의한by 계획이다.

1954년 정부가 책자로 발표한 삐도다 계획의 이념은 우 누의 경제사회주의관을 직접적으로 전시한다.

---

■ 복지국가론의 시행세칙인 8개년 경제개발계획과 달리 복지국가론은 1948년 헌법과 1953년 12월에 우 누가 행한 "우리의 목표와 당면계획"이라는 연설에서 제시한 의회민주주의를 기반으로 한 사회주의의 궁극적인 목표라는 연장선에서 1954년 9월 9일 공식 선포되었다.

새로운 버마는 종교적 가치와 경제적 진보의 갈등을 추구하지 않는다. 정신적인 건강과 물질적인 안녕well-being은 적대적이지 않고 상호 연합적이다. 우리는 그 자체로 끝나버리는 향상된 농업기술이나 현대적인 공장의 모색이 아니라 더 좋은 인생을 위한 유용한 도구로서 그것들을 모색한다(Union of Burma 1954, 10).

또한 본 서적에서 미얀마는 인적 자원뿐만 아니라 풍부한 천연자원을 보유한 잠재적인 부유국가임에도 불구하고 버마족뿐만 아니라 외국인에 의해 모든 자원이 착취당했다고 규정한다. 전쟁과 신생 버마에 내재하는 내부의 적에 의해 각종 자원의 대부분이 파괴되었고, 이제 삐도다의 성공을 통해 연방의 모든 국민이 보편적이고 안락한 생활을 향유할 수 있는 복지국가를 달성할 수 있다고 확신한다. 공공복지를 확대함으로써 국민의 생활수준을 평등화하겠다는 정부의 의지는 "정치적·이념적 함축을 지양하는 국가"로 뉴딜New Deal정책과 비교되기도 했다(Cady 1958, 616, 647; Maung Maung 1959, 111).

정부의 야심찬 계획과 달리 〈표〉에서 보는 바와 같이 8개년 계획은 당

| 〈표〉 8개년 경제계획 및 성과 | | | | | | |
|---|---|---|---|---|---|---|
| | 1938~39 | 1951~52 | | 1959~60 | | 달성률 (%) |
| | | 계획 | 성과 | 계획 | 성과 | |
| 총GDP(백만짯) | 5,317 | 3,911 | 3,911 | 7,000 | 5,878 | 84 |
| 1인당 생산(짯) | 323 | 209 | 208 | 340 | 281 | 83 |
| 1인당 소비(짯) | 211 | 143 | 143 | 224 | 183 | 82 |

※ 1짯=21센트
※※ 출처: Trager(1966, 156).

초 목표치를 달성하지 못했다. 미시적 경제정책을 실시함에 있어서 미얀마의 지도자들은 식민지 경제의 탈피, 빠른 속도의 산업화, 공평하고 평등한 부의 분배 등 다양한 목표를 설정했다. 식민지 당시 미얀마는 미곡, 산림자원 수출 등 주로 원자재 적출을 바탕으로 한 산업화를 달성했는데, 독립 이후 경제구조도 이를 탈피하지 못했다.

국가 수입원의 80% 이상을 차지하던 미곡 수출은 한국전쟁이 종료된 뒤 국제가격이 급락하면서 이에 대한 탄력적인 수출 정책으로 대응하지 못했다. 이에 따라 외환보유고가 급감하게 되어 경제정책을 수립할 수 없는 악순환이 반복되었다.[*]

해외의 원조와 기술지원도 미얀마의 산업화에 도움이 될 것이라는 애초의 기대와 달리 정부의 예산으로 고용한 미국을 비롯한 외국의 기술자와 경제학자들도 미얀마와 같은 아시아의 신생독립국의 경제를 이해하지 못했고 이에 따른 현실적인 경제정책을 제시하지 못했다. 또한 소극적인 미얀마 정치지도자들의 태도는 정책 결정에 걸림돌이었다(Trager 1966, 155). 토지의 국유화에 따른 농민들을 위한 농업 대출과 관련한 이자율도 적시적기에 조절하지 못했고, 사회복지의 무리한 예산 배정도 국가 재정에 큰 도움이 되지 못했다(Steinberg 2010, 96).

제도와 정책의 현실적 시행에서 발생하는 착오와 함께 복지국가론이 실패할 수밖에 없었던 요인은 다양하게 설명된다. 현실 적용 가능성이 떨어지는 성급하고 잘못된 계획, 전문 지식이 결여된 정책 도입과 시행, 관료와 기업의 부정부패, 정치 및 사회의 불안, 행정적인 실책 등 독립 후 미

---

● 1953년 6월 3억 6,500만 달러, 1954년 1월 2억 400만 달러, 1955년 1월과 8월에는 1억 1,200만 달러와 7,450만 달러로 급격히 하락했다(Butwell 1963, 115).

얀마가 완전한 국가로 기틀을 마련하지 못한 구조적 요인들이 경제 분야로 집약되어 표출되었다.

복지국가론의 실패를 견인한 다양한 요인들의 공통점은 바로 우 누의 사회주의경제관이다. 먀마웅 박사(Mya Maung 1991, 67~83)는 복지국가론의 실패를 비꼬면서 이 시기를 삐도다가 아닌 국가의 후퇴를 의미하는 '삐도짜'(ပြည်တော်ကျ [pyidawkya])라고 명명했다. 그는 국가구조의 급진적인 변화는 변화를 위한 기본적인 조건을 갖추지 않고서는 달성될 수 없다고 전제한다. 즉 삐도다 계획과 같이 정부의 이념과 경제 철학이 합치된 경제발전 전략은 대규모의 국가 경제행위가 필요하고, 저축과 투자 부문에서 개인의 이익적 동기를 보장해야 한다(Mya Maung 1970, 536). 자원의 최적 배분과 경제운용의 효율성을 보장하지 않고서 국가주도의 경제발전 모델은 성공할 수 없다는 논리이다.

우 누는 삐도다 계획을 실시하면서 각 직업군으로 구성된 다양한 직능단체를 조직하여 각 단체 내 또 단체 간 사회주의적인 협력을 유도했다. 예를 들어 농업분야로 조직된 관변단체는 직간접적으로 농민들에게 재정 및 기술적으로 지원을 하는 것을 원칙으로 하나 기능 면에 있어서 충돌과 긴장을 유발했고 행정적으로 상호 협력하지 못하는 비효율성에 봉착했다(Mya Maung 1970, 536).

또한 대중동원을 통한 경제적 사회주의로의 사회적 분화와 구조화는 보수 성향이 짙은 사회문화 요소를 견인하지 못했다. 전통왕조에서 백성들은 물, 불, 싫어하는 사람, 강도(도둑)와 함께 통치자를 5대 적敵으로 규정한다. 독립 이후 시행하는 정부의 최초 정책으로서 대중동원을 통한 경제적 사회주의화는 국민들에게 두려움의 대상일 수밖에 없다. 경제발전과 사회복지를 추구한다는 정부의 정책에 대해 국민들은 본연의 가치와 동기를 이해할 수 없었다. 그뿐만 아니라 마을 내 종교 축제와 같은 전통이 협력적인 경제활동보다 더 잦은 상황에서 자발적인 사회의 재구조화는 불가능했다(Mya Maung 1964, 1186).

불교를 바탕으로 국가 경제의 사회주의화는 애초부터 무리가 따랐던 것으로 보인다. 예를 들어 불교에서 고통은 물질적인 부를 축적하기 위한 끊임없는 욕망 때문에 생겨난 것이지만 우 누는 자본주의의 착취 때문인 것으로 간주했다. 또한 집단적 협력 체제를 구축하기 위한 국가주도의 경제정책은 개인주의적 성향이 짙은 업*사상과 고통을 치유하려는 수행과 대치된다. 사회주의 경제체제라고 해서 무조건 구성원에게 금욕적인 삶을 살 것을 강요하지 않고, 경제운용 자체 또한 철학과 가치 지향적인 측면보다 실용성에 기초한다.

불교에 기반을 둔 사회주의로 무장한 민족주의자들은 영국의 잔재를 청산하고 그들만의 종교성에 바탕을 둔 사회주의 경제체제를 완성하려고 했지만, 구성원의 의식적 전환에 실패했던 이유로 혁명의 결과는 전통으로 회귀하는 자가당착의 오류를 범했다. 독립 미얀마에서 모든 국민이 자유롭게 불교 수행을 하면서 동시에 제국주의의 유산을 완전히 청산하는 자급자족의 경제체제를 완성하는 우 누의 이상향은 명확했다. 그렇지만 그것을 달성하기 위한 경로는 불교도경제만큼이나 결과를 보장할 수 없는 실험이었다. 전통의 기반 위에서 전통을 지향하는 근대화는 상호 모순의 쳇바퀴만 반복하는 악순환을 거듭했던 것이다.

앞서 지적했듯이 삐도다 계획은 유토피아적 발상을 충족할 수 없는 정책적 시행착오를 거쳤는데, 이를 통해 우 누가 과연 경제를 불교와 사회주의적 해법으로 풀었는가에 대한 근본적인 의문을 제기한다. 정부는 1956~57년 4개년 경제개발계획을 발표했는데, 이는 당초 8개년 계획의 수정안이었다. 투자에 우선권을 부여하고 국내외 무역에 있어서 사기업의 참여, 개발을 위한 해외 자본의 유치를 비롯하여 국유화의 수준 축소를 결정했다(Mya Maung 1964, 1188). 1962년 쿠데타의 빌미가 되었듯이 영국, 인도 자본가에 의한 기업 경영, 국유화 정책 포기는 우 누가 추진하고자 한 경제민족주의의 이상향과 정면으로 대치된다. 미시적 경제개발계획을 지양하는 대신 탄력적인 정책을 지향한다는 목표는 기정사실화되었지만, 이는 근본적으로 사회주의경제체제의 틀을 벗어나지 않는 범위 내에서 추진되는 정책이었다.

우 누의 경제정책은 미얀마를 사회주의 국가로 재구조화하려는 개인적인 의도와 당대 사회주의 지도자들의 요구에 부응했던 결정이었다. 그렇지만 실제로는 전통주의자로서의 면모를 강화하는 우 누 개인의 정치사상을 현실 정치에서 실험한 정책이기도 했다.

우 누는 스스로를 왕조시대 국왕의 부활로 생명력을 불어넣고 정법<sup>dhamma</sup>에 의해 세상을 통치하는 셋짜밍( စကြဝင်:[Setkyamin]), 즉 전륜성왕轉輪聖王으로 국가를 통치하려고 시도했다. 전 세계를 정법에 의해 다스리는 정의로운 왕인 전륜성왕은 속세에 출현하는 보살이자 무력을 쓰지 않는 군왕이기도 하다(Gokhale 1969, 736). 그가 굴리는 정법의 수레바퀴와 통치의 수레바퀴는 사회 곳곳에 이르고, 이로 인해 무정부 상태의 혼란을 막고 질서를 세워 태평스러운 정치를 이룰 것으로 기대한다. 이런 측면에서 우 누는 구성원들에 의해 선출된 자, 즉 마하삼마타<sup>Mahasammatha</sup>로 각인되기를 원했다(Taylor 1987, 289). 다시 말해 우 누는 가장 근대적 정치제도인 선거에 의해 지도자로 선출되었음에도 불구하고 개인의 업業에 기초한 전통사상을 정통성의 우선권으로 채택했다(Maureen Aung-Thwin and Thant Myint-U 1992, 69; Sarkisyanz 1961, 60). 불필요한 자원을 동원하려는 우 누의 정치행태에서 그는 현대제도와 부합되지 않는 대표적인 인물이라는 사실을 반증한다.

우 누의 정치사상과 행태는 아쇼카왕의 전통을 계승하는 것과 동일했고, 이는 곧 정법정치로 귀결된다. 정법정치는 관용, 비폭력, 복지정책, 불교의 후원과 전파 등을 주요 정책으로 채택한다(정천구 2008, 86-87). 우리가 다뤘던 복지국가론, 즉 삐도다 계획도 정법정치의 한 요소인 국민의 복지를 책임지는 지도자로서의 임무를 의미한다.

이외에도 우 누는 정치적 반대자에 대한 관용과 비폭력의 원칙을 고수했고, 마치 국왕처럼 불교의 후원과 전파를 주도하는 인물이었다. 특히 우 누는 소수종족, 공산주의자 등 연방에서 탈퇴 또는 정권 전복을 희망하는 세력들을 규합하고자 '좌파연합'Program of Leftist Unity을 결성했고, 이미 수감 중인 반정부 인사들에 대한 대사면을 단행했다.* 1948년 5월 26일, 그는 "15대 과업"을 발표하면서 7월 20일부터 총리에서 사임하고, 모든 좌파정당의 통합을 시도할 것이라고 선언했다(Butwell 1963, 100). 총리를 사임하면서 우 누는 무장반군의 압력을 진정시키는 차원에서 향후 여생을 수도승처럼 고결하고 고행하는 자세로 살겠다고 부처 앞에서 다짐했다

---

- 좌파연합을 구성하기 위해 우 누는 "15대 과업"을 발표하고, 행정주로 신설된 소수종족(산, 친, 까친, 꺼야, 몽)을 비롯하여 각 무장단체들이 이 기구에 가입해줄 것을 종용했다. 각 정파들을 포섭하기 위해 공산주의자, 사회주의자, 인민의용군, 중도주의자 등 총 20명을 좌파연합의 지도부로 구성하는 방안도 제시했다(ဦးပိုးကလေး[U Poe Kalay] 2010, 38-39). 그러나 공산당과 꺼잉족은 급진적인 사회주의혁명과 자치권 보장이라는 원안을 고집하며 우 누의 제안을 거절했다.

(Smith 1965, 142).

앞서 지적했듯이 재임 기간 동안 총 일곱 차례에 걸쳐 승려가 된 배경도 국가의 위기가 핵심이었다. 즉 국가가 처한 위기를 극복하기 위한 실행 가능한 정책을 마련하기보다 우 누는 인력으로 해결할 수 없는 초자연적 현상을 유발하기 위해 종교에 귀의했다. 정법에 따르는 전륜성왕은 자연도 통제할 수 있는 힘을 얻는다는 믿음이 있었기 때문이다.

민주주의에 대한 그의 모호한 기준도 지적할 만하다. 그에게 있어서 진정한 민주주의는 개인의 자유가 바탕이 되고, 모든 인간의 평등한 대우이다. 또한 모든 시민이 그가 속한 공동체나 국가의 정부에 참여할 수 있어야 한다(U Nu 1959, 19-20). 그러나 그는 서구의 사상에 익숙하지 않았다. 예를 들어 민주주의의 진화에 관한 그의 연설은 다양한 잡학사전 encyclopedia을 차용하여 작성한 학생의 수필과 같은 수준이었다. 당대 서구의 외교관들은 "그는 네루나 호찌민보다 더 서구적이지 않았다"고 지적했다(Butwell 1963, 79-80).

우 누가 주창한 민주주의의 구성요소로서 자유와 평등은 불교를 근간으로 한다. 우 누가 전체주의와 공산주의를 극구 반대했던 이유도 자유와 평등의 원칙이 내재하는 종교를 인정하지 않았기 때문이다. 즉 우 누는 민주주의를 이념화하거나 불교와 접목시키고자 하는 대상으로 인식했다.

1935년 학생회장 취임식에서 우 누는 "나는 민주주의를 싫어하고 민주주의는 다수를 설득하고, 동의를 얻는 데 시간을 낭비한다. 민주주의는 이름만으로 좋은 것이다… 그것은 히틀러와 무솔리니 시기에 작동하지 않았다."고 지적했다(Butwell 1963, 19). 그는 민주주의를 불교의 부활을 추진하는 데 중요한 동력으로 간주할 뿐 의사결정의 도구로 인식하지 않았다.

우 누는 복지국가를 위한 페이비언적 틀 속에서 사회주의를 추구했기 때문에 진정한 사회주의자가 아니었고, 불교와 온건한 민족주의적 사고방식에 천착했던 이유로 버마사회주당의 단순한 동조자에 불과하다는 지적이 있다(Kyaw Zaw Win 2008, 70). 민주주의라는 정치적 목표와 사회주의에 기반을 둔 복지국가론은 서구의 자원을 바탕으로 하지만 미얀마에서 사회 개혁은 전통적 불교도 윤리 차원에서만 진행되었다. 미얀마에서 영국화, 즉 서구화의 수준은 엘리트조차도 실론이나 인도에 미치지 못했다. 그렇기 때문에 이데올로기적 혼합주의는 달성 불가능한 대상이었다(Sarkisyanz 1965, 192).

결국 우 누의 집권은 국가의 사회주의화가 아니라 개인의 카리스마에 바탕을 둔 전통주의의 부활로 정의할 필요가 있다. 그는 마르크시즘이 불교에서 제시하는 열반과 정신적 자유에 대해서 밀접한 관련을 주장했으나 그 개연성을 끝내 밝히지 못했다. 대신 마르크스 사상을 공부할수록 불교에 대한 신념이 더욱 강해진다고 주장했고, 자신을 사회주의, 이상에 젖은 사회주의에 정통하다기보다 독실한 불교도라고 정의했다(Ba Swe 1952, 7).

그에게 있어서 모든 사상과 이념은 불교국가를 위한 제도적 장치에 불과했고, 이는 허약한 정치력의 결과로 보아야 한다. 불교는 자신의 존재와 입지를 강화하고 대중적 인기를 유지하는 중요한 자원 중의 하나였으나 변화한 사회 환경을 만족시킬 국가의 근대화를 견인할 지도력은 부재했다. 사실 그는 독립 버마의 지도자가 되기를 원치 않았다. 1954년 우 누는

"아웅산과 그의 동지들이 1947년 7월 19일 암살됐을 때 나는 정부 구성의 운명을 실감했다. 나는 행정 지식이 전무[째]했기 때문에 총리직 수락의 필요성을 느끼지 못했다."고 고백했다. 그러나 영국 식민당국은 그의 총리 취임을 강요했다.

사회 변화의 정책으로서 불교와 사회주의의 혼합은 사회 구조와 문화에서 심오하고도 근본적인 변화를 완성하지 못했기 때문에 전통적인 사회의 근대화는 실패했다. 우 누에게 있어서 결과를 추진하기 위한 과정에서 선택된 이데올로기는 유토피아에 대한 막연한 환상을 생산할 뿐 현실을 외면하는 망상주의를 탈피하지 못하는 오류로 귀결되었다.


## 5. 급진적 사회주의의 실험과 실패: 버마식사회주의

1962년 쿠데타 이후 4월 30일, 군사정부는 『버마식사회주의: 혁명평의회 노선의 성명서Burmese Way to Socialism: the Proclamation of the Revolutionary Council's Philosophy』를 발표했다. 이어서 이듬해 1월 17일 발표된 『인간과 환경의 상호체계: 버마사회주의당의 노선The System of Correlation of Man to His Environment: The Philosophy of the Burma Socialist Programme Party』(လူနှင့်ပတ်ဝန်းကျင်တို့. အညမည သဘောတရား[lu-hnin-patwunkyindoe-anamana-dabawtaya])을 발표하여 버마식사회주의의 실천 강령을 뒷받침하고, 이를 당 이념으로 채택했다.

이 두 문건은 26년간 네윈 체제를 지탱한 핵심 이념으로, 독자적 발전 노선을 고민하던 전 세계 저개발국가에 일대 파장을 일으켰다. 그 어떤 강대국과의 이해관계에 얽히지 않고, 자립과 자력갱생을 핵심으로 하여 국가의 재건을 추구한다는 측면에서, 국제관계의 종속화가 심화되는 세계질서에 정면으로 도전하는 신선한 충격이었다. 민족주의를 고취시키는 독립적이고 자주적인 내용으로 채운 두 문건은 평가에 앞서 그 자체만으로도 새로운 시도였다.

그러나 버마식의 사회주의는 미얀마, 당시 버마에 대해 문외한 비교정치학자들이나 좌파 이론가들의 숭배대상이었지 전혀 새로운 것은 아니었다. 미얀마 정치연구의 두 거장은 각각 이 이념을 두고 식민지시대 '우리버마연맹'의 강령을 되풀이 한 것(Taylor 1987, 296-297), 그 실체는 민족주의, 사회주의, 불교 등 근대 미얀마인의 삶 속에 녹아 있는 미얀마 전통의 강조(Steinberg 1982, 76)로 과소평가했다.

현재까지 이 사회주의의 핵심은 불교와 정치가 접목된 독창적 이데올로기로서 네윈에 의해 주창된 것으로 알려진다. 그러나 이 이념은 군인이자 사상가인 칫흘라잉Chit Haling이 주창한 사회주의 이념에 바탕을 두고 있다. 나아가 우 누의 불교사회주의에서 종교를 세속적 정치영역에서 배제한다는 논리로 도입된 본 버마식사회주의는 결국 종교에 귀의하는 동어반복의 오류를 범했다.

칫흘라잉은 1952년 군부가 창간한 『먀워디Myawaddy』 저널에 1955년부터 쉐모Shwe Moe라는 필명으로 기고를 시작했는데, 그가 유학한 소련연방의 스탈린주의를 비판하면서 주로 미얀마 내 공산주의운동을 비난했다. 그에 따르면 스탈린주의는 관료들과 함께 미국, 영국처럼 제국주의자들이 운영하는 파시스트 국가의 이념이었다. 그러면서 미얀마의 독립은 완성된 것이 아니라 여전히 영국 제국주의자들이 통치하는 식민지로 규정했다(Nakanishi 2013, 77).

그는 사회주의혁명을 성공한 소련연방이 "관료적 독재주의"로 변화하는 과정을 비판하고, 유고슬라비아와 같은 주변국을 공산화한 과정을 일종의 제국주의로 취급했다. 이러한 논리를 바탕으로 독립 후 미얀마의 정국을 평가하는데, 소련연방처럼 공산주의의 확산을 막기 위한 조치와 유사하게 미얀마 내 반공산주의가 필수적이며, 종족분쟁을 극복하지 못하여 국민국가를 달성하지 못할 경우 재차 식민화가 될 것으로 보았다(Nakanishi 2013, 79).

그는 "민주주의에 기반을 둔 사회주의"(ဒီမိုကရေစီ အခြေခံသော ဆိုရှယ်လစ်ဝါဒ [dimokayesi-achigandhaw-hsoeshelitwada])를 제창했다. 사회주의 성향이 강했지만, 마르크스와 레닌사상, 중간계층의 중요성이 부각되는 서구식 사회민주주의는 아니었다. 대신 그것은 "미얀마 헌법에 수록된 민주적 이념과 사회주의 경제제도에 기인한 사회주의"였다. 그에 따르면 헌법을 파괴하려는 자들, 예를 들면 공산주의자들이 존재하기 때문에 미얀마에서 사회주의는 완성된 것이 아니었다(Nakanishi 2013, 79-80).

칫흘라잉이 말한 사회주의의 핵심은 나마루빠(နာမရူပ[Namarupa])로, 사전적 의미로 나마는 이름, 루빠는 물리적 요소를 말한다. 그러나 정확히 말하자면 그가 정의한 나마는 "정신, 마음가짐"이고 루빠는 "물질"이다. 만물의 구성 요소인 나마루빠는 세 가지 특징이 있다. 첫째, 세계는 욕계, 색계, 무색계 등 세 가지로 구성되는데, 인간만이 유일하게 이 세 가지 세계를 모두 포괄한다. 둘째, 인간은 마음과 몸으로 구성되는데, 몸, 입, 의지에 의한 행동은 몸을 통해서 마음이 통제한다. 셋째, 한 인간의 마음과 몸은 지속적으로 변화하고, 타인은 스스로의 이익을 도모하기 위해 두

구성요소를 활용한다(Nakanishi 2013, 80).

나아가 그는 마르크스-레닌 사상에서 도구주의(물질주의)를 축소시키는 대신 이상주의를 추가하여 정통 이론을 수정했다. 그에 따르면, 인간은 도구주의와 이상주의로 구체화된 유일한 존재인데, 여기서 이상주의는 불교를 의미한다. 즉 미얀마의 사회주의는 도구적으로 공산주의를 반대하지만 민족주의적 성향이 강하고, 이상적으로 불교를 수용할 수 있어야 한다는 것이다(Nakanishi 2013, 80-81).

1957년 12월부터 칫흘라잉은 정규군 심리전 병과에서 강의를 시작했는데, 그 과정에서 그는 자신의 나마루빠 이념을 정교화하는 과정을 거친다(Nakanishi 2013, 83). 그는 '마음가짐, 정신'에 대한 세분화를 지향하는데, 이를테면 인간의 마음에 내재하는 부도덕성immorality을 분석했다. 욕심, 분노, 업신여김 등과 같은 부도덕성은 물질적 만족만으로 극복할 수 없고, 인간의 본성에 대한 연구를 통해 진정한 행복을 얻을 수 있다고 주장했다. 물질적 만족에 우선권을 부여하는 마르크스-레닌사상과 정면으로 대치되는 부분이다. 그래서 마르크스-레닌사상의 수정이 불가피하고, 정신적 수준의 정화 또는 발전을 위해서 불교가 반드시 필요하다는 결론에 도달하게 된다.

그러나 그의 이념이 저널에 게재될 때마다 이를 이해하는 독자들은 거의 없었다고 한다. 일단 마르크스-레닌사상에 대한 국민적 이해가 부족하고, 종교를 정치의 영역으로 유인하여 융합시키는 작업도 정교하지 못했다. 그가 기고한 글 중 반공산주의의 필요성에 대한 정부와 국민의 공감을 제외하고, 난해한 내용과 독해가 어려운 빨리어Pali로 작성된 이념은 큰 주목을 끌지 못했다.

쿠데타 이후 네윈은 땃마도회담Tatmadaw Conference(정규군 회의)에서 사회주의에 대한 개인적 견해를 피력했다. 그에 따르면, 이념적으로 독립 이후 국가체제를 사회주의로 믿고 있으나 실제 생활에서 사회주의는 실현되지 않았다. 미얀마에 적용 가능하고, 미얀마인의 사고방식과 적합해야 하며, 미얀마의 상황과 조건을 충족시키는 사회주의가 필요하다면서 향후 국가 이데올로기에 대한 수정을 암시했다(Nakanishi 2013, 91-92).

그리고 4월 30일 발표한 『버마식사회주의: 혁명평의회 노선의 성명서』에 민간정권에 대한 신랄할 비판을 제기했다. 제14조 "국가조직"부분은 다음과 같다.

세계 역사상 봉건제도를 타도한 영국, 미국, 프랑스 혁명 등을 통하여 "인민의 지배"라고 부르는 의회제 민주주의가 출현했다. 이 의회제 민주주의는 이전의 정치 제도와 비교할 때 가장 우수한 제도였다.

그러나 일부 나라에서 의회는 자본가와 말 잘하는 무리가 무지한 인민을 속이는 수단이 되어버렸다.

버마연방에서도 의회제 민주주의 노선에 의해 사회주의 제도를 건설하기 위하여 시행하고 노력했다. 그러나 버마의 "의회민주주의"는 사회주의 노선을 효과적으로 추진할 수 없었을 뿐만 아니라, 버마의 의회민주주의의 결함과 악용 및 여론의 미숙에 의해 사회주의 목표를 상실하고 사회주의로부터 이탈하여 마침내는 사회주의 경제제도와 상반되는 데까지 도달했다.

따라서 버마에서 현재까지 경험한 대로 의회민주주의로는 국민이 목표하는 사회주의에 확실히 도달할 수 없다(Union of Burma 1963, 46-47).

또한 1958년 과도정부를 구성하면서 군부는 그들만의 이데올로기를 제정했다. 『버마식사회주의: 혁명평의회 노선의 성명서』의 도입부 "우리의 신념"과 군부의 이념은 맥락 차원에서 거의 동일하다.

사회를 건설하기 위한 인간의 노력은 궁극적으로 의식주를 초월하여 자유롭고, 인간 삶의 영혼의 만족을 누릴 수 있으며, 완벽한 인간 삶의 존엄성을 확보할 수 있으며, 공정함, 자유, 평등이라는 영원한 규칙에 근거한 정치 및 경제적 체제에 대한 신념을 유지해야만 한다(Union of Burma 1959, 5).

버마연방 혁명평의회는 오랫동안 이 세계에서 사람이 사람을 착취하고 부당한 이익 추구가 만연한 유해한 경제제도가 존재하는 한 모든 사람은 사회적 고통으로부터 해방되지 못한다고 본다… 굶주린 배로 인해 명상할 능력의 부족, 의식주의 부족함으로 당하는 고통dohka이 없는 사회주의 경제체제를 통해 평화롭고 풍요로운 새로운 세계lawkoutaya를 창조할 것이다(Union of Burma 1963, 43).

1950년대 군부 교리는 마웅마웅Maung Maung에 의해 완성되었으나 과도정부(1958~60)기간 동안 네윈은 마웅마웅, 아웅지 등 온건파와 거리를 두었다. 군부 이외에 그 어떤 민간인도 신뢰하지 않았던 네윈은 동지들과도 거리를 두었고, 현실세계를 종교적 관점으로 풀어낸 칫흘라잉의 세계관은 네윈에게 매력 그 자체였다. 기존 군부, 정치인이 제시하지 않은 독자적 세계관이기 때문에 더 좋았다.

1962년 3월 4일, 네윈은 연방당(구 안정파), 청렴AFPFL, 민족연합전선

National United Front 등 3당 지도자를 만났다. 다당제를 폐지하고 1당 체제를 구축하기 위함이었다. 네윈은 1당제를 동의하지 않는 입장은 반대하지 않지만 1당제를 반대하지는 말 것을 요구했다(Maung Maung 1969, 295). 마침내 7월 4일, 네윈은 자신의 통치철학을 운영할 정당인 BSPP를 창당하고, 『버마식사회주의: 혁명평의회 노선의 성명서』의 이념적 토대를 마련할 지침서 발간에 돌입했다.

그렇게 완성된 것이 1963년 1월 17일 발표된 『인간과 환경의 상호체계: 버마사회주의당의 노선』이다. 총 5장•으로 구성된 본 이념서는 칫흘라잉이 주장한 나마루빠 이념이 완벽히 반영되었다. 사회주의는 '물질Matter과 정신Mind의 상호관계', '변증법적 이상주의에 바탕을 둔 인간의 철학'으로서 '현실의 문제'(mundane view, လောက အမြင် [lawka amyin])와 동등한 '인간사회의 일상적인 일'(လောကီရေးဖြစ်သော လူ့ဘောင်အဖွဲ့အစည်း [lawkiye-hpyitthaw-lubaun- ahpweasi]과 관련된다(Houtman 1999, 32). '상호관계'(Correlation, အညမည [anyamanya])는 왕조 체제가 부활하는 의미에서 세속적이거나 사회주의적인 측면보다는 정신적이고 불교적 세계관을 보였던 우 누 체제를 모방한 것이다(Mya Maung 1991, 99).

제1장의 세 개의 세계에서 물질계는 토지, 물, 공기, 열로 구성되고, 동물계는 인간을 제외한 자연의 모든 구성원을 의미한다. 현상계는 정신(마음)과 물질의 시공간적 상호작용의 모든 과정을 의미한다(Union of Burma 1963, 2). 제2장에서는 인간이 세 개의 세계를 이해하고 인간사회의 문제

• 1장 세계의 세계, 2장 인간과 인간의 사회, 3장 인간사회 역사의 진행 법칙: 인간의 영적 생활과 물질생활의 상호 관계 체계, 4장 노동자의 결정 요소: 인간과 인간의 물질적 환경, 인간과 사회주의 계획, 사회주의자의 주도적 역할, 5장 우리 자신만의 이념에 대한 우리의 태도 등이다.

를 풀기 위해 분석을 해야 하는 가장 기본적인 존재라고 본다. 특히 인간의 물질과 마음의 상호작용을 6가지로 분류하여 중점적으로 다룬다. 세 개의 세계와 관련되며, 인간의 마음은 물질적 합音에 의존하기 때문에 물질이 없이 인간은 존재할 수 없다. 인간의 본성은 이기적이기 때문에 사회의 이익을 모색할 필요가 있다는 것이 그 핵심이다. 3~4장은 변증법적 유물주의에 대한 역사적 해석을 통해 인간이 환경을 바꿀 수 있는 능력은 역사의 발전과 함께 이뤄졌다고 본다(Union of Burma 1963, 2-35).

두 문건을 조합하면 버마식사회주의는 다음과 같은 특징을 보인다.

첫째, 정통 마르크스주의의 배척과 민족주의의 대체이다. 칫홀라잉의 글에서 발견되듯이 마르크스의 유물주의는 인간의 물질적 풍요를 가져다줄 수 있지만, 제국주의와 같은 예상치 못하거나 옳지 못한 길로 가는 경우가 발생했다. 그러므로 인간은 물질세계에 대한 연구를 통해 고통, 두려움, 무지를 극복할 수 있고, 그렇게 될 경우 물질과 마음(정신)은 합치를 이룰 수 있다. 여기서 민족주의는 로꼬웃떠야(정신세계)와 로끼예(물질세계)로 대변되는 미얀마의 전통적 개념을 적극적으로 활용함으로써 국민적 동의와 공감대를 형성하고자 했다.

둘째, 계급투쟁의 역사 대신 불교 이념과 인본주의 사상을 결합함으로써 이념적 독창성을 강화했다. 토착 문화와 접목을 시도하는 이념적 특성은 동시대 사회주의나 비자본주의적 발전노선을 채택한 국가에서 흔히 나타났다. 알제리의 사회주의는 이슬람 도덕과 결합했고, 탄자니아는 농촌 공동체적 가치관, 인도네시아도 마을 단위에서 성행하던 후견-수혜 관계를 통한 교도guided적 측면이 강했다. 미얀마에서도 마르크스의 도구주의(물질주의)는 수용하지만, 미얀마의 왕조사회는 세계사적 흐름대로 봉건주의, 자본주의, 제국주의로 발전하지 않았다. 대신 왕조체제를 지탱했던 불교는 식민시기 당시 민족주의자들의 핵심 이념으로 자리했고, 개인의 해탈을 중시하는 인본주의는 불교의 핵심이라고 정의할 수 있다.

셋째, 이데올로기에 대한 계급적 접근을 차단하는 대신 종족갈등으로 인한 동시대 미얀마의 문제를 해소하여 광범한 사회적 기반을 지닌 민족적 단합을 시도했다. 1962년 문건에서 사회주의의 길은 다수의 복지를 위해 공유사업을 공동으로 운영하고, 얻어진 이익의 공평한 분배를 주창했다. 이러한 행위는 특정 집단, 조직, 계급에 대한 사적 봉사가 아니라 국민 대다수의 인간적 욕구를 만족시키는 일이다. 다시 말해 자본주의적 생산양식을 철폐하고 사회주의 방식을 도입함으로써 생산력의 비약적 발전과 생산관계의 개조를 목표로 하는 마르크스사상과 동떨어진다.

이념에 대한 계급적 접근의 차단은 다양성으로 대변되는 미얀마 사회를 단일구조화하는 방향으로 나아갔다. 이는 버마족, 불교, 미얀마어로 단일화된 1930년대 우리버마연맹(도버마어시어용)의 주요 이념으로 회귀하고, 동시에 소수종족과 중앙정부 간 갈등을 심화시키는 결과로 이어졌다.

넷째, 자력갱생의 원칙으로 네윈의 개인적인 성향, 식민 경험을 공유한 동시대 군부와 정치인들의 경험과 관련된다. 네윈의 개인적 정치성향은 뒤에서 자세히 설명하겠지만, 그는 왜곡된 외국인혐오증을 가지고 있었던 것 같다. 여기서 말하는 외국인혐오증은 제국주의국가로서 영국뿐만 아니라 미얀마 경제를 장악하고 있던 외래인 즉, 인도인과 중국인을 포함하여 영국에 협력한 소수종족들에게도 적용됐다.

구체제를 유지할 경우 미얀마의 사회주의는 온전한 형태로 달성될 수 없다는 네윈의 지적은 경제적으로 외세의 영향력이 유효하다는 평가이다. 그러므로 외세의 간섭을 완전히 배제하는 폐쇄와 자립경제의 실시는 내적으로 사회주의경제를 완성할 수 있는 기본 조건이 된다. 나아가 외국인혐오증과 결합하여 식민지 경험은 미얀마 군부와 정치인들에게 씻을 수 없는 오욕과 질곡의 역사였다. 영국이 실시한 자본주의는 곧 제국주의이고, 일본의 파시즘도 경계의 대상이었다. 그들에게 외세는 불순한 의도로 미얀마를 식민화하려는 세력에 불과하며, 2차 대전 이후에도 이러한 국제관계의 구도는 변하지 않았다고 해석했다. 그래서 비동맹중립주의는 강화되었고, 식민경험에 대한 정신적 외상을 자발적으로 치유하려는 시도로 이어졌다.

그런데 우리가 간과하지 말아야 할 사실은 칫흘라잉을 비롯하여 당대 민족주의자들이 세상을 보는 눈과 정치적으로 완전한 사회주의를 완성하려고 했던 네윈의 이상주의와의 간극이다. 다시 말해 종교적 관점에서 현실을 해석하고 이해하려 했던 당대 지식인의 시도는 유의미할지라도, 이를 미얀마의 사회주의에 적용시키는 것에 대한 고심이 부족했던 것 같다. 쿠데타 이후 네윈과 쿠데타에 참여했던 군부들이 대의명분에 맞는 새로운 이데올로기를 도입할 준비가 전혀 없었다는 점(Nakanishi 2013, 94), 군부 외 인사들이 최고 수준의 의사결정에 참가하는 것을 네윈이 반대했다는 점(Nakanishi 2013, 91)은 칫흘라잉의 세계관이 군부정권의 이념으로 선택되는 결정적인 배경이 되었다.

하나의 정치체제를 뒷받침하고 정권의 성향을 결정짓는 이념이 구체제를 반대하기 위해서, 또한 군 내부적으로 정권의 이념이 합의되지 않아 공감대가 없는 상황에서 네윈의 개인적 취향에 따른 이데올로기의 선택은 어쩌면 군부정권의 명분을 쌓기 위한 신선한 도구였을 수도 있다. 그러나 사회적으로 합의되지 않은 현상세계의 분열과 자의적 분석은 엘리트뿐만 아니라 대중적인 이해를 도모하는 데 한계가 있었을 뿐만 아니라 과연 어떠한 경로를 거쳐 그가 지향하는 사회주의에 다다를 것인가에 대한 성찰이 제시되지 않았다.

그럼에도 불구하고 군부에 참여하면서 네윈이 추종한 사회주의의 이념은 그가 사회주의로 국가를 재구조화하려는 시도로 이어지는 데 손상이 없었다. 네윈은 대학을 중퇴한 뒤 외국기업과 경쟁하는 숯 사업을 하면서 사회주의적 성향을 강화했다(Maung Maung 1969, 95). '30인의 동지'의 일원으로서 독립군 구성원이 된 뒤 네윈은 사회주의적 색채를 강화했고, 공산주의에 절대적으로 반대하는 입장이었다. 나아가 그는 인민혁명당 PRP이 버마사회주의당BSP으로 개편될 때 당원에게 사회주의를 교육한 장본인이었으나, 직업상 군부가 현실 정치에 개입하기 어렵다는 논리로 정계와 선을 그었다(Kyaw Zaw Win 2008, 85).

1942년 미얀마 군부가 대일 투쟁을 개시하면서 군부의 사회주의적 색채는 강화됐다. 아웅산이 전쟁사무소(현재 국방부) 장관, 네윈이 군총사령관을 맡으면서 인민혁명당 소속의 군부 엘리트들은 당의 사회주의관을 옹호했다. 일본에 투쟁하는 과정에서 군부는 공산당과 이념, 전략, 구성요소 간 갈등을 빚게 되면서 이제 두 집단은 협력자에서 적이 되었다.

버마사회주의당BSP이 창당된 뒤 군부는 실질적인 군사기구로 역할을 수행했다. 군부는 민간과 친공산 반군집단을 소탕하고, 당 수뇌부를 구성하는 데 직접적인 영향력을 행사하는 등 버마사회주의당의 활동을 주도했다(Kyaw Zaw Win 2008, 248-249). 1956년 총선에서 민족연합전선 National United Front이 의석수를 획득하자 우 누는 총리에서 사임하고 반파시스트인민자유연맹^AFPFL^은 사회주의자를 내각에 임명하면서 정권의 이념적 색채를 강화했다. 1955년 11월, 이제 군부는 정당에서부터 떨어져야 할 때가 왔다는 네윈의 언급이 있은 뒤 1년 만의 일이었다(Kyaw Zaw Win 2008, 261).

그러나 군부가 배제된 민간 정치의 영역은 곧 반파시스트인민자유연맹^AFPFL^의 분열로 이어졌다.* 이로 인해 군부의 정치화는 복원되었고, 정치개입의 명분은 성립되었다. 1958년 반파시스트인민자유연맹^AFPFL^이 우누의 청렴파와 우 바스웨, 우 쪼네잉의 안정파로 분열됐을 때 군부는 그들 입장을 명확히 했다. 즉 군부는 안정파를 지지한 반면 공산주의자로 분류되는 떠킹 띤^Thakhin Tin^과 우 누가 연대한다고 의심했다(Kyaw Zaw Win 2008, 262). 쿠데타를 미연에 방지하는 차원에서 우 누의 승인을 얻어 1958년 10월 28일 네윈을 수장으로 하는 과도정부가 구성됐다.

군부는 정치적 중립을 지킨다는 원칙하 1960년 총선이 공정하고 자유롭게 치러질 수 있는 환경을 조성한다고 목표했다. 그러나 우 누를 지지하지 않는 군부의 입장은 변함이 없었고, 안정파의 대부분은 버마사회당 당원이었다. 1960년 선거에서도 군부는 노골적으로 안정파를 지지했다.

---

• 미얀마의 정치지도자들은 민족주의자가 먼저이고 그다음이 사회주의자라고 한다. 그렇기 때문에 이데올로기적 대립은 지도자들 사이에서 중요한 의제가 아니었다. 1958년 AFPFL이 분당된 이유는 우 누와 우 쪼네잉의 이념적 갈등이라기보다 각 정파 간 정책적 차이와 지도자 개인의 문제였다(Totten 1960. 295-296; Trager 1959. 145). 어느 순간부터 남편의 모습이 텔레비전에 비춰지지 않자 불안한 우 누의 부인이 우 쪼네잉과의 불화를 조장했다는 설도 있다. 쉐루마웅(Shwe Lu Maung 1989. 37)에 따르면 두 지도자 간 이데올로기적 갈등은 전혀 없었고, 우 쪼네잉이 우 누의 대중적 인기를 극복하기 위해 분당이라는 극단적인 결단에 다다랐다고 지적했다. 두 지도자 간 갈등은 다양하게 설명되지만 명확한 사실은 두 지도자 간 이념적 갈등은 없었다는 점이다. 앞서 지적했듯이 우 누의 불교사회주의는 매우 형이상학적이며 영적인 측면이 강했는데, 이는 우 쪼네잉의 실용적 사회주의와 대치하는 상황이 격렬해지면서 한 단계 더 강화된 것으로 해석된다. 즉 두 인물의 갈등은 이념의 근본적 차이가 아니라 상호 패권 경쟁에서 우위를 점하기 위한 명분을 쌓기 위해 이념을 끌어들인 것이다.

우 누는 총리로 복귀했고, 다시 민간정권이 출범했다. 그러나 정치와 사회상황은 군부가 과도정부를 구성하기 이전보다 훨씬 더 혼란스러웠다. 연방당Union Party으로 개칭한 청렴파는 불교 국교화 문제를 두고 곧 민간-군부 출신과 떠킹 출신 당원 간 갈등으로 내분에 휩싸였다. 이와 함께 삥롱협정의 조건부 계약기간인 10년이 만료되어 여카잉족, 몽족, 친족 지도자들이 연방에서 탈퇴하려는 움직임을 보였다. 쿠데타를 성공한 뒤 군부는 다음과 같은 3대 원칙을 확인했다.

1. 샨주의 족장들이 연방주의를 제시한 상황에서 1947년 헌법에 따라 샨주와 꺼야주만 분리권을 보장한 뒤 나머지 소수종족들도 자치권을 요구함에 따라 연방의 분열이 시작되었기 때문에 군부가 주권을 영유함.
2. 연방주의를 달성하지 않으면 샨주 족장들이 중심이 되어 비밀행동에 돌입할 것이고 군부가 이를 저지하면 폭력적인 방법을 동원할 수 있는데, 외국세력과 협력할 수 있어 동남아에서 확산되는 인도차이나전쟁이 미얀마로 급속도로 확산될 수 있음.
3. 미얀마의 경제를 사회주의체제로 시행하지 않았기 때문에 다시 사회주의 상황으로 복귀시키는 것(စစ်သမိုင်းပြတိုက်နှင့်တပ်မတော်မော်ကွန်းတိုက်မှူးရုံး[sitthamain-pyathaihnin-tatmadaw-mawkundaik-hmuyon] 2000, 266).

군부 입장에서 여당의 내홍은 단순히 내부적인 문제로 치부될 것이 아니라 국가의 근간을 흔들 수 있는 위기였다. 특히 연방당원 중 그 누구도 버마사회주의당BSP 출신이 없었기 때문에 군부는 우 누가 추진하는 정책을 찬성할 근거가 없었다.

우 누는 1961년 제3차 개헌을 통해 불교를 국교화했고, 비불교도들의 불만이 팽배하자 제4차 개헌으로 종교의 자유를 보장하겠다는 선심성 발언을 하여 승려의 반대에 부딪히기도 했다. 종교 문제와 관련하여 연방의 분열도 적지 않은 개연성을 가졌다.

또한 우 누는 샨족이 주도하는 "연방운동"Federal Movement을 승인했다. 국민당 잔당을 축출하는 과정에서 샨족 지역민들이 정부군의 군사작전으로 인해 예상치 않은 피해를 입었다. 이미 연방 발전안이 중부 미얀마를 중심으로 추진되는 상황에서 샨주의 연방제 주장 불허안으로 인해 지역민들의 불만은 더욱 팽창했다. 결국 샨족 청년들이 중심이 되어 1958년부터 반정부 투쟁이 시작됐다(Zaw Oo and Win Min 2007, 6).

샨족들은 꺼잉족과 달리 진정한 의미의 연방주의를 주창했는데, 당시 대통령인 싸오 쉐다익Sao Shwe Thaik은 버마족과 소수종족의 권한이 헌법에 동등하게 보장되지 않았다고 주장했고, 중앙정부가 추진한 불교 국교화에도 명확히 반대했다. 그 일환으로 그는 삥롱회담 당시 결성된 고산족연합 최고평의회Supreme Council of United Hills People 의장 자격으로 샨주의 주도인 따웅지에서 친족, 까친족, 샨족을 비롯하여 꺼잉족, 꺼야족, 몽족, 여카잉족 등 226명의 대표단을 초청하여 연방운동을 시작했다.●

1962년 3월 2일 쿠데타 이후 "연방운동"을 주도한 인사들이 즉시 체포된 사실로 미루어 보아 연방 분열에 대한 군부의 위기감은 최고조에 달한 것으로 보인다. 쿠데타 하루 뒤 네윈은 "연방주의Federalism는 불가능하

---

● 이들은 아웅산이 생전에 주창한 자치주에 근거한 연방주의에 의견을 합치했다. 그러나 아웅산의 사망 후 우 누의 지시를 받은 찬툰(Chan Htun) 헌법제정위원장이 중앙정부 중심의 단일(unitary) 국가 형태로 헌법안을 일부 수정했다.

고, 그것은 연방<sup>Union</sup>을 분열시킨다."고 언급했다(Smith 2007, 31). 국가의 분열을 막고 주권을 영속하기 위해 쿠데타를 일으켰다는 군부의 주장도 네윈의 언급과 궤를 같이한다(စစ်သမိုင်းပြုတိုက် နှင့်တပ်မတော်မော်ကွန်းတိုက်မျူးရုံး [sitth amain-pyathaihnin-tatmadaw-mawkundaik-hmuyon] 2000, 265-266).

연방의 분열을 좌시하지 않겠다는 군부의 결연한 의지가 쿠데타의 공식적 명분이었다. 그러나 네윈을 중심으로 한 사회주의자들은 우 누의 정치사상과 행태를 태생적으로 동의할 수 없었다. 대일투쟁에 비해 대영투쟁에 소극적이었고, 자신의 정치적 입지를 강화하기 위해 공산세력을 사면했으며, 사회주의 경제체제를 건설한다는 기치하 실시한 복지국가론도 우 누의 잘못된 상황 인식과 판단으로 인해 부정적 결과만 낳았다. 무엇보다도 사회주의자라고 스스로를 정의하면서도 결정적 국면에서 종교에 귀의하는 우 누의 정치행태는 세속적 정치를 지향하던 당대 군부의 정치성향과 마찰을 빚을 수밖에 없었다.

그렇기 때문에 네윈이 주창한 '버마식사회주의'의 핵심은 우 누가 달성하지 못한 진정한 사회주의였다. 다시 말해 우 누의 사회주의는 완전히 실패한 체제였으므로 우 누의 사상, 정부의 정책 등 정권의 모든 유산은 청산 대상이었다. 철저히 세속적이면서도 급진적인 사회 개혁이 필요하다는 판단은 네윈의 독단이 아니라 우 누 체제를 비판하던 군부의 공통 관심사였다. 종교와 정치의 분리, 민간관료와 정치인에 대한 불신, 정치뿐만 아니라 경제적으로도 외세로부터 완전한 독립을 쟁취하기 위한 그의 정치적 야욕은 버마식사회주의와 동일시됐다.

그러나 버마식사회주의는 네윈 독재체제를 완성하는 자원으로 소모되었다. 종교는 미신적이고 신화적인 네윈의 신비감을 마련하는 토대가

버마식 사회주의로 더 유명한 네윈은 정권의 상징을 전설상의 새 힌타(Hintha)로 채택했다.

되었고, 군부가 장악한 관료사회는 군부를 국가 내 배타적 이익집단으로 성장하는 동력이었다. 외세로부터의 완전한 독립을 달성한다는 명분은 국제적 고립과 폐쇄로 귀결됐고, 국제사회로부터 자유로운 군부의 활동은 대외적으로 비밀주의를 강화하고 대내적으로 군부통치를 강화하는 기제였다.

사회주의자로 알려진 네윈 개인의 정치관을 살펴볼 필요가 있다. 앞서 지적했듯이 네윈은 군인의 삶을 살기 이전부터 사회주의자로 알려져 있다. 그러나 아웅산, 우 누처럼 현상에 대한 자신만의 통찰과 이에 대한 해결책을 제시하지는 못했다. 버마식사회주의도 이론적으로는 이전의 그 어떤 이데올로기보다 더욱 급진적이고 사회주의적 성향이 짙었으며, 미얀마만의 방식을 고집했다는 측면에서 채택될 수 있었다. 일반적으로 이데올로기는 대중을 대상으로 하기 때문에 쉬운 표현과 달성 가능한 미래상을 제시해야 한다. 이런 측면에서 버마식사회주의의 강령은 국민을 동원할 역량 밖의 것이었고, 네윈의 관심에도 없었을 가능성이 크다.

아웅산과 달리 우 누가 이념적 자가당착에 빠지면서 스스로를 불교신자라고 정의하며 전통주의를 강화했던 것처럼, 종교와 정치의 분리를 표방했던 네윈도 결국 종교에 귀의하는 전통주의자로서의 면모를 강하게 드러냈다. 우 누가 정법을 근간으로 하는 셋짜밍, 즉 전륜성왕을 추구했다면, 네윈은 출생 당시부터 왕의 운명이 된다고 믿어지는 밍라웅(မင်းလောင်း[minlaung])*이자 전사왕warrior king의 화현化現을 의도했다. 다시 말해 우 누는 불교 철학과 이념을 정통으로 학습한 불교주의자였다면, 네윈은 불교가 현지화되는 과정에서 결합한 토착 및 외래문화 등 종교적 부산물을 정치에 적극적으로 활용하는 전통주의자였다. 이른바 네윈에 의한 상징의 조작은 업業사상을 설명할 필요도 없고, 정법에 의해 국민을 통치할 의무도 사라진다. 그러면서 의례를 통한 권력화는 네윈의 존재를 신비화하여 국민으로부터 복종의 대상이 되었다.

신비감에 쌓인 밍라웅의 자질을 전시하기 위한 네윈의 행적은 적지 않다. 네윈이 출생했을 곳으로 추정되는 빠욱콩Pauk Hkawn마을의 1953년 인구조사에 따르면 주민 3,200명 가운데 네윈의 출생 기록을 발견할 수 없었다(Maung Maung 1991, 89). 그의 출생도 불가사의하다. 슈마웅Shu Maung이라는 유년기 이름의 네윈은 1911년 5월 24일 삐주Pyi District 빠웅들레Paungdale에서 출생했다고 알려져 있지만 일부 학자들은 1910년으로 주장하기도 한다(Maung Maung 1969, 26). 그러나 또 다른 학자는 그의 가족이 빠웅들레로 이주했고, 그곳에서 38킬로미터 떨어진 빠욱콩에서 출생했다고 주장한다(Mya Maung 1991, 88-89).

개연성은 명확하지 않지만 네윈의 출생지가 명확하게 알려지지 않는 이유는 그가 왕실의 후손이라는 사실을 반증하기 위해서였던 것 같다. 네윈은 자신이 꽁바웅왕조의 혈통이라는 사실을 학자들에게 규명토록 명령했는데, 이후에도 최고 권력서열의 군인이 자신과 왕족 간 개연성을 보여주는 황당하고 억지스러운 연구관행을 이어왔다(Houtman 1999, 94). 지리적으로 꽁바웅왕조의 왕도였던 만달레와 삐는 480킬로미터 이상 떨어져 있다. 결정적으로 네윈은 순수한 버마족Burman이 아니라 중국-버마족 출신의 혼혈인이다.

네윈은 외형적으로도 왕의 행태를 추종했다. 그는 당시에 사라지고 있

---

● 왕실에서 태어나는 왕세자는 점성술사의 점괘에 따라 밍라웅의 자질이 없으면 시해되었다. 예를 들어 버강왕조(1044~1287)의 아노여타왕(Anawratha, 1044~1077)은 수천 명의 자식을 죽였다고 한다.

던 왕실의 관습으로서 귀불을 뚫고, 머리를 땋아 올렸다(Mya Maung 1991, 110). 왕이 화났을 때 창으로 각료들을 위협한 것처럼 네윈은 경박한 어조로 그의 각료들을 비난했다. 승진, 강등, 추방, 전근, 갑작스러운 등용과 해고 등은 즉흥적인 그의 명령에 따라 행해졌다(Maung Maung Gyi 1983, 192). 열광적 애국주의와 상반되는 외국인혐오증, 분노, 일곱 차례에 걸친 중혼重婚, 혈연 및 친구들의 관직 박탈 또는 강등 등을 일삼고, 과거 왕들이 그랬던 것처럼 자신의 죄를 무마하기 위해 미신적인 의례에 의지하기도 했다(Mya Maung 1991, 90). 그에게 있어서 쿠데타는 정변이 아닌 역사의 필연적 귀환이자 왕조의 정통성 부활이므로 정치권력은 신성화된 것이며 동시에 절대적인 것이었다.

사회 곳곳에 침투한 군사문화와 군부의 비대화는 이미 앞에서 언급했다. 그중 가장 심각한 문제는 군부의 경제 장악이었다. 군사평의회는 차별과 불평등을 양산하는 사유 재산을 국유화했지만, 국유화된 모든 자산은 군부가 독점했다. 군부의 특성상 정치와 경제적 성공을 이루는 것은 한계가 따른다. 상명하복의 군사문화는 업무의 전문성과 지속성을 유지할 수 없고, 오로지 하달되는 명령에 따른 일회성만이 강조된다. 우 누 체제와 같은 느슨한 형태의 사회주의는 그들이 도달하고자 한 유토피아로 가는 길이 아니라는 점만은 확실했다. 그러나 사회주의를 현실화시키려는 군부의 야심찬 소명의식에 비해 현실을 효율적으로 다룰 행정경험은 전무했다.

버마식사회주의의 경제원칙은 사유재산의 국유화와 자립갱생으로써 제국주의에 대한 반동과 연관된다. 네윈도 제국주의와 자본주의를 동일한 체제로 보았으나 독립 이후에도 미얀마에서 경제활동을 하는 인도인과 중국인들에 대한 반감은 우 누보다 높은 편이었다. 그는 인도인과 중국인의 독자적인 경제활동은 일반 국민들의 보편적 복지에 도움이 되지 않고, 특히 대규모 사기업이나 외국기업이 신제국주의를 추동하는 주범으로 간주했다(Maung Maung Gyi 1983, 228).

자급자족의 경제구조를 완성한다는 이상은 명확했고, 이를 뒷받침할 현실적 방법론은 일반국민들에게 매우 가혹했다. 투자 재원이 부족한 상황을 돌파하기 위해서 군부는 강제공출제도를 도입함으로써 농민을 수탈했다. 다시 말해 정부는 농업 부문을 제외한 모든 부문의 국유화를 통해 정부 통제의 계획경제구조를 완성하고, 미곡 생산량의 일정 부분을 정부에 강제로 판매하는 일종의 공납tribute제도를 도입함으로써 산업화를 위한 기금을 마련하고자 했다.

정부의 경제통제는 거대한 암시장의 형성이라는 부작용을 낳았다. 정부는 수요와 공급체계를 전혀 고려하지 않았다. 즉 수입은 적극적으로 통제하는 한편, 새로 수립된 국영기업이 모든 산업 생산의 중심으로 탈바꿈하면서 국민의 수요에 맞게 제품을 생산하고 분배한다는 논리였다. 그러나 생필품을 중심으로 한 소비재의 품귀현상이 발생했다.

각 지방 말단행정단위인 치안 및 행정위원회Security and Administration Committee: SAC의 수요 조사는 엉터리였고, 위원회 내 부정부패가 만연했다. 이들과 결탁하거나 보호를 받는 집단은 필요 제품을 사재기할 수 있었고, 이를 다시 암시장에서 높은 가격에 거래했다. 미곡 강제공출제도도 계획대로 시행되지 않았다. 1967년 기준 정부의 미곡 매입가격은 1.6킬로그램당 20~25센트로 정해졌으나 암시장 거래가격은 이보다 4~6배 높은 4~7.5짯에 거래됐다(Maung Maung Gyi 1983, 227). 강제공출제도는 사적으로 경영하는 농민의 생산의욕을 감퇴시켰고, 농업생산성의 향상을 저해했을 뿐만 아니라 미곡에 이중가격이 형성되어 쌀이 부족한 도시지역 주민들의 생계비를 폭등시키는 결과를 가져왔다(이성형 1991, 44).

또한 내수시장의 불안정은 국경을 초월하는 암시장 형성에도 기여했다. 미얀마를 중심으로 중국 – 태국 – 인도를 잇는 거대 암시장이 형성되었다. 보석, 광물, 농수산물 등 생필품을 비롯하여 고가의 귀중품 거래가 활발해졌다(Mya Maung 1991, 210 – 215).

비현실적인 경제정책은 태생적으로 실패할 운명이었다. 혁명평의회RC 시기 정부는 우 누 시기에 달성했던 연평균 4~5% 성장률에 미치지 못하는 1.4%의 성장에 머물렀다. 또한 1963/4, 1965/6, 1966/7년 등 총 세 차례에 걸쳐 마이너스 성장을 기록하는 등 경제는 파탄을 예고했다(Trager 1969, 12).

야심 차게 도입한 비자본, 비외세, 자립갱생의 사회주의계획경제는 1970년대에 들어 대대적인 수술대에 올랐다. 1971년 버마사회주의계획당Burma Socialist Programme Party: BSPP 제1차 전당대회에서 경제정책은 비효율성, 무기력, 정책 우선권의 혼란, 고용기회의 부족 등의 문제를 안고 있다고 지적됐다(Steinberg 1989, 188). 1974년 제정된 사회주의 헌법 제20조에는 "사회주의 경제체제에 위해가 되지 않는 사기업의 존재와 활동을 법률에 의거 허용할 수 있다"고 규정됨으로써 급진적 사회주의의 변화를 예고했다.•

1974년 형식적으로 민간이양이 완성됐고, 1971년부터 20년 장기 경제

---

•   1974년 헌법은 다음의 사이트에서 열람할 수 있다(www.burmalibrary.org/docs07/1974Constitution.pdf).

개발계획을 수립했다. 1차 4개년 계획(1971/72~1974/75)의 성과가 크지 않아 1974년 개발계획을 수정하는 등 현실적 대안을 마련하기도 했다. 1976년 1월 개최된 임시전당대회에서 사회주의경제체제에 대한 현실적 수정안을 제안했고, 이듬해 2월 제3차 전당대회에서 인민 복지 증진의 이름으로 해외자본투자를 적극 유치할 것과 국내 사적부문의 용인과 확대를 모색하는 새로운 경제정책을 공표했다(윤홍근 1991, 149). 경제개혁의 핵심은 해외원조와 차관, 해외투자를 적극 유치한다는 전략이다(Sliverstein 1981, 212-215).

외자에 의존하는 경제구조로 체질이 전환되었지만 역설적이게도 외자 누적으로 인해 잠깐의 호황은 오래가지 못했다. 1983년 이후 석유 생산이 저하되자 운송비가 폭등하면서 쌀, 식용유 등 모든 생필품 가격이 급등했고, 외채는 지속적으로 증가하여 외환위기에 봉착했다. 농업발전을 모체로 경제성장을 의도했던 정부 정책은 1982~83년에 들어 녹색혁명<sup>Green Revolution</sup>마저 실패하면서 극심한 재정난이 이어졌다(Mya Than and Than 1990, 3-4).◆

먀마웅 박사는 의식적 전환이 없는 사회구조의 급진적 변혁은 사회구성원의 혼란을 초래하여 근대화된 제도와 전통적 사고방식의 안정적 착근이 일어날 수 없다며 복지국가론을 정면으로 비판했다. 곧이어 그는 코끼리 사육 협동체를 사례로 버마식사회주의의 실패를 선견지명으로 예측했다(Mya Maung 1966).◆

그에 따르면 평등과 정의의 이름으로 사유재산의 단순한 국유화는 효율성을 창출할 수 없고, 경제적 자립의 유토피아적 목표를 달성할 기술을 현실화시키지 못한다. 또한 사회 변화의 정책으로서 버마식사회주의는 사회구조와 문화에서 심오하고도 근본적인 변화를 가져오지 못해 전통적인 사회를 근대화시키지 못한다(Mya Maung 1989, 271). 국가 주도의 계획 경제를 통한 모든 국가 자원의 계획된 고른 발전은 경제발전을 위한 전제조건의 중요성이나 사회문화적 변동의 필요성을 고려하지 않은 결정이었다(Mya Maung 1964, 1190).

근대주의로서 사회주의는 전통주의에 젖은 국민과 심지어 정치엘리트들에게도 이해될 수 없는 문화 충격이었다. 개인과 국가, 인간과 자연의 혼합이라는 독특한 사회주의사상의 구체화는 이념을 초월하여 사회적 혼란을 초래하는 결정적 요소였다. 미얀마의 사회주의는 국가 자원의 계획적이고 균형 잡힌 발전을 이룩한 사회주의경제 건설이 아니라 무계획 속에서 불균형하게 사회화가 진전된 경제구조를 생산했다(Mya Maung 1970, 550).

더군다나 민간시기에 비해 네윈 체제의 정치적 경직도는 상대적으로 더 높았다. 군부가 민간을 대체하면서 발생한 업무의 효율성, 전문성, 지속성 등은 체제가 유지되는 동안 해결하지 못한 과제였다. 소수종족과 공산당 등 반정부세력의 무장투쟁도 지속됐다. 우 누 정권기와 달리 1974년에는 정부를 정면으로 불신하는 민중봉기가 발생했고, 네윈은 사회주

---

● 외환위기와 농업생산력의 저하로 인한 경제위기에 관한 내용은 전병유(1991, 182–188)를 참조하라.

◆ 식민시기를 거치며 코끼리는 종교적 역할과 상징의 지위를 벗어나 티크와 같은 목재를 운반하는 역할로 국한되었다. 근대화를 거치며 코끼리의 역할을 기계가 대신하면서 코끼리뿐만 아니라 코끼리 사냥꾼과 사육사의 역할도 축소되었다. 그러나 정부는 1951년 북부 밋찌나(Myitkyina) 지역에 국영기업 코끼리사육회사를 설립하고 전통적 방식으로 코끼리를 사냥 및 사육했다. 비효율적 운영으로 본 사업에 관여하는 주민의 급료와 사육 비용이 초과하자 고리대금업자로부터 부족분의 비용을 대출함으로써 본 국영기업은 재정적인 어려움에 봉착한다. 또한 코끼리 활용의 효율성도 급감하는 결과를 가져왔다(Mya Maung 1966, 327–337). 먀마웅 박사는 코끼리를 미얀마 전통사회의 상징, 즉 불교로 보았다. 즉 사회경제적 전환은 근대적 장치가 전통적 요소를 대체함으로써 가능하다고 주장했다.

의의 완성을 통한 국가의 발전보다 자신의 정치권력을 유지하는 데 집중했다. 사회주의경제체제를 반대했던 아웅지 준장의 해임(1963), 쿠데타설에 휩싸인 띤우 중장의 해임(1976)과 이듬해 산유와 세인원의 해임 배경은 이들 모두가 네윈을 위협할 수 있는 잠재적 도전자였다.

화폐 무효화조치는 1987년 이전 1964년과 1985년, 두 차례에 시행됐다. 1964년과 1985년은 기존 화폐를 일정 수준의 새로운 화폐로 교환해 주었지만 1987년 화폐 무효화조치는 시민의 저축만 잠식하는 결과를 가져왔다. 이미 두 차례에 걸친 화폐 개혁기 동안 정부는 반정부 집단, 암시장, 부유한 상인이 보유한 화폐 통화량을 줄여 인플레이션을 통제한다는 명분을 수립했지만 모두 실패했다. 세번째 화폐 무효화는 네윈 개인의 정치적 의도에 의한 계획된 술수로 보인다.

되돌아보면 1962년 3월 2일 군부쿠데타는 소수종족의 탈퇴로 버마연방이 분열되지 않는 것, 군부가 민간정권을 무능하고 부패했다고 간주하고 민간정권으로부터 버마를 해방시키는 것, 경제적 사회주의의 근간을 강화하는 것, 그리고 표면상 정부의 민간통치를 통해 직접적 혹은 간접적으로 군부의 지배를 영구화하는 토대를 마련하는 것 등 네 가지 목표를 수행하기 위해 시도되었던 것 같다. 한 세대의 시간을 두고 볼 때 이러한 목표들 중 어느 것도 확실하게 성취되었다고 판단할 수 없다(Steinberg 2010, 109).

버마식사회주의는 기존의 세계관 위에서 정치적 이상주의를 달성하기 위한 준비되지 않은 사회개혁으로 이어졌다. 오히려 군부권위주의를 강화하고 이를 사회주의라는 국가적·국민적 이상향으로 포장한 정치행태는 민간정권기보다 배태된 사회의 발전을 가져오지 못했다. 경제체제의

전문성은 결여되었고, 국가 자원은 개인의 독재를 위해 소모되는 대상이
자 자기만족의 도구로 동원되었다. 용어 자체에서만 확인할 수 있는 사회
주의는 미얀마에서 제대로 시도되지 않은 유토피아적 발상이자 국민을
동원하고 강제적 정통성을 요구하는 구호에 불과했다.


### 6. 이데올로기의 종말?:
#### 신군부의 전통주의와 신정부의 규율민주주의

1988년 친위쿠데타 일주일 만인 9월 24일 신군부는 국호에서 사회주의
를 삭제했다. 나아가 미얀마국명제정위원회*를 조직하여 이듬해 6월
18일 버마연방Union of Burma에서 미얀마연방Union of Myanmar으로 국명을 변경
했다. 사회주의의 실패를 우회적으로 인정하고 동시에 이전 정권과의 차
별성을 확보하려는 정부의 의지를 드러낸 것이다.

정부는 군사평의회의 4대 과업을 발표하며 총선 실시와 같은 정치개혁
을 약속하는 등 파격적인 행보를 보였다. 군사평의회의 언급대로 군부는
무기한 집권할 연장이 없다고 하면서도 그들이 지향하는 정치이데올로
기는 곧바로 대중에게 공개했다. 장기집권의 계획이 없으면서도 정권 차
원의 이데올로기를 전시했다는 사실에서 군부는 그들의 통치를 네윈 시
기와 다른 방향으로 재구조화하고 이를 바탕으로 정치권에 지속적으로

---

● 1989년 5월 30일 쪼산(Kyaw Hsan)을 위원장으로 출범했다. 이 기구에서는 영국이 미얀마를 식민지배하면
서 이들의 고유 국호인 미얀마를 버마로 임의적으로 바꾸었다는 연구 결과를 발표했다. 국호 변경과 동시
에 영어 표기와 미얀마어 발음이 동일하지 않는 전국의 지명도 수정했다(နိုင်ငံတော်ငြိမ်ဝပ်ပိပြားမှုတည်ဆောက်ရေး
အဖွဲ့ [naingandaw - nyeinwut - pitpya - hmu - tihsauye - ahpwe] 1991. 133 - 140).

남아 있으려는 의도를 내비쳤다.

1989년 1월 17일, 『아시아위크<sup>Asia Week</sup>』와의 기자회견에서 쏘마웅<sup>Saw Maung</sup> 군사평의회 의장은 "민주주의가 충만하고자 한다면 규율이 반드시 필요하다."고 언급했다. 그러면서 "민주주의는 규율뿐(ဒီမိုကရေစီဆိုတာဟာ စည်းနဲ့ကမ်းနဲ့ပဲ [dimokayesi-hsoedaha-sinei-kan-nei-bei])이고, 규율은 법(စည်းနဲ့ကမ်းနဲ့ ဆိုတာ Law ပေါ်မှာ[sinei-kannei-hsoeda LAW paw-bya])"이라고 정의했다(ပြန်ကြားရေးဝန်ကြီးဌာန [pyankyaye-wungyi-htana] 1990, 46, 311).

같은 해 7월 5일에 있은 외국 및 지역 언론인과의 기자회견에서 쏘마웅은 미얀마에서 민주주의를 "교도<sup>教導</sup> 또는 제한적 민주주의"로 칭했다(ပြန်ကြားရေးဝန်ကြီးဌာန [pyankyaye-wungyihtana]. 1990, 46, 116, 311). 그에 따르면 민주주의는 어떠한 '주의<sup>主義</sup>, -ism', 즉 사상이 아니라 하나의 방식이자 관습인 동시에 경제와는 동떨어져 행해질 수 없는 주체라는 것이다. 즉 사회주의국가와 자본주의 성향의 의회민주주의국가는 각각 사회민주주의와 자본주의적 양식에 따라 민주적 관습과 관행을 향유하므로 버마 사회주의계획당<sup>BSPP</sup> 시기도 민주주의시기로 규정될 수 있다는 논리이다(ပြန်ကြားရေးဝန်ကြီးဌာန [pyankyaye-wungyihtana] 1990, 165, 247-248).

1990년 5월 총선에서 군부가 급조한 국민통합당<sup>National Unity Party: NUP</sup>은 참패했다. 총선 결과에 따라 군부는 정권을 국민민주주의연합<sup>NLD</sup>에게 이양하지 않고, 총선 결과 자체를 무효화했다.<sup>●</sup>

군부가 선거에서 무난히 승리할 수 있을 것이라는 자신감, 군부가 패배하더라도 정권이양은 하지 않을 것이라는 계획, 선거 참가 정당과의 의

---

● SLORC 선언 제90/1호(1990.7.27). 자세한 내용은 부록을 참조하라.

사소통상의 문제 등이 명확히 정리되지 않은 것 같다. 이를 테면 신정부 (2011~15)에서 목격되듯이 의회 내 의석수와 관계없이 군부가 25% 의석을 점유하는 행태는 군부가 독자적으로 정치권에 남는 전략이다. 아니면 야당이 승리하더라도 군부가 야당과 일정 기간 동안 연정의 형태를 유지하는 것이다. 어쨌든 1990년 총선과 관계없이 군부가 이끄는 강력한 정부가 구성되기 전까지 정권 이양은 불가한 과제였다.

1993년 신헌법 작성을 위한 국민회의National Convention가 소집된 직후 당시 킨늉 제1서기는 헌법 내용과 장래 정치체제에 대한 조언을 구하기 위해서 인도네시아를 방문했다(Sundhaussen 1995, 768-769). 2008년 신헌법에도 나타나듯이 미얀마 군부의 기능과 역할은 '안정된 권위주의체제'◆인 수하르또Suharto 정권하 군부의 그것과 흡사했다. 또한 유엔 전 미얀마 특사 감바리Ibrahim Gambari는 2008년 미얀마를 방문한 이후 "(미얀마) 군사평의회는 군부에서 민간통치로, 그리고 완전한ultimately 민주주의로 이행한 인도네시아와 가까운 모델을 모색해왔다."고 증언했다(Daily Times 2008/5/27).

1997년 11월 15일, 국가법질서회복평의회SLORC는 국가평화발전평의회State Peace and Development Council: SPDC로 개칭되었다. 이제 미얀마 군부는 국방과 정치라는 인도네시아 군부의 이중기능dual function, *dwi fungsi*을 답습하는 목표를 설정함으로써, 쿠데타 당시 국민에게 제시한 그들의 존재 이유를 스스로 철회했다. 나아가 신군부는 연설을 통해 규율민주주의의 내용과 필

---

◆ 이 용어는 신윤환(2001, 196-197)의 정의를 따른 것이다. 그에 따르면, 인도네시아 수하르토 정권은 이전 정권의 실패를 집권의 토대와 정통성 확보를 위한 책략으로 활용하고, 집권세력의 일치단결을 통해 안정적인 권위주의체제를 확보했다고 본다.

요성을 역설했다. 예를 들어 1997년 11월 21일 공무원 교육과정 수료식에 참석한 자리에서 킨늉 제1서기는 미얀마의 민주주의를 법의 테두리 내에서 자유를 가지는 규율이 충만한 민주주의, 국가의 정치·경제·사회 구조가 조화로운 민주주의, 국가의 역사적 전통·풍습·문화가 조화로운 민주주의, 국가 결속의 구도 안에서 모든 국민에게 공정한 이익을 가져다주는 민주주의로 정의했다(〈http://www.myanmar.com/today/today.html〉).

규율민주주의와 관련하여 일부 연구는 미얀마화Myanmarfication, 군부 통치를 항구화하려는 수단으로 이해한다(Gaens 2013, 10 - 11; Holliday 2011, 81-82; Houtman 1999, 81).[*] 다른 국가와 차별화된 역사와 문화적 요소를 정치에 가미시켜 미얀마만의 독특한 정치체제를 구현한다는 차원에서 규율민주주의 내적 속성과 외적 전략은 합치된다. 그러나 규율민주주의의 이념적 속성은 명확하지 않고, 특히 이를 비판할 수 있는 근거도 찾을 수 없다.

이를테면 군부가 규정한 헌법 작성 6대 원칙과 헌법보다 상위에 위치하는 국민의 3대 대의는 결국 미얀마화로 연결되지만, 그 속에서 규율민주주의의 이념적 속성을 찾을 수 없다.[*] 다종족 사회의 다양성을 배제하고 버마족과 이들 역사의 중심으로 사회를 재편하려는 움직임과 불교 중심의 역사 다시 세우기로 규정되는 미얀마화와 규율민주주의는 내재적 지

---

● 양길현 교수(2009, 268)는 규율민주주의를 '제도로서의 군부'가 정당정치의 위에 존재하는 것으로서의 수호자 내지는 지도적 역할을 맡는 조건하에서 제한적으로 허용되는 선거민주주의를 의미하는 것으로 파악한다. 선거제도상으로 보았을 때 규율민주주의와 선거민주주의는 권위주의의 변종 또는 권위주의보다는 자유롭지만 제도적 민주주의를 달성하지 않는 상황이다. 그런데, 규율민주주의의 속성은 현실에서 시행되는 제도적 측면에 초점을 맞추는 것이 아니라 비민주주의정권을 정당화하려는 이념적 측면이 강하다.

향점은 동일하지만 전자는 후자에 바탕을 둔 일정의 행동 강령이라고 할 수 있다.

신군부가 주창한 규율민주주의는 인도네시아 수까르노<sup>Sukarno</sup> 시기 제창된 정치엘리트에 의한 질서 있는 교도민주주의<sup>Guided Democracy</sup>, 직능집단으로써 정치 및 경제영역에서 군부의 기득권을 극대화한 수하르또 체제, 리콴유<sup>Lee Kuan Yew</sup> 전 싱가포르 총리가 주장한 '아시아적 가치'<sup>Asian Value</sup> 등세 요소에서 영감을 얻었고, 이들을 혼합해 탄생시킨 것으로 보인다.

말하자면 규율민주주의는 국가의 지도층으로서 군부엘리트의 통치를 합리화하는 차원에서 교도민주주의, 권력의 조직화와 응집력을 극대화하는 군부의 일치단결을 통해 이익집단으로서 군부정권의 항구화와 타 집단과의 차별성 및 우월성을 유지하는 요소로서 수하르또 체제, 사회질서의 조직화와 통일성을 형성하기 위한 문화적 합리화의 요소로서 불교문화를 정치의 전면에 등장시키는 아시아적 가치의 미얀마적 해석의 혼합이다.

군부에 따르면, 미얀마의 민주주의는 서구의 그것과 역사적·질적으로 다른 발전경로를 걸어왔다. 그렇기 때문에 미얀마에 민주주의의 수호자라는 미국이 이식하는 민주주의는 수용될 수 없다. 더욱이 미국은 민주주의를 이식한다는 명분으로 군사력과 같은 물리력을 행사하거나 경제제재를 선택하는 신제국주의 일면을 전시했다.

---

◆ SLORC 명령 제92/13호(1992.10.2.)에 고시된 것으로서 연방의 비분열, 국가 단결, 주권 영속, 다당제민주체계의 실현, 정당성·자유·평등 원칙의 발전, 국가 통치(leadership)에 있어서 땃마도의 참여 등이다. 헌법 작성 6대 원칙에 포함된 연방 비분열, 국가 단결, 주권 영속인 국민의 3대 대의는 1989년 3월 27일 제44회 국군의 날을 맞이하여 쏘마웅 SLORC 의장이 군 장병을 대상으로 행한 연설에서 공식적으로 언급됐고 (ြပည်ထောင်စုမြန်မာ[pyankyaye – wungyihtana] 1990, 61-69), 군부가 쿠데타를 감행하기 하루 전인 1988년 9월 17일 군부 '고유 임무'로 최초 언급되었다(Maung Aung Myoe 2007, 11).

이에 반해 신군부는 역사가 남긴 교훈을 거울삼아 국민화해와 국가결속 등 공공의 선과 경제발전을 우선적으로 시행하며, 법적 테두리를 벗어나는 행위를 하는 국민에 한해 인권과 자유를 속박할 수 있다. 그들은 미얀마의 기준에 따라 국민의 자유와 평등을 보장하므로 서구적 기준의 민주주의적 가치는 기각되거나 국가주의적으로 해석한다. 따라서 민주주의의 본질에 대한 논쟁은 접근과 시각의 차이가 내재하므로 그 자체로서 몰가치적이고 소모적일 뿐이다.

또한 신군부는 사회주의시기와 달리 다당제 민주체계와 시장경제체제를 도입했고, 세계 시장에 편입하여 빠른 속도로 근대화를 추진하고 있으므로 장래 정치질서에서도 중추적인 역할이 필요하다고 역설한다. 군부만이 민주주의를 구현하고, 경제 성장을 현실화시킬 수 있는 유일한 집단으로 본다(Aung Moe San 2003b, 112-116).

서구의 보편주의를 거부하고 미얀마의 특수성을 부각시키는 규율민주주의는 제3세계 국가 권위주의체제에서 나타나는 전형에 가깝다. 그뿐만 아니라 불교의 종교관과 가치를 정치에 접목하려고 시도했던 현대정치의 맥락 속에서 '미얀마만의' 독특한 정치체제를 구현하고자 하는 신군부의 특수성이 나타난다. 민주주의라는 보편적 가치의 세계적 확산을 거역하지 않고, 오히려 민주주의를 이데올로기에 포함시킴으로써 미얀마만의 독창적인 정치체제를 구현하려는 시도인 셈이다.

한편, 미얀마의 국가와 사회관계는 부모와 자식관계로 치환 가능한 가산제家産制 형태로 정의한다. 즉 미얀마에서는 불교에서 강조하는 종교 가치가 적극적으로 보장받을 수 있으며, 그것이 사회구성과 유지의 근간이 된다. 예를 들어 부모(정부)는 복종하지 않는 자식(국민)에 대해서는 벌을 줄 수 있다고 믿는다(Steinberg 2001, 53). 이 개념은 부모들이 자식들에게 사랑을 베풀고 자식들은 부모나 연장자를 존경해야 하며, 그렇지 않을 경우 "부모로부터 사랑과 경애의 벌을 받는다."는 "칫짜욱요떼"(ချစ်ကြောက်ရှိသေ[chit-kyauk-yoethe])와 일맥상통한다. 또한 부모가 자식을 제대로 돌보지 않을 경우 자식들은 "존경하지 않다."는 의미로 "머캉레자"(မခန်.လေးစား[ma-hkan-layza])로 개념화한다.

　결론적으로 규율민주주의는 토착패권구조의 현대적 적용으로써 군부가 직접 통치하지 않지만 그들의 영향력이 지대한 정치질서를 항구적으로 유지하는 미얀마식 권위주의의 형성 이념이다. 그래서 신군부는 역사 속에서 군권이 강력했던 세 시기를 발견하고 이에 대한 치적 쌓기에 돌입했다. 마침내 2005년 미얀마의 공식 수도가 된 네삐도 군 연병장에 '전사왕'으로 손꼽히는 세 명의 왕 동상이 제막되었다. 불교를 도입하고 국민통합을 완성한 아노여타Anawrahta(재위 1044~1077), 활발한 정복활동을 펼친 버잉나웅Bayintnaung(재위 1550~1581)과 알라웅퍼야Alaungpaya(재위 1752~1760) 등이 바로 그들이다.

　그런데, 미얀마 국민의 추앙의 대상이자 국부國父로 칭송받는 아웅산 장군은 군부의 역사에서 사라졌다. 아웅산수찌의 부친이라는 이유이다. 군부가 그들의 표본 설정을 왕조시기에 국한한다면, 아노여타왕보다 짠싯따Kyanzitta왕이 버강왕조 최고의 전사왕에 가깝다. 그의 이름에서도 알 수 있듯이 짠싯따는 군인이었으나 남부지역을 평정할 당시 물리력이 아닌 대화와 타협을 선택했다는 이유로 군부의 선택에서 제외되었다.

　또한 미얀마에서 군권이 가장 강력했던 시기는 영국과 제1차 전쟁을 벌이기 직전이었다. 특히 18세기 말 동진東進 이후 19세기 초 마니뿌르

신군부는 그들의 역사에서 가장 훌륭한 세 명의 왕을 자의적으로 선택했다. 좌측부터 아노여타, 버잉나웅, 알라웅퍼야.

Manipur와 아쌈Assam 등 서부지역을 평정하면서 활약한 마하반둘라Maha Bandula는 미얀마 역사에서 최고의 명장名將으로 손꼽힌다. 그는 서부 평정 뿐만 아니라 영국과 전쟁 초기 모든 전투에서 승리하는 공을 세웠다.

일반적으로 권위주의정권은 통치의 정통성을 유도하기 위해 국민의 동의를 얻거나 광범위한 지지를 받았던 과거 중 한 시기를 설정하고 현재를 이와 유사한 환경으로 조작한다(Linz 1975). 정치지도자는 정치적 기술이 뛰어나지 않고, 정책은 권력엘리트와 지도자의 자의적 판단에 의해 결정되기 때문이다. 따라서 권위주의체제의 신념체계는 엉성하고 과거지향적일 수밖에 없다. 권위주의체제에서 정치적 결정과 권력 행사방식은 소수 권력엘리트들의 동의에 의한 것이므로 지도자는 국민을 대상으로 정치적 비용을 들여가면서 신념체계를 완성할 필요가 없다(Linz and Stepan 1996, 44-45). 권위주의는 제한되고 무책임한 정치적 다원주의를 내포하며, 특징적인 정치의식이나 세련된 지도적 이데올로기를 포함하지 않는다(Linz 1975, 255).

자가당착과 모순으로 가득한 규율민주주의는 동양의 권위주의를 옹호하는 또 다른 변종으로서 시대적 변화를 인정하지 않는 오류도 범한다. 여기서 국민통합이라는 명분으로 다수를 위한 소수의 희생, 즉 미얀마의 미얀마화 또는 버마족화가 주요 쟁점이다.

왕조시대 왕은 불자왕佛子王, 즉 정법에 따른 통치를 하는 정의로운 자였다. 그래서 버마족 왕은 특정 지역을 점령하면 그곳에 불교사원이나 불탑을 세워 불교를 전파하는 역할을 자처했다. 이런 행태는 전사왕으로 각인되는 3명의 왕의 치세기에서도 동등했다. 또한 미얀마는 식민시기를 거치며 왕조시대에는 존재하지 않았던 종족적 정체성이 창조됐다. 즉 국가

신군부정권은 모든 사회계층을 포괄하는 국민통합을 추진해왔다.
그 가운데 군인의 주도적인 역할은 정권의 빠질 수 없는 구호였다.

에서 종교의 분리, 신왕적 왕실 이미지에서 세속정부 형태로 변화, 자유주의적 사상을 포함한 새로운 형태의 이데올로기 도입, 소수종족의 중간 관리 등용으로 인한 효율적 분할통치 체제가 가능했다(Silverstein 1998, 17-21).

이와 같은 국가구조와 기능의 근본적 변화에 대해 1988년 신군부 이전까지 정부들은 적응하지 못했다. 즉 신군부정권도 국가구조의 변화에 따른 적응 단계를 거치지 않고 바로 왕조시대로 회귀한다는 사실은 국가 구성원 간의 갈등을 야기한다. 그럼에도 불구하고 신군부는 물리력을 동원하여 종족적 정체성을 말살하여 버마족 중심의 국가통합을 달성하려고 시도했다.

군부는 11명의 위원으로 구성된 미얀마역사편찬위원회*도 조직했다. 위원회는 미얀마에 거주하는 국민은 몽골계 단일민족이고, 영국의 분할식민통치로 인해 국론이 분열되었으나 신군부가 제국주의를 청산하고 국민화해와 국가통합을 성공리에 마쳤다고 평가한다(Houtman 1999, 71-72). 쏘마웅 전 국방장관도 종족적 이질감이 가장 큰 꺼잉족을 의식해서 꺼잉족도 "100% 몽골계 혈통을 가진 종족"이며 "(이에 따라) 우리는 모두 버마라기보다 몽골계"라고 주장하기도 했다(ပြန်ကြားရေးဝန်ကြီးဌာန [pyankyaye - wungyihtana] 1990, 327).

종족적 구별이 명확하고 신정부 출범 이후에도 정전협정과 평화정착을 위한 협상이 답보상태에 머문 상황에서 버마족과 불교라는 두 요소가 국

---

* 소수종족 상황과 1947년 헌법, 1958~1962년 정치, 1962~1974년 체제 변동 시기까지를 주요 연구 대상으로 삼았고, 1990년대 들어 미얀마역사위원회, 미얀마전략연구소, 국방부 산하 전략연구소 등으로 그 기능이 확대 되면서 역사학과 인류학 연구를 병행했다.

민통합을 위한 결정적 촉매가 되기는 힘들어 보인다. 과거 지향적인 신군부의 이데올로기는 일단 그들만이 추종할 수 있는 유토피아로만 보인다.

미얀마라는 국가를 하나의 가정으로 보는 가산제적 치환도 군부의 오해 또는 무지에서 기인한 것이다. 가산제는 아시아적 가치에서 발견되는 것으로 국가가 개인에 가하는 각종 폐해를 설명할 수 없는 국가폭력으로 정당화한다. 이를 미얀마에 대입하면 다음과 같다. 미얀마 국민들은 정부와 국민 관계를 "칫짜욱요떼"나 "머캉레자"와 같은 인적 관계로 규정하지 않는다. 군부정권의 통치방식은 근본적으로 무력에 바탕을 두기 때문에 부모와 자식 관계에서 발견되는 정신적 교감과 같은 호혜성에 입각하지 않는다고 보기 때문이다. 굳이 부모-자식 관계로 치환하면 자식은 부모가 생산하는 두려움을 안고 살아간다. 그렇기 때문에 대중은 "두려워해서 미워한다."라는 의미로 군부정권과 국민과의 관계를 "융짜욱몽"(ရွံ.ကြောက်မုန်း[yun-kyauk-moun])으로 규정한다. 자식들은 이미 부모를 존경하지 않기 때문에 국민이 국가에 질 책무는 완전히 폐기되었지만, 군부는 국민들의 지지를 강압한다.

1997년 킨늉 전 1서기의 언급대로 미얀마에서 민주주의는 서구의 그것과 명확히 다른 개념이다. 즉 미얀마의 역사적 전통, 풍습, 국민의 문화가 포함되어야 하고, 국가 결속의 구도 안에서 모든 국민들이 동등한 이익을 누려야 하는 것이다. 실제로 신군부는 민주주의가 식민시기를 통해 유입된 외래어라고 주장하는 한편, 왕조시대부터 공동체는 불교법(လောကနီတိ[lawkaniti])이나 왕의 지침(ရာဇနီတိ[rajaniti]) 등 그들 고유의 방식에 따른 민주적 의사결정이 이뤄졌다고 주장했다(NLM 2001/7/17).

그렇다면 미얀마만의 전통이 신헌법에서 적극적으로 반영되었는가?

헌법 제37조 1항 "연방 내 모든 토지, 영토 지하와 지상에 존재하는 모든 천연자원, 물, 공기는 연방에 귀속된다."(Ministry of Information 2008, 10)라는 조항을 제외하고 그 어디에서도 왕조의 전통을 찾을 수 없다. 국왕이 모든 영토 내 자원의 소유권자라는 왕조시대의 사유 개념이 아니라 연방으로 그 귀속을 달리하지만, 이 또한 1947년과 1974년 헌법 조항을 반복하는 수준이다.

　개인보다 공동체주의를 지향하는 유교적 가치가 아시아적 가치를 설명하는 핵심이었다. 미얀마에서도 불교적 가치와 이념이 공동체주의를 형성하는지, 그렇다면 미얀마에서만 설명되는 '미얀마적 가치'가 왜 헌법에 드러나지 않는가에 대한 성찰이 부족해 보인다. 헌법 수준까지는 아니지만 싱가포르가 아시아적 가치에 기본을 둔 공유가치Shared Value 백서를 1991년 발간한 것과 뚜렷이 대비된다. 불교적 가치가 인간 삶의 지침을 넘어 공동체로 확대되고 사회질서를 유지하는 근간이 되는 사례는 다문화와 다종족 사회인 현재의 미얀마를 설명하는 데 적절하지 않아 보인다.

　마지막으로, 가장 중요한 사실은 규율민주주의는 생존할 가능성이 매우 희박한 이념이라는 점이다. 폐쇄적 가족주의, 연고주의, 정경유착, 부정부패와 같은 도덕적 해이가 1997년 발생한 아시아외환위기의 원인으로 지목되어 아시아적 가치는 효율성에 있어서 심각한 도전을 받았다. 즉 아시아적 가치는 아시아의 권위주의를 옹호하려는 권위주의 지도자의 항변이라는 양면성을 띤다. 결정적으로 미얀마 신군부가 표본으로 설정한 수하르토 체제는 1998년 5월, 종말을 맞았다. 민주주의를 표방하지만 권위주의적 속성을 숨기기 위한 사이비 민주주의는 시한부에 불과하다는 역사적 사실을 반증한다.

규율민주주의는 이 글을 쓰는 시점에도 이념적으로는 생존해 있다. 2011년 떼잉쎄인 대통령은 그의 취임사에서 그의 군 상급자들이 언급한 대로 군부가 정치사회의 주역이 되는 규율이 충만한 민주주의를 구현할 것이라고 했다. 유사민간체제를 제도화해 통치자가 아닌 군부 지도<sup>tutelage</sup> 체제를 구축하려는 전략의 이념적 바탕이다. 그러나 신정부 개혁개방의 수준과 속도가 이전 정권이 의도한 군부통치의 영속과 거리가 멀어짐에 따라 규율민주주의는 존재 자체에 위기를 맞게 되었다. 특히 2012년 보궐선거를 통해 신정부는 선거민주주의를 넘어 자유민주주의의 제도적 절차를 현실화함에 따라 군부의 역할과 기능에 대한 도전이 가시화되었다.

떼잉쎄인 대통령은 2012년 6월 19일, 집권 2년 차 발전계획을 발표하면서 정치적 자유화의 바탕 위에 경제발전을 견인하겠다는 포부를 드러냈다. 이론적으로 대통령이 주도하는 개혁개방이 난관에 부딪히지 않을 경우 정치적 자유화는 본격적인 체제 이행을 위한 준비단계로 도입하게 되며, 2015년 총선에서 유사민간정권의 운명이 결정되었다. 떼잉쎄인 대통령은 군부의 권한이 비대하고 비민주적 내용을 포함한 헌법 개정에 대해서도 긍정적인 입장을 보이고 있어 단계적으로 군부의 병영 복귀를 현실화할 수 있다. 또한 집회와 결사의 자유, 언론의 자유를 보장하는 법령을 도입하여 개인의 자유와 권리도 강화해왔다. 따라서 집권 초기 주창한 규율민주주의의 핵심인 군부의 정치적 역할은 퇴색되며, 중재자로서 군부의 역할에 대한 사회의 도전도 보장될 가능성이 크다. 결국 유사민간정부의 규율민주주의는 체제를 떠받치는 명분으로 잔존하거나 군부정권에 대한 충성을 철회하지 않는 인사들이 고수하는 기능을 상실한 구호이자 이념으로 존속될 것이다.

2015년 총선이후 규율민주주의는 해체되어 소멸할 가능성이 크지만 개혁파로 변신하지 않는 엘리트들은 내부 수정을 거쳐 또 다른 형태의 이념으로 무장할 수 있다. 연방단결발전당USDP이 정권 재창출에 성공할 경우 그 가능성은 더 높아질 것으로 점쳐졌으나 총선은 국민민주주의 연합 NLD의 승리로 끝났다. 이미 민주화의 제3의 물결을 통해 신생 민주주의 체제를 성공한 국가들도 1990년대 중반부터 역류를 맞고 있다. 준準민주주의semi democracy, 유사類似민주주의pseudo democracy, 비자유적 민주주의illiberal Democracy, 선거권위주의electoral authoritarianism 등 다양한 형태로 정의되지만, 그 본질은 결과를 알 수 있는 선거과정과 제도, 그리고 헌법적 가치의 현실적 비적용의 문제이다.

# IV
## 정치에서 종교의 역할:
### 이념과 구도

## 1. 사회변동과 정치에서 종교:
   이론적 논의


식민화로 인한 근대화는 사회 내부로 볼 때 사회계층의 수정을 의미하는 것이고, 이것은 정치적 행위와 정치조직에 간접적인 영향을 준다. 한편으로 근대화는 새로운 정치계급을 형성하고 근대화로의 전문화된 직업군을 형성하면서도 일면으로는 전통적 통치의 왜곡을 통하여 필요이상의 적대적 사회계층의 형성을 방지한다. 식민통치는 토지권 체계를 뒤엎고, 법을 중시하는 통치의 논리를 찾아갔으며, 다원주의를 전시하여 전통시대의 유산을 기억에서 지우는 데 주도적 역할을 했다.

제3세계 국가의 경우 근대화는 식민화의 유산으로서 자생적 역사 발전의 과정이 아니라 외부에 의해 이식된 인위적인 것이다. 그러므로 종종 근대화의 위기와 같은 시행착오의 과정을 겪으며 근대사회로 진입한다. 근대화에 대한 직관적 무능력보다 변화한 제도와 환경, 새로운 사회체제를 떠받치는 규범과 명령이 전통적 질서와 중층적으로 겹쳐지게 되면 이행기의 갈등이 발생하고 이로 인해 사회는 긴장한다. 이른바 전통과 근대의 공존과 상호 투쟁이 시작되는 것이다.

근대성이란 "인간의 사고·행동의 모든 부분에 수반되는 변화와 관계되는 다면적 과정"(Lerner 1958, 438)으로 잠재적인 정의의 다양성이 내재한다. 근대화의 주요 방면은 정치적·경제적·심리적 측면에서 나타나는데, 무어(Barrington Moore Jr. 1966, xi-xv)의 지적처럼 정치적·경제적 근대화의 시발점은 그 기준이 명쾌한 편이다. 그에 따르면 정치적 근대화는 전통적 왕정으로부터 헌법에 기초한 근대 정치체로의 전환을, 경제적 근대화는 산업화 이전의 농업사회로부터 근대 산업사회로의 전환을 의미한다.

근대화의 또 다른 정의로는 다음과 같다(Kerr. et. al 1960, 33~46; Moore 1963, 303~359). 정치적 근대화는 전통적 국가체제로부터 근대적 국가체제로 이행해가는 것으로 세 분야로 구분된다. 첫째, 전통적·종교적·혈연적·민족적 권위가 단일한 세속적 정부로 귀속되는 이른바 권위의 합리화가 발생한다. 정부는 더 이상 신권적 권위의 합일체가 아니라 인간에 의해 구성된 산물이자 국민적 합의의 결과물이며, 외국으로부터의 간섭에 자유로운 배타적 의미인 주권을 가진다.

둘째, 새로운 정치체계에 대한 세분화된 기능을 요구한다. 즉 정치영역의 하위조직으로 구성되는 각종 행정체계는 정치사회의 한 구성원이 되지만 그 임무와 기능을 수행하는 데 있어서는 자율성을 누린다. 셋째, 사회 전반에 걸쳐 정치적 영향의 범위를 증가시킨다. 정치적 영향의 확장은 전체주의 국가처럼 정부가 시민을 통제하기도 하지만, 시민이 정부를 통제하고 감시하는 민주주의 국가의 행태가 더욱 보편적이다. 모든 근대국가에서 시민들은 정부가 하는 일에 직접적으로 영향을 받는다.

한편, 산업화에 의한 근대화는 경제적 요인에 의해 다방면으로 구체화된다. 이를테면 세분화되고 전문화된 직종이 증가하여 취업 자리가 늘어나고 기술수준이 높아지면서 동시에 노동에 대한 자본의 비율이 확대된다. 자급자족적 성격이 강한 농업은 상업과 공업에 의해 대체된다.

경제적 근대화는 전통과 확연히 구별되는 산업화에 기초하기 때문에 근대화의 시기 규정에 있어서 논란의 대상에서 제외된다. 이를 옹호한 학자들은 산업화를 근대화와 동일시했는데, 특히 산업화에 의한 기계사용이 노동생산성을 기하급수적으로 증가시킴으로써 근대화가 진행되었다고 주장한다.

심리적 측면에서 근대적 인간은 변화의 가능성을 받아들이고 그것 또한 바람직한 것이라고 생각하며, 특수적 가치보다는 보편적 가치에 큰 기준을 둔다. 그러므로 심리적 근대화는 개인과 사회의 가치, 태도, 정향, 기대치의 변화에 의해 이루어지며, 문자 해독률의 증대, 대중매체와 교육 보급 등 사회 전반에 걸친 인간 지식의 확대를 전제한다.

전통적 인간은 사회의 가치와 성격이 인간에 의해 바뀔 것이고 인간이 사회를 통제할 수 있을 것이라고도 기대하지 않는다. 이에 반해, 근대적 인간은 사회를 통제하고 변화시킬 수 있을 것이라는 믿음을 가진다 (Lerner 1958, 438-439). 이러한 근대적 심리의 변화는 왕권의 신성함과 같은 정교일치 관습의 퇴색과 인간 생활의 세속화에 기인하는 측면도 있으나, 본질적으로 개인의 충성심과 가치 지향의 대상이 가족이나 지역사회에서 국가, 직업, 계급 등으로 이동했기 때문에 발생한다.

심리적 측면의 근대화는 수치나 지표로 객관화할 수 있는 양적 증명이 불가능할 뿐만 아니라 정치와 경제적 근대화에 비해 속도도 느리고, 다소 수동적인 경향이 있다. 예를 들어 제도적으로 근대화된 사회에서 국민은 더 이상 왕의 신민이 아니라는 사실은 자명하지만, 실제로 국민들이 가지는 정부에 대한 성향, 가치, 이념, 태도 등을 왕정시대와 양분하여 객관화하는 일은 쉽지 않다.

전통주의와 근대성의 역동성에 있어서 전통은 지배적 이데올로기나 신화에 의해 정당화되고 절차적 합체로서 전이되어 근대화 과정에서도 생명을 보장받는다. 전통은 이데올로기를 통하여 관습화되고, 세대를 통해 문화로 체계화되는데, 제도화된 문화의 형태는 주권적 감성으로 논리

와 지성을 만들어냄으로써 사회적 지주가 된다. 근대화하는 대부분 국가
는 외견상 서구화를 표방하지만 실체적인 측면에서 형식적 전통주의를
내세운다.

종교와 관련한 근대화는 이른바 세속화이론으로 함축된다. 마르크스,
베버, 뒤르껨 등은 전통 종교(기독교)가 수행했던 사회통합과 정당화의 기
능이 사회적 분화, 사회화, 합리화 등 근대화의 과정을 거치며 종교는 자
연스럽게 소멸될 것으로 예견했다.* 이들은 근대화와 과학의 발전이 인간
의 사고를 더욱 이성화시켜 결국 종교는 그 힘과 설득력을 잃게 될 것이라
고 주장했다. 교회 참석자의 지속적인 감소와 신앙의 개인주의화 등 전통
종교의 영향력 쇠퇴는 세속화론자들의 주장에 힘을 실어주었다.

그러나 종교의 세속화 여부는 세속화론자들의 주장보다 훨씬 복잡하
다. 이슬람교 근본주의운동, 기독교 부흥 현상, 승려를 중심으로 한 불교
근본주의운동은 종교의 세속화와 상치되는 새로운 사회현상이자 종교
현상이다. 세상의 종교적 삶은 지속되거나 부흥하고 있다는 반격인 셈이
다. 이른바 종교가 세속화에 저항하면서 국가와 시장의 다양한 유형에 맞
서 그들의 전통을 고수하는 사례이다.

종교가 사회를 형성하지 못했다 할지라도 사회의 행동양식, 관습, 전통,
역사를 형성하는 데 있어서는 한 축을 담당할 수 있다. 이는 곧 종교가 수
동적 피조물이 아니라 구성원의 인식이나 사고방식을 변화시킬 수 있는
능동적 창조물이 될 수 있다는 것을 의미한다.

사회적 기능 면에서 종교는 사회의 가치를 부여하고 사회 질서를 형성,

---

* 이와 관련한 대표적인 저작으로 Bruce. ed(1992)를 참조하라.

유지, 통제, 정화, 재구조화함으로써 사회적 응집력cohesion을 가진다. 특히 한 개인의 인식과 정체성에 영향을 미치는 종교의 개인적 영향력이 집단으로 확대될 경우 종교는 집단의 공동 목표와 도덕적 규범을 한정하고 정체성을 형성하는 바탕이 된다. 이를 바탕으로 한 사회 내에서 동일한 종교를 가진 구성원이 다수를 차지할 경우 그 종교는 사회체제를 지원하고 통합하는 기능을 수행할 것이다. 사회통합은 자기정체성과 사회구성원으로서 질서의식과 소속감을 마련하는 준거가 된다. 즉 종교는 일차적인 정의를 넘어서서 사회구성원의 의식을 장악하는 결정적인 요인이 된다.

그런데 근대화의 수준, 즉 정치·경제적인 구조적 근대화의 속도가 느린 경우 종교의 세속화를 추동하는 심리적 근대화도 저발전되거나 정체될 것으로 예상된다. 국가구조는 근대화되었으나 사회적 분화는 고도로 진행되지 않아 정치와 종교의 구분이 명약관화하지 않고 여전히 정통성의 자원을 종교에 의존하려는 엘리트의 행태가 분출되기도 한다. 국민에게 전시하는 이데올로기는 종교사상을 차용하거나 그것에 바탕을 둘 수도 있다.

정치와 종교가 상호 배타적인 영역을 구축하지 않은 근대사회에서 종교의 세속화는 종교지배적 정치체제, 종교중립적 정치체제, 반종교적 정치체제 등으로 나뉜다(Medhurst 1981). 종교지배적 정치체제는 전통사회에서 지도자가 숭배의 대상이 되는 신격화 유형은 아니지만, 지도자가 정통성의 자원으로서 종교를 동원할 수 있는 체제를 의미한다. 전통사회처럼 제정일치, 종교의 국교화와 같은 신정神政사회는 아니지만 종교가 사회통합과 타자他者를 구별하는 중요한 기준이 된다. 종교중립적 정치체제는 세속화의 수준이 높아 종교가 정치권력의 정통성을 마련하는 토대가 되지 않는 체제이다. 반종교적 정치체제는 세속화의 수준이 가장 높아 정치권력이 반종교적 이데올로기에 입각하여 종교를 탄압하는 체제이다.

현대사회에서 정치와 종교는 본질적으로 긴장 관계를 전제한다. 종교의 입장에서 보면 정치영역 내에서 보편종교로서 내적 모순이 없는 상태를 유지한다는 것은 불가할 것이며, 정치의 입장에서 보면 종교의 보편성은 정치행위의 특수성에 장애가 될 뿐이다(정태식 2013, 146). 각 영역에서 추구하는 내재적 목적과 이를 달성하기 위한 운영원칙이 동일하지 않지만, 특정한 정치행위를 의례행위로 포장한다면 이는 두 영역의 타협이나 결합관계로 이해될 수 있다. 정치와 종교 간 끊임없는 상호작용은 긴장과 갈등의 국면을 초월할 수 있는 타협과 통합의 가능성을 열어준다.

권위주의적 사회에서는 종교조직이 권위주의적 행태를 띠고, 민주주의적 사회에서는 민주적 성격을 띨 수 있다. 반대로 한 사회에서 갖는 종교적, 정치적 힘의 역학관계는 그 사회의 다원화 수준에 따라 경쟁과 갈등을 낳기도 한다. 전자는 종교와 정치현상이 이격되지 않고 그 사회의 문화적 성향과 조화를 이루는 것이며, 후자는 종교와 정치의 사회문화적 배경이 상호 갈등하는 결과에 기인한 것이다. 그렇기 때문에 종교와 정치는 완전한 타협과 대립으로 양분할 수 없고, 양립할 수 있는 가능성이 크다.

위와 같은 조건하 예상할 수 있는 정치와 종교 간 유형은 다음과 같다 (Yinger 1970, 409). 첫째, 종교가 정치제도를 강화시키는 경우이다. 이 구조하 종교와 그 이념은 정치적 이념, 규범과 일치하므로 종교는 정치적 통합에 기여할 수 있다. 정치적 통치자가 종교적 권한을 위임받은 것으로 해석할 수 있는데, 이 경우 통치자는 종교에서 기인한 힘과 권위를 정치적 자원으로 전환시키고, 종교는 정치로부터 보호를 받는다. 종교는 사회규범을 마련하고 사회 안정을 도모하는 기제로 활용될 수 있으므로 사회통합의 순기능을 담당하게 된다.

둘째, 종교가 정치에 의해 통제되는 경우이다. 종교를 제외하고 한 사회가 지향하는 뚜렷한 이상형이 제시될 경우 종교를 포함한 사회의 모든 자원은 정치자원으로 전환되고 동원된다. 그렇기 때문에 종교는 종교로서 독립된 지위를 상실하고 정치체제에 종속된다. 어떠한 교단이든지 정치권에 의해 억압당하거나 통제된다면 이는 정치가 종교를 통제하는 것으로 해석할 수 있다.

셋째, 정치와 종교 간 긴장관계가 유지되는 경우이다. 종교의 요구와 규범들이 정치체제의 그것들과 모순될 수 있고, 그에 따라 종교는 정치에 도전한다. 종교의 이상형이 현실 정치에서 나타나는 이상형보다 사회 장악력이 강력하고 이에 대한 사회구성원의 충성도가 높을 경우 종교는 정치의 요구를 과소평가할 수 있다.

정치와 종교 간 협력, 통제, 긴장이라는 관계 유형은 양자의 고유 기능이 상호 전도될 수 있다는 가능성을 열어준다. 즉 어떤 종교라도 정치적 성향을 배태하며, 어떤 유형의 정치체제라고 할지라도 종교를 정치적 자원으로 활용하거나 폐기할 수 있다. 바꾸어 말하면, 반종교적 정치체제, 즉 정치권력이 종교를 탄압하는 체제를 제외하고 모든 정치권력은 직접적으로 초자연주의에 바탕을 둔다. 정치에서 종교가 수행하는 역할은 사회가 복잡하게 진화할수록 감소한다고 단정하기 어렵기 때문이다.

신정神政과 같이 정부가 직접적으로 종교에 기반을 두는 경우, 종교가 지배 엘리트에게 정통성을 부여하기 위하여 사용되는 경우, 종교가 정치권력에 대한 야심을 가진 자들에 의해 조작되는 사회구조, 신앙 그리고 전통의 기반을 형성하는 경우 등 세 가지 사례에서 종교와 초자연적 힘은 정치에 직접적으로 표출된다(Lewellen 1992, 96).

신성을 가진 왕은 특정한 맥락과 상황에서만 자신의 신성성을 표현한다. 그것이 바로 의례인데, 특히 종교적 의례는 사회 구성원의 유기적 연대를 조장함으로써 사회를 통합시키는 정치적 기능을 하고, 나아가 정치지도자에 대한 정통성을 부여한다. 의례를 통해 부여받은 권력의 신성성은 주권자와 신화를 연결시키며, 이성이 정당화해주지 못하는 부분에 대한 신뢰감, 두려움을 통한 복종을 합치시킨다. 이런 의미에서 신성과 정치는 보충적이고 상호 대조적인 힘으로 물리적 경쟁관계와 화학적 결합관계를 유지한다. 나아가 권력구조의 이념적 정당성을 지지하고, 상징적 해석을 통해 권력의 실체와 구조를 강화함과 동시에 전통적 가치와 신성한 분위기를 만들어 인간 행위와 이에 대한 동의를 동원하여 정체성을 확립한다.

즉 정부, 정당, 국가 등은 현대인은 정치적으로 합리적이라는 상징의 망에 둘러싸인 것이며, 의례를 통해 행동하며 지속성을 유지한다. 왜냐하면 조직의 구성원과 지도자들은 항상 변화하지만 상징은 그 본질을 유지하기 때문이다. 그러므로 현대 산업사회에서 의례라는 상징주의가 정치의 통합적 요소이며, 그것이 없이는 정치체계를 구성할 수 없다. 현대정치의 사실상 모든 측면에는 상징주의가 만연한다(Kertzer 1988, 3-4).

여기서 종교 의례와 주술magic은 구별할 필요가 있다. 양자는 공히 경험에 의존하지 않고, 과정상 신뢰에 바탕을 두고 있으며 단순히 관찰에 의해서만 효력이 발생하지 않는다. 또한 인생의 좌절, 두려움, 난관과 투쟁하고 긍정적인 가치를 달성한다(Yinger 1970, 70). 의례는 사회적으로 규격화되고 반복적이며 상징적인 행동이다(Kertzer 1988, 9). 이러한 행태가 종교와 결합했을 경우 종교의례가 표출된다. 종교는 인간 본질에 대한 기초적인 성찰을 다루는 데 반해 주술은 항상 특정적이고, 사실에 근거하며 명확한 문제들을 호전시킨다(Malinowski 1944, 200). 종교적 의례는 그 자체로 종료되지만 주술은 특정한 목적 달성을 위해 실시되므로 매우 즉흥적이고 변칙적이다. 따라서 주술은 실제적인 목적을 추구하는 데 반해, 종교는 목적의 완성을 위해 자제하는 행위들의 체계이다. 그뿐만 아니라 주술은 제한적이고 주변적인 기술技術인 데 반해 종교는 복잡한 양상들과 목적을 가지는 포괄적이고 중앙적인 창조적 합일체이다.

한편, 주술가는 개인이 독창적으로 터득한 의례행위 또는 상징조작에 따라 개인적 능력을 전시하는 자이고, 종교는 공동체를 대변하는 사제가 반드시 존재한다. 그러므로 주술은 인간의 낙관주의를 의식화하고 공포에 대한 희망의 승리라는 신앙을 승화시켜준다. 이에 반해 종교는 전통에 대한 존경, 환경과의 조화, 고통에 직면했을 때 투쟁하는 용기와 신념과 같은 정치적인 무장을 고무함으로써 인간 도덕성에 공헌한다.


## 2. 미얀마 불교와 토속신앙:
### 내세와 현세의 딜레마


미얀마의 독립운동이 승려들에 의해 시작되었다는 사실은 자명하다. 온건성향의 초기 계몽주의운동부터 우 옥뜨마U Outtama와 우 위자라U Wizara와 같은 정치승려, 그리고 왕정복고를 주창한 서야 상Saya San 반란까지 미얀마 근대 초기 시작은 승려가 그 주인공이었다. 이러한 사실은 국가의 반강제적 근대화에도 불구하고 여전히 승려의 사회적 지위를 확인할 수 있는 객관적 증거이자, 근대화를 자율적으로 견인할 수 있는 대안세력의 부재를 상징하는 증거이기도 하다.

왕정시대에는 국왕 – 상가$^{Sangha}$ – 정법$^{dhamma}$이라는 삼각구도가 상호 지렛대의 원리로 명확하게 작동했다. 국왕은 정법을 숭상하고 정법에 따라 통치를 해야 하며, 상가를 후원하고 조정하는 역할을 수행한다. 상가는 국왕을 보좌하며 우두머리인 땅가라자(သံဃရာဇ[thangaraja], sangharaja)는 국사國師로서 왕실 정책에 결정적인 역할을 수행한다. 상가의 모든 행위는 정법에 근거해야 한다.

그러나 왕정의 폐지는 상가와 정법의 기능을 완전히 마비시켰다. 폐위된 국왕을 대신한 영국 식민당국의 세속적인 법령은 상가와 정법을 포용할 수 없었을 뿐만 아니라 정서적으로도 납득될 수 있는 대상이 아니었다. 그렇지만 상가의 사회적 기능, 이를 테면 교육과 사회적 갈등의 중재는 여전히 유효했고, 이를 정당화하는 정법도 그 생명력을 유지할 수 있었다. 이런 맥락에서 승려 주도의 민족주의 운동이 촉발한 배경은 우연의 일치가 아니라 필연이라고 할 수 있다.

한 가지 지적할 사실은 상가의 정치적, 사회적 영향력이 지대했음에도 불구하고, 상가가 직접 국가를 접수하려는 시도가 한 번도 없었다는 것이다. 이는 불교의 비세속적 특징을 나열하는 사례이기도 하며 한편으로 불교의 정치철학이 명확히 지속되었다는 것을 드러낸다. 불교 세계관에서 세계(상)은 일상계인 로끼(လောကီ[lawki])와 초현실계 또는 정신계를 의미하는 로꼬욱떠야(လောကုတ္တရာ[lawkoutaya])로 양분된다.

일상계는 정신계가 제공하는 지식과 공덕을 쌓는 방법을 터득해야 하고, 정신계는 일상계의 물질적인 도움을 필요로 하므로 양자는 상호 보완적이고 의존적이다. 로끼에서 학문은 권력을 얻기 위한 비술이나 서구식 교육 제도 등을 의미하고, 로꼬욱떠야에서는 불교 교리에 따른 수행법 등 열반에 들기 위한 일련의 과정을 다룬다. 승려가 일상계에 천착하게 되면 그들의 영적이고 도덕적인 자산을 잃는 것이다(Gravers 2012, 7). 식민시기 정치승려와 가까이는 2007년 샤프론혁명, 종교근본주의인 '969운동'을 주도하는 승려 위라뚜Ashin Wirathu에 대한 사회적 비판은 이들이 로끼, 즉 일상계에 개입했기 때문인 것이다.

한편, 미얀마의 불교 형태는 순전히 불교요소만 갖추는 것은 아닌데, 불교 본연의 종교적 특성과 토착화 과정에서 기복신앙이 불교와 결합함으로써 제설혼합적인 양상을 띤다. 불교에서 인간사를 윤회輪回 (သံသရာ[thantara])의 과정, 즉 끝을 알 수 없는 윤회의 사슬을 지나가는 하나의 순간으로 보기 때문에 인간 개인의 삶은 매우 '순간적인' 찰나에 지나지 않는다고 본다. 예를 들어 장례식에 참석한 조문객은 "손님"이라는 시구절이 담긴 부채를 제공받는다. 현재 삶의 종착은 끝없는 윤회, 즉 딴뜨라를 걷는 과정의 찰나에 불과한 것이다(Min Zin 2004, 2)

현세에서 결정되는 사회적 지위는 전생에 쌓은 업의 결과로 해석하는 운명결론적 세계관도 강력하게 작동한다. 구체적으로 말하면, 전생의 업은 현세에서 퐁(ဘုန်း[hpon])이란 개념으로 대체된다. 퐁은 현세 영역에서 개인의 카리스마로, 종교 영역에서 선행, 공덕, 영광 등으로 해석된다(Nash 1965, 76, 272).

퐁의 정체성과 보유 정도는 객관적으로 측량될 수 없지만 예상 외로 체계적으로 구조화된다. 예를 들면 왕조시대 왕은 전생에 쌓은 업의 가치만큼 동등한 퐁을 현세에서 보장받고, 물리력을 의미하는 렛용(လက်ရုံ[letyoun]), 현세의 권력과 권위를 의미하는 아나(အာဏာ[ana])를 동시에 소유함으로써 전지전능한 인물로 각인된다(Lieberman 1984, 72). 일반적인 남성의 퐁은 물리력을 의미하는 렛용과 정신력을 의미하는 흐너롱(နှလုံး[hnaloun])으로 구성된다.

또한 전생에 쌓은 업業은 현세의 성별도 결정짓는데, 여성은 기본적으로 퐁을 소유할 수 없다고 믿는다. 남성만이 득도식得度式을 할 수 있거나 영험한 기운이 흐른다고 믿는 일부 부처상이나 이를 모신 단壇에 여성들이 접근하지 못하게 하는 풍습, 비구승比丘僧이 정식 승단에 등록되지 못하는 이유도 여기에 해당된다.

부부 간의 관계를 예로 들면, 부인이 남편보다 높은 곳에 서거나 발로 남편을 가리키지 않으며, 속옷 세탁과 건조도 남편 눈에 띄지 않는 곳에서 이뤄져야 한다. 남자의 퐁이 왼쪽에서 오른쪽으로 흐르는 까닭에 부인은 항상 남편의 왼쪽에서만 취침해야 한다. 가정의 중대사를 결정하는 일은 남편의 몫이지만 부득이하게 여성이 결정했을 경우 이 사실을 외부에 알리지 말아야 한다(Mi Mi Khaing 1984, 16).

전생의 결과라는 퐁의 개념에도 불구하고, 퐁은 매우 세속적인 성향을 띠기도 한다. 다시 말해 퐁은 전생에 타고난 운명이지만 현세에서 인위적인 다양한 방법으로 유지, 증가, 감소될 수 있다는 점이다. 만약 인간이 늙거나 병약해 질 경우 퐁을 구성하는 흐나롱과 렛용도 약해지고, 반대로 승진, 합격 등 성공에 부합하는 업적을 올릴 경우 퐁의 정도는 증가한다.

퐁이 약해질 경우 갖가지 주술행위를 실시한다. 즉 부적(လက်ဖွဲ့[letphwe]), 주문(ဂါထာ[gartar]), 특별기도 또는 진언眞言(မန္တန်[mantan],

머ၵၢၸ:[masara]), 춘약恭纍(ဗိယာ‌ေ:[piyahse]), 비법이 그려진 표(အင်:[inn]) 등이 그 사례이다. 군부정권 당시 행해진 다양한 점성술, 산자술 등 주술 행위가 여기에 해당된다.

또한 퐁의 개념이 공동체로 확대 적용되면 권력의 근원지로 인간의 세속적 성공을 의미하며, 그 기준은 부富의 유무로 판단된다(Nash 1965, 77). 퐁이 높은 자는 당연히 재산의 축적도가 높다는 논리가 성립된다. 시골 마을에서 벌어지는 다양한 분쟁은 법이나 제도가 아니라 마을의 유력자가 결정하고, 이를 따르는 관행이 지켜지는 이유도 여기에서 찾을 수 있다.

한편, 전통왕실의 작동원리는 불교 교리에 의거 구축되었으나,● 그것의 근간인 왕실 법은 힌두교에서 차용했다. 인도 마누법전Manu Code에 따르면, 왕은 "인간의 형태를 한 위대한 신deity"이다(Brown 1953, 28). 즉 미얀마의 인도화 과정에서 뽕냐(ပုဏ္ဏာ:[ponna])라고 불리는 브라만 사제들이 왕실의 의례에 적극 개입하면서 미신적이고 주술적인 왕의 상징을 힌두교적 요소로 정형화한 것이다. 불교의 보호자, 불탑들의 건축자, 상가의 보호자라는 왕의 종교적 역할이 불교도 왕권의 특징이라면, 왕의 신성한 지위 입증, 왕실의 상징물이 가지는 주술적인 잠재력 전시, 왕실에서 브라만 사제의 역할 필요성 전시 등이 힌두교 왕권의 특징이다(Smith 1965, 20).

브라만 사제는 외형적 측면에서 왕실의 신성성을 완성하는 역할을 담당했고, 추가로 왕실의 일상적인 생활에 중요한 기능을 맡았다. 그들의 산스크리트어 주문은 모든 재앙을 피할 수 있고, 전쟁에서 승리할 수 있다

---

● 왕은 왕에게 봉역하는 진위의 판단, 정의로운 자를 격려, 정당한 방법에 의한 부의 획득, 국가의 번영이라는 네 가지 원칙을 추구했고, 준수해야 할 10가지 의무를 왕의 덕목으로 설정했다. 이를 실천하는 왕이 가장 이상적인 왕이자 법에 따라 정의롭게 통치하는 정법왕(dhammaraja)으로 정의된다(Ishii 1986, 45-47). 10가지 의무는 보시(布施), 지계(持戒), 희생, 공평, 온화, 노력, 불노(不怒), 불해(不害), 인내, 불역(拂逆)이다.

미얀마의 불탑에서 일반적으로 볼 수 있는 해룡 나가(Naga)상과 사자 친데(Chinthe).
친데는 1988년 집권한 신군부의 상징이 되었고, 나가는 불탑과 불상을 지키는 수호신이다.
나가는 비쉬뉴신의 승용동물인 가루다, 즉 걸룽에게 잡아먹히는 약자이기도 하다.

고 여겨졌다. 이들은 점성술과 산자술을 통해 길일吉日을 선택했다. 불교를 배제한 왕권, 힌두적 의례는 1885년 왕실이 폐위될 때까지 지속됐다 (Smith 1965, 23). 12세기 이후 왕실에서 의례를 제외한 힌두 요소는 사라졌고, 이제 국사國師가 브라만 사제의 역할을 대신했다. 이들은 점성술과 산자술을 통해 왕실 업무를 결정했다.

불교가 이상을 지향한다는 특징이 있다면, 점성술과 산자술 등 의례 행위는 현실을 지향한다. 여기서 미얀마 불교의 또 다른 특징이 드러난다. 11세기 통일 버강왕조(Bagan, 1044~1287)가 창건되기 이전 불교는 도처에 성립된 도시국가에 이미 전파되었다. 그 가운데 7세기경 인도와 티베트 상인들이 미얀마로 내도하면서 전파된 불교의 한 부파인 어이지 (အရည်းကြီး [Ari]) 불교가 있었다. 여기에는 낫nat신앙, 나가naga, 海龍 숭배 사상, 점성술, 연금술 등 모든 토착신앙과 함께 브라만 사제의 영향력도 강력히 작동했다.

어이지 승려들은 정법을 중시하지 않고 술을 마시고 격투기를 즐겼으며 심지어 성관계를 하는 등 불교 교리와 동떨어진 생활을 했다. 또한 이들은 수백 마리의 동물이 희생되는 낫 축제를 관장하고(Maung Htin Aung 1962, 1), 흑마술과 주술 등 각종 마술을 할 수 있는 능력을 겸비했다. 아노여타왕Anawratha이 상좌불교를 국교화했을 때 백성들에게 절대적인 영향력을 행사했던 어이지 승려들은 왕실의 근위병으로 봉역하는 등 이들의 역할은 왕실로 확대됐다(Maung Htin Aung 1962, 3).

엄격히 말하자면, 브라만 사제의 역할은 웨익자(ဝိဇ္ဇာ[weikza])로 토착화되었다. 즉, 웨익자는 비술秘術을 행하는 "고도의 또는 비전秘傳의 지식"에 정통한 남성으로서 마술적 힘을 보유하거나 특별히 장수하

는 능력을 모색하는 평신도이다(Pranke 1995, 343). 이에 반해 아라한
(အရဟံ[arahant]) 또는 야한다(ရဟန္တာ[yahanda])는 다섯번째 미래불인 멧떠
야(အရိမေတ္တယျ[mettaya])*의 조건을 충족하기 위해 고행에만 집중하는 해
탈한 승려를 가리킨다. 즉 아라한이 되면 웨익자의 능력을 보유한 것으로
여겨지지만, 실제로 아라한은 그가 보유한 능력이나 초자연적 결과 등 초
인적 능력에 관심을 가지지 않는다. 대신 웨익자가 되면 초자연적 힘을 가
지지만 미래불이 도래할 때까지만 그 생명력을 부여받을 수 있다(Prager
2003, 9).◆

11세기 이후 토속신앙이 상좌불교의 영역에 포함되고, 힌두교 사제의
역할을 승려가 대신함에 따라 두 영역의 불교와 각종 비술 간 경계는 퇴
색됐다. 전통시대 농촌사회에서 주민은 승려들이 공덕을 쌓을 수 있게 지
원하는 역할을 담당했고, 승려들은 주민에게 불교뿐만 아니라 사회생활,

---

● 미얀마 불교에서 미래불 신앙사상이 대중적인데, 고타마 싯따르타 이후 현재까지 4명의 부처(고나공. 꼬꺼땅.
까따빠. 고타마)가 있었으며, 고타마 이후 5,000년 만에 다섯번째 부처가 도래할 것으로 예견한다. 그래서 진
정한 아라한은 현세의 과욕이나 열반의 경지에 드는 것보다 다섯번째 부처, 즉 멧떠야가 되기를 희망한다.

◆ 양자 간 미묘한 차이가 있지만 아라한과 웨익자의 초인적 능력은 중첩된다. 이들은 수행을 통해 특별한 정
신 상태를 유지하고 초인적 힘을 얻을 수 있게 되는 이른바 에익띠바(ဧက္ကိဘ[eikdibar])라는 능력을 가지게
된다. 웨익자는 연금술사처럼 땅, 물, 불, 공기로 구성되는 세계에서 고체, 액체, 기체의 흐름을 감지할 수
있는 닷(ဓါတ်[dat])이라는 능력을 보유하게 되는데, 닷은 불교에서 파생된 것이다. 반면 아라한이 가진 능
력은 더고(ဓာတ်[dago])라고 하여, 사유화된 어떠한 권력에도 얽매이지 않는 해탈한 정신적 상태이다. 예를
들어 불탑이나 부처상이 영험한 장소에 모셔지게 되면 이를 퍼야더고(ဘုရားဓာတ်[hpaya-dago])라고 한다.
그러나 초자연적인 힘을 의지하는 미얀마어는 더고와 빨리어(Pali) 에익띠바다의 합성어인 더고에익띠바
(ဓာတ်ဧက္ကိဘ[dagoeikdibar])로서 두 영역의 경계는 허물어진다(Kawanami 2009, 266). 웨익자나 아라한이 보유
한 정신력은 명쾌하게 객관화될 수 없기 때문에 두 존재에 대한 정의나 구분도 명확하지 않다. 또한 두 존재
의 종교 및 각종 비술 수행기간과 수행법은 철저히 비밀로 부쳐져 그 신비성은 더해진다. 그러나 아라한은
본질적으로 내재하는 재생력을 가지고, 인간의 윤회에 직접 영향을 미치며, 악행을 행하는 자들에게도 공
덕을 행하는 모습을 보이는 일종의 조정자 역할을 한다. 그렇기 때문에 아라한이라고 추정되는 승려들은
수염을 기르지도 않을 뿐만 아니라 그들만의 특별한 위엄을 드러내지도 않은 채 여느 승려와 마찬가지로
고행에만 몰두한다.

교육, 보건 등 생활 전반을 지도했다. 주민들은 업을 쌓는 것보다 속세의 일에 더 관심을 가지게 되었고, 승려는 자연스럽게 주민들의 점괘를 예언해주는 역할도 담당했다(Min Zin 2004, 6). 이런 배경에서 현재까지 대중은 아라한과 웨익자를 별도로 분리하지 않고 같은 존재로 보는 경향이 높다. 실제 미얀마 종교를 연구한 학자들 사이에도 웨익자를 승려로 볼 것인지 (Tambiah 1987, 318), 아니면 단순히 정령을 숭배하는 존재로 볼 것인지에 대한 논쟁이 벌어지기도 했다(Spiro 1971, 164).

웨익자와 아라한은 종교적으로 최고 수준에 도달한 자들이며 실제로는 일반 승려들이 다양한 비술을 전파했다. 또한 점성술을 비롯한 각종 주술행위로 미래를 예측하는 베딘서야(ဗေဒင်ဆရာ[bedinsaya])로 알려진 점성술사도 등장했다. 예를 들어 연금술은 인도에서 유래한 것이 확실하지만 종교 의례를 통해 토착화되었다. 미얀마에서 연금술은 금속을 황금으로 바꾸는 능력을 가지는 것과 함께 인간의 육신을 영원히 늙지 않게 하는 영험한 능력을 보유하는 주술이다(Maung Htin Aung 1962, 2). 미얀마 민담과 설화, 심지어 미얀마식 라마야나Ramayana에 등장하는 연금술사 조지(ဂေါ့ဂျီ[gawji])가 무병장수와 늙지 않는 육신을 보유한 존재이다.

마하봇(ဗဟာဘုတ်[mahabote]) 또는 베딘(ဗေဒင်[beidin])이라고 알려진 점성술은 자신이 태어난 요일과 시간, 상징 행성의 움직임에 따라 미래를 예측하는 비술이다. 중요한 사실은 미래가 좋지 않을 경우 이를 바꾸고자 하는 다양한 주술행위가 존재한다는 것이다. 미얀마인들은 즉 부적, 주문, 특별기도mantra 등 야다체(ယတြာချေ[yadayache])라는 의례를 통해 미래의 운명을 바꿀 수 있을 뿐만 아니라 개인이 소유한 풍의 정도를 조절할 수 있다고 믿는다. 이 역할은 전적으로 점성술사나 웨익자가 담당했으나 시간의 경과에 따라 승려도 그 일원으로 참여하게 되었다.

야댜체, 즉 미래를 바꾸는 특정한 의례 행위를 할 때 숫자 9가 매우 중요한 역할을 한다. 숫자 9는 개인적으로도, 국가적으로도 중요하다. 0을 제외하고 어떤 수를 9와 곱하더라도 그 합은 9가 나오기 때문에 신비의 숫자라고 일컫는다. 그래서 길일吉日을 택하거나 숫자가 들어가는 합을 9로 맞출 경우 무조건 좋은 결과를 얻는다고 전해지며, 이런 행위를 꼬너윙체(ကိုးနိုင်းချေ[konaingche])라고 한다. 이 행위 또한 점성술의 하위 부류로서 그 기원을 힌두-브라만 행성체계에서 찾을 수 있다(Mya Maung 1991, 6).

반면, 숫자 8은 매우 불길한 숫자로 간주한다. 전설상의 왕조로 알려진 뜨가웅Tagaung이 888년 멸망했고, 1988년 민주화운동의 정점이었던 '8888'은 네윈이 극도로 혐오했던 숫자 8이 겹쳐지는 날이었다. 네윈이 80세가 되던 1991년 정권이 몰락할 것이라는 예언도 있었다(Mya Maung 1991, 226). 이외에도 같은 숫자가 겹치는 날에 다양한 사건이 발생했다. 1962년 7월 7일, 2,000명의 양공대 학생들이 참가한 반정부 시위, 1977년 7월 7일 네윈 정권을 타도하기 위한 학생들의 시위(Fink 2009, 40), '8888' 항쟁 10주년을 기념하기 위한 1999년 9월 9일 시위 모의(Seekins 2000, 17) 등이 그 사례이다. 그러나 숫자 9와 특정 일자를 제외하고 세 개 이상의 숫자가 겹치는 것은 길조로 간주하지 않는다.

미얀마인들이 각종 주술에 얼마나 열광하는지 직접적으로 언급한 대목을 발견할 수 있다.

미얀마인들은 징후, 불길한 전조, 징조에 있어서 맹신자이다. 어떤 사람이

어떤 일에 있어서 좋은지 나쁜지 해석하기 이전에는 어떠한 일도 하지 않는다… 미얀마인들이 이 습성을 포기하는 것은 어렵다. 나는 영국에서 자라고 옥스포드와 캠브리지에서 교육을 받은 많은 미얀마인들을 만났는데, 그들이 모국으로 돌아갈 때 미얀마어를 할 수 없을 정도로 완전히 영국화되었지만, 점쟁이를 찾아가 그들의 출생과 관련된 징조들을 물어본다. 그렇다, 미얀마인들이 이런 습관에서 빠져나오는 것은 정말 힘들다. 그들은 징조와 함께 태어나고 그 징조는 그와 함께 자랐다(Saw Tun 1961, 838-839).

자신의 출생 환경을 바탕으로 미래를 예측하고 재난을 예방하고자 하는 행위는 이미 생활화된 문화로 봐야 한다. 일반 국민까지 이러한 주술에 열광하는 상황에서 불안정한 정치권력을 향유하고자 했던 정치인들의 주술에 대한 맹신은 어쩌면 당연한 결과라고 할 수 있다.

다음으로 논의되어야 할 존재는 바로 낫(နတ်[nat])이다. 낫은 모든 사물에 영혼이 깃들어 있다는 토착신앙으로 공리적 세계관에 의한 현실적 문제를 해결하려는 데 그 목적을 둔다.[●] 미얀마의 모든 가정, 마을 등 공동체는 고유의 낫을 섬기고 있으나 공식적으로는 37개의 낫이 정형화되어 있다. 그중 1번 낫을 제외하고 모두 실존했던 인물들이 비극적이거나 억울한 최후를 맞은 후 악령惡靈이 되었다고 한다. 그렇기 때문에 낫은 현재와 미래의 긍정적인 결과를 기대하기보다 부정적인 일이 발생하지 않도록 재난 예방의 차원에서 숭배의 대상이 된다.

엄격히 말하자면 낫사상 또한 힌두사상과 결합하여 토착화된 신앙이

---

● 낫의 기원, 종류, 의식 등은 김성원(2005)을 참조하라.

다. 낮의 우두머리는 2번 낮인 마하리기Mahagiri로서 뽀빠산Mt. Popa이 그 기원지로 알려진다. 그런데 1번 낮은 힌두기원의 신 데바Deva를 상징적으로 추가했다. 데바는 다시 불교의 수호신인 드자밍Dejamin, 즉 힌두교의 인드라Indra 또는 제석천帝釋天과 동격화된다. 다른 낮들과 달리 1번 드자밍낮은 법과 질서를 수호하는 선신善神이다.

이와 같이 현세를 관장하는 신앙체계는 불교가 아니라 비술과 낮신앙 등 토착신앙과 불교의 부산물이 자리한다. 이는 불교의 태생적 한계를 극복하고자 하는 미얀마인들의 정신세계를 대변하는 것이기도 하다. 즉 불교도 미얀마인은 궁극적으로 열반에 들기보다 현실에서 풍요롭고 안정된 생활을 희망한다. 이들에게 열반의 세계는 달성하기 힘든 미지의 영역이고, 현실에서 열반은 고통이나 악에서 해방되어 평온한 삶을 영위하는 것이다. 인간이라는 윤회를 벗어나지 않고 다음 생애에서도 지금보다 더 나은 지위의 인간으로 태어나는 것이 미얀마인들이 추구하는 이상향이다. 따라서 내세를 지향하는 불교는 현세를 관장하지 못하지만 비술, 낮신앙 등 토착신앙은 불교라는 테두리 내에서 생명력을 부여받는다.


### 3. 민간정권(1948~1962)과 종교: 불교국가로의 복귀

앞에서 언급했듯이 초대 총리 우 누는 이념적으로 전통주의자, 종교적으로는 독실한 불교도였다. 그러므로 그가 추구하는 정치적 이념과 이상향은 종교에서부터 비롯된 도덕적이고 교리적인 성향이 강했다. 개인적으로도 그는 근대국가구조에서 전통왕실의 부활을 추구하는 불자왕佛子王, dhammaraja을 지향했다.

우 누를 중심으로 하는 민간정권기 정부의 불교정책과 제도적으로 불교를 정치에 접목시키고자 하는 시도는 1958년 연립여당인 반파시스트 인민자유연맹AFPFL이 분당되기 전후 시기로 나뉜다. 분당 이전 시기는 식민통치로 인해 추락한 불교의 종교적·정치적 지위 복원기이자 종교를 정치에 활용하고자 했던 우 누 개인의 실험기이다. 분당 이후 시기는 우 누의 정치행태, 즉 정치와 종교의 접목을 본격적으로 실행한 시기로 정의할 수 있다.

우 누는 불교 교리에 조예가 깊은 인물이자, 낫 신앙과 점성술 같은 현실의 신앙체계도 숭배하는 전형적인 불교도였다. 종교적 신념은 평신도보다 강해서 음주를 하지 않고 채식만 했으며 매일 수행(기도)을 거르지 않는 마치 승려와 같이 금욕적인 일생을 고수했다(Schober 2011, 79). 또한 머리에 쓰는 가웅바웅gaungbaung, 통치마 롱지loungyi, 슬리퍼 퍼낙hpanak 등 전통의복을 즐겨 다른 정치인들과 차별되는 상징 효과를 누리며 대중적 인지도를 쌓았다(Butwell 1963, 61–62).

우 누는 국민들이 자신을 종교인으로 각인하는 것은 국가의 구원에 반드시 필요한 일이라고 생각했다. 부처가 제자들에게 계율보다 실제 사례를 더 많이 가르쳤다는 사실을 들어 그 또한 같은 방식을 유지하는 것이 마땅하다고 판단했다(Butwell 1963, 65). 정치의 영역과 같이 종교도 지도자는 반드시 국민들이 잘못으로 빠져들지 않게 해야 한다는 것이 그의 신념이었다. 종교의 최고 존엄과 수호자 역할을 자행하려는 우 누의 의도는 왕조시대 국왕의 역할로 귀결한다.

우 누는 상실된 불교의 지위를 완전히 복원하고 왕조시대와 마찬가지로 불교의 통치철학을 바탕으로 한 불교국가의 재건을 목표했다. 그의 절친한 동료였던 네루 인도 총리의 조언을 받들어 그는 1958년까지 실용주의에 입각한 불교 부흥운동을 전개했는데, 이는 민족주의와 연계되었다 (Schober 2011, 79).

우 누의 자서전인 *U Nu, Saturday's Son*(1975)에는 우 누의 종교관과 그가 행하고자 했던 불교 부흥운동의 방향이 제시되어 있다. 그는 대다수의 국민들이 고통이 없고 자유로운 불교를 배반하고 있다고 판단했다. 이에 따라 불교의 장려, 고통으로부터 구제되는 법칙의 확산, 처방된 규율을 통해 해탈에 이르는 방안을 제시하고자 했다(U Kyaw Win 1975, 196). 다음은 우 누가 구상한 불교 부흥 방안이다.

1. 사원 내 빨리어<sup>Pali</sup>대학을 건립한다.
2. 승려와 신도를 위한 종교 시험을 실시한다. 재소자들 가운데 이 시험을 통과할 경우 형기를 단축한다.
3. 우 누는 공식적인 종교과목을 수학하지 않았지만 대중을 위한 연설의 기회를 가지며, 연설문이 필요할 경우 배포한다.
4. 빨리어를 읽지 못하거나 이해하지 못하는 불교도들을 위해 삼장三藏을 미얀마어로 번역한다.
5. 고산지역에서도 불교의 전파를 독려한다.
6. 불교포교회<sup>Buddhist Missionary Society</sup>를 조직하고 정부는 이 활동을 보장한다.
7. 불교와 관련된 종교교육은 일선 학교와 양공대학교에서 시행한다.
8. 불교 교리와 현실 적용에서 문제가 발생할 수 있으므로 제5차 불교도 결

집 당시 만들어진 삼장의 오류를 바로잡는다.

9. 불교에서 정확한 명상right conduct 없이 종교의 진실은 발견되지 않는다. 정확한 명상은 언변과 행위와 관련하여 자제력, 평정심을 유발하고 집중하는 것, 욕심, 분노, 업신여김을 완전히 제거하는 것이다. 이러한 정확한 명상을 위한 첫번째 단계로서 양공에 명상센터를 설립한다(U Kyaw Win 1975, 196-198).

1950년, 우 누는 내무 및 종교부를 통해 정부 차원의 불교 부흥운동을 주도하기 시작했다. 이듬해에는 국내의 다양한 종교 가운데 불교의 부흥과 세속적 전파를 목적으로 불교평의회Buddha Sasana Council: BSC를 신설함으로써 그가 지향하고자 했던 아홉 가지 목적을 추진하기에 이르렀다. 불교평의회 설치를 두고 버마사회주의당BSP과 같이 연립여당 내 일부는 반대의 목소리를 냈다.

그러나 우 누는 BSC의 기능을 네 가지로 정의하면서 반드시 설치되어야 한다고 역설했다. 첫째, BSC는 국내 모든 불교도를 대표하는 기구이고 여기에서 통합적인 종교 지도자가 배출된다. 둘째, BSC는 종교의 실용성을 독려하는 국내 불교의 굳건한 근간이 된다. 셋째, BSC는 이념적 공격으로부터 불교를 보호한다. 넷째, BSC는 미국이나 영국이 선교사를 해외로 보내는 것처럼 정법의 전파를 위해 불교도를 외국으로 파견한다(Smith 1965, 149-150).

한편, BSC 중심에는 27명으로 구성된 연방불교실행평의회Union Buddha Sasana Executive Council가 편재했다. 왕조시대처럼 국왕이 불교의 수호자 역할을 할 수 없는 현재 상황을 고려하여 국가가 국민을 대신하여 그 역할을 수행하며, 본 연방불교실행평의회가 그 역할의 중심이 되었다. 우 윈[U Win] 내무 및 종교장관은 진실하고 헌신하는 승려, 강건하게 단결된 평신도, 종교의 부흥을 결정하는 정부 등 세 가지 불교 발전안을 제시했다(Smith 1965, 152).

빨리어대학은 1940년부터 설립안이 제기되었고, 이듬해 떼잉마웅[Thein Maung] 박사를 위원장으로 하는 빨리어대학 연구위원회가 조직되었다(Smith 1965, 70). 그리고 1950년 빨리어대학과 담마써리야(ဓမ္မာစရိယ[Dhammasariya]) 법령을 공포했다(Mendelson 1975, 249; Smith 1965, 117). 전자는 전국의 사원에서 쁘리얏띠(ပရိယတ္တိ[pariyatti])*, 즉 삼장 三藏 수행을 지원하는 기능을 하며, 후자는 빨리어 시험을 보기 위해 승려를 교육하는 승려를 지원하는 법령이다.◆ 빨리어 교육위원회[Pali Education Board]가 빨리어 시험의 모든 행정적 권한을 책임졌다.

공무원이 명상을 원할 경우 30분 일찍 퇴근하는 방안을 도입했고, 재소자들이 불교 시험에 합격하면 형을 감해주었다. 실론으로부터 부처 유품을 가져와 전국에 전시했고, 고대 불교사원을 복구했다(Butwell 1963, 65). 제2차 대전 당시 폐허가 된 양공 소재 보떠타웅[Botahtaung] 불탑을 전면 보수하고 영국 식민지로 빼앗겼던 띠보[Thibaw]왕의 왕좌를 비롯하여 해외로 반출된 각종 유물을 국내로 반환하고, 버강에 있는 부처 유품을 거바

---

● 일반적으로 승려는 쁘리얏띠(ပရိယတ္တိ[pariyatti])와 계율수행(Vinaya) 또는 명상수행을 의미하는 빠디빳띠(ပဋိပတ္တိ[padipatti])를 동시에 실시한다. 후자의 경우 데익딴(deikhtan)이라고 하여 일정 기간 동안 숲속에서 행해지기도 한다. 수행자의 영험한 기운이 크다고 할 때 깊은 숲속이라도 맹수의 공격이 없으며 오히려 이들이 숲속에서 겪을 수 있는 각종 위험을 보호해준다고 믿는다.

◆ 1962년 자료에 따르면 전국에 약 84개의 사원이 빨리어대학으로 기능했고, 1961년 실시된 시험에서는 2,034명이 응시하여 434명이 합격했다(Smith 1965, 227).

에 불탑(Kaba Aye: 세계 평화)에 임시로 봉안하는 등 민족주의의 자극과 불교의 중흥을 시도했다(Mendelson 1975, 275-276).

또한 우 누는 생활 속에서 명상을 할 수 있도록 마하시 서야도[Mahasi Sayadaw, U Sobhana Mahathera](1904~1982)의 도움으로 전국에 명상수행을 개소했다. 미얀마가 영국의 식민지가 된 이후 승려들은 명상과 고행 등을 통해 현 상황을 벗어날 수 있다는 계몽운동을 전개했고, 이 효과로 19세기 말부터 명상은 전국적으로 유행했다. 우 누는 대중동원의 형태로 위빳떠나(ဝိပဿနာ[vippassna]) 명상을 대중에 보급하고, 이를 통해 도달 가능한 이상향을 현실세계에 전시함으로써 대중이 불교적 생활양식을 강화하기를 기대했다. 또한 불교평의회[BSC]는 빨리어로 된 불교 경전을 미얀마어로 번역하여 국민에게 보급함으로써 불교 경전의 대중화에 기여했다(Smith 1965, 153).

불교 부흥사업의 최고 정점은 1954년 5월 17일부터 1956년 5월 26일까지 약 2년간 시행된 제6차 불교도 결집結集[▲]이었다. 부처 탄생 2,500주년을 기념하여 실시된 본 결집은 이미 1952년 5월 우 누가 뉴델리를 방문한 자리에서 불교의 부흥 차원에서 실시할 것으로 알려졌다. 불교도 결집을 위해 우 누는 1952년 거바에 불탑(Kaba Aye: 세계 평화)과 제1차 불교도 결집이 개최된 칠엽굴七葉窟을 모방한 1만 명 수용의 인공 동굴 마하빠싸나 동굴(မဟာပါသာနာ[Maha Passana Guha])을 신축하는 등 건설비용만 약 600만 달러를 지출했다.[■]

---

▲ 제1차 불교도 결집은 기원전 543년 라자그리하(Rajagriha)에서 아자다땃(Azadathat)왕에 의해, 제2차 불교도 결집은 기원전 443년 웨딸리(Wethali)에서 깔라또까(Kalathawka)왕에 의해, 제3차 불교도 결집은 기원전 241년 빠딸리뿌뜨라(Pataliputra)에서 아쇼카(Asoka)왕에 의해, 제4차 불교도 결집은 최초로 삼장(三藏)이 쓰인 실론에서 기원전 25년에, 제5차 불교도 결집은 1871년 꽁바웅왕조 밍동왕에 의해 개최됐다.

마하시 사야도와 위빠사나 명상센터

제6차 불교도 결집은 왕조시대를 답습하는 우 누의 정치행태와 불교의 국교화 가능성 등 두 가지 측면에서 분석 가능하다. 그는 독실한 불교 신자라는 종교적 배경 이외에도 역대 왕들처럼 불교의 보호자, 후원자로서 불교국가를 지향하고, 담마에 따르는 영웅적이고 모범적인 지도자로 역사에 남기를 원했다(Ling 1969, 334).

1871년 제5차 불교도 결집을 개최하고 이를 기념하기 위해 729개의 대리석으로 삼장을 모두 새겨 꾸도더Kudodaw 불탑에 안치한 밍동왕Mindon의 치적과 거바에 불탑을 신축한 우 누의 행위는 매우 닮아 있다. 왕정이 폐지되었지만 국가는 국민이 바른 사고, 바른 말, 바른 행동을 할 수 있게끔 인도해야 하며, 불교가 그 잣대여야 되어야 한다는 대전제는 국가구조의 변화와 상관없이 연속성을 유지한다. 또한 국가를 통치하는 수장으로서 우 누는 밍동왕처럼 그가 모든 행위의 중심에 서야 한다고 믿었다.

본 결집이 종료된 직후 전국 각지의 상가 집단들이 불교를 국교國敎화 하려는 움직임을 보였다. 그러나 이들과 회합한 우 누는 불교의 국교화는 국가의 통합을 저해하고, 다른 국가에 의해 악용되어 국내 안정에 방해가 될 수 있으며, 불교도가 아닌 관료사회에 심각한 오해를 불러일으킬 수 있다고 반대 의견을 명확히 했다. 무엇보다도 그는 불교 국교화는 종교적 자유, 평등한 시민권, 각 종교에 대한 지원에 어떠한 영향력도 행사하지 않아야 한다고 확신했다(Smith 1965, 233).

---

■ 제5차 불교도 결집 당시 대리석에 새긴 미얀마어로 된 빨리어 경전을 바탕으로 초고를 만들고, 스리랑카, 태국, 캄보디아 등의 성전을 참조하여 보충하고 수정하여 경전을 새롭게 작성했다. 최종 편찬교정위원회는 불교 전문가를 초빙하여 2년 이상 합송(合誦)하였고, 그것을 다시 40권의 삼장으로 정리했다. 주석서, 복주(復註), 학생용 교재 등 빨리어만 해도 총 123권으로 방대한 분량을 차지했다. 상좌부불교의 빨리어 삼장 미얀마어 판이 완전히 개정되었다(이은구 1999, 232-233).

불자왕을 추종한 두번째 형태는 승려의 정화 활동이다. 불교 부흥으로 인해 승려의 정치 참여가 현실화되었는데, 특히 승려를 통제할 종단이 부재하여 이들의 정치활동은 공공연해졌다. 그중 소승少僧연합Young Monk Association은 공산주의와는 거리를 두었지만 강력한 좌파 성격을 지닌 AFPFL 내 사회주의 집단과 연대했고, 전버마승려연합All Burma Presiding Monks Association은 우 누 파벌과 가까운 사이였다(Smith 1965, 190). 정치뿐만 아니라 승려들은 각종 특권 의식에 젖거나 폭력을 일삼는 등 승려 본분을 망각하는 일도 발생했다. 우 누는 "황색 가사袈裟만 걸쳤다고 승려가 아니다… 여성과 관계를 맺고, 도박, 음주 등 악행으로 가득 차 있다면 황색 가사 속 사기꾼일 뿐이다."라며 승려의 타락을 비난했다(Smith 1965, 205 - 206).

우 누는 승려의 현실 참여를 경계하며 1949년 국민등록법을 시행하면서 승려도 등록제로 전환하려고 시도했다. 승려들은 자신들에게 도입하려는 새로운 규제는 227개의 계율에 위반된다고 언급하면서 정부의 정책에 강력히 반대했고, 결국 승려등록제는 현실화되지 못했다.

왕-상가-정법으로 정형화된 전통왕조의 정치구도와는 별개로 우 누는 효율적으로 상가를 정화하거나 통제하지 못했다. 당시 상가는 분파적으로 늘어났고, 계율도 해석상 여러 가지 견해가 난무했으며, 자신의 통치 정통성을 뒷받침해줄 상가의 장악을 완전히 이뤄내지 못했다(Taylor 1987, 290). 왕조시대에는 왕이 국가의 목적 달성을 위해 상가를 이용할 수 있었던 점에 비해 우 누 정권기는 오히려 상가가 자신들의 정치적 목적을 위해 국가를 이용하는 경향이 뚜렷했다. 상가의 분파 행위는 자신들이 지지하는 정치 지도자들을 선택함으로써 정실적인 주종관계만을 강화하는 현상을 초래했다. 예를 들어 1950년 선거에서 상가의 지도자가 특정한 당에 표를 몰아줌으로써 상가가 국가를 압도하는 양상을 보였다(Mendelson 1975, 25-26).

독립 이후 상가의 정치화는 공공연한 형태였으나 개인적으로 정치승려는 발견되지 않을 정도로 사유화된 권력을 지향하는 승려는 나타나지 않았다. 그럼에도 불구하고 우 누는 정부의 통제 영역 안에서만 근본주의에 입각한 불교의 부흥을 꾀했기 때문에 자신의 정치적·종교적 운신 폭을 유지하기 위해 승려에 대한 통제를 시도했다고 보인다. 방벌放伐의 대상이 되지 않으려는 왕의 정치 및 종교행태와 유사하게 전개된 것이다.

앞서 언급했듯이 연립여당 반파시스트인민자유연맹AFPFL의 분당은 우누의 청렴파와 우 쪼녜잉과 우 바스웨가 이끄는 안정파의 파벌 대결이 그 원인이었다. 파벌 갈등을 조장한 결정적 요인 가운데 하나가 바로 불교의 지위를 둔 갈등이었다. 말하자면, 버마사회주의당BSP의 주요 인사가 안정파인 점을 감안할 때 이들은 보다 세속적이고 정치에서 종교를 분리하려는 움직임을 보였다. 이 파벌과 대결하는 우 누는 사회주의보다 전통주의적 색채를 강조하며 자신의 정치적 이념을 차별화하는 전략을 선택했다. 그런 이유로 불교의 국교화에 유보적인 입장을 바꾸어 1960년 총선에서 불교 국교화를 핵심 공략(1959.9.26)으로 선택하는 승부수를 띄웠다.

AFPFL의 와해 이전 1956년 우 누는 당무黨務에 집중하기 위해 1년간 총리직에서 사퇴하고 우 바스웨에게 내각을 맡겼다. 이 시기 우 누는 불교 국교화를 두고 AFPFL의 내부 합의를 이끌기 위해 시도했고, 역설적이게도 이런 조치는 급속한 당의 와해로 이어졌다. 1940년대부터 불교 국교화 시도가 있었고, 1955년 창당된 공화당과 1959년 창당된 불교도 민주당

Buddhsit Democratic Party 등이 불교 국교화를 정당 이념으로 선택했으며, 제6차 불교도 결집을 통해 승려들의 움직임이 거세지는 가운데에서도 우 누는 유보적인 입장을 고수했다.

AFPFL의 와해와 정치적 파벌의 현실화는 독자 생존을 위한 전략을 필요로 했고, 상대 진영과 대척점에 서는 정책과 이념으로 무장함으로써 우누는 스스로의 정치적 입지가 실험대에 오를 것이라고 판단했다. 사회주의보다 전통주의, 정치에서 종교가 분리되는 세속국가보다 불교를 정치이념의 핵심에 둠으로써 국민적 심판을 받고자 한 것이다.

우 누의 시도는 성공적이었다. 1960년 2월 7일 선거에서 청렴파가 승리한 것이다. 이제 우 누는 그의 공약대로 불교 국교화에 착수했다. 첫번째 단계로 1960년 4월 4일, 18명의 승려와 17명의 평신도로 구성된 국교자문위원회State Religion Advisory Commission를 구성했다. 그렇지만 불교 국교화에 대한 국민적 반감은 사그라들지 않았는데, 특히 이교도들의 물리적 전유가 발생하기도 했다. 우 누의 입장과 달리 당시 과도 군부는 버마족 거주지역인 버마프로퍼Burma Proper에만 적용되어야 한다고 주장했다. 본격적으로 불교 국교화를 논의하던 시기에 즈음하여 무슬림 폭동이 발생하여 일단 불교 국교화 안건은 기각되었다(Butwell 1962, 4).

그럼에도 불구하고 1961년 8월 26일, 의회 재적 371명 가운데 찬성 324, 반대 28, 기권 19로 불교 국교화는 가결되었고, 3차 헌법 개정은 발효되었다. 우 누는 제4차 헌법 개정에 다시 종교의 자유를 보장하겠다는 선심성 발언을 하자 이번에는 승려들의 반대에 부딪혔다. 헌법 제20조를 통해 타 종교의 자유로운 의식과 활동을 보장한다는 조항을 신설했으나 불교 국교화에 어떠한 영향력을 행사하지 못하는 별도의 법안을 도입함으로써 의회와 국민 내 반대파들의 비난 여론은 누그러지지 않았다. 비불교도들의 봉기가 이어졌다. 꺼잉족은 그들의 무장투쟁을 재개했고, 비불교도 까친족은 국가 비상사태를, 반군세력과 관련 없는 샨족들도 연방<sup>federal</sup>형태의 정부 구성을 요구하는 등 각 소수종족의 불만은 최고조에 달했다(Butwell 1962, 6).

불교 국교화가 확정되면서 정치에서 종교를 분리해야 한다는 세속주의자들, 특히 공산주의자와 친 공산주의 진영인 민족민주전선<sup>NDF</sup>은 자연스럽게 이적단체로 분류되었다. 이런 차원에서 불교는 민족주의를 형성하고 강화하는 기제이면서 동시에 이데올로기를 가로 짓는 잣대가 되기도 했다. 예를 들어 우 누는 공산주의자들을 '종교의 적'이라는 의미인 담만더예(ဓမ္မန္တရာယ် [dhammandaye])<sup>●</sup>로 정의했고, 이들과 연대한 소수종족들도 같은 부류로 취급했다.

우 누는 식민통치로 인해 느슨해지거나 왜곡된 불교를 정화하고 근본주의로 회귀함으로써 국민적 공감대를 형성하여 민족주의를 고취시키고자 했다. 그러나 그의 불교 부흥정책은 1958년 연립여당의 와해와 함께 자신의 정치적 성공을 위해 종교를 정치에 적극적으로 활용하는 왜곡된 면모를 보이기도 했다. 근본적으로는 불교가 국가를 통합할 수 있는 매개체가 될 수 있느냐의 문제로 치환되는 우 누의 종교정책은 변화한 환경을 대변하지 못한 오점을 남겼다. 그 수는 많지는 않았지만 이미 다양한 종교와 해당 종교 신자가 출현했고, 이들 대부분은 자치권을 주장하는 소수종족으로 불교의 국교화는 국론분열의 직접적이고 결정적인 원인이 되었다.

---

● 빨리어로 정법(正法)을 뜻하는 담마(dhamma)와 위험을 뜻하는 안더야(andaya)가 합쳐진 합성어이다.

종교 부흥운동이 우 누의 개인적 신념에 근거한 것처럼 그가 행하는 전통 지향적 행태는 현대보다는 전통, 합리성보다는 비합리성 또는 신비주의, 현실주의보다 초현실주의와 연계됐다. 그럼으로써 그와 그의 정부가 치러야 하는 정치적 비용도 만만치 않았다. 국가통합에 저해가 되는 집단 공동체주의자의 난립, 상가의 정치력 증대, 비합리적 종교 관행의 발전, 경제발전의 이익 감소 등이 그것이다(Smith 1965, 183).

대표적인 사례가 미래를 예측하고 길흉을 예방하고자 했던 점성술과 산자술에 대한 의지였다. 그의 오랜 동지이자 정적인 우 쪼네잉은 "우 누가 조언하지 않으면 랭군에는 유명한 점성술사가 없다."라고 했다. 미얀마의 독립 시각(새벽 4시 20분), 6차 불교도 결집의 시작 시각(오후 12시 12분), 1956년 총리직 사임 시각(아침 9시) 등도 모두 점성술에 근거한 것이다. 한번은 그가 운전하던 차가 개를 치자 이를 불길한 징조로 간주하여 그날의 모든 일정을 취소하기도 했다(Butwell 1963, 71).

1961년 총리로 복귀하기 이전 45일간 뽀빠산^Mt. Popa^에서 수행을 한 뒤 양공으로 돌아오는 길에서 신비한 빛이 발했다는 유명한 일화가 있다. 언론은 국가에 호사가 많을 것이라는 징조로 해석하며 대대적 보도를 서슴지 않았다(Smith 1965, 145). 이러한 상징 조작은 우 누를 신성시 여김과 동시에 국민의 선택보다 이미 운명적으로 국가의 지도자로 태어났다는 왕의 귀환이었다.

점성술과 산자술은 국정에도 절대적인 영향을 미쳤다. 1961년 11월, 우 누는 불교 국교화에 따른 국론 분열을 돌파하기 위해 점성술에 따른 묘안을 내게 됐다. 9큐빗 높이와 9층으로 된 첨탑이 들어간 6만기의 모래불탑을 12월 9일 오전 6시부터 8시 24분 사이에 완공하고, 승려 아홉 분에게 채식 공양을 하며, 남녀 각각 아홉 명이 3일간 경전을 읽게 되면 국가가 처한 위험이 사라지고 평화가 찾아온다고 믿었다(Smith 1965, 171). 신군부 정권까지 이어진 숫자 9에 대한 맹신과 점성술에 따른 점괘가 미얀마를 구원해줄 것이라는 비과학적이고 미신적이며, 어떤 면에서 매우 어리석고 순진한 정책은 우 누 스스로의 정치적 정통성을 갉아먹는 처사였다.

또한, 우 누 정부는 낫 신앙을 국가 정책으로 후원하는 정책을 펼쳤다. 우 누는 불교도의 숭배 형태를 정당화하고, 국가의 번영에 도움이 된다고 증명될 수 있으며, 정부의 행위에 긍정적인 결과를 가져오는 조건하 불교의 영역 내에서 낫 축제propitiation의 필요성을 제기했다(Smith 1965, 173).

이런 행위는 독실한 불교도들의 반발을 사기에 충분했다. 시간이 지날수록 낫 의례에 대한 우 누의 입장은 개인적으로 변화했다. 불탑 복원 행사에 낫 축제를 동시에 개최함으로써 필요치 않은 예산을 투입하기도 했다. 급기야 불교 국교화에 즈음한 1961년 5월, 정부는 하부 미얀마와 상부 미얀마에 각각 국가 낫당State Nat Shrine에 이어 뽀빠산에도 추가로 낫당을 건설하기로 결정했다. 국가에서 공인한 37낫상을 동으로 제작하여 안치하기로 한 것이다. 세 낫당이 완공되기 전 군부 쿠데타로 인해 계획은 수포로 돌아갔다.

우 누는 국민의 지지로 인해 국가 지도자가 된 현대 정치의 맥락상 정통성을 확보한 인물이었다. 통치를 위한 자원을 충분히 획득했음에도 불구하고 그는 불교의 부흥이라는 시대착오적이고 불필요한 자원을 동원함으로써 스스로의 지도력에 의문을 형성했다. 불교적 정통성은 왕조시대의 전통으로 근대화된 현대사회에서 적응할 수 없는 태생적 한계를 지닌다.

그래서 우 누 정권의 실패는 불교를 선택한 우 누의 사상과 리더십에서 찾을 필요가 있다. 불교와 개인적 카리스마는 그가 정치적 정통성을 획득하고 국민적 지지를 이끄는 데 주요 동인이 될 수 있었겠지만, 정치와 경제와 같이 세속적 현안의 발전은 열반의 과정을 들기 위한 도구가 아니었다. 목적을 달성하기 위한 수단을 제대로 선택하지 못했거나 목적과 수단을 동일하게 본 우 누의 정치적 과오를 지적할 필요가 있다. 비이성적, 비합리적, 미신에 의존하던 우 누의 정치행태는 불필요한 자원과 재원의 낭비로 이어졌고, 국민적 분열을 야기하기도 했다. 그럼에도 불구하고 현안의 문제점을 해결하기 위한 방안으로 또다시 종교와 의례와 같은 전통적인 요소에 의지하며 정치행태의 무기력한 악순환을 반복하게 된 것이다.

### 4. 구군부정권(1962~1988)과 종교: 세속주의와 불교주의

네윈이 중심이 된 혁명평의회RC는 민간정권의 실패를 직접 목격하며 그들이 행했던 정책을 완전히 무효화하거나 정반대 형태로 나아가야만 정권의 성공을 담보할 수 있을 것으로 여겼다. 특히 우 누가 행했던 전통 지향적인 정치행태에 대한 답습은 근대화된 군부의 위상과 일치하지 않으며, 보다 세속적인 국가의 형태를 추진함으로써 급진적 사회주의를 완성할 수 있다고 믿었다.

앞서 언급했듯이 쿠데타의 직접적인 원인은 연방의 분열이 발생할 수 있는 연방주의운동에 대한 방어 차원이었다. 이와 함께 군부는 1960년 총선에서 우 누가 추진하던 불교 국교화에 대해 적극적으로 반대하는 등 종교가 현 상황을 더욱 혼란스럽게 만든다고 판단했다(Butwell 1962, 3-11; Trager 1963, 309-328). 아웅지는 "우리는 비용 면에서 하나의 종교를 특별히 강조하지 않는다."며 쿠데타의 원인을 정치, 경제적 위기와 함께 종교적 문제로 환원했다(Smith 1965, 282).

군부의 정치적 성향이 안정파와 가깝기도 했고, 군부의 대다수가 버마 사회주의당BSP 출신으로서 종교를 정치에서 배제하는 당론과 동일한 입장이었다. 그래서 군부는 정치와 종교의 결합을 반대했다. 아웅산의 전통인 미얀마 민족주의를 일치단결하여 계승하는 차원에서 군부는 불교 국교화가 국론 분열을 이끌 것이며, 종국에는 연방의 분열로 나아갈 것이라는 위기의식을 공유했다. 이런 측면에서 불교 국교화는 소수종족이 추진한 연방주의와 궤를 같이한다.

집권 초기 정치에서 종교의 역할에 대한 네윈의 입장은 아웅산의 그것과 유사했다.

첫째, 종교와 정치는 분리되어야 하고 국가는 세속적인 문제에만 집중해야 한다. 둘째, 정부는 근대적이고 합리적이며 진보적인 사회주의 사회 건설에 명확히 해로운 종교관과 의식을 없애야 하고, 이러한 목적들을 달성할 수 있는 영적인 가치를 고양해야 한다(Smith 1965, 296).

위에서 두번째 시각은 낫 신앙에 대한 국민들의 무분별한 숭배를 지적한다. 혁명평의회는 낫 신앙은 정령숭배의 관습으로 비이성적이며 불교와 대치된다는 입장을 명확히 했다. 낫 신앙에 대한 숭배는 불교의 국교화를 넘어 국민의 종교관 자체를 저해할 수 있다고 경고했다. 그래서 1962년 7월부터 낫 신앙을 주제로 하는 영화 촬영과 상영을 금지시켰으며, 낫 신앙은 사회주의 선전으로 대체됐다(Smith 1965, 296).

쿠데타 4일 뒤 혁명평의회는 1961년 발효된 국가종교부흥령<sup>State Religion Promotion Act</sup>을 즉각 철폐했다. 이 법령에 따르면, 공무원 사회와 학교는 일요일뿐만 아니라 일주일마다 일정하지 않은 불교 안식일로 인해 업무에 큰 지장을 초래했다. 그래서 혁명평의회는 일요일과 토요일 반일<sup>反日</sup> 휴무를 보장하는 이전의 업무일 체계로 되돌리고, 불교 안식일 기간 주류 판매를 금지하던 규제도 철회했다. 나아가 불교의 오계<sup>伍戒</sup> 중 하나인 살생을 금하는 원칙에 따라 각종 곤충이 서식하여 전염병이 창궐했는데, 전염병을 유발할 수 있는 동물을 살상할 수 있도록 하고 공공보건 캠페인을 전개했다. 소를 도살하는 법령도 폐지한 뒤 육류 수요는 증가했으나 힌두교도들의 반감이 등장하는 새로운 문제도 발생했다(Smith 1965, 283-284).

우 누 정권 당시 신설된 불교 관련 종교기구 및 단체, 심지어 승려에 대한 개혁안도 시행되었다. 1962년 5월, 군부의 결정<sup>decree</sup>에 따라 불교평의회<sup>BSC</sup>는 해체되었고, 본 기구의 재정 집행 내역을 조사했다. 예를 들어 정부는 1962~63년간 불교평의회에서 사용할 360만 짯(75만8천 달러)을 동결했다. 불교 국교화에 따라 매년 국가 예산의 0.5%를 종교에 할당하기로 되어 있으나 실제로는 해당 금액의 85%가 불교에 집중되었고, 불교평의회가 전권을 장악하고 있었다(Smith 1965, 285). 버고 소재 마하제디<sup>Mahazedi</sup> 파고다의 재건축에 배정된 정부 예산도 무효화했다(Smith 1965, 170). 국영방송국 BBS에서 방영되는 승려의 설법 전파 방송을 위한 재정도 축소했다(Smith 1965, 286).

1965년 1월 18일에는 1949년 상가의 정화와 결속을 다지기 위해 공포한 종교재판소령Ecclesiastical Court Act, 빨리어 대학교 및 담마서리야 법령, 빨리어 교육위원회 법령 등 상가의 종교 활동과 관련된 특별 법안은 당초 목적을 달성하지 못했다는 이유로 폐지했다(Smith 1965, 305).

불교와 승려에 대한 특권을 폐지하면서도 종교의 자유를 보장하는 BSPP의 종교관은 명확하다.

> 사회민주당은 당원의 종교의 자유를 인정한다. 그러나 종교와 정치 간 명확한 경계선이 없어 보이고 종종 두 요소는 혼합된다. 정당조직의 발전에 있어서 종교의 오용은 흔한 일이다. 공산당은 종교적 신념이나 숭배를 하지 않는다. 정당 규정에도 그러한 신념이나 숭배를 금지한다. BSPP는 신앙을 가지거나 숭배를 하는 종교에 대한 완전한 자유를 부여한다(Maung Maung 1969, 309).

또한 당시 혁명군부는 사회주의를 달성하는 데 있어서 상가는 무용한 집단으로 간주했다. 이러한 견해는 유럽의 좌파 전통 가운데 반성직자주의에 근거한 것으로, 미얀마의 사회주의적 개념에서 볼 때 승려는 정치에 기생하는 성직자에 불과하다. 만약 사회주의가 성립되면 물질적 자원은 사원을 건축하거나 전적으로 비생산적인 승려를 유지하는 데 낭비되지 않을 것이며, 인간 자원은 이런 비생산적 집단의 증대를 방조하지 않을 것이라는 확신이 있었다.

상가에 대한 네윈의 적대적 입장은 상가의 탈정치화 또는 사회주의 건설에 적극 동조하는 친정부 성향의 상가 집단을 필요로 했다. 혁명평의회의 세속주의 정책에 반기를 든 승려들을 지지하는 국민들 앞에서 네윈은 불교는 순수한 형태로 존재해야 하며, 승려는 종교의 정화를 이끌고 교리의 원칙과 존엄을 숭배해야 한다고 주장했다(Maung Maung 1969, ix).

민간정권 당시 불교 부흥정책에 따라 승단과 승려는 배타적 자율권을 가지는 역효과를 초래했다. 따라서 본분을 망각한 행동을 하거나 심지어 정치집단화하는 승려 단체도 등장했으며, 이는 우 누의 승려 등록제를 불가능케 했던 동인으로 작동했다. 민간정권의 경험을 바탕으로 네윈은 종교의 자유는 인정하되, 정치화된 종교집단의 난립을 막고자 했던 것이다.

우 누 체제에서 실패한 승려등록제는 네윈에 의해 강도 높게 진행됐다. 1964년 불교를 포함한 모든 종교단체는 각 지방 치안행정위원회Security and Administration Committees: SAC에 등록해야 하고 정치활동이 전면 금지되었다(Taylor 2009, 358). 이듬해 1965년 3월에는 정부의 사주를 받는 '승려연합회'Sangha Association의 이름으로 전국의 모든 승려들에게 승려증을 배부함으로써 승려들을 의무적으로 정부에 등록시켰다. 그러나 상가 종파의 분열이 심각한 편이었고, 승려들은 등록에 적극적으로 반대하는 입장이었다. 4월 들어 정부는 승려가 정치 및 경제적 활동을 하고 있다며 92명을 체포했다. 정부는 항의하는 승려들을 공산주의자와 다를 바 없으며 이들의 활동이 반反종교적이라고 반박했다(Taylor 2009, 358). 이 조치로 인해 1974년 유엔 사무총장 우 땅U Thant의 장례식 이전까지 승려들의 정치활동은 발생하지 않았다.

승려등록제의 실시는 일종의 승려 정화사업에 해당되기도 하며, 이는 국가가 승려를 통제하려는 애초의 목적과 함께 왕정체제에서 행해지던 종단의 개혁과 유사한 측면으로 전개되기도 했다(Matthews 1999, 36). 단순히 상가를 통제하는 차원이 아니라 선택된 승려에 대한 물질적 지원을 함으로써 정부를 지지하는 상가를 양성하고자 했다. 불교가 정치에서 벗어나 순수한 종교로 발전하기를 바라던 혁명평의회의 입장과 상반되는 것이었다.

상가의 탄압과는 대조적으로 네윈은 고승들을 상대로 사원에 거금을 보시하거나 자동차, 텔레비전 등을 선물했다. 그럼으로써 이들이 친정부적인 연설을 하게끔 유도하여 상가를 매개로 정부에 대한 국민적 지지를 확보하려 했다. 빨리어와 불교연구를 지원하고 불교유적을 보호하는 사업도 추진되었다(이은구 1999, 239).

상가에 대한 이율배반적인 형태는 1965년 1차로 단행된 상가 개혁에서 극명하게 드러났다. 양공 인근 호모비Hmawbi에서 개최된 전승려 전종파 회담All Sangha All Sect Convention에 2,000명의 승려가 동원되었는데, 네윈은 종교전파의 수장이 되기를 원했다(Matthews 1993, 415). 그러나 본 회담에 참석한 승려들은 승려 등록제와 민간정권기 불교 관련 단체의 폐지에 대해 강력히 반대하는 입장을 보임으로써 네윈과 평행선을 걸었다.

1974년 제정된 사회주의헌법은 정치와 종교의 결별을 공식적으로 확인하는 문건이기도 하다. 1964년 4월 발표된 버마식사회주의 성명서에서는 종교의 자유를 인정하는 조항이 존재했으나, 1974년 헌법에서는 불교를 포함한 종교와 관련된 언급은 전혀 없었다. 국가가 더 이상 종교의 수호자가 될 수 없다는 BSPP의 입장은 미얀마 역사를 통틀어 놓고 볼 때 매우 혁명적인 발상이었다. 그렇다고 개인적으로 불교를 신봉하는 신도들이 감소하지 않았다.

1980년 승단에 대한 2차 개혁이 실시되었다. 정부는 1979년 12월, 불교

각 종파 대표들에게 불교의 정화, 안정, 발전을 위한 방책 연구를 목적으로 전종파 합동승가회의를 가질 것으로 고시했다. 회담 명칭은 "제1회 불교의 정화, 영속, 전파를 위한 전 종파 상가회담 First Congregation of the Sangha of All Orders for the Purification, Perpetuation, and Propagation of the Sasana "이었다. 이 대회의 개최를 기념하여 국가평의회는 사면령을 발표하여 전 총리 우 누를 비롯하여 정치범 약 4,000명을 석방하기도 했다(Matthews 1993, 415). 5월 24일부터 27일까지 양공에서 개최된 본 대회에 총 1,219명의 승려가 참가했는데, 정부의 기준을 충족시키지 못한 승려는 참가자격이 박탈됐고, 정부에 협조적인 고승高僧들이 대회를 통제했다(이은구 1996, 119; Seekins 2006, 152; Taylor 2009, 359).

이 대회에서 주된 결의 사항은 다음과 같다. 전국적인 통일 승려조직 설치, 승려 간 규율 유지와 분쟁 해결을 위해 종교재판소 설치, 승적기록부의 교부 등이다(이은구 1996, 119).● 특히 승려를 국가가 통제하는 차원에서 최고 상가평의회 Supreme Sangha Council (သံဃာမဟာနာယက [thanga-maha-nayaka])를 설치했다.◆ 또한 상가와 관련된 법령을 제정하고 집행하는 법령위원회 Committee (ဩဝါဒါစရိယ [owadasariya]), 총무와 비서일을 담당한 상가 중앙작업위원회도 새로이 구성됐다(Michael Aung Thwin 2009, 18). 이로서 고대로부터 누려온 상가의 조직적 자율권은 폐지되었고, 정치권력이

---

● 세부적으로 네 가지를 의결했다. 교리 시험을 수정하여 사미승과 수도승이 빨리어뿐만 아니라 미얀마어를 습득하여 불교 수행에 필요한 지식을 발전시킨다. 현 당국은 달력, 책, 카세트테이프, 공공 출판물 등에 부처와 불탑 이미지 사용을 하지 않는다. 부모가 없는 자를 제외하고 여성을 포함한 거주자는 사원에서 퇴거한다. 불교의 순화, 영속, 발전을 위해 가짜 승려들을 없앤다(Tin Maung Maung Tan 1993, 22).

◆ 33명의 위원으로 구성되는 최고 상가평의회는 하위에 불교교육(ပညာ [Pyinnya]), 계율수행(ဝိနယ [Vinaya]), 교리연구(အဘိဓမ္မာ [Abidhamma]) 등 세 위원회로 나뉜다(Matthews 1993, 416). 1981년까지 각 위원회 위원은 선출직이었으나 그 이후 임명직으로 전환했다.

상가를 완전히 통제하는 전대미문의 역사가 만들어졌다.

이 기구는 정부를 대신하여 승려등록제를 추진함으로써 각 지역마다 자생하던 상가집단을 통폐합하는 등 사실상 관변단체 역할을 했다. 또한 이 기구 위원은 모두 내무 및 종교부의 지명을 받아 선출되는 등 통제의 대상이고, 친정부 승려들이 중앙위원회를 차지했다. 승려의 정치활동을 엄격히 금지함과 동시에 당시 9개의 종파(ဂိုဏ်း[gaing]) 이외 새로운 종파 창설은 원천적으로 금지되는 등 자율성은 보장되지 않았다(Seekins 1996, 153; Tin Maung Maung Tan 1993, 23).

1985년 5월, 제2차 전 종파 상가회담이 개최되었다. 상가 법령constitution 이 일부 개정되었고, 전국적으로 승려수를 조사, 발표했다. 대부분이 수도승이고 승려는 약 28만 명이었다. 정부 입장에서는 정치범이나 경제사범 등으로 인해 사원에 은신하고 있는 가짜 승려들을 색출하는 성과를 올렸다(Michael Aung Thwin 2009, 19). 이를 두고 미얀마 역사에서 전례 없이 국가가 승려를 통제하는 일대기적 사건으로 평가하기도 한다(Taylor 2009, 359-360).

주목해야 할 점은 혁명평의회와 BSPP로 대변되는 군부정권은 종교를 배제한 지극히 세속주의 국가 건설을 추구했음에도 불구하고, 그 이데올로기적 성향은 불교에 바탕을 두고 있다는 점이다. 즉 승려를 탄압하고 통제하면서도 불교 본연의 가치와 철학에 대한 어떠한 박해나 자의적 해석을 하지 않았다. 승려에 대한 박해를 가하고 탈정치화를 유도하면서도 체제를 지지해줄 승려집단의 보호와 후원은 상가의 정화와 통제라는 고전주의적 담론을 현대적으로 해석한 결과이기도 하다. 그런 의미에서 "혁명평의회가 주창한 버마식사회주의는 영감에 있어서 마르크시즘, 이행에 있어서는 레닌주의, 실제 목적에 있어서는 불교였다."(Michael Aung Thwin 2009, 17)는 주장에 주목할 필요가 있다.

떤마웅마웅딴 박사는 1974년 형식상 민간체제의 출범을 네윈의 독재체제가 강화되고 개인적으로도 심리적 변화가 본격화된 시기로 규정한다.

체제의 구분과 병행되어야 할 점은 네윈 개인의 정치적 마음가짐이다. 군권을 장악해 국정을 평정한 혁명 초기보다 버마사회주의계획당^BSPP^ 일당체제 이후 독재정권에 대한 민심의 이반을 만회하기 위해 네윈은 불자왕과 같이 보시를 하고, 국가의 최고 지도자로서 형식적으로나마 국민의 기본생활권을 보장하고자 노력했다(Tin Maung Maung Tan 인터뷰, 2002/9/4).

떤마웅마웅딴 박사의 언급은 군부정권이 제도적으로 안정화의 수순을 밟았고, 네윈은 이를 기반으로 1인 지배체제를 항구화하기 위한 전략으로서 대중에게 자비로운 형상을 연출한 것으로 판단된다.

그러나 네윈이 공공영역에서 종교에 더 많은 관심을 표방하기 시작한 시기는 1960년대 말로서 그의 허약한 정통성을 마련하고 불교도의 정체성을 획득하기 위함이었다(Fink 2009, 36). 쉐더공^Shwedagon^ 불탑 맞은편에 위치한 마하위자야^Maha Wizaya^(대 승리) 불탑은 또 다르게 인민불탑 People's Pagoda 으로 불린다. 미얀마 국민 중 다수는 네윈이 이 불탑을 건축 (1983~84)했다는 사실을 모르듯이 신축 당시에는 철저히 비밀에 부쳐졌다. 정치인으로서 네윈의 종교관과 정면으로 대치되기 때문이다. 마하위자야 불탑은 원래 거바에 불탑 근처에 건축하려고 했으나 1982년 네윈의 점성술사에 의해 현재 위치에 지어졌다(Mya Maung 1991, 227).

네윈은 야다체(ယတြာချေ[yadayache]), 꼬너잉체(ကိုးနဝင်းချေ[konaingche]), 뜨바웅(တဘောင်[tabaung])을 비롯해 모든 비술을 동원하여 자신의 운명을 바꾸려 했다. 그는 거울에 자신의 형상을 그려놓고 반복적으로 그것을 쏘거나, 자신이 출생한 마을에 서식하는 고고go go나무 줄기를 모두 베어버리면 자신이 암살당하지 않는다고 믿었다. 1970년대에는 차선을 왼쪽에서 오른쪽으로 변경함으로써 우파 세력의 봉기를 무마하려고 시도했다(Fink 2009, 37).• 네윈이 제4소총 대대에 근무할 때부터 함께한 인도인 요리사 라주Raju와 해외여행까지 동행했다. 독살을 두려워했던 네윈은 모든 음식도 라주가 먼저 맛을 본 뒤 섭취했다(Lintner 1989, 86).

대표적인 뜨바웅은 마하위자야 불탑과 관련된다. "인도 불탑의 마지막 첨탑이 완성되면 태양왕은 질 것이다"(ကုလားဘုရားထီးတော်တင်၊ နေမင်းကြီးနေဝင်[kalapayahtidawtin-naymingyi-naywin])라는 뜨바웅이 유행했다. 여기서 인도 불탑은 네팔에서 가져온 부처의 유품을 안치한 마하위자야 불탑을 의미하며 태양왕은 그 발음이 유사한 네윈을 의미한다(Maung Aung Myoe 2006b, 13). 그래서 불탑의 꼭대기에 안치하는 우산 모양의 첨탑은 1988년까지 완성되지 않았다(Mya Maung 1991, 228). 이처럼 현실에서 닥치는 정권 유지의 불안감을 해소하기 위한 각종 비술은 네윈을 비켜 가지 못했다.

앞서 지적했듯이 네윈은 자신의 출생지마저도 정확히 알리지 않아 출생에 대한 신비감을 더했고, 권력을 장악한 뒤에는 왕의 외형적 측면을 추구하고 왕실 혈통을 이은 왕족이라는 억지스러운 주장까지 펼쳤다. 과

• 일부는 네윈 체제의 완전한 성립을 상징하는 것이라고도 한다. 즉 민간정권기를 우파라고 볼 때 혁명평의회시기(1962~74)는 사회주의를 완성하기 위한 준비단계였고, 1974년 출범한 정권이 완전한 사회주의를 완성한 시작이라고 본다. 즉 민간정권과 정반대 진영으로 정권의 성격을 유인했다는 사실은 차선의 변경과 일맥상통한다고 볼 수 있다.

학의 시각으로 도저히 설명될 수 없는 초자연적 현상을 추구함으로써 네윈은 국민이 가지지 못한 영험한 능력을 보유했다는 사실을 전시했다.

네윈은 숫자 9를 자신의 운명을 결정하는 숫자로 간주하여 이 숫자를 통해 자신의 운명을 바꾸고자 시도했다. 1930년대 독립운동에 가담할 때부터 네윈은 슈마웅Shu Maung이라는 본명을 버리고 주인이라는 의미인 떠킹(သခင်[Thakhin]) 네윈으로 불렸다(ဦးကျော်ငြိမ်း [U Kyaw Nyein] 1998, 55). 자신의 신분을 숨기기 위한 방편으로 가명을 사용한 떠킹 동지들과 달리, 그는 개명을 함으로써 자신의 운명을 바꾸려 했다. 네윈은 자신의 불운한 숫자를 8로 간주했는데, 8은 수요일 오후에 태어난 군인에게는 좋지 않은 운명을 가져다준다고 여겨진다. 그래서 수요일 오후를 상징하는 'S' 자음과 상징 동물인 상아가 없는 포악한 성격의 코끼리 대신 토요일에 태어난 자에게 작명할 때 사용하는 초성자음 'N'을 선택했다(Mya Maung 1991, 164).

네윈은 90세까지 생존하고자 했다. 그래서 숫자 9와 관련된 다양한 비술을 활용하여 자신의 임기를 연장하려는 정책을 선택했고, 그 일부는 국가의 대혼란을 초래하기도 했다. 대표적인 사례가 1987년 9월 5일 단행된 화폐 무효화조치였다. 정부는 암거래상인에게 타격을 준다는 명분으로 기존 25, 35, 75짯을 무효화하고, 22일 새로이 45, 90짯을 발행했다. 중국, 태국 등 국경에서 밀무역에 종사하는 상인들이 고액 화폐를 다량 보유했고, 이를 무효화할 경우 이들의 경제적 타격이 클 것이라는 예측에서였다(신봉길 1991, 101).

정부의 예상은 빗나갔다. 통화량의 60% 이상을 차지한 세 화폐의 폐지로 인해 미곡 가격이 폭등하여 실물경제는 더 이상 회생의 가능성을 보이지 못했다. 개학을 맞아 대학 등록금을 납부하려던 대학생들은 자신의 화폐가 하루아침에 휴지조각이 된 것에 대해 극도로 분노했다. 모띠중Moe Thee Zun●과 그의 동료들은 이 사건으로 인해 더 이상 정권에 인내할 수 없다고 생각했다. 대학생들의 소규모 집회가 추진되었으나 정권은 대학을 폐쇄해버렸다(Fink 2009, 46).

국민들은 더 이상 정부의 정책을 믿지 않았고, 정부가 발행한 화폐를 보유하려고도 하지 않는 등 정부의 신뢰도는 바닥으로 추락했다. 도시거주자들은 단지 재앙을 피하기 위한 방편으로 건물자재와 전기기구와 같은 중국산 제품만 구매했다. 또한 통화폐지는 항상 토요일에 실시되었기 때문에 상인들은 정확한 계산 없이 예금된 것처럼 등록해주는 은행원을 매수하여 금요일에 현금 꾸러미를 은행으로 가져갔다가 월요일에 찾아갔다(Steinberg 2010, 126).

1987년 9월 1일 정부는 1962년 이래 가장 큰 경제자유화를 발표했다. 농민들은 자신들이 바라던 대로 주로 미곡을 중심으로 한 농작물을 공개시장에서 판매할 자율권을 보장받았다. 9월 5일 단행된 통화폐지는 정부가 주도한 개혁의 일면이 아니라 경제를 파탄으로 몰고 간 최악의 선택이었던 것 같다. 그 이면에는 자신의 임기를 연장하고자 했던 네윈의 의도가 있다(Shwe Lu Maung 1989, 101). 십진법을 무시한 45짱과 90짱의 신규 발행은 네윈의 개인 점성술사가 내린 결정이었다.

1986년 레디 서야도Ledi Sayadaw 탄생 100주년을 기념하여 북부지방 몽유

---

● 1988년 민주화운동 당시 급진적이고 폭력적인 방법으로 정권 전복을 꾀한 대표적 좌파 인사로 NLD의 비폭력노선에 반기를 들었다. 태국으로 망명한 뒤 신사회민주당(Democratic Party for New Society)을 창당하여 대표로 활동했고, 미국을 거쳐 2011년 정부의 대 사면령에 따라 2012년 본국으로 영구 귀국했다.

아Monywa에 소재한 레디 서야도의 처소에 방문했을 당시 행동은 네윈의 비술에 대한 믿음을 총체적으로 전시하는 사례였다. 네윈은 처소의 북문에 임시 배수로를 파고 그 위로 만든 간이 교량을 통해 처소로 입장했다. '다이아몬드 꽃'이라고 불리는 쎄잉빤sein pan 27송이를 목요일에 헌화했고, 기거하는 승려에게 9가지의 의료품을 보시했다. 통상 북쪽은 장례식에서 화장火葬을 한 뒤 시신을 매장하는 곳으로 운이 좋지 않은 방향으로 간주된다. 그러나 네윈은 임시로 만든 북쪽 출입문을 통과하여 미래에 닥칠 악운(အမင်္ဂလာ[aminglal])을 예방하는 차원에서 야다체 행위를 한 것이다. 목요일을 상징하는 목성은 점성술적으로 19라는 요일의 가치가 있고, 꽃과 의료품 모두 숫자 9와 연관된다(Mya Maung 1991, 229).◆

1962년부터 26년간 네윈의 정치적 궤적을 볼 때 종교를 정치에서 완전히 배제하고자 했던 세속적 군인이자 정치인의 형태는 권력이 사유화될수록 초자연적이고 비과학적인 비술에 의지하는 양상으로 변모했다. 우누 또한 점성술과 산자술에 조예가 깊은 인물이었으나 궁극적으로 불교라는 틀을 벗어나지 않는 범위 내에서 운명을 바꾸려는 시도를 했다. 재임기간 중 정치적 불운이나 위기가 닥칠 때마다 총 일곱 차례나 승려가 되었던 전력은 불교에 의지하여 현실을 바꾸어가려는 노력의 일면이다.

그러나 네윈은 엄격한 불교의 교리에서 배척된 다양한 하위문화를 통해 자신의 권력을 공고히 하려는 비상식적인 행동을 일삼았다. 스스로를 불교도라고 하지만 불자왕의 통치철학이 아닌 왕실의 외형적 측면만 답습하면서 절대 권력을 사유화하려는 의지를 추구했던 것이다. 국민으로부터 자발적인 선택을 받지 못한 지도자로서 자신의 집권이 운명적으로 결정되었다는 신비감을 유발하고 자신만의 차별화되고 신성시되는 위상을 국민에게 전시하고자 했다. 정통성과 관련한 태생적 한계는 네윈을 비술에 대한 광신도로 만들었던 것이다.


## 5. 신군부정권(1988~2011)과 종교: 비술秘術의 정치


신군부의 불교정책은 앞서 언급한 '미얀마화' 또는 '버마족화'와 개연성

◆ 미얀마의 점성술에 따르면 행성은 8개와 께두(Ketu)라는 자신이 태어난 행성 등 총 9개의 행성이 있고, 그 중 수요일은 오전과 오후로 나누어 전자는 수성, 후자는 라후(Rahu)이며 특별한 행성은 없다. 그리고 행성의 가치는 숫자로 반영된다. 예를 들어 일요일은 태양을 상징하고 숫자의 가치는 6, 월요일은 달이며 가치는 15, 화요일은 화성 및 가지는 8, 수요일은 수성 및 가치는 17, 목요일은 목성 및 가치는 19 등이다. 9개 행성의 가치를 모두 합할 경우 108이 되며, 다시 숫자 9와 연계된다. 다음은 숫자, 요일, 해당 행성 등을 나타낸 것이다.

〈표〉 요일별 음절 값과 해당자음 배열

| 요일 | 일 | 월 | 화 | 수 | | 목 | 금 | 토 | 껫뚜 |
|---|---|---|---|---|---|---|---|---|---|
| | | | | 수 (0~18) | 라후 (18~0) | | | | |
| 숫자 | 1 | 2 | 3 | 4 | 8 | 5 | 6 | 7 | 9 |
| 행성 | 태양 | 달 | 화성 | 수성 | – | 목성 | 금성 | 토성 | |
| 상징 동물 | 가루다 | 호랑이 | 사자 | 코끼리 (상아O) | 코끼리 (상아X) | 쥐 | 기니피그 | 너가 (海龍) | 전설상 동물1) |
| 구성 요소 | 물 | 토양 | 공기 | 물 | 공기 | 토양 | 물 | 불 | |
| 가치 (년도) | 6 | 15 | 8 | 17 | 12 | 19 | 21 | 10 | |
| 방향 | 북동 | 동 | 남동 | 남 | 북서 | 서 | 남 | 남서 | |
| 해당 자음 | a(모음) | k,hk,g, hg,ng | s,hs,z, hz,ny | l,w,y | y,r | p,hp,b, hb,m | th,h | t,ht,d, hd,n | |

※출처: Maung Htin Aung(1962, 11–12)을 바탕으로 수정함.
1) 사슴뿔, 코끼리 코, 사자 머리털, 너가 몸, 물고기 꼬리가 합쳐져 '다섯 가지 아름다움을 가진 동물'임.

이 매우 높다. 실행은 되지 않았지만 네윈 정권이 공식적으로 정치와 종교의 결별을 선언하고 버마족 중심의 사회로 재편하는 데 있어서 각 소수 종족의 정체성을 말살하는 정책으로 일관했다. 신군부정권은 네윈 정권의 정책과 함께 불교를 정치에 적극적으로 활용하는 단절된 전통을 계승하는 정책을 추가했다. 동시에 과거 지향적 정치체제를 구현함으로써 군부가 주도하는 정치질서의 당위성을 마련하고자 했다.

과도군사정부로서 신군부정권하 헌법의 부재로 인해 국가와 정부의 공식적인 입장은 확인할 수 없다. 그러나 구군부정권 당시 설치된 최고 상가평의회(Supreme Sangha Council, သံဃမဟာနာယက[thanga-maha-nayaka])는 존치되었고, 1990년, 1995년, 2000년 등 총 세 차례에 걸친 정례 회담도 개최됐다.[*] 승려등록제도 유지되고 있으며, 1990년 정부가 승인한 단체 이외에 승려단체의 조직도 금지시켰다(Gravers 2012, 18). 1988년 민주화운동과 1990년 총선 결과 불복에 따른 반정부 시위에 참가한 승려들에 대한 물리적 탄압도 서슴지 않았다. 2007년 샤프론 혁명에서도 보았듯이 정치활동을 하는 승려는 탄압의 대상이 된다.

그럼에도 불구하고 신군부정권은 구군부정권과 달리 공개적으로 불교를 정치의 도구로 적극 활용해왔다. 군부의 불교에 대한 애정은 종교부의 재편으로 현실화되었다. 1990년 종교부는 국내 모든 종교를 관할하는 종교국(သာသနာရေးဦးစီးဌာန[tharthanaye-oosi-htana])과 불교만을 위한 불교포교 및 발전국(သာသနာထွန်းကားဖွံ့ဖြိုးရေးဦးစီးဌာန [tharthana-htunka-

---

[*] 1995년 이후 주요 당직의 임기를 기존 5년에서 3년으로 개편했고, 위원회 위원 수도 33명에서 47명으로 증원했다. 종교 활동 이외 승려의 사회참여는 엄격히 금지하는 원래의 목적은 그대로 유지되는데, 2007년 샤프론 혁명 당시 승려의 사회참여활동 규정 법령이 더욱 강화되었다. 또한 위원회는 설법 전파와 같은 종교적인 행위를 광고하지 못하도록 했다.

깐도지 호수에서 바라본 쉐다공 불탑의 야경.
호수가 되기 전 이 곳의 흙을 파서 떼잉굿뜨라 언덕을 조성하고 그 위에 쉐다공 불탑을 조성했다고 한다.

ponhpyoye-oosi-htana])으로 양분했다. 나아가 종교부는 1992년 3월 내무 및 종교부에서 분리되어 독자적 중앙부서로 재정비되었다. 1998년 12월 9일에는 양공에 국제상좌불교대학International Theravada Buddhist Missionary University도 개교했다. 2004년 12월 9일부터 11일까지 종교부의 주최로 세계불교도정상회의World Buddhist Summit가 개최되었다.

1994년부터 신군부는 소수종족의 문화와 풍습을 소중히 보존하고, 종족 간 친목을 도모한다는 목표로 국경지역 발전계획을 가동했다. 그러나 그 핵심 사업은 불교전파와 군부에 의해 선택된 종족에게 특혜를 보장하는 종족 간 갈등을 유발하는 분할통치전략이었다. 정부는 소수종족 거주 지역에 불교사원이나 불탑을 세우는 대신 무슬림 학교인 마드라사madrasa와 기독교 학교를 폐교하고, 선교사들의 활동을 원천적으로 금지시켰다(Lambrecht 2004, 163). 또한 고대 건축물 재건, 전통 춤·음악·공연의 보호와 전파, 전통 축제의 부활, 민족의 문화적 요소를 형상화하는 박물관 건축과 종족 고유문화 보호 사업을 진행했다(Nyunt Han 1996, 157).

불교 유적지 복원과 불탑 조성사업도 최고위층 군부를 중심으로 전개됐다. 버강 유적지를 비롯하여 전국의 불탑을 전면으로 보수하는 사업과 함께 새로운 불탑도 조성했다. 우 누, 네윈과 마찬가지로 딴쉐도 자신을 기부자로 하여 버강에 2기의 불탑을 신축했다.* 2006년 11월 12일, 공보부 산하 미얀마 정보위원회는 네삐도Naypyitaw에 쉐더공 불탑과 같은 모양으로 30센티미터 낮은 크기의 웃빠다딴띠Uppatasanti(발전과 안정) 불탑 기공

---

* "분노로부터의 해방"이라는 의미인 맛또삐(Myat Taw Pyay) 파고다와 "번영을 누리는 고대 왕"이란 의미인 밍우친따(Min Oo Chin Thar) 파고다로 알려져 있으나 2008년 9월 10일 필자가 현장을 답사한 결과 신먀싱(Sin Mya Shin) 파고다가 유일했다.

1992년부터 2010년 은퇴할 때까지 딴쉐 군사평의회 의장은 자신의 이름으로 불탑을 조성하고 거금을 쾌척하는 등
불교의 수호자 역할을 자처했다. 왼쪽(불상)은 쉐다공불탑 경내에 있는 옥불상으로 딴쉐 의장의 얼굴과 무척 흡사하다.
오른쪽은 버강 소재 쉐지공불탑에 그의 부인과 함께 기부를 하고 그 표식으로 비석을 세워두었다.

식을 보도했다.* 불탑의 명칭에서 알 수 있듯이 웃빠다딴띠 불탑은 외국의 침략과 같은 국가 위기의 상황에 특별한 영력을 발휘한다고 여겨진다.

1994년 미얀마 정부는 부처의 치사리幽舍利를 중국으로부터 임대하여 45일간 미얀마 전역을 순회했다. 진품과 함께 복제품 2기도 동시에 전시되었는데, 일정이 끝난 다음 복제품 중 1기를 봉안할 불탑을 축조했다. 이 불탑이 바로 양공 외곽에 위치한 스웨도맛Swe Taw Myat(고귀한 치사리) 불탑이다. 불탑 조성에 필요한 재정은 전액 국민의 보시금으로 마련되었다. 치사리가 전국을 순회하는 동안 다양한 집단과 전문가들이 축제를 열어 열기를 고조시켰다(Schober 1997, 218-243).

2002년 양공 북쪽 외곽에 조성한 로까찬따Lawka Chantha, Lawka Chantha Abhaya Labha Muni 부처상은 독특한 내력을 가진다. 2000년 초 만달레 북부지역에서 길이 11.5미터, 높이 7.3미터, 두께 3.4미터, 무게 500톤의 거대한 대리석이 발견되었는데, 군부는 이를 부처상으로 조각하기로 결정했다. 2000년 8월 왕실의 배를 상징하는 전설상의 새 꺼러웨익karaweik이 장식된 바지선과 자동차로 양공으로 운반이 시작되었다. 수송 출발은 불교사원에서 의례를 거친 후 시작되었고, 조각을 시작할 때와 2002년 2월 봉헌식을 할 때도 불교 의례가 진행됐다. 만달레에서 양공까지 운반기간이 12일이었는데, 우기였음에도 불구하고 운반을 하는 주변은 비가 내리지 않았다고 한다.

로까찬다 불탑의 조성과정은 과거로부터 지속되어 온 전통적인 군주의 의례 행위이며, 국가가 후원하는 의례 행위에 일반인이 참가할 기회를

---

● http://www.myanmar-information.net/infosheet/2006/061112.htm.

양공외곽에 조성된 로까찬따(Lawka Chantha) 불탑을 조성할 당시
군부의 적극적인 참여가 있었다는 사실을 그림으로 표현하고 있다.

부여함으로써 국가가 불교의 수호자이며 국민들은 민족주의를 형성할 수 있는 도시에서 볼 수 있는 고도의 상징으로 평가된다(Philip and Mercer 2002, 1602).

불탑의 보수도 빼놓지 말아야 할 신군부의 실적으로 1999년 4월 쉐다 공 불탑의 대대적인 보수가 대표적인 사례이다. 정부는 1999년 3월 말까지 불탑 보수를 위해 94파운드의 금, 현금 200만 달러, 보석 6만 8,000여 개 등이 모집되었다고 발표했다(Fink 2009, 231). 모집된 기부품은 주로 불탑의 꼭대기에 위치하는 우산 모양의 첨탑인 티(ထီး[hti])에 봉안되었다. 티는 부처와 승려의 축적된 공덕이자 왕조시대에는 왕의 권력을 상징하며, 불탑에 티를 안치하는 자가 미래의 통치자로 각인된다(Gravers 1999, 107). 당시 보수를 지휘 감독한 자는 딴쉐가 아니라 제 군사평의회 제1서기 킨늉이었다.

또한 고위 군부는 네윈 시기와 마찬가지로 명망이 높은 승려들에게 다양한 선물을 보시했는데, 비밀에 부친 네윈과 달리 이 행위를 텔레비전이나 국영 신문 등 언론 매체에 대대적으로 보도했다. 왕정이 폐지된 국가이지만 여전히 국가는 승려를 보호하고 후원하고 있다는 전통적인 질서가 상존한다는 사실을 강조한 것이다. 다시 말해 정부는 상가를 완전히 통제했고 선택된 소수의 승려가 정부의 정책에 동조하는 사실을 공개함으로써 모든 승려가 군부를 지지하는 것처럼 국민의 판단을 흐리게 만들었다. 나아가 군 고위인사가 불탑과 같은 불교 유적지의 복원, 보수, 재건, 신축 등 승려의 역할을 일정 담당하면서 역시 군부의 역할에 대한 국민의 고정관념을 흩트려놓았다.

1994년 양공에 소재한 응아탓찌Nagtatgyi(5층) 불탑을 보수하면서 킨늉은 "국가평의회 시기 불탑, 사원, 호수 등 종교건축물들은 신축되거나 보수되었다… 보수를 위해 현금을 기부한 자는 공덕을 쌓을 것이다."라고 언급했다(Schober 2004, 118). 이처럼 군부는 그들의 종교 활동을 대중에 개방함으로써 국민적 일체감을 형성하는 종교 민족주의를 발흥시키고, 버마족과 불교도 중심의 단일한 국가로 탈바꿈하려는 시도를 추구했다. 국가가 종교의례를 직접 관장함으로써 종교단체가 누릴 수 있는 종교적 도덕성을 국가로 전환하는 효과도 동시에 누렸다(Engelkamp 2008, 49).

불교와 관련된 정치적 수사Buddhist political rhetoric가 언론에 보도된 분석이 있는데, 그 범위와 내용은 다음과 같다(McCarthy 2006, 213).

- 불교 해석, 불교 및 불교문화 보전을 위한 군부의 역할
- 상가에 대한 군부의 기부, 종교의식과 시상식에서 군부의 참여
- 종교적 목적을 위한 군부의 공적인 기부와 군부의 사원 기부
- 불탑과 부처상의 신축, 보수, 봉헌과 국가가 후원하는 불교 교육 관련 보도
- 쉐다공불탑 보수 건 보도
- 군부의 버강 지역 방문 보도
- 불교전통을 보존하는 땃마도(군부)가 포함된 사진
- 종교 교재 발간 또는 교재 이외 불교도 상징의 표현

위 〈그림〉에서 보는 바와 같이 1995년부터 불교 관련 정치적 수사가 대대적으로 보도되기 시작했다. 즉 신헌법 작성이 난관에 봉착하고, 1996년부터 헌법 작성을 위한 국민회의National Convention가 휴회에 들어가면서 신

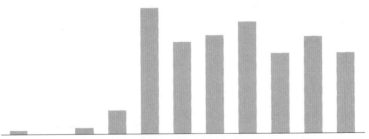

※출처: McCarthy(2006, 224).

〈그림〉 일간지에서 불교 관련 보도 건수

| 1962년 | 1974 년 | 1988년 | 1990년 | 1995년 | 1996년 | 1999년7 | 2000년 | 2001년 | 2002년 | 2003년 |
|--------|---------|--------|--------|--------|--------|---------|--------|--------|--------|--------|
| 14건 | 0건 | 23건 | 85건 | 447건 | 326건 | 349건 | 397건 | 258 건 | 344건 | 263건 |

군부의 통치전략은 군부정책에서 종교로 변화한 것이다. 즉 군부, 테크노크라트technocrat, 관료를 내세워 불교의 부흥을 꾀하여 그들의 정치적 정통성을 획득하려고 시도했다(Schober 2004, 117). 신군부의 행위는 아쇼카왕 시대의 불교 부흥정책이었다(Schober 2004, 122). 왕조체제와 같이 군부 스스로가 불교를 보호하고 후원하는 역할을 자처하고 또 이를 국민에게 전시함으로써 역사에 대한 향수를 자극하고, 이를 통해 군부통치의 정통성을 획득하기를 원했다(Schober 2006, 92).

그러나 체제에 저항하는 승려는 이 시기에도 상존했다. 첫째 사례로 1990년 총선 결과를 인정하지 않는 정부에 대해 만달레의 승려들이 종교파업을 실시했다. 1990년 8월, 대학생들은 '8888'항쟁 2주년을 기념하여 반정부 시위를 계획했고, 승려들도 여기에 포함되었는데 시위를 전개하기도 전에 정부군에 의해 진압을 당했다. 8월 27일부터 승려들은 집단행동에 돌입했다. 군인과 군인가족의 자택을 탁발 대상에서 배제하는 등이들이 공덕을 쌓는 일에 전혀 개입하지 않았다. 두 달간 이어진 승려의 종교파업은 군부가 사원을 습격하고 시위에 참여한 승려들을 체포하면서 사태는 일단락되었다(Fink 2009, 67-68).

서방언론에 의해 샤프론 혁명으로 명명된 2007년 반정부 시위는 정부의 갑작스러운 유류비 인상으로 촉발됐다. 밍꼬나잉Min Ko Naing, 꼬꼬지Ko Ko Gyi, 테윈아웅Htay Win Aung, 밍제야Min Zeya, 먀에Mya Aye 등 이른바 '88세대'가 주축이 된 반정부 시위는 곧 승려들과 시민이 참여했고, 규모도 전국으로 확대되었다. 시위가 한 달 이상 진행된 뒤 9월 27일, 군경은 최루탄을 발사하고 실탄을 허공에 쏘면서 본격적인 무장진압을 선택했고 3일만에 모든 시위는 종료됐다.*

샤프론 혁명이 주는 교훈은 크게 세 가지로 설명될 수 있다. 첫째, 제도적으로 군부가 승려를 통제하고 국민으로부터 이격해 놓았다고 하더라도 일상생활 속에서 승려와 국민의 관계는 해체의 대상이 될 수 없다. 전통적으로 승려들은 경제활동을 하지 않고 불교도들의 지원으로 수행과 명상을 해왔다. 공양도 그중의 하나로서 갑작스러운 물가 상승은 승려들이 수행에 집중할 수 있는 만큼의 일용할 양식을 지원할 수 없는 극단적인 결과로 이어졌다. 불교도, 즉 재가신도가 없는 승려는 존재 자체가 불가능한 구도였다.

둘째, 군부의 승려 통제가 성공적이지 못했다. 9월 5일 머끄웨주Magwe State 뻐꼬꾸Pakokku에서 500여 명의 승려가 주축이 되어 시민들과 함께 반정부 시위를 벌였다. 이 시위를 주도한 승려는 최고 상가평의회의 뻐꼬꾸 지부의 의장이었다. 지방 불교계의 수장이 군부에 대한 지지를 철회했다

---

* 샤프론 혁명에 대한 자세한 논의는 장준영(2007, 2-10)을 참조하라.

는 사실은 상가를 정부의 휘하에 두려는 군부의 정책이 성공적이지 못했다는 점을 의미한다.

마지막으로 그리고 가장 중요하게 지적할 점은 군부의 도덕성은 회복 불능상태에 봉착했다는 점이다. 만약 군부의 불교 부흥사업으로 군부정권을 지지한 국민이 있었다면, 이들의 정부에 대한 지지도 이 사건을 계기로 완전히 철회했을 것이다. 뼈꼬꾸 승려에 대한 정부의 탄압이 알려지면서 승려들은 군부가 제공하는 보시를 허락하지 않겠다는 의미로 복발覆鉢, patta ni kozana kan 행위에 돌입했다. 승려들이 취할 수 있는 최고 수준의 집단행동인 복발은 1990년 만달레 승려의 시위 이후 최초로 등장했다. 군부는 즉각적인 회유책을 펼쳤다. 2000년대 초반에 신문지상에서 사라졌던 군 고위 장성이 승려에 보시를 하는 행위와 전국의 주요사원에 선물 공세를 펴는 장면이 국영신문의 머리기사에 등장했다(NLM 2007/9/17). 그러면서 최고 상가평의회 명의로 승려들이 세속적인 일에 개입하지 말아야 한다는 승려의 규율을 보도하기도 했다(NLM 2007/9/25).

승려에 대한 강압과 회유가 반정부 시위의 종결을 가져온 결정적 요인은 아니었다. 물리력을 앞세운 정부의 조직적 대응 앞에서 시위대가 체제를 무너뜨리는 가시적인 효과도 없었다. 그러나 샤프론 혁명은 미얀마 역사를 통틀어서 승려가 중심이 된 최초의 반정부 시위이다. 즉 국가가 승려를 정화하고 통제할 수 있더라도 승려의 고유 역할과 국민과 소통하는 기능은 자율성을 보장해야 한다. 이런 측면에서 승려는 항상 정의의 편에 서며 그 임계점을 국가가 조절할 수 없다. 특히 불교 부흥운동을 통해 도덕적으로나마 정통성을 마련했던 신군부정권은 성역화聖域化된 영역을 무참히 짓밟았다. 그로 인해 그들은 더 이상 국민의 지지를 유도할 새로운

아웅산수찌는 테베트를 연구한 마이클 아리스(Michael Aris)와 결혼하여 슬하에 2남을 두고 있다.
사진은 2010년 가택연금에서 해제된 뒤 어머니를 찾은 큰 아들 알렉산더(Alexander)와 함께 찍은 것이다.

자원을 찾는 데 실패했다.

한편, 신군부정권의 비술은 민간정권과 구군부정권을 합쳐 놓은 것 이상으로 체계화된다. 2004년 킨늉 전 총리가 축출되기 전까지 신군부정권은 집단지도체제로 유지되었기 때문에 군 고위인사의 비술에 따른 정책결정 사례는 매우 풍부하다. 또한 1988년 이후 미얀마 민주화는 국제 문제화되었고, 국내적으로도 아웅산수찌라는 정부의 대항마가 존재했기 때문에 군부는 그들의 정권 유지에 큰 부담을 지게 되었다. 그래서 네윈이 그랬던 것처럼 신군부는 그들만의 정권의 연장을 꾀하고, 동시에 아웅산수찌의 정신력이나 영험한 기운을 약화시키는 다양한 비술을 실행해 왔다. 비술은 개인 점성술사에 의해 진행되기도 했지만, 점성술 평의회 Astrology Council가 국가적인 행사의 길일吉日과 시간을 선택하는 등 중추적인 역할을 담당했다(Tosa 2005, 169).

1992년 4월 23일, 딴쉐가 군사평의회 의장직을 계승하기 전까지 쏘마웅Saw Maung 의장은 텔레비전에 출연하여 몇 시간씩 연설을 하거나 기괴하고 변덕스러운 행동을 일삼았다. 1991년 12월부터 한 달간 쏘마웅은 버강과 만달레 등 불교 유적지를 순례했는데, 특히 버강왕조 3대 왕인 짠싯따 Kyansittha에게 크게 감동한 것으로 알려졌다. 짠싯따는 사전적으로 '남겨진 군인'으로서 네윈을 비롯하여 구군부정권이 몰락했음에도 불구하고, 자신은 명목상 최고 서열을 유지하고 있으므로 스스로를 짠싯따와 동일시하기 시작했다. 즉 짠싯따의 영혼이 쏘마웅 자신에게 들어왔으니 자신은 짠싯따의 화현化現으로 간주했다. 그는 군인만 이용하는 골프장에서 권총을 흔들며 "나는 짠싯따"라고 외쳤다고 한다(Aung Zaw 2013/4/9). 이때부터 쏘마웅은 정신착란 증세를 보이기 시작했고, 아웅산수찌가 노벨 평화상 수상자로 선정되자 건강은 더욱 악화되었다(Lintner and Tasker 1992).

신정부 출범과 동시에 모든 권좌에서 물러난 딴쉐 전 의장도 점성술을 맹신하는 인물로 정평 나 있는데, 그의 부인인 짜잉자잉Kyaing Kyaing의 역할이 중요하게 다뤄질 필요가 있다.* 딴쉐는 1980년대 지역사령관 재직 시절만 하더라도 주술에 큰 관심을 두지 않았으나 짜잉자잉이 우연히 한 점성술사로부터 그의 남편이 국가의 지도자가 된다는 예언을 들었다. 예언이 실현되자 짜잉자잉뿐만 아니라 딴쉐도 주술의 맹신도가 되었다.

네윈과 마찬가지로 딴쉐도 절대 권력을 지키기 위해 다양한 용인술을 선택했다. 그러나 네윈의 총애를 받는 킨늉 제1서기의 대중적 인지도가 높았고, 딴쉐도 네윈의 제자로서 운신의 폭이 좁았다. 권력서열 2위인 마웅에Maung Aye가 권력 찬탈을 시도한 적 없지만 잠재적인 경쟁자로 부담의 대상이었다. 2002년 초 네윈을 포함하여 네윈 족벌을 체포하고, 2004년 킨늉 총리를 축출함으로써 딴쉐의 지배체제는 공고화된 것처럼 보였지만 여전히 권력 상실에 대한 두려움은 존재했던 것 같다.

2005년 8월 말, 미얀마에는 딴쉐를 겨냥한 마웅에 부의장의 역쿠데타설이 나돌았다. 결국 해프닝으로 마무리되었으나 이 소문을 유포한 자가 바로 짜잉자잉이었다. 점성술적으로 화성이 지구에 가장 가깝게 접근하는 8월 26~27일 통치자 간 권력다툼이 발생할 수 있는 점괘가 있었다. 야다체 처방을 통해 미래에 화가 닥칠 운명을 바꾼 것이다(장준영 2009b, 93).

---

● 짜잉자잉은 도 담마띠(Daw Dhammathi)라는 비구와 이띠(E Thi)라는 점성술사의 도움을 받는다고 알려져 있다. 이띠는 스티븐스필버그의 영화 E.T.의 주인공 E.T.와 외모가 비슷하다고 부쳐진 가명으로 그녀의 명성은 국외로도 유명하다. 탁씬 전 태국 총리가 그녀와 상담한 것으로 알려졌다. 빼떼잉의 가난한 집안 출신인 이띠는 점괘를 보려는 사람들로 인해 미얀마에서 가장 부유한 여성이자 부자가 되었다(Rogers 2010, 172~173).

2006년 5월에는 딴쉐의 개인 점성술사가 딴쉐의 권력이 얼마 남지 않았다는 점괘를 알렸다. 딴쉐의 가족이 낫밍ᴺᵃᵗ ᴹⁱⁿ이라는 영혼의 왕, 루밍 Lu Min이라는 인간의 왕, 브라마밍ᴮʸᵃᵐᵃ ᴹⁱⁿ이라는 브라만과 교감을 하면 권력이 연장될 것이라는 해결책도 제시했다. 속세를 사는 인간으로서 결국 '인간 왕'이라는 이름을 가진 자와 결혼을 하기로 결정하고, 그의 부인과 중년 영화배우 루밍ᴸᵘ ᴹⁱⁿ을 혼인시켰다는 후문이 나돌았다(장준영 2009b, 94).

딴쉐의 권력이 위기에 당착했다는 소식이 들릴 때마다 짜잉자잉은 솔선수범하여 야댜체 행위를 했다. 2007년 쉐다공 불탑을 방문한 짜잉자잉은 경내를 돌며 "머신부, 머신부, 머신부"(မဆင်းဘူး၊ မဆင်းဘူး၊ မဆင်းဘူး။ [ma-hsin-bu]), 즉 권좌에서 내려오지 않겠다는 주문을 외웠다(Fink 2009, 243). 2008년 5월, 신헌법에 대한 국민투표를 앞두고 짜잉자잉은 쉐다공 불탑을 방문하여 여성의 출입이 금지된 곳에 가서 "아웅삐" (အောင်ပြည့် [aung-pyi]), 즉 완전한 승리를 외쳤다(Arkar Moe 2009; Aung Zaw 2013/5/10).

정권 수준에서 숫자 9에 대한 맹신도 계승되었다. 신군부가 쿠데타를 감행한 날은 1988년 9월 18일(1+8), 1990년 총선은 5월 27일(2+7), 총선 결과를 무효화한 SLORC 선언 제90/1호 공표일자는 1990년 7월 27일, 딴쉐가 군사평의회 의장직을 계승한 날은 1992년 4월 23일(4+2+3)이었다. 1993년 신헌법 제정을 위해 소집된 국민회의 대표단의 정족수는 702명이었고, 이 중 선거로 선출된 대표단 수는 99명이었는데 NLD 출신이 81명이었고 기타 대표단이 18명이었다(Fink 2009, 244). 가장 근래에는 2010년 총선일자가 11월 7일이었다.

한 가지 특이한 점은 딴쉐는 숫자 9보다 11을 자신의 행운의 숫자로 숭배했다는 것이다(Gravers 2012, 12). 2005년 단행된 수도 이전은 점성술사의 결정에 따라 11월 6일 아침 6시 37분에 시작되었으나 본격적인 이전은 닷새 뒤인 11월 11일 오전 11시에 시작됐다. 1,100대의 군용 차량, 11개군 대대가 동원됐고, 양공에는 11개 중앙부처를 남겨두었다. 또한 네삐도소재의 웃빠다딴띠 불탑의 기공식은 2006년 11월 11일 오전 11시에 거행됐다. 2007년 9월에는 정부가 9,002명의 정치범을 석방했다. 샤프론 혁명의 주동인물인 밍꼬나잉에 대한 공판은 2007년 11월 11일 오전 11시에 시작됐고, 형량은 65년으로 결정됐다(Aung Zaw 2008). 역시 승려 주동자인 감비라Ashin Gambira의 형량도 65년으로 결정됐다가 63년으로 감형됐다(Gravers 2012, 12).

딴쉐가 11을 숭배하는 이유는 명확히 알려지지 않지만, 점성술적 계산을 맹신한다는 추정이 유력해 보인다. 황도 12궁 배열 순서에 따르면 11번째는 물병자리로서 농업국가를 의미하는데, 농업을 중심으로 산업발전을 꾀한다는 미얀마 경제정책의 기본원칙과 일맥상통한다. 또한 11월의별자리인 전갈자리에서 전갈은 보호와 방어를 상징하는 동물로 간주된다. 네삐도의 중앙부서 청사가 모두 똑같이 전갈모양을 하고 있는 것도 이러한 상징을 적용한 것으로 보인다(Maung Aung Myoe 2006, 12).

신군부의 잠정적이자 실질적 도전자인 아웅산수찌를 겨냥한 다양한 비술도 성행했는데, 성명의 초성자음을 서로 바꿔치기하는 '껫낑야익'(ကက်ကင်းရှိက်[ketkin-yaik])이라는 방법이 보편적이다.* '껫낑닷'(ကက်ကင်းဒါက်[ketkin-dat])이라고도 불리는 이 비술의 사전적 의미는 점성술에 의해 명칭을 정반대로 만들어놓은 상태를 일컫는다. 전자의 '야익'은 '위에서 아래로 내려치다', 후자의 '닷'은 물질세계의 흐름을 감지하는 능력을 말한다. 앞서 지적했듯이 연금술사와 비술전문 승려인 웨익자는 땅, 물, 불, 공기로 구성되는 세계에서 고체, 액체, 기체의 흐름을 감지할 수 있는 닷을 보유했다고 여겨진다. 즉 닷을 먼저 치는 행위를 하면, 그 대상의 닷은 감소한다. 이를 '닷야익, 닷신'(ဒတ်ရိုက်၊ ဒတ်ဆင်း [dat-yaik-dat-hsinn])이라고 일컫는다(Tosa 2005, 164).

불운한 운명을 특정 비술로 바꾼다는 측면에서 껫낑야익은 일종의 보복이나 복수로 해석될 수 있다. 껫낑야익 행위를 하는 근본적인 목적은 잠정적 경쟁자로 분류되는 대상의 퐁을 떨어뜨리기 위해서이고, 그 주요 대상은 아웅산수찌이다. 그 기원은 쿠데타 직후부터였다. 군사평의회의 구성원 가운데에서 가장 연소자였음에도 불구하고 제1서기로 발탁된 킨늉은 껫낑야익 차원에서 아웅산수찌의 유력한 대항마였다. 앞서 〈표〉에서 보는 바와 같이 킨늉Khin Nyunt이라는 이름의 각 음절 초성자음은 Kh 또는 Hk(ခ)와 N 또는 Ny(ည)이고, 각각 달과 화성을 상징한다. 반면, 아웅산수찌 중 수찌는 S(စ)와 Ky(ကြ)로 각각 화성과 달을 상징한다.◆ 그래서 두 인물의 이름이 상호 대칭적으로 균형을 이루게 되는데, 이것이 바로 껫낑

---

● Tosa(2005, 164)는 이를 닭과 전갈의 닷 교환이란 의미로 '껫낑닷뺘웅'(ကြက်ကင်းဒတ်ပြောင်း [kyetkin-dat-pyaung])으로 정의했다. 껫과 낑은 각각 닭과 전갈을 의미하는데, 그녀에 따르면 두 동물은 모두 달의 영향 하에 있다고 본다. 두 동물 중 먼저 하나가 어떠한 행동을 취하게 되면 그 동물은 승자가 된다고 한다. 그러나 필자가 현지인에게 이 용어를 물었을 때 제대로 설명하는 자들은 거의 없었고, 대신 필자가 작성한 '껫낑야익'이 더욱 보편적이었다. 그녀가 정확성에 있어서 어긋났다고 하더라도 '껫'과 '껫'의 초성자음이 'ㅉ'(k, ky)으로 동일하고, 점성술적 결과도 원래의 의도를 벗어나지 아니하므로 논쟁의 대상은 될 수 없다고 판단된다.

◆ 아웅산수찌라는 이름은 미얀마 전통 작명법을 따르지 않았다. 즉 아버지의 아웅산, 조모의 쑤, 모친 성명의 킨지에서 각각 가져온 이름이다. 아웅산수찌의 출생 요일은 일요일이 아니라 화요일인데, 공교롭게도 수찌라는 성명의 초성 자음과 그녀의 출생 요일이 일치한다.

수도 네삐도에 위치한 연방의회는 비술을 맹신한 신군부의 마지막 공식 건축물이다.

야익의 전형이다. 이 행위를 통해 아웅산수찌의 퐁 또는 닷이 중립을 지
키게 된다(Tosa 2005, 163-164).

2007년, 정부는 국가 전역에 자트로파jatropha, 미얀마어로 쩻수
(ကြက်ဆူ[kyethsu]) 재배를 명했다. 필자가 2008년 9월 양공을 방문했을 당
시 나르기스Nargis의 피해로 도로 곳곳에 뿌리째 뽑힌 고목 터에 자트로파
가 듬성듬성 심어져 있는 것을 보았다. 네삐도에 소재한 연방의회에도 31
동의 건물을 제외하고 울타리 안으로 자트로파가 빼곡히 조성되어 있었
다. 이 또한 껫낑야익의 형태이다.*

2007년 반정부 시위 이후 군부는 아웅산수찌의 전담 연락관으로 아
웅지Aung Kyi 노동부 장관을 지명했다. 아웅지 장관은 노동관련 업무 경험
이 없고, 연락관으로 임명된 뒤에도 아웅산수찌와 이렇다 할 대화 성과
도 거두지 못했다. 실제로 연락관으로 임명된 배경은 '아웅'이라는 초성
과 '지'라는 종성이 아웅산수찌라는 이름을 감싸고 있으므로 아웅산수
찌의 영향력을 상쇄시킬 수 있다는 주술적 근거가 연락관 임명 배경이었
다(Wai Moe 2007/11/23). 또 "찌(ကြည်[kyi])를 아웅-(အောင်[aung])한다", 즉
'찌'에게 '승리'한다고도 보는 견해도 있다(Ramachandran and Swe Win
2009/7/18).

군부의 기준과 세계관에 따른 아웅산수찌에 대한 영적 공격과 함께 껫
낑야익은 딴쉐를 보호하는 차원에서도 실시되었다. 2004년 이후 정부가
공포하는 포고령이나 명령의 서명인은 딴쉐, 떼잉쎄인 총리, 총리실 소속
의 땅쉰Thant Shin 대령만으로 제한했다(Wai Moe 2007/11/23). 딴쉐와 떼잉쎄

---

• 엄격히 말하면 쩻수 나무의 두번째 음절 초성 자음은 싸(စ[sa])가 아니라 사(ဆ[hsa])이지만 각 자음이 가지
는 음절 값에 따라 같은 값인 3을 가진다.

306

인은 서열과 직책상 서명권한을 가질 수 있지만 땅쉔 대령의 경우 의문이 든다. 세 명 모두 이름의 초성자음이 '따'(ထ[tha])와 '싸'(ဆ[sa], ရ[sha])로 시작하는데, 같은 초성자음을 동일하게 배열함으로써 딴쉐의 권력이 더 강해질 것이라는 껫낑야익이 적용된다.

껫낑야익은 아니지만 자트로파 재배와 함께 정부는 농부들에게 해바라기 재배도 종용했다. 해바라기는 미얀마어로 네자(နေကြာ[nay-ja])인데, 동음이의어가 많은 미얀마어의 특성을 활용한 주술이다. 다시 말해 '네자'는 '오랫동안 머무르다'라는 의미로 해석이 가능하다. 딴쉐의 권력이 지속될 수 있도록 국민을 강제한 것이다.

껫낑야익과 함께 일종의 예언, 군부 입장에서는 불길한 징조를 바꾸려는 야댜체도 행했다. 1991년 여성이 국가의 지도자가 된다는 점성술가들의 언급이 확산되자 킨늉은 만달레언덕에 여장<sup>女裝</sup>을 하고 나타났다. 그의 부하들이 마마 늉<sup>Ma Ma Nyunt</sup>이라고 그를 세 번 호칭했고, 킨늉은 싱<sup>Shin</sup>으로 대답했다(Tosa 2005, 165).● 킨늉이 여성 행세를 함으로써 아웅산수찌나 기타 여성에게 돌아갈 정치권력이 킨늉에게 집중되고자 하는 야댜체를 한 것이다.

2010년에도 곧 여성이 국가의 지도자가 될 것이라는 예언이 확산되었다. 이에 대한 군부의 대응은 신속했다. 2010년 6월 21일 부파반<sup>Bouasone</sup> <sup>Bouphavanh</sup> 라오스 총리가 미얀마를 방문했을 때 당시 떼잉쎼인 총리는 핑크색, 노란색, 흰색이 혼합된 여성용 통치마인 롱지를 착용하고 영접했다

---

● 통칭 여성들은 연령에 따라 이름 앞에 마(မ[Ma]) 또는 도(ဒေါ်[Daw])라는 호칭을 붙이고, 남성은 마웅(မောင်[Maung]), 꼬(ကို[Ko]), 우(ဦး[U])를 붙인다. 또한 상대방에게 대답할 때 남성은 크먀(ခင်ဗျာ[Hkamya]), 여성은 싱(ရှင်[Shin])을 사용한다.

(Wai Moe 2011/2/17). 이듬해 연방의 날(2월 12일) 기념식에는 딴쉐가 직접 소용돌이 모양(အချိတ် [acheik])이 직조된 여성용 롱지를 착용했다(Horn 2011/2/24; Wai Moe 2011/2/17). 자신들이 여성의 의복을 착용함으로써 정치권력이 여성에게 넘어가는 것을 방지한 야다체 행위이다.

신군부정권의 주술에 대한 맹신의 결정적 국면은 2006년 11월 예고 없이 단행된 수도이전이다. 수도이전은 미국의 공격을 두려워했다는 소문부터 지리적으로 뻐오족Pa O의 거주지와 가깝기 때문에 뻐오족인 딴쉐 부인의 영향력이 컸다는 소문까지 실로 다양한 추측과 억측마저도 난무했다. 명확한 사실은 미국의 공격이 있을 것이라는 불길한 징조는 점성술사들로부터 제기되었고, 수도의 입지와 이전 시간 등도 모두 점성술사의 결정에 의해 진행되었다는 점이다. 상식, 이성, 과학 등 근대적 용어로는 수도이전의 진정한 배경을 설명할 수 없다는 것이다.

2002년 네윈 족벌의 감금, 2004년 킨늉 축출 등 딴쉐도 1인 지배체제를 공고히 하기 위해 다양한 방법을 동원했다. 그만큼 딴쉐에게 있어서 안정적인 정치권력의 유지와 심리적 불안감은 비례한다. 딴쉐가 미신을 신봉하는 자가 확실하다면, 수도이전은 자신의 퐁을 극대화하는 차원에서 실시된 것이다. 딴쉐는 분명 새로운 수도를 거점으로 하는 왕조의 왕이 되고자 했던 인물이며, 시구詩句 형태의 예언인 뜨바웅을 수용했을 가능성이 농후하다.◆

---

◆ 왕조의 쇄신을 도모하는 차원에서 역사적으로도 수도이전은 빈번하게 발생했다. 대표적으로 띠하뚜왕 (Thihathu, 재위 1309~1322)이 국토의 남쪽에 수도를 정해야 한다는 뜨바웅을 수용했고, 따도밍뱌(Thado Minpya, 재위 1364~1368)도 잉와(Ava 또는 Innwa)로 수도를 천도해야 한다는 뜨바웅을 수용했다. 밍동(Mindon, 재위 1852~1878)왕도 꽁바웅 왕조의 재건을 위해 만달레를 새 수도로 정하고 자신의 재위기간을 야더나봉 (ရတနာပုံ [yadanapon]) 시기로 규정했다(Maung Aung Myoe 2006, 13).

2005년 미얀마의 새로운 수도가 된 네삐도. 왕궁이라는 뜻이다.
적으로부터의 위협을 지켜준다고 믿는 이름의 웃빠다딴띠 불탑이 도시를 내려보고 있다.

왕조의 재건 또는 중흥을 위한 왕조시대의 수도 이전과 달리 네삐도로의 이전은 지극히 딴쉐 개인의 권력 공고화작업의 일환이었다. 앞서 언급했듯이 인간의 영험한 기운인 퐁은 나이가 들고 병환이 있을수록 감소 정도가 커진다. 불로장생할 수 없는 딴쉐는 자신이 왕으로 등극할 경우 퐁은 감소하지 않는다고 믿는다.

미얀마에서 관념적으로 퐁이 가장 높은 인물은 왕이고, 승려가 두번째이다. 그래서 승려는 사전적으로 '퐁이 큰 존재'인 퐁지(ဘုန်းကြီး [hpongyi])라고 부른다. "왕들의 퐁은 비도 떨게 한다."라는 의미인 "버잉도퐁/ 모또 충"(ဘုရင်တို့ဘုန်း၊ မိုးသို့ချုန်း။[bayin-do-hpon-moe-tho-chun])이라는 속담은 왕이 최고의 퐁을 소유한다는 정설을 정당화한다(장준영 2009a, 63).

네삐도가 왕조시대를 현재로 귀환시킨 증거는 도처에서 발견된다. 우선 네삐도(နေပြည်တော် [nay-byi-daw])라는 도시 명칭은 '왕궁'이라는 뜻이다. 왕조가 창건할 때는 수도도 새롭게 정해졌는데, "도시(국가)가 생기게 되면 궁전이 필요하다."는 "묘디낭디"(မြို့တည်နန်းတည် [myodi-nandi])라는 속담이 이를 뒷받침한다(장준영 2009a, 61). 네삐도는 과거를 현재로 귀환시킨 딴쉐 왕국의 새로운 수도가 된 셈이다.

또한 군부가 주장하는 미얀마 왕조의 전성기를 이끌었던 아노여타, 버잉나웅, 알라웅퍼야 동상도 네삐도 연병장에 제막되었다. 딴쉐는 그들에 이어 네번째 동상이 되고자 한다. 웃빠다딴띠 불탑의 조성은 딴쉐가 관장했다. 수도에 불탑이 조성되지 않으면 도시로서의 기능이 발휘되지 않는다는 믿음에서였다(Seekins 2009, 67). 원정에 성공하면 왕은 그곳에 불교사원이나 불탑을 세우고 불교를 보호하고 전파하는 불자왕의 면모를 과시한 역사적 사실도 딴쉐에게 낯설지 않았다.

수도이전은 성공적인 것처럼 보였다. 미국 해군의 공격은 없었고, 샤프론 혁명으로부터 군부는 자유로웠으며, 2008년 5월 나르기스가 양공과 서남부지역을 강타했을 때 고위 군부들은 네삐도 골프장에 있었다. 딴쉐를 비롯한 고위 군부는 그들의 안위를 유지했다는 측면에서 비술을 더욱 맹신하게 되었을 것이다.

하지만 불길한 징조에 대한 군부의 처방은 완벽하지 않았고, 일부 인사는 자신의 점성술사도 예언하지 못한 현실로 인해 영어囹圄의 몸이 되기도 했다. 2003년 5월 아웅산수찌를 겨냥한 디베인Depayin 학살이 있은 직후부터 전국에서는 지진이 발생했고, 국민들은 이를 정권 붕괴의 징조로 해석했다(Arkar Moe 2009). 2009년 5월 7일에는 짜잉자잉이 다늑Danok 불탑의 티를 새롭게 봉헌했는데, 3주 뒤인 5월 30일, 기괴한 번개가 친 뒤에 다늑 불탑은 붕괴됐다(Gravers 2012, 13; NLM 2009/5/8). 5월 30일은 디베인 학살이 발생한 지 6년이 되던 날이었다.

킨늉의 축출도 불길한 징조로 예견된 바 있다. 1999년 킨늉과 그의 부인이 쉐더공 파고다 북문 근처에 반더라(ဗန္ဒရ[bandara])*라는 망고나무를 보시했다. 그런데 킨늉이 축출되기 한 달 전부터 나뭇가지가 두 갈래로 갈라지기 시작했다. 나무 관리인이 밧줄로 벌어진 가지를 고정시켰으나 그 틈은 더욱 커졌다. 한 달 정도 지난 후 가지가 부러지기 직전에 킨늉은 축출되었다. 킨늉과 그의 점성술사인 보도딴흘라Bodaw Than Hla도 이 사실을 전혀 예측하지 못했다(장준영 2009a, 150). 네윈의 개인 점성술사 아웅-쀤카웅Aung Pwint Khaung도 자신을 포함한 족벌의 감금을 예상하지 못했다.

---

* 왕조시대부터 이 나무가 있었다고 알려지는데, 여기서 열리는 망고 열매는 왕만이 먹을 수 있었다.

외형상 신군부는 불교의 보호자나 후원자로 각인되기를 원했다. 그러나 샤프론 혁명에서 보인 신군부의 행태는 이전의 그 어떤 정권보다도 불교를 착취하고 억압하는 데 주저하지 않았다. 그럼으로써 신군부가 보인 불교 부흥정책은 '미얀마화' 또는 '버마족화'의 선전도구였다는 사실을 적나라하게 드러냈다.

나아가 권력자 개인적으로 정권 유지와 심리적 안정을 취하기 위해서는 어떠한 비용도 마다하지 않는 비합리적 관행을 이어나갔다. 불교의 보호자와 후원자가 아니라 일회적 속성이 강한 각종 미신의 절대적 옹호자였고, 정책의 주체는 인간이 아니라 비술이었다.

군부 개인이 가진 영험함을 전시하여 인물에 대한 신비성을 강화하려는 시도보다 물질적 복지와 혜택을 국민에게 전시하는 것이 허약한 정통성을 마련하는 첩경捷徑이라는 사실을 모를 리는 없을 것이다. 그러나 단기적으로 효과를 발휘하는 점성술에 따른 행동은 군부에게 있어서는 분명 매력적인 처방전이었을 것이다. 점성술을 맹신하게 되면 더 이상 현실적인 문제를 이성으로 해결할 수 있는 능력이 결여되는 악순환은 중요하지 않았다.

## 6. 유사민간정권(2011~2015)과 종교: 국민통합과 종교갈등

유사민간정부는 군부정권과 달리 선거에 의해 구성되었다. 비록 관권선거로 부정선거의 흔적이 역력했지만 1990년 이후 20년 만에 선거가 치러졌고, 정당정치도 부활했다. 떼잉쎄인 대통령은 정권을 탈취하지 않았으므로 비술에 의지하여 자신의 권력을 항구화할 방안에 골몰하지 않아도 된다. 선거는 그 어떠한 정통성의 매개체보다 합리적이며 현명한 제도이다. 그러므로 불교를 후원하거나 상가를 친정부적 성향으로 유도할 필요성도 없다. 그럼에도 유사민간정부는 신군부정권의 연장선으로 여전히 불교를 통해 민족주의를 강화하고 정부에 대한 국민의 지지를 유발하는 정책을 유지하고 있다.

신헌법에는 종교에 대한 정부의 시각이 그대로 반영된다. 헌법 제34조는 종교의 자유를 인정하고, 종교인은 선거권과 피선거권이 제한된다(헌법 제392조). 종교의 세속 개입은 엄격히 금지하고(제360조, 제364조), 정부는 종교의 활동을 최대한 보장한다(제363조). 연방의 대다수 국민이 불교도라는 입장에서 불교의 특별한 지위를 인정하는 조항(제361조)은 1948년 헌법과 유사하다.

신군부정권과 마찬가지로 상가는 여전히 정부의 통제하에 있다. 떼잉쎄인 대통령을 비롯한 고위직 인사들은 고승高僧에게 보시를 하고 국영언론은 이를 보도한다. 정권의 성격과 상관없이 불교도 미얀마인들은 불교를 숭배하고 정치엘리트도 여기서 예외가 될 수 없다는 사실을 전시한다. 그러면서 민간정권의 실패는 신정부가 불교를 국교화하지 않을 것이라는 확신으로 이어질 가능성이 높다.

정치인과 고위 군부 개인적 수준에서 점성술은 자신의 운명을 관측할 수 있는 중요한 도구이며, 이 또한 영속성을 유지한다. 대표적인 인물이 민아웅흘라잉Min Aung Hlaing 군총사령관이다. 그의 가족이 주도하여 2013년 버강에 소재한 틸로밍로htilominlo 불탑 보수 및 재건사업이 시작되었다.

미얀마에서 정치지도자들이 승려에게 보시하는 광경은 낯설지 않다. 틴조 대통령(위)과 아웅산수찌 국가고문(아래).

틸로밍로는 사전적으로 "우산이 원하는 대로 왕이 된다."라는 의미로 당시 나라빳띠싯뚜왕Narapatisitu(재위 1174~1211)이 우산을 던져 다섯 명의 아들 중 한 명에게 왕위를 계승시켰다는 일화에서 유래한다. 보수 및 재건 사업 이후 틸로밍로 불탑은 까죽(ကချောက်[ka-chouk]) 불탑이라는 별칭이 생겼는데, 군총사령관이라는 미얀마어 약어이다. 밍아웅흘라잉은 나다웅먀Nataungmya(재위 1211~1234)가 전생에 쌓은 업에 의해 선왕先王을 이어 왕이 되었다는 사실에 자신의 다가올 운명이 일치되기를 기대한다.

신정부 출범 이후 단행된 몇 차례의 개각을 두고 고위 관료들은 권력에서 축출로 간주한다. 즉 직책에서 물러나야 하는 인사들은 국정 쇄신이 아니라 자신들의 정치적 입지를 대통령이 박탈하는 것으로 이해한다. 그렇기 때문에 개각설이 나올 때마다 개혁개방에 반대하는 강경파를 중심으로 야댜체 행위는 지속적으로 이어지고 있다.

현실정치에서 종교가 차지하는 영역은 줄어들 수 있으나 영구적인 결별은 쉽지 않아 보인다. 불교를 배제한 미얀마는 존재할 수 없으며, 역사적으로도 그랬고 앞으로도 불교는 국가의 보호와 후원하에서 영속성을 유지할 것이기 때문이다. 다만 민간정권기처럼 불교가 정치 위에 군림하는 행태와 불교사상에 근간을 두는 이데올로기는 더 이상 유효하지 않아 보인다. 어쩌면 국가의 근대화 수준과 종교에 의존하는 정치행태는 반비례할 수도 있다.

유사민간정부의 개혁은 억압된 표현의 자유를 공론화할 수 있는 공공영역의 개방을 의미한다. 그것은 협상과 타협을 통한 민주적 방식으로 정치발전의 장이 될 수도 있지만, 무질서와 방종放縱으로 사회의 혼란을 야기하는 동전의 양면과 같은 특성이 있다. 불교도와 이교도의 갈등은 근

969운동 표식을 게시한 메익띨라(Meiktila)의 한 식당. 미얀마의 자유화는 예상치 않은 종교갈등을 촉발했다. 969운동은 집단화하여 마바따로 확대되었다. 사진의 윗부분에는 부처, 불법, 승려라고 적혀 있다.

대사에서 빼놓지 말아야 할 내부 분쟁이지만 정권의 붕괴를 위협할 수준은 아니었다.

그러나 유사민간정부 출범 이후 발생한 불교도와 이교도 간 갈등 양상은 변화한 환경만큼이나 국가의 미래를 좌우할 수 있는 중요한 양상으로 전개되고 있다. 군부의 강압적 통치행태로 인해 지엽적이고 산발적이던 종교 갈등은 소위 근본주의자라고 불리는 극우 불교도들에 의해 종교적 편협성이 강화되고, 이제 미얀마의 종교 갈등은 국제문제로 비화되었다.

소위 '969운동'●이라는 미얀마 근본주의자들의 행태는 이슬람에 대한 잘못된 인식에서 비롯된 극우 불교도들의 국제적 연대와 깊은 개연성을 가진다. 위라뚜Ashin Wirathu, 위말라Ashin Wimala 등 '969운동'의 주동자들은 무슬림들이 '786운동'으로 미얀마를 무슬림국가로 전환시키려는 불순한 의도로 가득하다고 주장한다. '786'은 이슬람교에서 신성하고 상서로운 시작을 뜻하고, 인도와 파키스탄 등지에서는 "자비로운 신의 이름으로"란 꾸란의 첫 구절을 상징한다.

그러나 위라뚜는 '786' 즉, 각 수의 합인 21이 21세기를 의미하고, 이 수는 21세기 무슬림의 세계정복을 상징한다는 터무니없는 주장을 펼쳐왔다. 더욱 희한한 일은 이러한 허무맹랑한 주장에 일부 불교도들은 동조해 왔다. 미얀마에서 무슬림 상점과 가정에서는 메카Mecca 사진과 함께 이 숫자를 붙여온 관습이 오랫동안 유지되어 왔다.

극우불교도에 대한 정부의 입장은 중립적이지 못하다. 대통령을 비롯한 고위 인사는 위라뚜도 부처의 자식인 승려가 확실하다고 이들을 두둔

---

● 부처의 가르침 9가지, 정법(正法)의 가르침 6가지, 상가의 가르침 9가지이며, 모든 수의 합인 24는 야더나똥바(Yadana -Thounba), 즉 삼보(三寶)를 의미한다. 산자술이 이 운동의 명칭을 결정짓는 배경이었다.

하면서도 '969운동'은 불교도의 상업주의 운동이라며 방임적이다(장준영 2015, 331). 2012년 여카잉주 로힝자족<sup>Rohingya●</sup> 거주지에서 발생한 불교도와 무슬림 간 유혈충돌에 대한 진상조사 보고서는 로힝자족에 대한 정부의 입장을 확인할 수 있다. 사실 이 보고서는 종교 갈등으로 인한 정부의 인종청소로 평가되기도 한다. 그러나 무국적 불법 이주민인 로힝자족을 미얀마연방의 일원으로 인정하지 않으려는 정부의 입장이 강조된다. 즉 정부는 분쟁 지역에 벵골인으로 정의되는 로힝자족이 정착하지 않았다면, 이 지역의 인권 유린과 지역사회의 질서가 파괴되지 않았을 거라는 것이다.

정부는 진상조사위원회가 발간한 보고서의 연장선에서 폭력 사태 재발 방지와 평화정착을 위해 1) 안보, 안정, 법치원칙, 2) 갱생과 재건, 3) 영구적인 정착, 4) 시민권 입증, 5) 사회경제적 발전, 6) 평화적인 공존 등 6대 원칙을 골자로 하는 여카잉주 행동계획<sup>Rakhine State Action Plan</sup>을 발표 중이다(ICG 2014b, 34-35). 그렇지만 여전히 '미얀마화', '버마족화'를 추진하는 신정부 입장에서 로힝자족은 그 기준에 완전히 부합되지 않는다. 나아가 빠른 속도로 인구가 증가하는 로힝자족은 불교도가 절대 다수를 이루고 있는 여카잉주의 잠재적 다수가 될 수 있다. 연방의 분열이 여카잉주에서

---

● 로힝자(ရိုဟင်ဂျာ[Rohingya])라는 어원은 매우 다양하다. 첫째, 옛 마을의 호랑이라는 의미인 유와 하웅 가 자(ရွာဟောင်းကကျား[Ywahaung ga ja])가 있다. 좌초된 배에서 살아남은 아랍인이 성능이 우수한 무기를 이용하여 왕실 용병으로 고용되었는데, 여카잉지역 원주민이 이들을 유와 하웅 가 자로 불렀다고 한다. 둘째, 여카잉어로 집시라는 의미인 유잉자(ရိုင်ဂျာ[Yuingya])에서 온 것이며, 특정한 정착지가 없이 유랑하는 행세를 빗대어 부르기 시작했다. 셋째, 라힌의 후손인 라힌자(Rahingya)에서 유래한 것으로 무굴왕국의 왕위쟁탈전에서 패한 모하메트 라힌(Mohammed Rahin)이 1660년 여카잉지역으로 망명한 뒤 이들의 후손을 일컫는 라힌자 발음이 현지화되어 로힝자로 불렸다. 마지막으로 로앙(Roang), 로항(Rohang), 로상(Roshang) 등으로 불리는데, 이는 아프카니스탄 루하(Ruha)에 거주하던 원주민의 후손이라는 의미이다. 여카잉왕국의 수도였던 묘하웅(Myo Haung)의 여카잉어 발음이 므로하웅(Mrohaung)으로 잘못 발음되어 루하와 연관된 것으로도 보인다.

부터 시작될 수 있다는 경고이기도 하다.

한편, '969운동'은 집단화에 성공하며 더욱 극우적인 성향으로 변모해가고 있다. '969운동'은 2014년 1월 15일, 만달레에서 "종족과 종교의 보호자"(သာသနာ့ဝံသပါလ[thathana-wunta-bala])라는 명칭으로 확대 창설되었는데, 미얀마어로 공식명칭은 국민과 종교(불교)보호기구(အမျိုးသာ ဘာသာ သာသနာ စောင့်ရှောက်ရေးအဖွဲ့.[amyotha-barthar-tharthanar-saunshauk-ye-ahpwe])이고, 약칭인 마바따(မဘသ[MaBaTha])로 불린다.◆ 국가상가위원회는 '969운동'이 정치적으로 비화되는 것을 막기 위해 이 단체를 불법으로 규정하자 구성원들 중 다수는 불교를 보호한다는 명분으로 2014년 확대 조직했다. 정부의 반대에도 불구하고 어신 위라뚜가 이 단체를 이끌고 있으며, 이슬람교의 확산을 막고 국민과 불교를 지킨다는 '969운동'의 목적을 그대로 계승한다.

2013년부터 마바따는 카타르 국적의 이동통신회사가 미얀마에서 사업을 개시하자 이를 반대하는 캠페인을 벌였고, 2015년 총선에서도 각 정당이 무슬림을 공천하지 못하도록 압력을 행사했다. 또한 국민발전당 National Development Party, 미얀마 농민 발전당Myanmar Farmer Development Party, 국민민주주의의 힘National Democratic Forces 등 친불교 정책을 채택한 정당을 배후에서 지원했다.

신정부의 개혁은 정부의 허약한 위기관리능력과 국정수행력을 적나라하게 드러낸 정체된 정치발전의 또 다른 이름이었다. 정부는 로힝자족을 자국민으로 수용하더라도 이들이 이슬람교를 전파하는 일에는 강력히

---

◆ 이외에도 종교와 종족 보호 연합, 국민과 종교 보호를 위한 위원회, 미얀마 애국연합 등 다양하게 불린다.

제동을 걸 것이다. 미얀마에서 종교는 종교 본연의 일차 영역을 넘어 국가
와 사회의 법, 질서, 제도를 규정하는 절대적인 사회규범이자 계약관계를
규정하는 기준으로 명맥을 이어왔다. 근대사회에 들어서도 불교는 국가
적 정체성의 구심점으로서 근대화된 제도보다 우선권을 부여받았다. 외
부의 강압적 변화에 따른 사회의 구조적 변환은 스스로 내적 저항력을
형성하는 자생력으로 생명을 부여받았고, 과거를 현재에 귀환시키려는
정치인과 군부의 전략은 근대제도로부터 승리하는 역사를 써 나갔다.

근대제도을 바탕으로 출범한 신정부는 그 위상에 맞게 정치에서 종교
를 배제하는 입장을 확인시키지만 미얀마가 쌓아온 유구한 역사적 전통
은 단번에 사라지지 않을 것이다. 현대 미얀마를 관통하는 정치에서 종
교의 역할은 정치의 보조적 수단에서 때로는 토속신앙이라는 이름의 비
술과 결합하여 정치를 결정하는 주요 동인이 되기도 했다. 다양한 의례와
상징 조작행위는 정치인에게 신비감과 마력을 제공하면서 민주적 시민문
화를 형성하고 발전시켜 그 토대 위에 제도적인 정치발전을 꾀할 능력을
부여하지 못했다. 새롭게 도입한 근대제도가 현실정치에서 제대로 접목
되기 위해서는 적지 않은 시간이 필요할 것 같다.

유사민간정권으로 분류되는 신정부 시기에서 종교가 정치에서 차지
하는 영역은 이전 민간정권과 두 차례에 걸친 군부정권과 비교할 때 하나
의 크나큰 교훈을 준다. 그것은 정치에서 종교가 분리될 경우 근대정치제
도의 산물인 민주주의는 제대로 작동될 수 있고, 불필요한 자원을 동원
할 필요가 없는 경제성을 제시한다.

사상적·정신적 근대화의 수준이 낮았던 민간정권기에는 정치적 정통
성을 근대 제도보다 전통 사상에 근거했고, 이로 인해 종교가 정치의 한

영역을 차지해야 한다는 당위성이 압도적이었다. 불법적인 방법으로 정권을 장악한 군부정권기 지도자는 종교에서 파생된 각종 비술의 결과와 같이 초자연적인 현상을 정치에 적극적으로 활용함으로써 신비감의 정통성을 창조했다. 그 과정에서 마련된 근대제도는 모두 폐기 처분되거나 활용의 대상이 되지 못했다. 정통성의 수준이 낮을수록 종교라는 이름의 비술에 의지하려는 정치지도자의 행태가 여실히 드러났다.

이에 반해 신정부에서는 정권 차원에서 각종 비술행위를 하는 행태는 목격되지 않았고, 근본적으로 정치와 종교는 엄격히 분리되는 성향을 보였다. 즉 불교에서 파생된 다양한 형태의 의례 행위와 비술이 정치 영역에서 배제됨에 따라 정책결정에 있어서 합리성과 경제성의 논리는 한층 강화되는 경향이 짙었다. 민주적 제도를 채택하고 시행하는 정상국가에서는 보편적 현상이라고 할 수 있으나, 미얀마에서 정치와 종교의 분리는 21세기에 들어 비로소 그 첫 걸음마를 뗀 것이다.

그러나 자유의 시기를 틈타 발생한 불교도 극우단체에 대한 정부와 주요 정치인의 태도는 여전히 미얀마가 불교를 중심으로 유지되는 사회이고, 불교도의 지지 없이는 원활하게 국가를 운영하기 쉽지 않다는 사실을 전시한다. 여카잉주 폭력사태 진상조사 당시 싼신Sann Sint 종교부 장관은 이 사건을 종교 폭력으로 규정하지 않고, 위라뚜도 종교 갈등을 주도한 인물이 아니라고 부정했다.

종교갈등에 대해 국제사회와 인권운동가들은 아웅산수찌가 나서서 이 문제를 해결해줄 것을 요구했다. 그러나 그녀는 끝까지 이 사태에 함구했고, 문제 해결 의지도 보이지 않았다. NLD 차원에서 로힝자족에 대한 공식 입장은 없지만, 띤우Tin Oo 등 NLD 원로에 따르면, 로힝자족은 불법 체류 벵골인으로 정부와 같은 시각이다. 그녀는 당내 원로들의 의견과 마찬가지로 로힝자족을 자국 국민으로 인정하지 않는 입장에 더 가깝다 (Lee 2014, 326-327).

아웅산수찌는 국민 대다수가 로힝자족과 무슬림에 대해 혐오감을 가지고 있는 사실을 잘 이해하고 있고, 최대 당의 당수로서 국민 여론을 무시할 경우 국민의 지지철회와 맞닥들일 수 있다. 그렇다고 불교를 옹호하거나 무슬림을 배척하는 발언을 할 경우 국외적 비난 여론에 직면하게 되고, 그녀가 쌓아 올린 국제적 이미지는 한 번에 무너질 수 있다. 진퇴양난의 상황은 그녀의 입지를 더욱 좁게 만들 수 있다. 2016년 2월 말부터 '마바따'는 아웅산수찌를 외국인으로 치부하며 그녀에 대한 비난 시위를 전개했고, 정부의 개입 없이는 이들의 정치적 역할은 누그러들지 않을 것 같다.

V
결론

## 1. 각 정권별 군부의
## 특성 비교

미얀마 군부는 독립 이전 혁명군부, 독립 이후 민간의 통제를 받지만 여전히 사회의 주도세력으로 위상을 유지한 혁명집정관제 군부, 두 번의 군부 정권을 거치며 신직업주의를 강화하는 형태로 발전했다. 이를 바탕으로 각 군부의 특성은 다음과 같이 도출할 수 있다.

첫째, 미얀마 혁명군부(1941~48)는 정치적 패권을 장악하기보다 독립을 위해 결성된 결사체이므로 정치적인 측면보다 사회적 전문성을 띤다. 또한 일반 혁명군부가 정당의 후원과 지지를 받는 것에 비해 미얀마 혁명군부는 그 자체가 정당으로 조직화하여 군의 기능을 자연스럽게 정치화하는 특성을 보였다. 군부가 중심이 되어 조직한 반파시스트인민자유연맹AFPFL의 정강이 군부의 혁명정신을 계승하는 수준이었고, 정당은 이념과 성향을 달리하는 다양한 구성원들이 느슨한 형태로 연합하고 있었기 때문에 내부 결속력은 매우 허약했다고 보인다. 오히려 정당이 군부의 후원과 지지에 따라 정강을 마련하고 군부의 혁명정신을 계승하는 조직적 기능을 완비했다.

이런 측면에서 군부는 정당을 보호하지 않는 대신 군부의 창설 배경에서도 알 수 있듯이 일본이 미얀마 군부를 창설하는 데 주축이 되었다. 일본 또한 미얀마 군부의 창설을 최종 목적으로 두지 않고, 이를 이용하여 미얀마를 식민화하려는 의도가 다분했다. 독립을 앞둔 상황에서 군부가 군복을 벗고 민간으로 탈바꿈하고 여당의 일원이 됨에 따라 어쩌면 군부의 피보호자는 군부 자체라고 정의할 수 있다.

권위성과 징집방법은 아웅산 개인의 카리스마가 절대적인 역할을 한 것으로 보인다. 일본은 버마독립군<sup>BIA</sup>을 창설할 당시부터 정예 군부를 선발하여 이들이 2차 대전과 미얀마 내전을 책임져줄 것을 확신하고 있었다. 그렇지만 아웅산을 위시한 독립군들은 일본이 미얀마의 독립에 관심을 두지 않는 사실을 인지한 뒤 일본에 대한 저항의식을 표출했다. 이런 혁명의식은 일본의 식민지 건설을 위한 토대가 아니라 일본의 지원하 독립을 달성하려고 했던 아웅산의 의도와 부합되는 것이었고, 개병에 응한 미얀마인들은 미얀마 군부의 의도를 명확히 인지하고 수용했다. 그래서 버마독립군<sup>BIA</sup>에 참가한 의용병들은 특정한 이데올로기에 천착하지 않았다. 물론 급진적 공산주의자들이 버마방위군<sup>BDA</sup>에 편재했던 것은 사실이었으나 이들의 일차적인 목적은 일본으로부터의 해방이었다는 측면에서 이데올로기는 독립운동과 그 의지를 초월하지 못했다.

군부의 이데올로기는 공식적으로 측정할 수 없지만 이 역시 아웅산의 개인적 이념에 직접적인 영향을 받았다. 아웅산은 세속적이면서도 정치적으로는 급진적, 경제적으로는 온건적 성향의 사회주의를 지향했다. 그

〈표〉 미얀마 혁명군부의 특성

|  | 일반적 혁명군부 | 미얀마 혁명군부(1941~1948) |
|---|---|---|
| 전문성 | 사회 · 정치적 | 사회적 |
| 피보호자 | 정당의 운동 | 일본 |
| 권위성 | 혁명 전 · 후 상황에 따라<br>평등적 · 고도의 동원적 · 조직적 성향 | 지도자의 카리스마 |
| 이데올로기 | 혁명적 | 없음. 일부는 사회주의 |
| 정치개입성향 | 혁명 전과 전쟁 중에는 높음.<br>혁명 후에는 낮음. | 없음 |

렇지만 독립 운동가들이 버마독립군<sup>BIA</sup>으로 응집된 뒤에도 아웅산을 중심으로 한 세속적 사회주의는 이념적으로 독보적인 지위를 누리지 못했다. 독립 운동가들의 목적은 사회주의를 추구하기 위한 환경으로서 독립이 최우선이었기 때문이다.

이런 의미에서 미얀마 군부는 정치 또는 사회혁명을 지향하기보다 독립 그 자체를 구체제를 전복시키는 하나의 혁명으로 간주했다. 그런 이유에서 군부의 정치개입 의도는 없었다. 다만, 군부 최고지도자가 타의적으로 민간으로 변신하여 향후 독립정부의 수장으로 낙점 받았다는 사실에서 민간과 군부의 정치개입이 경계를 이루지 않았다. 이는 미얀마 사회에서 군부가 요구하는 지도적 역할은 정당화되고 사회에 의해 인정되기도 한 정치적 특수성으로 보편화될 수 있다.

둘째, 민간정권기(1948~62) 미얀마 군부는 혁명군부의 정신을 계승했다. 나아가 대외적 안보만을 군사교리로 삼는 고전적 직업군부의 위상을 전시하면서도 불안정한 민간정권의 실정을 두고 정치개입을 희망하는 집정관제의 특징도 보였다. 따라서 이 시기 미얀마 군부는 혁명세대가 중심이 되어 잘못된 정치체제의 교정을 바라면서도 정치개입에는 다소 소극적이었던 혁명집정관제 군부로 명명할 수 있다.

〈표〉와 같이 민간정권기 군부는 전문성을 강화하는 내부 합의를 제안했으나 민간우위원칙에 따라 내각으로부터 집중적인 견제를 받았다. 1949년 이후 군권이 버마족에게 돌아오긴 했으나 여전히 중앙과 지방 간 갈등이 상존했고, 이로 인해 근대적 군부로 발전할 수 있는 환경을 보장받지 못했다. 또한 군부는 국가, 종족 등으로부터 보호받지 못했고 오히려 견제와 갈등의 대상이 되었다. 특히 소수종족의 경우 과도정부기간 동안 군

<표> 민간정권기 군부의 특성

| | 집정관제 군부 | 민간정권기(1948~62) 군부 |
|---|---|---|
| 전문성 | 엄격하지 못함 | 엄격하지 못함 |
| 피보호자 | 민족·종족·군부·국가 등 다양 | 일본군부 자체 |
| 권위성 | 위계적·비결합적·집단적·가변적인 종속성 | 비위계적·비결합적·경쟁적·가변적 종속성 |
| 이데올로기 | 전통적 | 없음. 사회주의에 가까움 |
| 정치개입성향 | 계속적 | 점진적 정치화 |

부와 물리적 충돌이 불가피한 대결구도를 형성했고, 일부는 정부의 후원으로 독립을 추진하기도 했다. 이에 대해 군부는 완강히 불허한다는 입장을 재확인했고, 이 입장은 과도정부 동안 그들의 치적으로 기록되어 있다.

군부가 상명하달의 지휘체계를 갖추는 것은 원칙이지만, 미얀마 군부는 독립 당시부터 다양한 파벌이 상존하는 경쟁체제를 갖추고 있었다. 특히 친영주의자, 친민간주의자, 소수종족으로 구성된 중앙 통제기구인 국방부와 독립의 주역이었던 야전사령부의 갈등은 1962년 쿠데타가 발생하기 전까지 유지되었다는 측면에서 위계적인 질서는 매우 가변적이었다. 민간정권이 군권을 정치적 도구로 활용함에 따라 군부의 결속력은 떨어지고, 각 파벌 간 경쟁구도는 부침이 심한 편이었다. 따라서 군부의 권위성은 비위계적이고, 결속력이 떨어지는 경쟁구도를 갖추었으며 민간정부에게는 종속적인 지위를 벗어나지 못했다.

혁명적 집정관군부는 통치 자체에 관여하지는 않지만, 단순히 최고지도자나 당의 노선을 집행하고 그들에 의한 후원을 받는 이해관련자 stakeholder나 피후견인client의 차원을 넘어 이해당사자shareholder로서의 역할을 추구하게 된다. 따라서 혁명적 집정관 군부하 당과 군의 역할은 분리되지 않고 공동운명체로서의 공생관계를 지향하지만, 1958년 과도정부 이후 네윈이 군권을 장악하면서 군부의 일원주의는 가속화된다. 군부가 이러한 속성을 지니게 되면 고위 장교단은 단순한 군 지휘관이 아니라 국가 지도층으로서 군의 역할범위를 넘어선 분야에도 자신들의 입장을 피력하게 된다. 일부 소수종족 지역의 독립을 승인하려했던 우 누의 행태에 정면으로 반기를 든 네윈의 결단이 이런 가설을 뒷받침한다. 민간정권 말기, 다시 말해 과도군사정부시기(1958~60) 군부의 권위성은 신직업주의를 위한 준비단계에 들어서게 된다. 군부는 정치개입을 위한 정치화의 단면을 보이기 시작한다.

이데올로기적으로 군부는 우 누의 사회주의와 명백한 대립을 이루었다. 우 누가 온건한 페이비언 사회주의와 때로는 전통주의를 제창했다면, 네윈을 위시한 군부는 아웅산의 유산으로서 종교를 정치에서 배제하는 세속적 사회주의를 옹호했다. 1958년 반파시스트인민자유연맹AFPFL의 분열, 1960년 총선에서 군부는 명백히 우 누의 반대 진영을 지지했다. 또한 버마사회주의당BSP은 군부의 지지와 후원을 받았다. 그러나 군부는 공식적으로 특정한 이데올로기를 채택하지 않았다.

셋째, 구군부정권기(1962~1988) 미얀마 군부는 군부의 배타적인 이익을 추구하면서 신직업주의를 강화한 전형적인 신직업주의 직업관을 전시했다. 〈표〉에서 보는 바와 같이 미얀마 군부는 군부와 정당을 일원화시키고 군부가 정당을 지배하는 체제를 구축했다. 나아가 정당에 배제된 민간영역은 준군사화를 통해 국가구조를 병영국가의 형태로 재구조화시켰다. 1974년 이후 버마사회주의계획당BSPP이 공식적인 단독 여당이었지만, 당의 핵심인사가 모두 군부 출신이고 네윈이라는 독재자가 존재했기

| | 신직업주의 군부 | 구군부정권기 군부 |
|---|---|---|
| 전문성 | 매우 높음 | 매우 높음 |
| 피보호자 | 국가, 정당 | 정당, 군부 자체 |
| 권위성 | 고도의 전문화된 군사기술로 정치로 연계 | 고도의 전문화된 군사기술로 정치로 연계 |
| 이데올로기 | 없음 | 독재자가 결정, 사회주의 |
| 정치개입성향 | 매우 높음 | 무제한적 |

때문에 사실상 군부의 피보호자는 군부와 정당이다.

한편, 이 시기 군부는 외연적 확대를 꾀했다. 1964년 12월, 총 13만 4,529명이던 현역 군인 수는 1988년 4월에 19만 8,681명으로 증가했다(Maung Aung Myo 2009, 33). 당을 호위하는 전위대 형식의 민병대People's Militias Organization가 1973년 조직되어 군부 직속기구로 등록되었고, 1975년에는 참전용사회War Veteran Organization도 출범했다.

중요한 사실은 미얀마 군부의 정치개입은 군부라는 집단적 제도에 의해 시행되었으나 실질적인 권력은 독재자 1인, 즉 네윈에게 집중되어 있었다는 측면에서 정권의 성격은 개인적 정권, 이데올로기는 독재자의 성향에 따라 가변적이었다고 평가할 수 있다. 네윈은 정적들을 차례로 제거해가며 1인 지배체제를 강화했고, 신변과 권력이 안정되자 1974년 형식상 민간으로 정권을 이양했다.

그는 자신의 허약한 정통성을 확보하기 위해 사회주의를 국가와 통치이념으로 선택했으나 이는 군부통치를 교묘하게 은폐하는 도구에 불과했다. 정치와 종교의 완전한 결별이라는 급진적인 사회주의를 제창하면서 그 이념을 종교(불교)적 세계관에서 찾고, 집권 이후에도 불교를 정치에 활용하는 전략도 보였다. 특히 네윈은 불교에서 파생된 각종 비술과 미신을 정치의 적극적 도구로 활용하면서 국정을 파탄내는 데 결정적인 역할을 했다.

군부의 권위성은 고도로 전문화된 군사기술로 정치로 연계됐다. 연방의 분열을 방지한다는 차원에서 내전에 응했고, 사회주의 달성의 실패를 물어 민간관료를 축출하고 그 자리에 군부를 대체하는 방식으로 민간영역을 침식했다. 그러나 전문성이 결여된 군부의 관료화는 정책의 실효성과 지속성을 유지하지 못하고 실패했다.

1인 독재체제는 전통적 인적관계인 후견-수혜관계를 강화했으며, 군사 분야의 전문화와 근대화와 별도로 군부들도 권력을 사유화의 대상으로 인식했다. 군사전략, 현대식 무기 운용 등 교육이나 화력 면에서 군부는 그 어떤 집단보다도 근대화되었고, 이를 적시에 활용할 수 있는 단체가 되었다. 그러나 군부 내부적으로는 네윈을 정점으로 하는 편협한 계급구조로 단순화되었다.

넷째, 아래 〈표〉와 같이 신군부정권기(1988~2011) 군부의 성격은 신직업주의를 성립하고 발전시켰던 구군부정권기와 표면적으로는 차이점을 찾을 수 없지만 그 내용이나 질적인 측면에서 미묘한 상이점이 발견된다. 먼저 군부의 전문성은 구군부정권기를 통해 강화되었기 때문에 매우 높은 편이라고 평가할 수 있다. 또한 버마사회주의계획당BSPP을 통한 일당독재체제를 부정하고, 다시 포고령과 명령에 의해 운영되는 과도군사체제가 성립됨에 따라 정치참여의 가능성은 완전히 봉쇄되었다. 그러므로 군부를 보호하는 세력은 군부 그 자체로서, 그들이 수립한 군부 교리에서도 명확히 드러났다.

| | 신직업주의 군부 | 신군부정권기 군부 |
|---|---|---|
| 전문성 | 매우 높음 | 매우 높음 |
| 피보호자 | 국가, 정당 | 군부 자체 |
| 권위성 | 고도의 전문화된 군사기술로 정치로 연계 | 정치와 군사의 구분 모호 |
| 이데올로기 | 없음 | 전통적 |
| 정치개입성향 | 매우 높음 | 무제한적 |

군부가 정치에 개입한 이유는 정치적 혼란이라고 주장했으나 이는 개입의 명분을 날조한 결과에 불과하므로 고도로 훈련된 군사기술을 정치에 이용하기보다 이미 군부라는 집단이 직능단체로서 정치에 개입한 것으로 보아야 한다. 다시 말해 쿠데타는 민간정권의 무능을 일시에 돌파하기 위해 잘 조직된 근대화의 선봉장으로 구체제를 전복시킨 거부쿠데타가 아니라 구체제의 실패와 이에 대한 책임소재를 무마하기 위해 일으킨 친위쿠데타로 규정된다. 이런 측면에서 국가의 수호와 내란의 효율적 관리라는 군부의 고유 기능과 함께 사회주의가 유지되는 동안 군부는 정치에 개입할 수 있는 다양한 사회 세력 중 가장 유력한 세력으로 성장한 것이다.

이데올로기의 경우 구군부정권과 마찬가지로 독재자 개인의 성향에 따라 결정되었는데, 사회주의를 포기했다는 측면이 상이하다. 이미 구군부정권이 실시한 사회주의가 실패한 것으로 판명이 났기 때문에 재차 그것을 수행할 정당성은 사라졌고, 구군부정권과 차별화를 위해 새로운 이데올로기가 필요했다. 특히 2004년 킨늉 총리가 축출되고 딴쉐를 중심으로 1인 지배체제가 재확립된 이후 군부는 전통왕조를 그들의 본보기로 설정하고 지향했다. 2005년 딴쉐의 독단에 의한 수도 이전 사례, 네윈과 마찬가지로 각종 비술秘術과 상징의 조합으로 비합리적 정책을 결정하는 관행 등은 미얀마 군부를 세계에서 가장 신비스럽고 이해할 수 없는 집단으로 만들었다.

다섯째, 〈표〉와 같이 유사민간정권기(2011~2015) 군부의 특성은 신군부정권기와 유사한 맥락으로 정의될 수 있다. 정치사회의 주역을 표방하는 군부의 전문성은 신직업주의를 전시하면서 매우 높게 나타나며, 경우에 따라 군부가 정부나 정당을 보호하는 역할을 수행해왔다. 군부지도의 단면을 전시한 것이다. 권위성에서 볼 때 군부의 직접적인 정치개입은 제거되었으나 여전히 주요 정책이나 의제에 군부가 깊이 개입하는 행태를 띤다.

이데올로기는 신군부정권기에 완성한 규율민주주의를 채택한다. 그러나 떼잉쎄인 대통령의 취임사와 집권 2년 정도까지 규율민주주의는 정부의 이념이자 강령으로 되풀이되었을 뿐 자유화의 수준이 높아질수록 규율민주주의는 사라지기 시작했다. 2015년 총선 이후 규율민주주의는 민간정부에 의해 폐지되었다.

〈표〉 유사민간정권기(2011~2015) 군부의 특성

|  | 신직업주의 군부 | 신군부정권기 군부 |
|---|---|---|
| 전문성 | 매우 높음 | 매우 높음 |
| 피보호자 | 국가, 정당 | 없음 |
| 권위성 | 고도의 전문화된 군사기술로 정치로 연계 | 고도의 전문화된 군사기술로 부분적 정치로 연계 |
| 이데올로기 | 없음 | 규율민주주의 |
| 정치개입성향 | 매우 높음 | 조건부 영향력 행사 |

## 2. 미얀마 현대정치의 특성:
   잠정적 결론

군부, 이데올로기, 종교로 살펴본 미얀마 현대정치의 특성은 다음과 같이 설명될 수 있다. 이 잠정적인 결론은 독립 이후부터 현재까지 미얀마 정치가 발전하지 못한 근본적인 이유를 설명하는 것으로서 한편으로 미얀마 정치발전의 과제와 방향을 제시하는 것이기도 하다.

첫째, 1962년부터 정치권력을 장악한 군부는 여타 제3세계 군부와 달리 국가의 산업화보다 이데올로기에 천착하면서 미얀마만의 독자적 군부체제 수립을 지향했다. 네윈을 비롯한 군부에게 있어서 우 누 정권의 실패는 경제적 실패였고, 이는 곧 민족주의경제의 실패와 동일했다. 따라서 군부는 그들만의 업적으로 성공한 1958년 10월부터 18개월간 경제적 성공과 사회적 질서의 확립을 내세워 경제발전과 사회적 안정을 쿠데타의 명분으로 삼았으나 실제로는 근대화를 집권의 명분으로 채택하지 않았다. 즉 군부는 방대한 조직을 움직이는 행정력, 질서, 규율, 단결 등 타 집단과 대비한 조직적 우수성을 내세우면서도 그들이 직접 국가를 운영할 수 있다는 자신감에 근거하여 경제 및 기술 분야의 전문가와 동맹을 철저히 배제하였다.

쿠데타 후 군부는 민간관료를 완전히 척결하고 그 자리에 군부를 대체함으로써 사회는 말단영역까지 군부의 영향력이 미치도록 재구조화되었다. 이로 인해 군사 분야, 특히 군장비 운용을 제외한 모든 근대 제도는 무력화되었다. 군부를 제외한 사회세력의 발전을 기대할 수 없는 구조는 상대적으로 군부의 비대와 민주적 제도의 저발전 또는 부재라는 비정형적

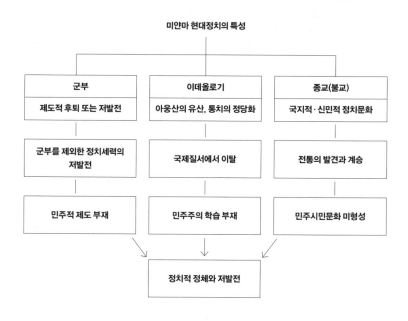

대칭구조로 이어졌다.

　둘째, 미얀마의 정치인들은 세계사적 맥락이 반영되지만 미얀마만의
독특한 정치체제를 구현하려는 목적을 설정해두었고, 이를 실천하기 위
해 현실적 정책보다 이상적 이데올로기에만 천착하는 특성을 보였다. 제
국주의 반동에서 시작된 사회주의는 아웅산이 사망한 뒤 계급론을 종교
론으로 대체한 종교사회주의로 일원화되었다. 즉 사회주의와 불교와의
상관관계를 찾고, 이를 현실정치에 활용하려는 시도는 마치 정해진 결론
을 만족시키기 위해서 목적과 과정을 재구성하는 불필요하면서 비합리
적인 소모주의를 연상케 하는 듯했다. 그러면서 이미 시행 중인 근대제도
는 이데올로기를 위해 왜곡되기도 하고 경우에 따라서 배척되기도 했다.

영국식 의회제도의 도입과 경제방식의 근대화를 도입했음에도 불구하고 점성술, 산자술, 각종 미신 등 왕조시대의 토착적 패권구조가 주요 통치수단으로 채택됨에 따라 근대제도와 부조합을 이루는 기형적인 정치구조가 나타났다. 흥미로운 사실은 통치의 정당성이 확보되지 않는 정권에서 이데올로기는 정권이 존치해야 하는 명분으로서, 또한 통치자의 신비성을 강조하는 운명결정론적 사고를 사회적으로 강요하는 기제로 진화하기도 했다.

이로 인해 미얀마의 정치인과 식자층은 민주주의를 의사결정의 방식이라는 단순한 논리로 이해하지 않고 그 성분을 분해하고 미얀마에 맞게 적용해야 할 이데올로기로 간주한다. 신군부가 추진한 규율민주주의는 군부 주도의 정치질서를 창출하려는 정치적 의도가 다분하지만, 군부가 내세운 그 논리들은 세계사적 맥락을 벗어나지 않는다. 체제변동을 경험했으나 여전히 정치적 안정을 달성하지 못한 국가의 사례는 보편적인 민주주의가 신생민주국가에 적용될 수 없다는 논리로 비약되고, 이로 인해 미얀마의 민주주의는 보편성보다 특수성에 바탕을 둔다. 법치와 인권을 내세우는 민간정권(2016~)에서도 민주주의의 학습이 이뤄지지 않는다면 미얀마만의 이데올로기는 여전히 유효할 것이다.

셋째, 미얀마에서 종교, 즉 불교는 종교적 영역을 넘어 국가의 정체성 확보, 사회 질서와 규범 확립, 정치와 결합하여 정치행위를 결정하는 주요 도구가 되었다. 정치인들은 종교가 사회와 개인 생활에서 차지하는 기능을 잘 간파했고, 그들 또한 모든 정치행위의 진앙지를 종교에서부터 시작한다. 따라서 최저한의 자원과 비용으로서 종교가 정치에 동원되어 혼합됨에 따라 정치지도자는 신성함을 부여받는 전통왕조의 왕권과 교류한다. 정통성이 없는 독재자는 지도자가 될 수밖에 없는 셋짜밍<sup>setkyamin</sup>의 개념과 자신의 운명을 일치시킴으로써 근대 제도를 무력화하고 동시에 자신을 신성한 지도자로 생산해냈다. 이런 이유로 민주주의를 학습할 수 있는 시민문화는 형성되지 못했고, 정치지도자뿐만 아니라 일반 시민들까지 정치적 상징은 종교에서 찾는 저발전의 양상이 고착되었다.

## 추가: 민간정부 출범과
## 정치발전의 미래

이 책은 독립 이후부터 2015년까지 군부의 정치행태를 중점적으로 다루는 데 그 목적이 있다. 그러나 2011년 유사민간정부의 출범, 2015년 총선으로 민간정부가 구성되고, 짧은 기간에 엄청난 정치적 발전이 목도되어 미얀마를 연구하는 학자로서 변화의 주요 내용과 원인에 대한 지적 호기심을 외면할 수 없었다. 그래서 민간정부의 출범 배경과 현재 상황을 관찰하여 미얀마가 나아가는 방향과 지향해야 할 목표점을 조심스레 전망하고자 한다. 결론적으로 군부의 정치적 영향력은 크게 퇴색되었으나 여전히 군부는 정치질서에서 주요한 행위자라는 사실을 부인할 수 없다. 그 방면은 역대 어떤 정부도 성공하지 못한 정전협정에 있어서 군부의 참여, 경제영역에서 군부 기업의 역할, 언제든지 정치에 개입할 수 있는 군부의 제도적 자율성의 보장 등으로 요약된다.

이 책의 핵심 키워드인 군부, 이데올로기, 종교를 중심으로 살펴보면, 우선 이데올로기와 종교는 어느덧 상수로 처리해도 괜찮을 때가 온 것 같다. 군부는 여전히 규율이 잡힌 민주주의가 유효하다고 주장하더라도 이미 정권이 교체된 상황에서 NLD가 이를 수용하기 어렵다. 또한 종교는 제도적으로 이미 유사민간정권부터 정치권에서 완전히 사라졌다. 정치인 개인적으로 각종 비술을 그들의 운명을 예견하는 도구로 활용했을 가능성은 배제할 수 없지만, 종교가 정치의 전면에 등장한 군부정권의 사례는 더 이상 유효하지 않다.

그렇다면 미얀마 정치는 새로운 국면을 맞으며 전진할 것인가, 아니면 후퇴할 것인가? 필자는 미얀마가 군부를 병영으로 완전 복귀시켜 민간 우위의 원칙을 정립하고, 자유민주주의체제를 정착시킬 것이라는 단선적이고 긍정적인 기대를 하기에는 아직은 시기상조라고 판단한다. 민간정부가 출범한 지 1년이 지났으나 그러한 조짐은 이미 떼잉쎄인 정부 말기부터 나타나기 시작했다.

먼저 총선부터 보자. 2015년 총선에서 아웅산수찌가 이끄는 NLD가 예상보다 많은 의석수를 차지하며 압승을 거두었다. 그러나 NLD의 승리 배경은 저발전에 정체된 국가의 정치와 경제를 발전시킬 수 있을 수권정당으로서 NLD가 역량을 갖추었다는 정치적 논리와 동떨어진다. 그것은 장기간 지속된 군부 통치에 대한 국민적 피로감과 이로 인한 NLD의 반사효과, 아웅산수찌에 대한 국민적 인기와 기대감이 핵심이다. 즉 국민은 현존체제에 대한 실망감을 대안정당에 대한 기대감으로 전환시키고자 한다.

2011년부터 떼잉쎄인 정부는 군사정부의 이미지를 불식시키고, 군부가 후원하는 새로운 형태의 유사민간정권을 정착시키기 위해 개혁과 개방을 추진했다. 2015년 총선을 앞두고 정전협정 결과, 노동여건 개선을 포함한 민주주의와 경제발전 등 그들의 성과를 전시함으로써 국민의 자발적인 지지를 유도했다. 이런 의미에서 USDP는 "지속적인 개혁을 위하여" pyupyin–pyaunglehmu–hsetlet–hsaungywet–mi, "더 나은 미래를 위해 투표하자" 등을 선거 구호로 정했다. 또한 USDP는 전직 공무원, 변호사, 의사, 교수 등 인지도가 높은 유명 인사들을 후보자로 영입하여 후보의 질적인 측면은 NLD보다 앞섰다. 그럼에도 여전히 군부의 영향력이 지대한 사회구조는 개혁의 성과보다 군부가 더 이상 정치에 개입하지 않는 사회를 현실화하는 국민의 의지를 꺾지 못했다.

또한 선거는 아웅산수찌 혼자서 이룩한 성과이지만, 이는 미얀마 정치의 과제로 부각된다. 국민들은 아웅산수찌를 '어메 쑤Ame Su'[*] 즉 '어머니 수찌'라고 칭한다. 그들에 따르면 아웅산수찌가 국민이 가지지 못한 초자연적인 힘을 발휘하여 미얀마의 모든 현안을 해결하고 민주적이면서 경제적으로 부유한 국가를 이룩할 것이라는 막연한 기대를 한다.

미얀마 국민은 군부가 없는 정치체제를 민주주의로 평가한다. 그런 의미에서 아웅산수찌가 행하는 독단적 의사결정은 향후 민주주의의 건전한 발전을 저해할 위험이 농후하다. 아웅산수찌에 대한 권력집중 현상은 대단히 위험하고, 극단적인 경우에는 군부의 재차 정치개입으로 이어질 수도 있다.

군사정부 시절 미얀마의 전반적 정치상황과 아웅산수찌에 관심 있는 사람이라면 기고문이나 책을 쓰든, 학술 연구를 하든 관계없이 군사평의회를 비난하는 내용을 포함해야 하고, 아웅산수찌를 해체deconstructing하는 일은 금기사항이었다(Victor 1998, 222-223). 대신 아웅산수찌가 민주화운동의 지도자로 각인되지만 그녀의 리더십을 비판하는 자는 없었다(Kyaw Yin Hlaing 2007, 362). 여전히 그는 성역聖域의 대상으로서 그 어떤 비

---

● 이 용어는 2012년 보궐선거부터 사용되기 시작했는데, 여기에는 미얀마인들의 정신세계가 적극 반영된다. 첫째, 국민은 그녀를 숭배의 대상으로 간주했는데, 그녀가 정령신 '낫'(nat)처럼 초자연적인 힘을 가지고 있다고 믿으며, 실제로 1997년 9월 27∼29일, 국민민주주의연합은 자체 회의를 통해 아웅산수찌를 숭배하기 위한 전략을 모의했다(Houtman 2005, 152). 그녀는 그의 아버지처럼 자신을 "대학로의 낫"(tektatho-lan-ga-nat-tami), 즉 "여성 보살(菩薩)"로 정의되는 것을 경계하며, 스스로를 일반인에 불과하다고 강조했다(Aung San Suu Kyi et al. 1997, 9-10). 낫 신앙을 그대로 수용한다면 1988년 이후 모든 집회에서 시위대가 동원한 아웅산 장군의 사진은 아웅산수찌가 아웅산의 화현(化現)임을 상징한다. 또한 현실 세계에서 '어머니'는 전지전능한 존재로 확장되고, 그런 이유로 아웅산수찌는 미얀마가 처한 위기를 단번에 해결할 수 있는 유일한 인물이 된다.

판도 수용되지 않았고, 현재까지도 당내 의사결정체제는 하향식<sup>top-down</sup>

이다(Fuller 2015/12/21).●

총선 이후 아웅산수찌는 대통령, 군총사령관, 하원의장 등 주요 인사와 회동을 하고, 평화적인 정권 이양에 합의했다. 나아가 딴쉐 전 군사평의회 의장을 접견하고 차기 정부의 실질적 지도자로 인정을 받았다. 1990년과 같이 NLD가 승리에 도취되어 군부를 자극하고, 결국 군부가 선거결과를 인정하지 않았던 사실은 그녀에게 교훈이 되었을 것이다. 또한 2012년 이래 3년간 의정활동을 통해 아웅산수찌는 노회한 현실정치인으로 변화했다.

그러나 아웅산수찌는 민간정부 출범을 앞두고 그녀를 중심으로 정계가 개편되어야 함을 역설했고, 실제로 '대리통치'를 통해 권력을 장악했다. 총선 이후 그녀는 "대통령 위의 존재로서… 모든 정치적 결정을 할 것."이라고 포부를 밝혔다(Wong and Siswo 2015/11/10). 나아가 동남아국가연합<sup>ASEAN</sup>이나 기타 국가 정상의 회담에서 아웅산수찌는 대통령과 함께 참가하고, 대통령은 그녀의 옆에 배석할 것이라고 언급했다(Weymouth 2015/11/19).

아웅산수찌의 계획은 현실이 되었다. 2016년 3월 연방의회에서 개최된

---

● 아웅산수찌의 독단적 의사결정의 대표적인 사례는 경제제재와 관련된 당내 불협화음이다. 1990년 이래 미얀마에 대한 서방의 경제제재가 실시될 당시만 하더라도 아웅산수찌는 99%의 외자가 군부에게 흘러들어갔다고 주장하면서 제재 찬성 입장을 분명히 했다. 그러나 2010년 11월, 가택연금 해제 당시 경제제재로 인해 국민의 생활고가 가중될 경우 제재 당사국과 협의하여 경제제재 해제방안을 모색할 것이라고 언급했고, 2011년 2월 다보스포럼 당시 화상통화에서 위와 같은 입장을 재확인했다. 2010년 2월 8일, 국민민주주의연합의 공식입장에 따르면 미얀마는 국민의 63%가 농업에 종사하는 전형적인 농업국가로서 경제제재의 영향을 받지 않고, 국민들이 고통 받는 이유는 서구의 경제제재가 아니라 군사정부의 정치적 무능과 그들이 행사하는 각종 정치적 탄압 때문이다(NLD 2011/2/8). 그러나 아웅산수찌는 2012년 9월 미국을 방문한 자리에서 미국 정부에게 공식적으로 경제제재 해제를 요구했는데, 당내 어떠한 논의가 없었던 결정이었다.

대통령 선거에서 대중적 인지도는 거의 없지만, 아웅산수찌와 가장 가까운 인물로 알려진 틴조$^{U\ Htin\ Kyaw}$ 후보가 대통령에 당선되었다. 아웅산수찌는 틴조 후보의 정직함, 충성심, 고학력을 높이 평가하고 대통령 후보로 지명했다고 한다. 세 가지 항목은 상호 연계되고, 그 연계의 구심점은 아웅산수찌이다. 그는 1970년대 런던에서 유학할 당시 아웅산수찌를 만났고, 그녀의 운전기사 겸 비서를 하면서 친분을 쌓았다고 한다.[◆] 그는 당내 어떤 동지보다도 아웅산수찌와 유대관계가 깊은 편이고, 평소 그녀가 강조하는 교육 수준이 높은 인물에 부합하면서도 그녀와 경쟁하거나 도전할 수준의 정치적 의지와 당내 파벌이 없다는 사실이 중요하다.

2016년 1월 개원된 연방의회에서 NLD 소속 의원들은 헌법 제59조의 효력을 잠정 중지시켜 아웅산수찌를 대통령 후보로 추대하려는 움직임이 있었다. 그러나 군부의 강력한 반발로 이 계획은 무산됐다. 그러자 아웅산수찌는 틴조를 대통령후보로 발탁한 것에 모자라 내각의 주요 요직을 차지했다. 당초 그녀는 외무장관과 6개로 구성된 대통령실을 통합하여 대통령실 장관, 교육부, 전력에너지부 등 총 4개 부서 장관을 맡을 것이라고 선언했다. 독립 이후 내각에서 한 명의 인사가 2개 부서를 겸직한 사례는 자주 발견되지만 이처럼 4개 부서를 맡는 경우는 전례 없었다.[▲] 미얀마와 같이 관료주의적 의사결정체제가 고착화된 정부구조에서 한

---

[◆] 틴조 당선자는 가문이 화려하다. 그의 선친인 밍뚜웅(Min Thu Wun)은 간결한 문체로 휴머니즘과 자연주의를 강조한 킷상(Khit San) 문학을 창시한 미얀마 근대 문학계의 거장이었다. 선친과 함께 장인은 NLD 창당의 주역이었고, 부인인 쑤수르윈(Daw Su Su Lwin)은 2012년 보궐선거 이후 2015년 총선에서도 양공주 하원에 출마하여 재선에 성공했고, 당내 국제협력위원장을 맡고 있다.

[▲] 예를 들어 2011년 떼잉쎄인 정부가 출범할 당시 5개 부서(국경부 및 산업발전부, 정보부 및 문화부, 국가기획·경제발전부 및 축수산부, 노동부 및 사회복지부, 호텔·관광부 및 체육부) 등은 한 명의 장관이 겸직했다.

명이 4개 부서를 맡는 것은 업무적 효율성과 전문성을 담보할 수 없어 현실적으로 불가능하다. 결국 그녀는 외무장관과 대통령실만 맡기로 했다.

외무장관은 군부정권 시절부터 군부와 NLD 간 연정이 성공하면 타협의 산물로서 자주 거론되기도 했다. 아웅산수찌가 외교업무를 전담하면서 군부의 대외 이미지를 개선하려는 의도도 있었다. 따라서 아웅산수찌가 외무장관을 맡는 것은 어느 정도 예상된 결정이었다. 아웅산수찌는 그의 대외적 이미지를 적극적으로 활용하여 미얀마의 민주화 지지를 유도하고, 다량의 원조를 유입시키려는 전략도 보일 것이다.

떼잉쎄인 정부에서 대통령실은 6개로 나눠졌는데, 각 부서는 정부의 국정을 분할 담당했다. 그런데 민간정부는 정부부서를 축소하면서 대통령실을 하나로 통합하고 아웅산수찌가 단독으로 장관직에 올랐다. 즉 아웅산수찌가 대통령을 대행하여 모든 의사결정의 원천이 될 것으로 기대된다.

나아가 그녀는 초헌법 기구로서 국가고문$^{State\ Counsellor}$● 직위를 신설함으로써 대통령보다 높은 직위를 향유하고자 한다. 떼잉쎄인 정부 시기에는 정치, 경제 등 두 영역에서 3~4인으로 구성된 자문단이 수평적으로 대통령의 국정운영에 조언을 하는 역할을 했고, 이들의 법적인 권한은 보장되지 않았다. 그러나 민간정권에서 국가고문은 행정부와 입법부를 포함한 정부의 모든 영역을 관할하는 총리 역할에 준한다(Kyaw Ye Lynn 2016/4/5; Skynews 2016/4/5; Wa Lone 2016/4/4).

결론적으로 국가고문직 신설로 인해 국가구조는 민간정권기(1948~62)

---

● 이 법령의 목적은 다당제 민주주의의 번영, 시장경제체제와 함께 평화롭고 근대적으로 발전하고, 민주적 연방제(federal)를 달성하는 국가에 도움이 되는 것이다(GNLM 2016/4/1).

와 유사하게 변형되었다. 국가수반으로서 대통령은 상징적인 역할에 준하고 총리가 내정을 관장했는데, 현 정부에서 아웅산수찌가 국정 전반을 관할하는 사실상 총리라고 해도 무방하다. 또한 미얀마의 의회구조상 내각으로 입각할 경우 국회의원직에서 사퇴해야 한다. 그렇기 때문에 아웅산수찌는 NLD를 중심으로 한 의회 내에서도 자신을 중심으로 한 권력체제를 공고히 하여 헌법개정(재작성)을 포함한 주요 입법권에 영향력을 행사할 것이다.

아웅산수찌는 현행 헌법을 인정하지 않는 입장에서 '대리통치'를 현실화했고, 옥상옥과 같은 정치제도를 도입함으로써 군부의 반발을 샀다. 이보다 더 우려되는 점은 도입한 민주제도가 퇴행할 수 있는 가능성이다. 미얀마 군부정치의 특징 중 하나는 권력이 철저히 사유화된 구조가 계승되는 '막후정치'이다. 최소한 군부는 공개적 막후정치를 지양했지만, 아웅산수찌는 '대리통치'를 공론화했다. 과연 틴조 대통령이 아웅산수찌의 의중대로만 움직이는 꼭두각시가 될 것인가? 미얀마 정치발전의 미래를 중점적으로 지켜볼 주요 의제이다.

한편, 아웅산수찌 중심의 권력 집중현상과 의사결정구조는 NLD의 허약한 역량을 의미한다. 1990년 이래 당원들은 투옥되었거나 해외로 망명했고, 네윈 정권 당시 군수뇌부를 구성했던 군부 출신 인사들은 대부분 사망했다. 제도권 정치의 경험이 일천하고, 무엇보다도 행정부를 구성한 전력이 아예 없고 기술적인 역량에 있어서도 다양한 문제점이 노출된다(ICG 2015, 11).

총선을 앞두고 NLD은 "변화의 시간이 왔다"를 그들의 총선 구호로 선택했다. 그리고 USDP가 떼잉쎄인 대통령의 사진을 모든 선거 포스터에 부착했듯이 NLD는 출마자보다 아웅산수찌 사진을 더 크게 부착했다. NLD의 정강정책이나 공략은 허수에 가까웠고, "우리는 반드시 승리해야 한다.We must win"는 그들의 구호처럼 총선 승리 자체에 목적을 두었다. 선거 참관을 한 시민단체 관계자는 "선거공약 자체가 그냥 변화. 무조건 변화였어요. 어떤 변화냐고 물어보면 '모든 것의 변화다'라고만 표현할 뿐 구체적으로 어떤 안을 그려서 보여주지 못했거든요."라고 평가했다(『노컷뉴스』. 2015/11/17).

아웅산수찌의 권력 독식구조와 NLD의 허약한 역량은 정권 출범부터 문제점을 노출했다. 저널리스트 린트너Bertil Lintner에 따르면, 헨리 반티오 부통령은 땃마도Tatmadaw 출신으로 국영 담배공사에서 근무하면서 2015년 작고한 강경파 아웅따웅Aung Thaung 전 산업부장관과 매우 가까운 사이이다. 또한 까친족 출신 티쿤맛T Hkun Myat 하원 부의장도 마약 거래에 연루된 인물로 알려진다(Kyaw Hsu Mon 2016/3/11). 기획재정부 쪼윈Kyaw Win 장관과 상무부 딴민Than Myint 장관은 학위 위조 논란에 휩싸였다. NLD가 국민통합 차원에서 소수종족 출신 인사를 정부 요직에 발탁하는 것은 바람직하지만, 부정부패로부터 자유로운 인물이 우선시되어야 할 것이다. NLD는 가짜 박사학위 정도는 업무를 수행하는 데 아무런 문제가 되지 않는다고 밝힘으로써 스스로 정권의 도덕성을 갉아먹었다. 이와 같은 현상은 인물 검증구조가 성립되지 않은 미얀마 관료사회의 문제점이자 군부를 제외하고 국가를 운영할 수 있는 역량 있는 정치인이나 관료 공급체계가 원활하지 않다는 사실의 반증이기도 하다.

아웅산수찌는 2016년 1월 4일, 68회 독립기념일을 맞아 "우리 나라는 평화가 없이는 아무것도 할 수 없다."고 언급하면서 차기 정부의 우선 국정과제는 정전협정을 통한 평화정착이라고 발표했다(Hnin Yadana Zaw 2016/1/4). 2016년 4월, 신년사에서도 정부는 연방주의federalism에 입각한 국민통합과 민주주의의 달성을 약속했다.

그런데, 국민통합을 지향하는 NLD의 정책은 실망스럽기 그지없다. 2015년 총선에서도 나타났듯이 NLD는 전국정당을 표방하지만 버마족이 다수를 이루는 행정주Region에서 성공했고, 샨주와 여카잉주에서는 2당에 그쳤다. 이에 두 지역을 대표하는 샨족민주주의연합SNLD, 여카잉민족당RNP은 주지사를 자당 의원으로 선발해줄 것을 NLD에 요청했으나 묵살당했다. NLD는 14개 주 주지사 모두를 자당 소속 의원으로 지명함에 따라 두 당을 포함한 야당의 반발을 사게 되었다.

다음으로 다뤄야 할 주제는 군부의 역할이다. 딴쉐 전 의장의 심복으로 알려진 민스웨Myint Swe 전 양공주지사가 군부 몫으로 할당된 부통령에 선출되었다.● 민스웨 부통령은 딴쉐 전 의장의 의중을 의정에 반영할 것으로 기대되고, 의회 내외에서 군부의 이반을 봉쇄하면서 군 지도부와 교감을 통해 군부의 정치적 영향력이 지속될 수 있도록 노력할 것이다.

그는 현재 미국 재무부의 제재 명단SDN에 등재되어 있는데, 헌법상 부통령에게 주어진 권한이 국내로 국한되므로 운신의 폭은 문제없을 것으로 보인다. 오히려 군부의 유화적인 제스처를 전면에 내세우면서 행정부 내 강경파의 수장으로 민간정부와 대립각을 세우며 군부의 일정 지분을

---

● 2012년 7월 띤아웅민우(Tin Aung Myint Oo) 부통령이 퇴임하자 후임으로 부통령에 지명되었으나 자제가 호주 국적자로 헌법조항에 위배되어 낙마했다. 그는 군사관학교(DSA) 15기 출신으로 현 2003년부터 2005년까지 양공지역 사령관, 2006년부터 2010년 8월 퇴역할 때까지 제5특별작전국(BSO) 국장으로 근무했다. 군부 조직상 양공지역 사령관은 12개 지역사령부 가운데 가장 요직으로 분류되고, 군사평의회 의장과 가까운 인물이 중용되어 왔다. 이러한 관행에 걸맞게 민스웨 당선자는 강경파로 알려지고, 2004년 킨늉 전 총리 축출, 2007년 샤프론 혁명의 강경진압을 진두지휘했다.

지속적으로 확보하려고 시도할 것이다.

이에 반해 이익집단으로서 군부의 정치적 역할이 크게 쇠퇴한 것은 확실하다. 공식적으로는 의회에 소속된 25%의 군인 국회의원만이 정치에 참여할 권한을 보장받고, 정치적 결사체로서 군부는 국방에만 전념해야 한다. 그렇지만 군부의 정치개입 명분은 상존하고, 그것을 시도한다면 성공할 가능성은 높다. 그 이유는 다음과 같다.

첫째, 미얀마 군부는 근본적으로 다종족으로 구성된 연방의 분열을 방지한다는 이유로 지속적으로 정치에 개입해왔고, 정치권력을 유지한 명분도 여기에 두었다. 역대 정부의 다양한 전략과 노력에도 불구하고 정전협정을 통한 국민통합은 국가적 과제로 남아 있다. 그러므로 군부는 그들의 교리에도 나타났듯이 무장반군의 소탕을 국가의 이익의 보호와 동일시하고, 정부의 정전협상이 성과를 거두지 못하거나 정체되거나 퇴행하여 사회적 혼란이 발생할 경우 정치개입을 고려할 수 있다.

둘째, 헌법에 보장된 군부의 과도한 역할에 따라 군부는 언제든지 정치에 개입할 수 있다. 특히 첫번째 배경과 연계하여 국가의 법과 질서가 무너졌다고 군부가 자의적으로 판단할 경우 군부는 국가비상사태를 선포하고 대통령으로부터 자동적으로 권력을 이양받는다.

셋째, 민간정권의 군부에 대한 의존이 발생할 가능성이다. 틴조 대통령과 아웅산수찌 간 협력관계가 갈등이나 대결국면으로 변화하게 되면 두 인물은 자신의 권력을 공고화하는 차원에서 군부와 협력할 수 있다. 또는 군부가 어지러운 정국을 명분으로 민간정부에 협박blackmail을 할 경우 1958년과 같은 과도정부의 구성은 불가능한 과제가 아닐 것이다.

넷째, 현재 막후권력을 형성하고 있는 딴쉐의 거취이다. 그는 장기간 독재를 통해 개인적 야욕이나 권력을 향유한 것보다 안정적인 말로와 가족의 안위를 보장받는 것을 최대 목표로 설정했다. 현재로서 그는 안정적인 신변보장을 받고 있으나 그가 사망한 뒤 군부 내 권력구도는 요동칠 가능성이 크고, 현재 군총사령관이 어떻게 대응하는가에 달려 있다.

위 네 가지 조건은 공통적으로 군부가 정치개입을 할 수 없도록 하는 강력한 시민사회나 사회세력이 존재할 경우 불가능해질 수 있다. 그러나 정치사회와 대립하는 용어로서 미얀마의 시민사회는 비정치적 영역에 맞춰져 있고, 그 역할과 역량도 미미하여 군부가 쿠데타와 같은 정변을 일으키면 성공할 가능성이 크다. 본문에서 보았듯이 현대 미얀마에서 군부를 대체하거나 군부에 도전할 수 있는 어떤 집단도 존재하지 않았기 때문이다.

그러나 군부의 쿠데타가 성공한다고 하더라도 군부정권이 장기간 지속될 가능성은 낮다. 군 내부적으로 군부 쿠데타를 계획하고 군부정권이 수립된 후 어떻게 작동시킬 것인가를 책임질 막후권력이 존재하지 않기 때문이다. 1962년 쿠데타의 경우 군부가 과도정부 구성을 통해 정치력을 실험했고, 네윈을 중심으로 한 군부가 응집력을 갖고 있었기 때문에 쿠데타가 가능했다. 1988년 경우에도 네윈이 막후에서 쿠데타를 조종하고, 군사평의회가 수립된 이후 권력 안배를 통해 정권을 유지시켰다.

그러나 현재 민간정부에서 군부의 정치적 역할은 크게 축소되었고, 무엇보다 막후권력으로 존재하는 딴쉐 전 의장의 권력 참여의지가 엿보이지 않는다. 딴쉐와 족벌의 안정적인 퇴로를 확보하는 차원에서 2011년부터 개혁개방이 시작되었듯이, 그는 네윈과 같은 전철을 밟지 않으며 명예로운 군인으로서의 삶을 마치고자 한다. 다만, 84세(1933년생)로 고령이며 다양한 질병을 앓고 있는 그가 사망할 경우 군부는 새로운 형태로 이합집산할 것이며, 우연의 일치로 민간정권의 실정이나 정치인간 갈등이 표출될 경우 군부는 정치적 결단을 내릴 수 있다.

두번째로 군부는 합리적인 게임의 결과 국방과 경제에서 그들의 이익을 보존하면서 정치권력을 민간에게 양보했다. 즉 그들이 저지른 과거의 과오와 만행에 대한 책임소지는 거의 사라졌기 때문에 정치에 개입할 필요성을 느끼지 못한다. 어차피 그들이 통치한 지난 반세기는 저발전과 정체의 시기였기 때문에 군부 스스로 정치집단으로 성공할 수 없다는 사실을 잘 안다.

나아가 그들이 정치권에 남으려고 했던 주요 동인은 연방의 분열을 방지하고, 주권을 영속시키기 위함이었다. 이런 의미에서 1990년대 중국과 밀월관계를 형성했던 사실은 주권의 영속보다 운명공동체로서 군부의 목숨을 연명하는 것으로 보아야 한다. 군부의 자충수는 결국 중국 종속구도로 발전했고, 중국과 멀어지기 위해 개혁과 개방을 선택한 것이다. 그러니 중국은 여전히 정권 유형에 상관없이 미얀마에 호의적일 수밖에 없으며, 만약 군부정권이 재등장한다면 중국과 미얀마는 더욱 가까운 관계로 돌아갈 수밖에 없다. 쿠데타, 중국과 관계 복원은 혹독한 대가를 치를 것으로 예상된다. 미국과 유럽연합을 포함한 서방의 미얀마 제재는 과거보다 더 높은 수준으로 격상될 것이고, 투자를 희망하던 국가들은 정치적 위험과 부담을 고려하여 철수할 것이 뻔하다. 군부정권은 중국에 완전히 종속될 것이고, 그들의 존재 이유로 삼던 주권 영속은 물거품이 될 것이다.

이제 민간정부에게 주어진 과제는 실로 다양하고, 그 노정도 쉽지 않아 보인다. 첫째, 기형적인 국가와 권력구조를 낳게 한 헌법을 수정하거나 전면 재작성해야 한다. 헌법에는 국가구조의 재편을 포함한 연방제를 달성하기 위한 조항, 군부의 정치적 역할을 축소하고 병영으로 복귀하여 직업주의를 강화하는 조항이 우선적으로 논의되어야 할 것이다. 구체적으로 미얀마와 같은 다종족 사회에서 대통령제의 필요성과 1차 민간시기 (1948~62) 국가구조가 미얀마에 적절한 것인지를 연구해야 할 것이다. 궁극적으로 대통령제를 유지할 경우 간선제의 폐기와 직선제 도입이 민주주의로 나아가는 지름길이 될 것이다.

군부의 정치참여 보장 조항은 수하르또 시기 인도네시아 헌법을 따르고 있지만, 헌법개정 작업에서는 미얀마의 상황이 적극 대변되어야 할 것이다. 군부의 정치개입을 막는 정치적 협약pact이 헌법에 제도화할 필요가 있다. 대신 과거사 청산을 운운하며 군부의 책임소지를 묻고자 한다면 군부의 반발이 일어날 수 있고, 이로 인해 민간과 군부 간 갈등의 씨앗이 뿌려질 수 있다. 국방을 담당하면서 군부가 자급할 수 있도록 이익집단으로 분화할 수 있는 환경을 마련해줄 필요가 있다.

민간정부의 최대 국정과제인 국민통합은 군부의 협조 없이 불가능해 보인다. 사실 유사민간정권은 무장반군과 5년간 협상한 결과 2015년 10월 15일, 총 17개 반군단체 중 8개 단체와 전국적 평화협정National Ceasefire Agreement을 체결했다. 신정부는 나머지 9개 단체와 협상을 재개해야 하고, 기존 8개 단체가 합의를 파기하지 않도록 협력 체제를 구축해야 한다. 그러나 각 집단 간 요구가 상이하고 정부 협상단의 정책도 없다. 각 집단은 표면적으로 자치와 평등을 협상의 주요 안건으로 상정하지만, 실제로는 중앙정부와 분리된 독자적 재정권을 확보하려고 한다.

1947년 아웅산 장군이 완성한 뺑롱협정Panlong Accord이 현 시점에서 다시 유효할 수 있을지 의문이다. 사실 뺑롱협정에는 꺼잉족이 불참했고, 군부 쿠데타로 인해 협정 내용 자체가 완전히 폐기되어 정부에 대한 소수종족의 불신은 여전하다. 협상의 주도권이 과거 군부에서 민간으로 이양되었다는 측면에서 정전협상은 새로운 전기를 맞을 수 있겠지만, 소수종족이 민주정권이라는 명분을 내세워 터무니없는 이권을 요구할 것으로 보인다.

둘째, NLD의 내부 역량 강화를 포함하여 정당정치의 제도화와 발전이 필요하다. 장기간의 군부 통치는 도입된 근대제도를 무력화시켰는데, 정당정치의 마비가 그 대표적인 사례이다. 문제는 군부통치문화가 사회 말단까지 스며들면서 조직의 외형을 갖춘 집단은 모두 과두체제로 고착화되었다. 두 번의 총선으로 정당정치는 정상화되었다고 평가할 수 있으나 그 기능적 측면에서 민주적 방식으로 발전될 필요성이 있다. NLD의 사례에서만 보더라도 아웅산수찌를 이을 후속세대의 등장이 필요하고, 당내 민주주의의 도입은 시급한 과제이다. 지금 상황대로라면 미얀마는 민간 권위주의로 나아갈 가능성이 크다.

셋째, 민간정부는 경제발전에 성공해야 하며, 이를 통해 신흥계층의 출현을 유도해야 한다. 미얀마 국민은 군부 통치로 인한 정신적 외상을 아웅산수찌로부터 치유받고자 하며, 총선을 통해 그 희망은 실현되었다. 이제 아웅산수찌는 국민의 열망을 경청해야 하는데, 그 핵심이 경제발전일 것이다. 떼잉쩨인 정부가 국민들로부터 지지를 받게 된 배경도 경제적 성과였다는 사실을 복기해볼 필요가 있다. 경험적으로도 경제발전 수준이 낮은 저개발국가인 경우 군부가 집권하여 경제적 성장을 달성하면, 군부에 대한 국민적 지지는 높아졌다. 세계에서 가장 가난한 국가로 분류되는 미얀마에서 국민은 인권, 평등에만 천착하는 정부를 바라지 않을 것이다.

민간정부의 거시 경제정책은 현시점에서 알 수 없으나 떼잉쎄인 정부의 정책을 계승할 것으로 보인다. 그러나 노동권익, 환경보전, 기업의 사회적 책임CSR 등 엄격한 기준을 마련할 가능성이 크다. 우려되는 점은 1차 민간정부가 실패한 복지국가론의 철학을 도입하는 것이다. 복지국가론은 정치와 종교의 결합이기도 하지만, 성장과 분배를 동시에 추진하려는 온건한 사회주의식 경제운용 방식이었다. 만약 민간정부가 경제적 보편주의를 포기하고 미얀마적 특수주의를 주창할 경우 경제정책은 다시 왜곡될 수 있다.

# 참고문헌

## 1. 한국어문헌

김성원. 2005. 『미얀마의 종교와 사회』. 부산: 부산외국어대학교 출판부.

민세리. 1997. "미얀마의 민주화 과정." 『이화여대대학원 연구논집』. 제32집.

박은홍. 2014. "민족혁명과 시민혁명: 타이와 미얀마." 『동남아시아연구』. 제24권 2호.

신동혁. 1996. "미얀마의 민주화 이행과정에 대한 분석: 1988년 민주화 운동의 과정과 성격을 중심으로." 중앙대학교 대학원 정치외교학과 석사학위 논문.

신봉길. 1991. 『시간이 멈춘 땅 미얀마』. 서울: 한나래.

아시아·아프리카·라틴아메리카 연구원. 1989. 『버마 현대사』. 서울: 소나무.

양길현. 1994. "미얀마의 미완의 민주화: 좌절의 원인과 민주화의 조건." 김성주 외 공저. 『동남아의 정치변동』. 서울: 21세기한국연구재단.

_____. 1996. "제3세계 민주화의 정치적 동학 비교 연구: 한국, 니카라과, 미얀마의 경험을 중심으로." 서울대학교 정치학과 박사학위 논문.

_____. 2009. 『버마 그리고 미얀마: 네윈과 아웅산수지』. 서울: 오름.

오윤아. 2013. "한국의 미얀마 연구 동향." 『아시아리뷰』. 제3권, 제2호(통권 6호).

윤홍근. 1991. "버마의 민주화경험: 배경, 과정 및 전망." 한석태 외. 『미얀마의 정치와 경제: 버마식 사회주의』. 서울: 경남대학교 극동문제연구소.

이성형. 1991. "비자본주의 발전노선의 위기: 버마의 사례를 중심으로." 한석태 외. 『미얀마의 정치와 경제: 버마식 사회주의』. 서울: 경남대학교 극동문제연구소.

이은구. 1996. 『버마 불교의 이해』. 서울: 세창출판사.

_____. 1999. "미얀마의 불교." 양승윤 외. 『미얀마』. 서울: 한국외대 출판부.

장준영. 2007. "미얀마 반정부 시위 분석: 조직화 없는 저항과 조직적 대항." 『국제지역정보』. 2007학년도 3/4분기(통권 157호).

_____. 2009a. "미얀마 신군부와 정치변동: 군부의 정치권력과 민주화 전망." 한국외대 대학원 국제관계학과 박사학위 논문.

_____. 2009b. "미얀마 군부의 권력 유지와 비술(秘術)의 정치." 『동아시아브리프』. 제4권, 1호(통권 13호).

_____. 2011. "2010년 미얀마 총선 분석과 정치변동: 권위주의의 강화? 혼합체제의 탄생?" 『국제지역연구』. 제15권, 3호.

_____. 2012. "미얀마 민주화운동의 연대와 분열: 정치문화적 해석." 『동남아연구』. 제22권 1호.

_____. 2013a. 『미얀마의 정치경제와 개혁개방: 성과와 과제』. 서울: 지식과교양.

_____. 2013b. "미얀마의 정치적 자유화와 정당정치: 미얀마식 민주주의를 향하여?" 『비교민주주의연구』. 제9집, 1호.

_____. 2015a. "미얀마 신정부하 군부의 역할 변화: 통치자에서 수호자로." 『아시아연구』. 제18권, 3호.

_____. 2015b. "신정부 출범 이후 미얀마 군부의 기능 변화." 『전략지역심층연구 15 -14 논문집 1』. 세종: 대외경제정책연구원.

전병유. 1991. "버마의 경제개발과 경제동향." 한석태 외. 『미얀마의 정치와 경제: 버마식 사회주의』. 서울: 경남대학교 극동문제연구소.

정천구. 2008. 『붓다와 현대정치』. 서울: 작가 서재.

정태식. 2013. "종교와 정치." 김성건 외. 『21세기 종교사회학』. 서울: 다산출판사.

Aung San Suu Kyi. 1991. *Freedom from Fear*. 김종빈 옮김. 1996. 『공포로부터의 자유』. 서울: 한국논단.

Finer, Samuel E. 1975. *The Man on Horseback:The Role of the Military in Politics*. 김영수. 1989. 『현대 정치와 군부: 군부 정치의 비교정치학적 분석』. 서울: 현암사.

Lewellen, Ted C. 1992. *Political Anthropology:An Introduction*. 한경구·임봉길 공역. 1998. 『정치인류학』. 서울: 일조각.

Ling, Trevor. 1969. *Buddhism, Imperialism, and War: Burma and Thailand in Modern History*. 김정우 역. 1981. "동남아 불교의 불교적 전통과 정치." 이재창 외. 『현대사회와 불교』. 서울: 한길사.

Lintner, Bertil. 2007. *Aung San Suu Kyi and Burma's Struggle for Democracy*. 이희영 옮김. 2007. 『아웅산수찌와 버마군부: 45년 자유 투쟁의 역사』. 서울: 아시아 네트워크.

Lipset, Seymour M. 1959. "Some Social Requisites of Democracy: Economic Development and Political Legitimacy." 신정현 편. 1986. 『제3세계론: 자유주의대 급진주의』. 서울: 일신사.

Owell, George. 1934. *Burmese Days*. 박경서 옮김. 2010. 『버마시절』. 서울: 열린책들.

Przeworski, Adam. 1991. *Democracy and the Market*. 임혁백·윤성학 옮김. 1997. 『민주주의와 시장』. 서울: 한울.

Scott, James C. 1976. *The Moral Economy of the Peasant:Rebellion and Subsistence in Southeast Asia*. 김춘동 역. 2004. 『농민의 도덕경제』. 서울: 아카넷.

Steinberg, David I. 2010. *Burma/Myanmar:What Everyone Needs to Know*. 장준영 역. 2011. 『버마/미얀마: 모두가 알아야할 사실들』. 서울: 높이깊이.

## 2. 영어문헌

Alagappa, Muthiah. 2001. "Investigating and Explaining Change: An Analytical Framework." Muthiah Alagappa. ed. 2001. *Coercion and Governance:The Declining Political Role of the Military in Asia*. Stanford: Stanford University Press.

_____. ed. 2004. *Civil Society and Political Change in Asia*. Stanford: Stanford University Press.

Ardeth Maung Thawnghumung. 2001. "Paddy Farmers and the State: Agricultural Politicies and Legitimacy in Rural Myanmar." Ph.D. dissertation. University of Wisconsin - Madison.

_____. 2011. "The Politics of Everyday Life in Twenty -First Century Myanmar." *The Journal of Asian Studies*. Vol.70, Iss.3

Aung Min and Toshihiro Kudo. 2014. "Business Conglomerates in the Context of Myanmar's Economic Reform." Hank Lim and Yasuhiro Yamada. ed. *Myanmar's Integration with Global Economy: Outlook and Opportunities*. Bangkok: IDE -JETRO.

Aung Moe San. 2003. "Three Key Elements that must be Realized without Fail for Emergence of a Democratic State." Ministry of Information. ed. *Daw Suu Kyi, NLD Party and Our Ray of Hope and Selected Articles*. Yangon: News and Periodicals Enterprise.

Aung San Suu Kyi, Alan Clements, U Kyi Maung, and U Tin U. 1997. *The Voice of Hope: Conversations with Alan Clements with Contributions* by U Kyi Maung and U Tin U. London: Penguin Books.

Barracca, Steven. 2007. "Military Coups in the Post -Cold War Era: Pakistan, Ecuador and Venezuela." *The World Quarterly*. Vol.28, No.1.

Ba Than. 1962. *The Roots of the Revolution. Rangoon: Defence Service Historical Research Institute*.

Bigelow, Lee S. 1960. "The 1960 Election in Burma." *Far Eastern Survey* (May).

Brown, D.M. 1953. *The White Umbrella: Indian Political Thought from Manu to Gandhi*. Berkeley: University of California Press.

Bruce, Steve. ed. 1992. *Religion and Modernization: Sociologists and Historians Debate the Secularization Thesis*. Oxford: Oxford University Press.

BSPP(Burma Socialist Programme Party). 1973. *The First Party Congress 1971*. Rangoon: Central Committee Headquarters, BSPP.

Bünte, Marco. 2013. "Burma's Transition to Quasi -Military Rule: From Rulers to Guardians?" *Armed Forces & Society*. 00(0).

Butwell, Richard. 1962. "The Four Failures of U Nu's Second Premiership." *Asian Survey*. Vol.2, No.1(March).

_____. 1963. *U Nu of Burma*. Stanford: Stanford University Press.

Cady, J.F. 1958. *A History of Modern Burma*. Ithaca: Cornell University Press.

Callahan, Mary P. 2003. *Making Enemies:War and State Building in Burma*. Ithaca and London: Cornell University Press.

_____, 2012. "The Generals Loosen Their Grip." *Journal of Democracy*. Vol.23, No.4 (October).

Chao −Tzang Yawnghwe. 1997. "The Politics of Authoritarianism: The State and Political Soldiers in Burma, Indonesia, and Thailand." Ph.D. dissertation. The University of British Columbia.

Charney, Michael W. 2009. *A History of Modern Burma*. Ithaca: Cornell Univesity Press.

Cheeseman, Nick, Monique Skidmore and Trevor Wilson. eds. 2010. *Ruling Myanmar: From Cyclone Nargis to National Elections*. Singapore: ISEAS.

_____. 2012. *Myanmar's Transition: Opening, Obstacles and Opportunities*. Singapore: ISEAS.

Croissant, Aurel. 2004. "Riding the Tiger: Civilian Control and the Military in Democratizing Korea." *Armed Forces & Society*. Vol.30, No.3 (Spring).

_____. 2013. "Coup and Post −Coup Politics in Southeast Asia and the Pacific: Conceptual and Comparative Perspectives." *Australian Journal of International Affairs*. Vol.67, No.3.

Croissant, Aurel and David Kuehn. 2009. "Patterns of Civilian Control of the Military in East Asia's New Democracies." *Journal of East Asian Studies*. Vol.9.

Croissant, Aurel, David Kuehn and Philip Lorenz. 2012. *Breaking With the Past?: Civil–Military Relations in the Emerging Democracies of East Asia*. Hawaii: East −West Center.

Croissant, Aurel and Jil Kamerling. 2013. "Why Do Military Regime Institutionalize?: Constitution −making and Elections as Political Survival Strategy in Myanmar." *Asian Journal of Political Science*. Vol.21, No.2.

Decalo, Samuel. 1976. *Coups and Army Rule in Africa: Studies in Military Studies. New Heaven*: Yale University Press.

Diamond, Larry. 1993. "Introduction: Political Culture and Democracy." Larry Diamond. ed. *Political Culture and Democracy in Developing Countries*. Boulder and London: Lynne Rienner Publishers.

_____. 1996. "Is the Third Wave Over." *Journal of Democracy*. Vol.7, No.3.

Editors. 2010. "Democracy's Past and Future." *Journal of Democracy*. Vol.21, No.1 (January).

Engelkamp, Stephan. 2008. "Moral Authority in Burmese Politics." *ASIEN* Vol.109 (October).

Englehart, Neil A. 2005. "Is Regime Change Enough for Burma?: The Problem of State Capacity." *Asian Survey*. Vol.45, No.4.

_____. 2012. "Two Cheers for Burma's Rigged Election." *Asian Survey*. Vol.52, No.4

Fink, Christina. 2009[2nd ed.]. *Living Silence: Surviving Under Military Rule*. Chiang Mai: Silkworm Books; London and New York: Zed Books.

Formisano, Ronald. P. 2001. "The Concept of Political Culture." *Journal of Interdisciplinary History*. Vol.31, No.3(Winter).

Fukuyama, Francis. 1989. "The End of History?" *The National Interest*. Vol.16.

Furnivall, J. S. 1938. *An Introduction to the Political Economy of Burma*. Rangoon: Burma Book Club.

_____. 1949. "Communism and Nationalism in Burma." *Far Eastern Survey*. Vol.18, No.17(August).

Gaens, Bart. 2013. Political Change in Myanmar: Filtering the Murky Waters of "Disciplined Democracy". *FIIA Working Paper*. No.78(February).

Garcia-Rivero, Carlos, Hennie Kotze and Pierre Dutoit. 2002. "Political Culture and Democracy: the South African Case." *Politikon*. Vol.29, No.2.

Gokhale, Balkrishna Govind. 1969. "The Early Buddhist View of the State." *Journal of the American Oriental Society*. Vol.89, No.4(October-December).

Gravers, Mikael. 1999[2nd ed.]. *Nationalism as Political Paranoia in Burma: An Essay on the Historical Practice of Power*. London and New York: Routledge.

_____. 2012. "Monk, Morality and Military: The Struggle for Moral Power in Burma and Buddhism's Uneasy Relations with Law Power." Contemporary Buddhism: *An Interdisciplinary Journal*. Vol.13, No.1.

_____. 2013. "Spiritual Politics, Political Religion and Religious Freedom in Burma." *The Review of Faith & International Affairs*. Vol.11, No.2.

Guyot, Dorothy Hess. 1966. "The Political Impact of the Japanese Occupation of Burma." Ph.D Dissertation at Yale University.

Hall, Harold F. 1898[1995]. *The Soul of a People*. Bangkok: White Orchid Press.

Harvey, Godfrey Eric. 1967. *History of Burma*. London: Frank Cass.

Hinton, Harold C. 1958. *China's Relations with Burma and Vietnam: A Brief Survey*. New York: Institute of Pacific Relations.

Holliday, Ian. 2011. *Burma Redux: Global Justice and the Quest for Political Reform in Myanmar*. New York: Columbia University Press.

Houtman, Gustaaf. 1999. *Mental Culture in Burmese Crisis Politics: Aung San Suu Kyi and the National League for Democracy*. Tokyo: Institute for the Study of Languages and Cultures of

Asia and Africa, Tokyo University of Foreign Studies.

———. 2005. "Sacralizing or Demonizing Democracy?: Aung San Suu Kyi's "Personal Cult"." Monique Skidmore. ed. *Burma at the Turn of the 21st Century*. Honolulu: University of Hawaii Press.

Huang, Roger Lee. 2012. Re-thinking Myanmar's Political Regime: Military Rule in Myanmar and Implications for Current Reforms. *Working Paper Series* No.136, Southeast Asia Research Centre, City University of Hong Kong(December).

Huntington, Samuel P. 1984. "Will More Countries Become Democratic?" *Political Science Quarterly*. Vol.99, No.2(Summer).

———. 1991. *The Third Wave: Democratization in the Late Twentieth Century*. Norman: University of Oklahoma Press.

———. 1995. "Reforming Civil-Military Relations." *Journal of Democracy*. Vol.6, No.4.

———. 1997. "After Twenty Years: The Future of the Third Wave." *Journal of Democracy*. Vol.8, No.4.

ICG(International Crisis Group). 2012a. *Reform in Myanmar: One Year On*. ICG: Jakarta/Brussels, Asia Report No.136(11 April).

———. 2012b. Myanmar: *The Politics of Economic Reform*. ICG: Jakarta/Brussels, Asia Report No.31(27 July).

———. 2014a. *Myanmar's Military: Back to Barracks?* ICG: Yangon/Brussels, Asia Briefing No.143(22 April).

———. 2014b. "Myanmar: The Politics of Rakhine State." *Asia Report* No.261, Yangon/Brussel: ICG.

———. 2015. "The Myanmar Elections: Results and Implications." *Asia Briefing* No.147. Brussel: ICG(December 9).

Ishii, Yoneo. 1986. *Sangha, State, and Society: Thai Buddhism in History*. [Trans.]. Peter Hawkes. Honolulu: The University of Hawaii Press.

James, Helen. 2006. *Security and Sustainable Development in Myanmar*. London and New York: Routledge.

Janowitz, Morris. 1986. *The Military in the Political Development of New Nations: An Essay in Comparative Analysis*. Chicago: The University of Chicago Press.

Johnstone, William G. 1963. *Burma's Foreign Policy: A Study in Neutralism*. Cambridge and Massachusetts: Harvard University Press.

Jones, F.C. 1954. *Japan's New Order in East Asia: Its Rise and Fall, 1937–45*. New York: Oxford

University.

Kamrava, Mehran. 1995. "Political Culture and a New Definition of the Third World." *Third World Quarterly*. Vol.16, No.4.

Kanbawza Win. 1986. "An Epilogue on Burma –American Relations: A Burmese Perspective." *Asian Perspective*. Vol. 10, No.2(Fall –Winter).

Kawanami, Hiroko. 2009. "Charisma, Power(s), and the Arahant Ideal in Burmese –Myanmar Buddhism." Asian Ethnology. Vol.68, No.2.

Kerr, Clark, John T. Dunlop, Frederick H. Harbinson, and Charles A Myers. 1960. "The Logic of Industrialism." Clark Kerr. et. al. *Industrialism and Industrial Man*. Cambridge, Massachusetts: Harvard University Press.

Kertzer, David I. 1988. Ritual, *Politics and Power*. New Heaven and London: Yale University Press.

Kyaw Yin Hlaing. 2007. "Aung San Suu Kyi of Myanmar: A Review of the Lady's Biographies." *Contemporary Southeast Asia*. Vol.29, No.2.

_____ . 2008. "Power and Factional Struggles in Post –Independence Burmese Governments." *Journal of Southeast Asian Studies*. Vol.39, No.1(February).

_____. 2012. "Understanding Recent Political Changes in Myanmar." *Contemporary Southeast Asia*. Vol.34, No.2.

Kyaw Zaw Win. 2008. "A History of the Burma Socialist Party(1930 –1964)." Ph.D Dissertation at School of History and Politics, University of Wollongong.

Kyi May Kaung. 1995. "Theories, Paradigms, or Models in Burma Studies." *Asian Survey*. Vol.35, No.11(November).

Lambrecht, Curtis W. 2004. "Oxymoronic Development: The Military as Benefactor in the Border Regions of Burma." Christopher R. Duncan. ed. *Civilizing the Margins: Southeast Asian Government Policies for the Development of Minorities*. Ithaca and London: Cornell University Press.

Landman, Todd. 2000. *Issues and Methods in Comparatives Politics:An Introduction*. London and New York: Routledge.

Larkin, Emma. 2010. *Everything is Broken: Life Inside Burma*. Great Britain: Granta Books.

Leach. Edmond. 1973. *Political Systems of Highland Burma:A Study of Kachin Social Structure*. Oxford: Berg Publishers.

Lee, Ronan. 2014. "A Politician, Not an Icon: Aung San Suu Kyi's Silence on Myanmar's Muslim Rohingya." *Islam and Christian–Muslim Relations*, Vol.25, No.3.

Lerner, Daniel. 1958. *The Passing of Traditional Society*. Glencoe: Free Press.

Liang, Chi-shad. 1990. *Burma's Foreign Relations: Neutralism in Theory and Practice*. New York: Praeger.

Lieberman, Victor B. 1984. *Burmese Administrative Cycles: Anarchy and Conquest, c. 1580-1760*. Princeton: Princeton University Press.

Lintner, Bertil. 1989. *Outrage: Burma's Struggle for Democracy*. Hong Kong: Review Publishing Company Ltd.

_____. 1990a. "Aungsan Suu Kyi and Burma's Unfinished Renaissance." Working Paper 64. *The Center of Southeast Asian Studies*. Victoria: Monash University.

_____. 1990b. *The Rise and Fall of the Communist Party of Burma(CPB)*. Ithaca: Cornel University.

_____ and Rodney Tasker. 1992. "General Malaise: SLORC Chief's Sickness Could Start a Power Struggle." *FEER* Vol.155, Iss.6 (February).

_____. 1994. *Burma in Revolt: Opium and Insurgency Since 1948*. Chiang Mai: Silkworm Books.

_____. 2008. "The Staying Power of the Burmese Military Regime." Johan Lagerkvist ed. *Between Isolation and Internationalization: The State of Burma*. SIIA (The Swedish Institute of International Affairs) Papers No. 4.

_____. 2011. *Aung San Suu Kyi and Burma's Struggle for Democracy*. Chiang Mai: Silkworm Books.

Linz, Juan. 1975. "Totalitarianism and Authoritarian Regime." Fred Greenstein and Nelson Policy. eds. *Handbook of Political Science*. Vol.3. Mass. et al.: Addison-Wesley.

_____ and Alfred Stepan. 1996. *Problems of Democratic Transition and Consolidation: Southern Europe, South America, and Post-Communist Europe*. Baltimore and London: The Johns Hopkins University Press.

Lissak, Moshe. 1976. *Military Rule in Modernization: Civil-Military Relations in Thailand and Burma*. London: Sage Publishing Co.

Lorch, Jasmin. 2007. "Myanamar's Civil Society: A Patch for the National Education System? The Emergence of Civil Society in Areas of State Weakness." *Südostasien Aktuell*. Vol.3.

Macridis, Roy C. 1985. *Contemporary Political Ideologies: Movements and Regime*. Boston: Little, Brown & Company.

Martin, Edwin W. 1975. "The Socialist Republic of the Union of Burma: How Much Change?." *Asian Survey*. Vol.15, No.2 (February).

Matthews, Bruce. 1993. "Buddhism under a Military Regime: The Iron Heel in Burma." *Asian Survey*. Vol.33, No.4 (April).

_____. 1998. "The Present Fortune of Tradition –Bound Authoritarianism in Myanmar." *Pacific Affairs*. Vol.71.

_____. 1999. "The Legacy of Tradition and Authority: Buddhism and the Nation in Myanmar." Ian Harris. ed. *Buddhism and Politics in Twentieth–Century Asia*. London and New York: Pinter.

Maung Aung Myoe. 2006. *The Road to Naypyitaw: Making Sense of the Myanmar Government's Decision to Move its Capital*. Working Paper Series No.79. Singapore: Asia Research Institute, National University of Singapore (November).

_____. 2009. Building the Tatmadaw: Myanmar Armed Forces Since 1948. Singapore: ISEAS.

Maung Maung. 1956. *Burma in the Family of Nations*. Amsterdam: International Educational Publishing House.

_____. 1959. *Burma's Constitution*. Hague: Martinus Nijhoff.

_____. 1962. *Aung San of Burma*. Hague: Martinus Nijhoff.

_____. 1963. *Law and Custom in Burma and the Burmese Family*. Hague: Martinus Nijhoff.

_____. 1969. *Burma and General Ne Win*. Bombay. et. al.: Asia Publishing House.

_____. 1980. *From Sangha to Laity: Nationalist Movements of Burma, 1920–1940*. New Delhi: Manohar, Australian National University, Monograph on South Asia, No.4.

Maung Maung Gyi. 1983. *Burmese Political Values: The Socio–Political Root of Authoritarianism*. New York: Praeger.

Maureen Aung –Thwin and Thant Myint –U. 1992. "The Burmese Ways to Socialism." *Third World Quarterly*. Vol.13, No.1.

_____. 1980. *From Sangha to Laity: Nationalist Movements of Burma, 1920–1940*. New Delhi: Australian National University.

McCarthy, Stephen. 2006. *The Political Theory of Tyranny in Singapore and Burma: Aristotle and the Rhetoric of Benevolent Despotism*. London and New York: Routledge.

McDonald, Adam P. 2013. "From Military Rule to Electoral Authoritarianism: The Reconfiguration of Power in Myanmar and its Future." *Asian Affairs: An American Review*. Vol.40, No.20.

Mendelson, Michael E. 1975. *Sangha and State in Burma: A Study of Monastic Sectarianism and Leadership*. Ithaca: Cornell University Press.

Mi Mi Khaing. 1984. *The World of Burmese Women*. London: Zed Press.

Michael Aung Thwin. 1985. *Pagan: The Origins of Modern Burma*. Hawaii: University of Hawii Press.

_____. 2009. *Of Monarchs, Monks, and Men: Religion and State in Myanmar*. Working Paper Series No.127. Singapore: Asia Research Institute, National University of Singapore.

Michael Lidauer. 2012. "Democratic Dawn?: Civil Society and Elections in Myanmar 2010 – 2012." *Journal of Current Southeast Asian Affairs*. Vol.31, No.2.

Min Ko Naing. 2012. "Strengthening Civil Society." *Journal of Democracy*. Vol.23, No.4 (October).

Ministry of Information. 2008. *Constitution of the Republic of the Union of Myanmar*. Nay Pyi Taw: Ministry of Information.

Min Zin. 2004. "Burmese Buddhism and its Impact on Social Change." Daniel A. Metraux and Khin Oo. eds. *Burma's Modern Tragedy*. Queenstown: The Edwin Mellen Press.

Moore, Wilbert E. 1963. "Industrialization and Social Change." Wilbert E. Moore. ed. *Industrialization and Society*. Paris: Unesco – Mouton.

Moore, Barrington Jr. 1966. *Social Origins of Dictatorship and Democracy: Lord and Peasant in the Making of the Modern World*. Boston: Beacon Press.

Morgan, Andrew J. 2014. "A Remarkable Occurrence: Progress for Civil Socirty in an "Open" Myanmar." *Pacific Rim Law & Policy Journal*. Vol.23, No.3.

Mya Maung. 1964. "Socialism and Economic Development of Burma." *Asian Survey*. Vol.4, No.12 (December).

_____. 1966. "The Elephant Catching Co – operative Society of Burma: A Case Study on the Effect of Planned Socio – Economic Change." *Asian Survey*. Vol. 6, No. 6 (June).

_____. 1970. "The Burmese Way to Socialism beyond the Welfare State." *Asian Survey*. Vol.10, No.6 (June).

_____. 1971. *Burma and Pakistan: A Comparative Study of Development*. New York: Praeger.

_____. 1989. "The Burma Road to Poverty: A Socio – Political Analysis." *The Fletcher Forum* (Summer).

_____. 1991. *The Burma Road to Poverty*. New York: Praeger.

_____. 1992. *Totalitarianism in Burma: Prospect for Development*. New York: Paragon House.

_____. 1998. *The Burma Road to Capitalism: Economic Growth Versus Democracy*. Westport and London: Praeger.

Mya Sein. 1938. *Administration of Burma*. Rangoon: Zabu Meitswe Pitaka Press.

Mya Than and Tan. 1990. eds. *Myanmar Dilemmas and Options:The Change of Economic Transition in the 1990s*. Singapore: ISEAS.

Nakanishi, Yoshihiro. 2013. *Strong Soldiers, Failed Revolution:The State and Military in Burma, 1962–1988*. Singapore: NUS Press.

Nash, Manning. 1965. *The Golden Road to Modernity:Village Life in Contemporary Burma*. Chicago and London: The University of Chicago Press.

Nordlinger, Eric E. 1977. *Soldiers in Politics*. Englewood Cliffs: Prentice Hall.

Nyein, Susanne Prager. 2009. "Expanding Military, Shrinking Citizenry, and the New Constitution in Burma." *Journal of Contemporary Asia*. Vol.39, No.4.

Nyunt Han. 1996. "The Cultural Sector Contributing to National Consolidation." Paper presented at Symposium on Socio–Economic Factors Contributing to National Consolidation. Yangon: Office of Strategic Studies.

O'Donnell, Guillermo and Philippe C. Schmitter eds. 1986. *Transition from Authoritarian Rule: Tentative Conclusions about Uncertain Democracies*. Baltimore and London: The Johns Hopkins University Press.

Permutter, Amos. 1980. "The Comparative Analysis of Military Regime: Formations, Aspirations, and Achievements." *World Politics*. Vol.33, No.1 (October).

Philp, Janette and David Mercer. 2002. "Politicised Pagodas and Veiled Resistance: Contested Urban Space in Burma." *Urban Studies*. Vol.39, No.9.

Prager, Susanne. 2003. "The Coming of the "Future King": Burmese Minlaung Expectations Before and During the Second World War." *The Journal of Burma Studies*. Vol.8.

Pranke, Patrick. 1995. "On Becoming a Buddhist Wizard." Donald S. Lopez Jr. *Buddhism in Practice*. Princeton, N.J.: Princeton University Press.

Prasse–Freeman, Elliott. 2012. "Power, Civil Society, and an Inchoate Politics of the Daily in Burma/Myanmar." *The Journal of Asian Studies*. Vol.71, Iss.2.

Pye, Lucian W. 1962. "The Army in Burmese Politics." John J. Johnson. ed. *The Role of the Military in Underdeveloped Countries*. Princeton: Princeton University Press.

_____. 1962b. "Armies in the Process of Political Modernization." John J. Johnson. ed. *The Role of the Military in Underdeveloped Countries*. Princeton: Princeton University Press.

_____. 1985. *Asian Power and Politics:The Cultural Dimensions of Authority*. Cambridge: The Belknap Press of Harvard University Press.

Ray, Niharranjan. 1946. *An Introduction to the Study of Theravada Buddhism in Burma*. Calcutta: University of Calcutta.

Reynolds, Andrew, Alfred Stepan, Zaw Oo and Stepan Levine. 2001. "How Burma Could Democratize." *Journal of Democracy*. Vol.12, No.4 (October).

Rigg, Jonathan. 1997. *Southeast Asia: The Human Landscape of Modernization and Development*. London and New York: Routledge.

Rogers, Benedict. 2010. *Than Shwe: Unmasking Burma's Tyrant*. Chiang Mai: Silkworm Books.

Rudland, Emily and Morten B. Pederson. 2000. "Introduction: Strong Regime, Weak State?" Morten B. Pedersen, Emily Rudland, R.J. May. eds. *Burma/Myanmar: Strong Regime, Weak State?* Sydney: Crawford House Publishing.

Sangermano, Vincenzo. 1833 [1995]. *The Burmese Empire a Hundred Years Ago*. Bangkok: White Orchid Press.

Sarkisyanz, Emanuel. 1961. "On the Place of U Nu's Buddhist Socialism in Burma's History of Ideas." *Studies on Asia*. Series I, Vol. 2.

_____. 1965. *Buddhist Backgrounds of the Burmese Revolution*. The Hague: Martinus Nijhoff.

Saw Tun. 1961. "Tales of a Burmese Soothsayer." Hiram Haydn and John Cournos. eds. *A World of Great Stories*. New York: Crown Publishers.

Schober, Juliane. 1997. "Buddhist Just Rule and Burmese National Culture: State Patronage of the Chinese Tooth Relic in Myanmar." *History of Religions*. Vol.36, No.3.

_____. 2004. "Buddhist Visions of Moral Authority and Modernity in Burma." Monique Skidmore. ed. *Burma at the Turn of the 21st Century*. Honolulu: University of Hawaii Press.

_____. 2006. "Buddhism in Burma: Engagement with Modernity." Stephen C. Berkwitz. ed. *Buddhism in World Cultures*. Santa Barbara, Denver, Oxford: Abc Clio.

_____. 2011. *Modern Buddhist Conjunctures in Myanmar: Cultural Narratives, Colonial Legacies, and Civil Society*. Hawaii: University of Hawaii Press.

Scott, James C. 1985. *Weapons of the Weak: Everyday Forms of Peasant Resistance*. New Haven and London: Yale University Press.

_____. 1992. "Domination, Acting, and Fantasy." Carolyn Nordstron and JoAnn Martin. eds. *The Paths to Domination Resistance and Terror*. Berkeley, L.A., Oxford: University of California Press.

Seekins, Donald M. 2000. "Burma in 1999." *Asian Survey*. Vol.40, No.1 (January/February).

_____. 2002. *The Disorder in Order: The Army–State in Burma since 1962*. Bangkok: White Lotus.

_____. 2006. *Historical Dictionary of Burma (Myanmar)*. Maryland, Toronto and Oxford: The Scarecrow Press Inc.

_____. 2009. "'Runaway Chickens' and Myanmar Identity: Relocation Burma's Capital." *City*. Vol.13, No.1 (March).

Selth, Andrew. 1986. "Race and Resistance in Burma, 1942 –1945." *Modern Asian Studies*. Vol.20, No.2.

_____. 2002. *Burma's Armed Forces: Power without Glory*. Norwalk: EastBridge.

_____. 2008. "Modern Burma Studies: A Survey of the Field." *Modern Asian Studies*. First View Article (29, October).

_____. 2009. "Known Knowns and Known Unknowns: Measuring Myanmar's Military Capabilities." *Contemporary Southeast Asia*. Vol.31, No.2.

Shibutani, Tamotsu. 1966. *Improvised News: A Sociological Study of Rumor*. Indianapolis: Bobbs – Merrill.

Shwe Lu Maung. 1989. *Burma, Nationalism and Ideology: An Analysis of Society*, Culture and Politics. Dhaka: University Press Limited.

Shwe Yoe. 1882 (3d ed.). *The Burman, His Life and Notions*. London: Macmillan.

Skidmore, Monique. 2004, *Karaoke Fascism: Burma and the Politics of Fear*. Philadelphia: University of Pennsylvania Press.

_____. 2005. "Introduction: Burma at the Turn of the Twenty –First Century." Monique Skidmore. ed. *Burma at the Turn of the 21st Century*. Honolulu: University of Hawaii Press.

_____. 2008. *Dictatorship, Disorder and Decline in Myanmar*. Canberra: The Australian National University Press.

_____ and Trevor Wilson. eds. 2007. *Myanmar: The State, Community and the Environment*. Canberra: The Australian National University Press.

Siaroff, Alan. 2009. *Comparing Political Regime: A Thematic Introduction to Comparative Politics*. Toronto: University of Toronto Press.

Silverstein, Josef. 1977. *Burma: Military Rule and the Politics of Stagnation*. Ithaca: Cornell University Press.

_____. 1980. *Burmese Politics: The Dilemma of National Unity*. New Brunswick: Rutgers University Press.

_____. 1981. "Burma in 1980: An Uncertain Balance Sheet." *Asian Survey*. Vol.21, No.2 (February).

_____. 1993. *The Political Legacy of Aung San*. revised ed. Ithaca: Cornell University Press.

_____. 2002. "Prospects for the Democratic Transition in Burma." *Legal Issues on Burma Journal*. No.12 (August).

Smith, Donald E. 1965. *Religion and Politics in Burma*. Princeton: Princeton University Press.

Smith, Martin. 1991. *Burma: Insurgency and the Politics of Ethnicity*. London and New Jersey: Zed Books Ltd.

_____. 2007. *State of Strife: The Dynamics of Ethnic Conflict in Burma*. Washington: East-West Center.

South, Ashley. 2004. "Political Transition in Myanmar: A New Model for Democratization." *Contemporary Southeast Asia*. Vol.26, No.2.

_____. 2008. *Civil Society in Burma: The Development of Democracy amidst Conflict*. Washington D.C.: East Weat Center.

Spiro, Melford E. 1967. *Burmese Supernaturalism: A Study in the Explanation and Reduction of Suffering*. New Jersey: Prentice Hall.

_____. 1971. *Buddhism and Society: A Great Tradition and Its Burmese Vicissitudes*. London: George Allen & Unwin Ltd.

Steinberg, David I. 1981a. *Burma's Road Toward Development: Growth and Ideology under Military Rule*. Boulder: Westview Press.

_____. 1981b. "Burma under the Military: Towards a Chronology." *Contemporary Southeast Asia*. Vol.3, No.3 (December).

_____. 1982. *Burma: A Socialist Nation of Southeast Asia*. Boulder: Westview Press.

_____. 1989. "Crisis in Burma." *Current History*. Vol.88 (537) (April).

_____. 1990. *The Future of Burma: Crisis and Choice in Myanmar*. Lanham, New York and London: University Press of America.

_____. 1999. "A Void in Myanmar: Civil Society in Burma." Burma Center Netherlands (BCN) and Transnational Institute (TNI). *Strengthening Civil Society in Burma: Possibilities and Dilemmas for International NGOs*. Chiang Mai: Silkworm Books.

_____. 2001. *Burma: The State of Myanmar*. Washington D.C.: Georgetown University Press.

_____. 2006. *Turmoil in Burma: Contested Legitimacies in Myanmar*. Norwalk: EastBridge.

_____ and Hongwei Fan. 2012. *Modern China–Myanmar Relations: Dilemmas of Mutual Dependence*. Copenhagen: Nias Press.

Tambiah, S.J. 1987. *The Buddhist Saints of the Forest and the Cult of Amulets: A Study in Charisma, Hagiography, Sectarianism, and Millennial Buddhism*. Cambridge: Cambridge University.

Taylor, Robert H. 1987. *The State of Burma*. Honolulu: University of Hawaii Press.

_____. 2008. "Finding the Political in Myanmar, a.k.a. Burma." *Institute of Southeast Asian Studies*. Vol.39, No.2 (June).

_____. 2009. *The State in Myanmar*. Honolulu: University of Hawaii Press.

The Director of Information. 1960. *Is Trust Vindicated?* Yangon: The Director of Information, Government of the Union of Burma.

Tinker, Hugh. 1957. *The Union of Burma*. London: Oxford University Press.

Tin Maung Maung Tan. 1993. "Sangha Reforms and Renewal of Sasana in Myanmar: Historical Trends and Contemporary Practice." Trevor Ling. ed. *Buddhist Trends in Southeast Asia*. Singapore: ISEAS.

_____. 2007. *State Dominance in Myanmar*. Singapore: ISEAS.

Tosa, Keiko. 2005. "The Chicken and the Scorpion: Rumor, Counternarratives, and the Political Uses of Buddhism." Monique Skidmore. ed. *Burma at the Turn of the 21st Century*. Honolulu: University of Hawaii Press.

Totten, George O. 1960. "Buddhism and Socialism in Japan and Burma." *Comparative Studies in Society and History*. Vol.2, No.3(April).

Trager, Frank N. 1958. *Building a Welfare State in Burma 1958–1956*. New York: Institute of Pacific Relations.

_____. 1959. "The Political Split of Burma." *Far Eastern Survey*. Vol.17, No.10(October).

_____. 1963. "The Failure of U Nu and the Return of the Armed Forces in Burma." *The Review of Politics*. Vol.25.

_____. 1966. *Burma from Kingdom to Republic:A Historical and Political Analysis*. New York, Washington and London: Praeger.

_____. 1969. "Burma: 1968 –A New Beginning." *Asian Survey*. Vol.9, No.2(February).

_____ and William L. Scully. 1978. "Burma in 1977: Cautious Changes and a Careful Watch." *Asian Survey*, Vol.18, No.2(February).

U Ba Swe. 1952. *The Burmese Revolution*. Rangoon: Ministry of Information.

U Kyaw Win. ed. 1975. *U Nu, Saturday's Son*. [Trans.]. U Law Yone. New Heaven and London: Yale University Press.

U Nu. 1958. *Towards a Socialist State*. Rangoon: Department of Information.

_____. 1959. *The Pyidaungsu Policy:The Role of Party,The Opposition,The Civil Service*. Yangon: Ministry of Information.

Union of Burma. 1954. *Pyidawtha:The New Burma*. Yangon: Economic and Social Board, Government of the Union of Burma.

_____. 1959. *The National Ideology and the Role of the Defense Service*. Yangon: Ministry of Information.

_____. 1963. *The System of Correlation of Man to His Environment:The Philosophy of the Burma Socialist Programme Party.* Yangon: Ministry of Information.

UMEHL(Union of Myanmar Economic Holdings Limited). 2008. (Union of Myanmar Economic Holdings Limited)(PPT). unpublished paper.

Victor, Barbara. 1998. *The Lady,Aung San Suu Kyi: Novel Laureate and Burma's Prisoner.* Boston: Faber.

von der Mehden, Fred R. 1961. "The Changing Pattern of Religion and Politics in Burma." *Studies on Asia.* Series I, Vol.2.

Williams David. C. 2012. "Changing Burma from Without: Political Activism among the Burmese Diaspore." *Indiana Journal of Global Legal Studies.* Vol.19, No.1 (Winter).

Wilson, Trevor. ed. 2006. *Myanmar's Long Road to National Reconciliation.* Singapore: ISEAS.

_____. 1965. "The Burmese Way to Socialism." *Asian Survey.* Vol.3, No.3(March).

Yinger, J. Milton. 1970. *The Scientific Study of Religion.* New York: Macmillan Publishing Co.,Inc and London: Collier Macmillan Publishers.

Zaw Oo and Win Min. 2007. *Assessing Burma's Ceasefire Accords.* Washington: East –West Center.

## 3. 미얀마어문헌

ကုန်သွယ်ရေးဝန်ကြီးဌာန [상무부]. 1993. ပြည်ထောင်စုမြန်မာနိုင်ငံတော် နိုင်ငံခြား ရင်းနှီးမြှုပ်နှံမှု ၉ပဒေၤ၊ လုပ်ထုံးလုပ်နည်းများနှင့်. နိုင်ငံခြားရင်းနှီးမြှုပ်နှံမှု နိုင်ငွင်.ရှိသော စီးပွားရေးလုပ်ငန်း အမျိုးအစားများယ[미 안마연방 외국인투자법, 사업방법과 외국인투자 허가가 필요한 사업종류들]. ရန်ကုန်ၤ ကုန်သွယ်ရေးဝန်ကြီးဌာ၁၀ [양공: 상무부].

စိုးမြကျော် [쏘먀쪼]. 2006. အနာဂတ်နိုင်ငံတော်တည်ဆောက်မှုပုံသဏ္ဍာန်၊ ၉ပဒေပြုမှုအသွင် သဏ္ဍာန်နှင့်. အနစ်သ၁ရ [장래 국가의 본질과 구조, 입법부 구조]. ရန်ကုန်ၤ ပြန်ကြားရေးဝန်ကြီးဌာန [양공: 공보부].

စစ်သမိုင်းပြတိုက်နှင့်.တပ်မတော်မော်ကွန်းတိုက်များရုံး [전쟁역사박물관과 군기록관]. 2003a. တပ်မတော်သမိုင်း 1824–1945 (ပထမတွဲ) [군대역사: 1824~1945 (제1권)] (제5판). ရန်ကုန်ၤ စစ်သမိုင်းပြတိုက်နှင့်. တပ်မတော်မော်ကွန်းတိုက်များရုံး [양공: 전쟁역사박물관과 군기록관].

စစ်သမိုင်းပြတိုက်နှင့်.တပ်မတော်မော်ကွန်းတိုက်များရုံး [전쟁역사박물관과 군기록관]. 2003b. တပ်မတော်သမိုင်း 1974–1988 (ဆဋ္ဌမတွဲ) [군대역사: 1974~1988 (제6권)] (제2판). ရန်ကုန်ၤ စစ်သမိုင်းပြတိုက်နှင့်. တပ်မတော်မော်ကွန်းတိုက်များရုံး [양공: 전쟁역사박물관과 군기록관].

စစ်သမိုင်းပြတိုက်နှင့်.တပ်မတော်မော်ကွန်းတိုက်များရုံး [전쟁역사박물관과 군기록관]. 2000a. တပ်မတော်သမိုင်း 1948–1962 (စတုတ္ထတွဲ) [군대역사: 1948~1962 (제4권)] (제1판). ရန်ကုန်ၤ စစ်သမိုင်းပြတိုက်နှင့်. တပ်မတော်မော်ကွန်းတိုက်များရုံး [양공: 전쟁역사박물관과 군기록관].

စစ်သမိုင်းပြတိုက်နှင့်.တပ်မတော်မော်ကွန်းတိုက်များရုံး [전쟁역사박물관과 군기록관]. 2000b. တပ်မတော်သမိုင်း 1988–1993 (ဆအဋ္ဌမတွဲ) [군대역사: 1988~1993 (제7권)] (제1판). ရန်ကုန်ၤ စစ်သမိုင်းပြတိုက်နှင့်. တပ်မတော်မော်ကွန်းတိုက်များရုံး [양공: 전쟁역사박물관과 군기록관].

တက္ကသိုလ်နေဝင်း [대학 네윈]. 1998. ဗိုလ်ချုပ်အောင်ဆန်း၏ လွတ်လပ်ရေးကြိုးပမ်းမှု မှတ်တမ်း [아웅산장군의 독립노력사]. ရန်ကုန်ၤ အသိုင်းအဝိုင်းစာပေ [양공: 동아리출판사].

နိုင်ငံတော်ငြိမ်ဝပ်ပိပြားမှုတည်ဆောက်အဖွဲ့. [국가법질서회복평의회]. 1991. တိုင်းကျိုးပြည်ပြု နိုင်ငံတော်ငြိမ်ဝပ်ပိပြား မှုတည်ဆောက်အဖွဲ့၏ ဆောင်ရွက်ချက်သမိုင်းဝင်မှတ်တမ်း 1988–1991 [국민의 이익과 국가의 수행: 국 가법질서회복평의회의 업적사 기록, 1988~1991년]. Yangon: SLORC.

_____. 1998. တိုင်းကျိုးပြည်ပြု နိုင်ငံတော်ငြိမ်ဝပ်ပိပြားမှုတည်ဆောက်အဖွဲ့၏ ဆောင်ရွက်ချက်သမိုင်းဝင်မှတ်တမ်း 1995–1997 [국민의 이익과 국가의 수행: 국가법질서회복평의회의 업적사 기록, 1995~1997 년]. Yangon: SLORC.

နိုင်ငံတော်အေးချမ်းသာယာရေးနှင့်.ဖွံ့ဖြိုးရေးကောင်စီ [국가평화발전평의회]. 2001. တိုင်းကျိုးပြည်ပြု နိုင်ငံတော်အေးချမ်းသာယာရေးနှင့်.ဖွံ့ဖြိုးရေးကောင်စီ၏ ဆောင်ရွက် ချက်သမိုင်းဝင်မှတ်တမ်း 1997–2000 [국 민의 이익과 국가의 수행: 국가평화발전평의회의 업적사 기록, 1997~2000년]. Yangon: SPDC.

ပြည်ထောင်စုကြံ့ခိုင်ရေးနှင့်.ဖွံ့ဖြိုးရေးအသင်းပညာရေးဌာန [연방단결발전연합 교육부]. 2002. နိုင်ငံတော်ဖွံ့.

ဖြိုးတိုးတက်ရေးနှင့်. ကျေးလက်ဒေသဖွံ့ဖြိုးရေးလုပ်ငန်းစဉ်များ ကြီးဆိုင်ထောက်ခံပွဲနှင့်. သင်းလုံးကျွတ်အထူးအစည်းအဝေး (2002) [국가와 지역발전 업적에 관한 환영식과 기구전체 특별회의(2002)]. ရန်ကုန်း ပြန်ကြားရေးနှင့်. ပြည်သူ့ဆက်ဆံရေးဦးစီးဌာန[양공: 정보및국민관계국].

ပြန်ကြားရေးဝန်ကြီးဌာန [공보부]. 1990. 1988ရနှစ်၊ စက်တဘာလ ၁၂ရက်နေ့.တွင် ရဟာန်းရှင်လူ ပြည်သူ့အပိုင်းနှင့်. တပ်မတော်သားများသို့. ကကွယ်ရေးဦးချုပ်ဗိုလ်ချုပ်ကြီးစောမောင် တင်ပြချက်[1988년 9월 12일, 국민과 군에게 보내는 국방부 장관 쏘마웅의 제안]. ရန်ကုန်း ကြေးမုံသတင်းစာတိုက်နှင့်. ဂါဒီယန်သတင်းစာတိုက်[양공: 쩨몽신문사 & 가디언].

_____. 2006. အမျိုးသားညီလာခံကြိုဆိုထောက်ခံပွဲ လူထုအစည်းအဝေးပွဲများ မုတ်တမ်း [국민회의 환영식과 국민회담 기록물]. ရန်ကုန်း ပြန်ကြားရေးဝန်ကြီးဌာန [공보부].

_____. 2007. နိုင်ငံတော်ဖွဲ့စည်းပုံအခြေခံဥပဒေရေးဆွဲရာတွင် အခြေခံရန် အမျိုးသားညီလာခံစုံညီအစည်းအဝေး များကချမှတ်သည့် အခြေခံမူများနှင့် အသေး စိတ်ခြေခံရမည့်မူများ[국가헌법작성에서 근간이 되는 국민회 의에서 정한 지침들과 세부 내용들]. ရန်ကုန်း ပြန်ကြားရေးဝန်ကြီးဌာန [공보부].

_____. 2008. တပ်မတော်အစိုးရလက်ထက်နိုင်ငံတော်ဖွဲ့ဖြိုးတိုးတက်မှုမုတ်တမ်း (1988 -31 -12 -2007) [군사 정부의 국가발전 기록(1988.12~2007.12)]. ရန်ကုန်း ပြန်ကြားရေးဝန်ကြီးဌာန [공보부].

မောင်မောင်[마웅마웅]. 1969. မြန်မာ.နိုင်ငံရေးခရီးနှင့်. ဗိုလ်ချုပ်ကြီးနေဝင်း [미얀마 정치와 네윈 장군]. ရန်ကုန်း ပုဂံစာအုပ်[양공: 버강서점].

မြတ်တွန့်ဦး[먓뚱우]. 2004. အပြည်ပြည်ဆိုင်ရာသံတမန်ဆက်ဆံရေး[국제외교관계]. no pub.

မင်း.အောင်(ဗိုလ်မှူးကြီး)[민아웅(대령)]. 2004. စစ်မဟာဗျူဟာအမြင်[군사전략]. ရန်ကုန်း စစ်မဟာဗျူဟာလေ. လာရေးဌာန[양공: 군전략연구소].

လှမင်း[흘라밍]. 2002. မြန်မာနိုင်ငံ၏နိုင်ငံရေးအခြေအနေနှင့်.ဒေသအတွင်းမြန်မာနိုင်ငံ၏ အခန်းကဏ္ဍ[미얀마의 정치상황과 국내에서 미얀마의 역할]. ရန်ကုန်း ကာကွယ်ရေးဝန်ကြီးဌာန[양공: 국방부].

လှရွှေ(ဗိုလ်ကြီး)[흘라쉐(대위)]. 2007. တတ်လမ်းအထွေထွေဗဟုသုတ၊ မုတ်စု 2007၊2008[고등일반상식 모 음집, 2007~2008]. ရန်ကုန်း ရွှေသားစုစာပေ[양공: 황금가족서적].

သခင် လွင်[떠킹 르윙]. 1969. ဂျပန်ခေတ်ဗမာပြည်[일제시대의 버마]. ရန်ကုန်း ၃ဒါန်းစာပေ[양공: 좋은말 서점].

သန်းရွှေ[딴쉐]. 2002. ဗိုလ်ချုပ်မှူးကြီးသန်းရွှေ မိန်.ကြားသောမိန်.ခွန်းမုတ်တမ်း [땅쉐장군 연설문 모음집]. ရန်ကုန်း ပညာရေးရာဌာန[양공: 교육부].

ဦးကျော်ငြိမ်း[우 쪼네잉]. 1998. ရဲတော်သုံးကျိပ်[30인의 동지]. ရန်ကုန်း အင်းဝစာပေတိုက်[양공: 잉와 서점].

ဦးစံမြင့်.[우 산뮝] ed. 2006. ပြည်ထောင်စုကြံ့နိုင်ရေးနှင့်.ဖွံ့ဖြိုးရေးအသင်း နှစ်ပတ်လည် သင်းလုံးကျွတ်အစည်းအဝေး (2005) မုတ်တမ်း [연반단결발전연합 연간 정례회담(2005) 기록]. ရန်ကုန်း ပြည်ထောင်စုကြံ့နိုင်ရေးနှင့်.ဖွံ့ ဖြိုးရေးအသင်း ဌာနချုပ်[양공: 연방단결발전연합본부].

ဦးတင်မောင်ဦး[우 띤마웅우] ed. 2004. ပြည်ထောင်စုကြီ့. နိုင်ရေး နှင့်.ဖွံ့.ဖြိုးရေးအသင်း နှစ်ပတ်လည်သင်းလုံးကျွတ်အစည်းအဝေး(2004) မှတ်တမ်း [연방단결발전연합 연간 정례회담(2004) 기록]. ရန်ကုန်: ပြည်ထောင်စုကြီ့.နိုင်ရေးနှင့်.ဖွံ့.ဖြိုးရေးအသင်း ဌာနချုပ်[양공: 연방단결발전연합본부].

_____. ed. 2005. ပြည်ထောင်စုကြီ့.နိုင်ရေးနှင့်.ဖွံ့.ဖြိုးရေးအသင်း လူငယ် နီးနောဖလှယ်ပွဲမှတ်တမ်း(2005) [연방단결발전연합 청년부 심포지움 기록(2005)]. ရန်ကုန်: ပြည်ထောင်စုကြီ့.နိုင်ရေးနှင့်.ဖွံ့.ဖြိုးရေးအသင်း ဌာနချုပ်[양공: 연방단결발전연합본부].

ဦးပုကလေး[우 뿌끌레] 2010. ဝန်ကြီ့ချုပ် ဦးနု ဘာတွေလုပ်ခဲ့သလဲ[우 누 총리, 무엇을 했는가?]. ရန်ကုန်[양공]: Fujiyama Media.

ဦးလှ[우 흘라]. 1968. သတင်းစားများပြောပြတဲ့.စစ်တွင်းဗမာ(ပထမတွဲ - တတိယတွဲ)[소식들이 전하는 전시 버마, 1 -3권]. မန္တလေး: ကြီးပွားရေးပုံနှိပ်တိုက်[만달레: 번영출판사].

အောင်ဆန်း[아웅산]. 1971. 17 -3 -1945~19 -7 -1947] ဗိုလ်ချုပ်အောင်ဆန်း မိန့်.ခွန်းများ [아웅산장군의 연설문: 1945.3.17~1947.7.19]. ရန်ကုန်: စာပေဗိမာန်ပုံနှိပ်တိုက်[양공: 싸빼베이망 서점].

အောင်ဆန်းစုကြည်[아웅산수찌]. 1993. ကြောက်ရွံ့ခြင်းမှ လွတ်ကင်းရေးနှင့်. အခြားစာတမ်းများ [두려움으로부터의 해방과 기타 기록들]. Guildford: La Haule Books.

EDGE. 2007. ပညာရေးလမ်းညွှန်[교육지침]. Yangon: MMRD Publication Services.

Thalun English -English Myanmar Dictionary. 1994.

Myanmar -English Dictionary. 1993.

## 4. 인터넷 자료

『노컷뉴스』. "미얀마, 한국을 민주화 모델로 인식." 2015/11/17.

⟨http://www.nocutnews.co.kr/news/4505107⟩ 검색일 2016/1/10.

미얀마연방선거위원회(Union Election Commission, 미얀마어)

⟨http://uecmyanmar.org⟩

Arkar Moe. 2009. "Pagoda Power." The Irrawaddy. Vol.17, No.4

Aung Zaw. "The Rut and Roar Begins in Burma." The Irrawaddy. 2011/7/8.

_____. "Than Shwe, Voodoo and the Number 11." The Irrawaddy. 2008/12/23.

_____. "The Dictators: Part 7 –Than Shwe's Reign Begins." The Irrawaddy. 2013/4/19.

_____. "The Dictators: Part 10 –Than Shwe Enjoys Absolute Power." The Irrawaddy. 2013/5/10.

Fuller, Thomas. "After Victory in Myanmar, Aung San Suu Kyi Quietly Shapes a Transition." New York Times. 2005/12/21.

⟨http://www.nytimes.com/2015/12/22/world/asia/after–victory–in–myanmar–aung–san–suu–kyi–quietly–shapes–a–transition.html?_r=0⟩ 검색일: 2016/1/4.

Global New Light of Myanmar 2016/3/12; 2016/3/16; 2016/4/1

Hnin Yadana Zaw. "Myanmar's Suu Kyi Says Peace Process will be Government's Priority." Reuters 2016/1/4.

http://www.businessinsider.com/r–myanmars–suu–kyi–says–peace–process–will–be–governments–priority–2016–1 검색일: 2016/1/10.

Horn, Robert. "Why Did Burma's Leader Appear on TV in Women's Clothes?" Time(2011/2/24).

Jagan, Larry. "Precarious Balance for Myanmar Reform." Asia Times Online 2012/2/16.

Kyaw Ye Lynn. "Myanmar MPs Approve Suu Kyi as 'Advisor to State'." AATimes. 2016/4/5.

http://aa.com.tr/en/politics/myanmar–mps–approve–suu–kyi–as–advisor–to–state–/549634

Kyaw Hsu Mon. "Military VP Revealed As Executive Trio Finalized." The Irrawaddy. 2016/3/11.

http://www.irrawaddy.com/burma/military–vp–revealed–executive–trio–finalized.html

New Light of Myanmar 2007/9/17; 2007/9/25; 2009/5/8; 2011/2/5;

NLD(National League for Democracy). "Sanctions on Burma." 2011/2/8.

⟨http://www.nldburma.org/media–press–release/press–release/213–a–review–on–sanctions–imposed–on–burma.html⟩ 검색일: 2012/4/17. 또는

〈http://www.burmapartnership.org/2011/02/sanctions-on-burma/〉검색일: 2016/1/11.

Ramachandran, Sudha and Swe Win. "Instant Karma in Myanmar." Asia Times. 2009/6/18.

Reuters. "Special Report: Myanmar Gives Official Blessing to Anti-Muslim Monks." 2013/6/27.

Sai Zom Hseng. "Central Govt Retakes Control." The Irrawaddy. 2011/6/30.

Skynews. "Suu Kyi Consolidates Power in Parliament." 2016/4/5.
http://www.skynews.com.au/news/world/asiapacific/2016/04/05/suu-kyi-consolidates-power-in-parliament.html

The Irrawaddy. "Than Shwe Retired, But Not Sidelined: Htay Oo." 2011/5/23.

Wa Lone. "NLD to Ram through State Counsellor Law." Myanmar Times. 2016/4/4.
http://www.mmtimes.com/index.php/national-news/nay-pyi-taw/19807-nld-to-ram-through-state-counsellor-law.html

Wai Moe. "Than Shwe Finds Burma's Fate in the Stars." The Irrawaddy. 2007/11/23.

_____. "Than Shwe Skirts the Issues." The Irrawaddy. 2011/2/17.

Weymouth, Lally. "Aung San Suu Kyi: 'I'm going to be the one who is managing the government'." Washington Post 2015/11/19.
〈https://www.washingtonpost.com/opinions/aung-san-suu-kyi-im-going-to-be-the-one-who-is-managing-the-government/2015/11/19/bbe57e38-8e64-11e5-ae1f-af46b7df8483_story.html〉검색일 2016/1/11.

Wong, May and Sujadi Siswo. "Appointed president will take instructions from me if NLD wins: Suu Kyi." Channel NewsAsia. 2015/11/10.
〈http://www.channelnewsasia.com/news/asiapacific/appointed-president-will/2250308.html〉검색일: 2016/1/9.

World Bank. 2013. Myanmar Economic Monitor(October).
〈http://www.worldbank.org/content/dam/Worldbank/document/EAP/Myanmar/Myanmar_Economic_Monitor_October_2013.pdf〉


David I. Steinberg 인터뷰, 2011/8/3.

Tin Maung Maung Tan 인터뷰 2002/9/4; 이메일 인터뷰 2007/12/24.

# 부 록

## 1. 주요 사건 일지

| 연도 | 사건 | 내용 |
|---|---|---|
| 1824-26 | 영국-버마전쟁 | • 얀다보조약(여카잉 및 남부지방 할양), 1천만 루피 전쟁배상금 지급 |
| 1852 | | • 잉와 이남지역 영국에 의해 점령 |
| 1885 | | • 꽁바웅왕조의 영국식민화, 왕정 해체, 인도의 7번째 주 |
| 1906 | YMBA창설 | • 기독청년연합(YMCA)을 모체로 탄생, 영국인의 파고다 착화사건에 대한 강력한 항의 |
| 1920 | GCBA창설 | • 전버마평의회, YMBA의 발전적 해체기구 |
| 1930 | 서야 상반란 | • GCBA의 지부장 서야 상에 의한 왕정복고운동 |
| 1933 | 우리버마연맹 | • 국산품 애용, 투옥된 민족주의 지도자 석방운동, 서야 상 정신을 계승하는 전국차원의 민족운동 |
| 1936 | 양공대학 시위 | • 누와 아웅산의 등장, 민족주의 운동의 전이(승려→청년) |
| 1937 | 버마 분리 | • 인도의 한 주에서 영국령 버마로 분리→제한적 자치권 |
| 1938 | 1300년 대혁명 | • 중부 예낭자웅에서 노동환경 및 복지향상을 위한 시위 |
| 1939 | 정당 탄생 | • 떠킹 먀, 아웅산 등 인민혁명당(PRP) 창당→현실정치 |
| 1941 | 버마독립군 탄생 | • 일-버마간 남기관(南機關) 설치합의에 따라 '30인의 동지'가 하이난섬에서 군사훈련을 받은 후 버마독립군이 창설됨 |
| 1942.8 | 버마내각구성 | • 바모박사외 10인의 내각 구성, 버마의 독립을 승인하지 않으려는 일본의 의도. BIA 모병 중지 |
| | 버마방위군 창설 | • 아웅산을 중심으로 BIA 잔당이 BDA를 창설→대일투쟁 |
| 1943.1.14 | 버마독립선언 | • 일본은 버마의 독립 승인, 8.1 독립 내각 선포, BDA를 버마국군(BNA)로 개칭 |
| 1944.8 | AFO 창설 | • 일본에 대한 투쟁으로 반파시스트인민기구 창설→AFPFL(반파시스트인민자유연맹)으로 개칭(1945.5): 군 지도자를 정치지도자로 추대 |
| 1945.7 | 버마애국군 | • BNA→버마애국군(PBF) 개칭, 여기에 편성되지 못한 자들은 인민의용군(PVO)으로 조직<br>• 대 일본 선전포고, 양공입성(6.15) |

| 연도 | 사건 | 내용 |
|---|---|---|
| 1947 | 뻥룽회담(2.12) | • 독립이후 연방 구성문제와 관련하여 아웅산이 소수종족지도자들을 소집함. 10년 후 연방가담 여부를 결정함. 꺼잉족은 참석하지 않음 |
| | 총선(4.9) | • 제헌의회 선거 실시, AFPFL승리(171/255) |
| 1947.7.19 | 아웅산암살 | • 정적 우쏘(U Saw)에 의해 암살됨 |
| 1948.1.4 | 독립 | • 새벽4:20, 우 누를 초대 총리로 버마연방 독립 |
| | 버마공산당 | • 사회주의혁명을 위한 버마공산당의 지하운동 시작 |
| 1949 | 내전 발발 | • 까렌반군을 시작으로 분리독립을 주창하는 소수종족의 무장 투쟁 시작 |
| 1952 | 총선 | • 내전으로 인해 8개월 소요(51.6~52.4), AFPFL승리 147/250, 유권자 20%만 투표(150만/800만) |
| 1956 | 총선 | • AFPFL승리 135/184석 차지 |
| 1958 | 과도임시정부 | • 네윈을 수장으로 18개월간의 군사과도임시정부 구성(~1960) |
| | | • AFPFL분열: 우 누를 중심으로 하는 청렴(Clean), 우 바스웨, 우 |
| | 내분 | 쪼응에잉을 중심으로 하는 안정(Stable) |
| 1960 | 총선 | • 청렴AFPFL 승리 149/183석 |
| 1961 | 불교국교화 | • 우 누의 선거공략으로 선포(8.26)→비불교도들의 무장투쟁 촉발 |
| 1962 | 군부정치개입 | • 네윈 쿠데타(3.2): 17인의 혁명평의회 구성, 헌정 중단, 의회 해산, 우 누 투옥 |
| | | • "버마 사회주의로의 길: 혁명평의회 정책 성명" 발표(4.30)→버마식사회주의 채택 |
| | | • 버마사회주의계획당(BSPP)창당(7.4) |
| | | • 『인간과 그 환경의 상호체계』(The System of Correlation of Man and His Environment, 1963) 발표 |
| 1974 | 민간이양 | • 신헌법채택(1.3), 버마연방사회주의공화국(1.4) |
| | | • 현행 7개 행정주, 7개 자치주 선포 |
| | | • 군에서 민간으로 정권 이양(네윈 절대권력 유지) |
| | | • 우 땅(U Thant) 전 유엔사무총장 장례식 계기로 반정부 시위(12.5)→비상계엄선포 |
| 1981 | 산유대통령 취임 | • 산유(San Yu) 대통령 취임 |
| 1983 | 아웅산묘소 테러 | • 한국장관4명 포함 17명 사망, 북한과 단교 |

| 연도 | 사건 | 내용 |
|---|---|---|
| 1987 | 화폐 무효화 | • 암거래상에 타격을 준다는 명분으로 25, 35, 75짯 화폐 통용 중지(9.5, 유통화폐의 75%)<br>• 경제난으로 인한 전국가적 시위 확산<br>• 버마 유엔지정 최저개도국 선정 |
| 1988 | 민주화운동 | • 랑군대학 학생 시위(3월), 전국적 확산(6월), 8888<br>• 네윈, 새내각 구성(7.23)<br>• 아웅산수찌 최초연설(8.26, 쉐다공 불탑)<br>• 군부 쿠데타(9.18)→과도군사정부(SLORC) 조직<br>• NLD 창당(9.24): 아웅산수찌 사무총장 |
| 1989 | 정치 탄압<br>국명 개칭<br>공산당 와해<br>중국관계 개선 | • 아웅산수찌, 띤우 부의장 가택연금(7.20~1995.7.10)<br>• 미얀마연방으로 개칭(6.18)<br>• 두 파벌로 활동하던 버마공산당이 와해됨<br>• 딴쉐를 중심으로 19인이 전격 중국 방문 |
| 1990 | 총선 및 좌절된<br>정권이양 | • 30년 만에 총선실시(5.27): NLD 압승(392/485)→간디홀 선언(선정권이양, 후헌법제정)<br>• 군부, 정권이양거부: 정식의회가 아니라 제헌의회 구성 선거<br>• 망명정부수립: 마네뿔로에서 버마연방민족연립정부(NCGUB) 구성, 쎄인원 총리 지명 |
| 1991 |  | • 아웅산수찌 노벨평화상 수상(장남 알렉산더 아리스 대리수상)<br>• 대학폐쇄(12.11)<br>• 군정 반군과 정전협정 및 휴전 합의 계속 |
| 1992 | 딴쉐체제 수립 | • SLORC 쏘마웅의장 퇴임, 딴쉐 부의장이 의장직 승계(4.23), 마웅에 부의장 취임 |
| 1993 | 국민회의 가동<br>USDA | • 신헌법 제정을 위한 국민회의 가동(2.1)<br>• 정부후원의 사회복지기구 연방단결발전연합(USDA)창설 |
| 1995 |  | • 아웅산수찌 가택연금 해제(7.10)<br>• 국민회의 내 의사결정 갈등→잠정 휴회(96.5.31) |
| 1997 | 아세안 가입<br><br>군사평의회 개칭<br><br>미국 경제제재 | • 아세안창설 30년을 기념하여 라오스, 캄보디아와 함께 미얀마 아세안 가입(7.23, 캄보디아는 1999)<br>• 국가평화발전평의회(SPDC)로 개칭(11.7): 내각 겸직 금지, 소장파 장교 대거 발탁 등<br>• 대버마 경제제재안 강화 발표 |

| 연도 | 사건 | 내용 |
|---|---|---|
| 2000 | | • 아웅산수찌 2차 가택연금(9.23~2002.5.6) |
| 2002 | | • 네윈 족벌 쿠데타 혐의로 체포(3월)<br>• 네윈 사망(12.5) |
| 2003 | 디베인학살<br><br>미국의 제재강화<br><br>민주화로드맵 | • 아웅산수찌의 디베인 방문당시 USDA 폭도들의 공격으로<br>  지지자 및 당원들의 사망(5월)→아웅산수찌 가택연금<br>• 디베인학살로 인해 대 미얀마제재 강화: NLD를 사실상의<br>  정부로 인정함<br>• 킨늉 총리 민주화 7단계로드맵 발표(8.30) |
| 2004 | 국민회의 재가동<br>권력갈등 | • 7개 대표단으로 구성된 국민회의 8년 만에 가동(5.17)<br>• 킨늉 총리 축출(10.14): 후임에 쏘윈 내정 |
| 2005 | 아세안 압력<br>네삐도 수도이전 | • 미얀마 아세안 의장국(2006) 수임 포기<br>• 수도 이전(11.6): 정식수도로 공표(06.3.27) |
| 2007 | 인사 교체<br><br>국민회의 폐회<br>샤프론혁명 | • 쏘윈 총리 사망→떼잉쎄인(Thein Sein) 총리 취임<br>• 쉐망 합동참모장의 등극(권력서열 3위)<br>• 신헌법안 채택 및 국민투표 계획발표(9.3)<br>• 유가인상으로 인한 승려들의 자발적 시위→전국적 확대 |
| 2008 | 미국의 제재강화<br><br>나르기스 강타<br>국민투표 | • 기존의 제재안에서 제이드령을 추가하여 관료뿐만 아니라<br>  군부와 결탁한 기업인들의 자산 동결<br>• 에야워디델타지역을 강타(13만 8,000 사망, 250만 피해)<br>• 2차례에 걸쳐 실시(5.10, 5.24): 유권자의 92.48%가 신헌법안<br>  찬성에 투표했다고 발표함 |
| 2009 | 수찌연금연장 | • 미국인의 불법침입으로 가택연금 18개월 연장 |
| 2010 | 총선<br><br>수찌연금해제 | • 1990년 이후 20년 만의 총선(11.7): 군부후원 여당(USDP)의<br>  압승(883/1,154석)<br>• 2003년 이후 8년 만에 가택연금 해제(11.13) |
| 2011 | | • 의회 개회(1.31~3.31)<br>• 대통령/부통령 선출(떼잉쎄인, 띤아웅민우, 싸잉마욱캄)<br>• 유사민간정권 출범(2011.3.30~2016.3.29) |
| 2012 | 야당 정치재개 | • 보궐선거 NLD 승리(4.1, 43/45석) |
| 2015 | 총선 | • 1990년 이후 최초 민주총선(11.8): NLD 압승<br>• 수찌, 대통령 - 군총사령관 - 하원의장 연쇄 회동 |
| 2016 | 민간정부 출범 | • 1962년 쿠데타 이래 민간정부 회복(3.30)<br>• 수찌, 국가고문에 취임 |

## 2. '30인의 동지' 명단(1941년 12월 기준)

| 연번 | 본명 | 가명 | | 연번 | 본명 | 가명 | |
|---|---|---|---|---|---|---|---|
| 1 | | 아웅산 | 떼자 | 16 | | 에마웅 | 보 | 모 |
| 2 | | 슈마웅 | 네윈 | 17 | 떠킹 | 땅땅 | | 먀딩 |
| 3 | | 흘라페 | 렛야 | 18 | | 땅땅 | | 사망 |
| 4 | | 아웅땅 | 셋짜 | 19 | | 퉁오욱 | | – |
| 5 | | 상라잉 | 아웅 | 20 | | 흘라마웅 | | 제야 |
| 6 | | 흘라먀잉 | 양아웅 | 21 | | 퉁세잉 | | 양나잉 |
| 7 | | 바장 | 라야웅 | 22 | | 쉐 | | 쪼저 |
| 8 | 떠킹1) | 퉁킹 | 보2) 뮝스웨 | 23 | | 띵에 | | 퐁뮝 |
| 9 | | 킨마웅우 | 따야 | 24 | | 아웅떼잉 | | 예퉁 |
| 10 | | 퉁르윙 | 벌라 | 25 | 꼬3) | 땅늉 | 보 | 징여 |
| 11 | | 쪼쎄잉 | 모뇨 | 26 | | 흘라 | | 밍야웅 |
| 12 | | 쏘르윙 | 밍가웅 | 27 | | 퉁쉐 | | 링융 |
| 13 | | 상먀 | 까욱테잉 | 28 | | 쏘 | | 뮝아웅 |
| 14 | | 응에 | 쏘아웅 | 29 | | 싸웅 | | 테잉윈 |
| 15 | | 띳 | 쏘나웅 | 30 | | 마웅마웅 | | 냐나 |

1) 주인
2) 사전적 의미로 소위 계급에 해당되지만 여기서는 장교라는 점을 강조하기 위하여 상징적으로 이름 앞에 붙임.
3) 미얀마 남성들 중 30~40대가 이름 앞에 사용하는 존칭어. 30대 이전까지는 마웅(Maung), 40대 이후부터는 우 (U)를 사용함. 여성은 30~40대 이전까지는 마(Ma), 이후는 도(Daw)를 사용함.
4) 스즈끼 대령은 보 모쪼(Mokyo).

※ 출처: စစ်သမိုင်း[ပြတိုက်နှင့်.တပ်မတော်မော်ကွန်းနှင့်တိုက်မှူးရုံး[sitthamain -pyathaihnin -tatmadaw -mawkundaihmuyon] (2003a), p.370.

## 3. 버마독립군ᴮᴵᴬ 조직도(1941년 12월 31일 기준)

## 1) 사령부

| 직책 | 성명 | 직책 | 성명 |
|---|---|---|---|
| 사령관 | 모쪼 중장(스즈끼 대령) | 부관참모 | 기무라 중령(게시히구치) |
| 참모장 | 무라까미 소장(노다 대위) | 재무감 | 미나미오까 대령(다수끼) |
| 고급참모 | 아웅산 소장 | 의무감 | 스즈끼 소장(스즈끼 박사) |
| 참모(3명) | 양아웅 소위,<br>이지마 대령(도요지꺼마따),<br>싱밍 중령(이나오미주따니) | 경호감 | 오주보 대령(야마모또 소위) |

## 2) 몰러먀잉Mawlamyaing 전선戰線

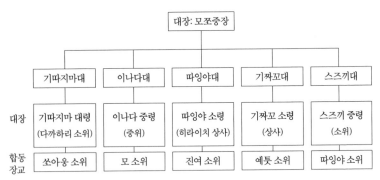

※ 괄호 안의 계급은 일본군에서의 계급임.

## 3) 따웨Thawe 전선

| 직책 | 성명 | 직책 | 성명 |
|---|---|---|---|
| 대장 | 가와시마 중장(대위) | 합동장교 | 이주미야 중령(소위) |
| 합동장교 | 렛야 소위 | " | 토모토 중령(중위) |
| " | 라야웅 소위 | " | 시무라 소령(상사) |
| " | 쪼저 소위 | " | 이또 소령(상사) |
| " | 벌라 소위 | " | 모리 소령(상사) |
| " | 나냐 소위 | " | 이케다 소령(상사) |
| " | 도리 중령(소위) | " | 누세 소령(상사) |

※ 괄호 안의 계급은 일본군에서의 계급임.

**4) 진군대進軍隊**

| 직책 | 성명 | 직책 | 성명 |
|---|---|---|---|
| 대장 | 히라야마 대령(소위) | 합동장교 | 이께베 소령(상사) |
| 합동장교 | 아기가와 중령(중위) | " | 이마무라 소령(상사) |
| " | 양나잉 소위 | " | 사또(민간) |
| " | 밍가웅 소위 | " | 이자또(민간) |
| " | 따욱테잉 소위 | " | 오야시키(민간) |

※ 괄호 안의 계급은 일본군에서의 계급임.

**5) 다나까Tanaka대: 일본군 55사단 예하부대**

| 직책 | 성명 | 직책 | 성명 |
|---|---|---|---|
| 대장 | 다나까 중령(소위) | 합동장교 | 자잉정 소령(상사) |
| 합동장교 | 봉믱 소위 | | |

※ 괄호 안의 계급은 일본군에서의 계급임.

**6) 국내반란대**

| 직책 | 성명 | 직책 | 성명 |
|---|---|---|---|
| 대장 | 네윈 소위 | 합동장교 | 모뇨 소위 |
| 합동장교 | 따야 소위 | " | 먀딩 소위 |
| " | 링웅 소위 | | |

※ 출처: စစ်သမိုင်း၊ပြည်တွင်းနှင့်.တပ်မတော်မော်ကွန်း:ဦးကိုဝှူးရှုး[sitthamain–pyathaihnin–tatmadaw–mawkundaihmuyon]
(2003a), pp.130 – 131에서 재구성.

**4. 독립선포 당시 임시내각(1943년 8월 1일 기준)**

| 직책 | 성명 | 직책 | 성명 |
|---|---|---|---|
| 총리 | 바모 박사 | 법무부장관 | 우 떼잉마웅 |
| 부총리 | 떠킹 먀 | 상업및공업부장관 | 우 먀 |
| 재정부장관 | 떼잉마웅 박사 | 교육·복지및번영발전부장관 | 우 흘라밍 |
| 합동수행부장관 | 우 퉁아웅 | 조세부장관 | 우 에 |
| 내무부장관 | 우 바윈 | 교통및관개부장관 | 떠킹 레마웅 |

| 직책 | 성명 | 직책 | 성명 |
|---|---|---|---|
| 번영및이념확산부장관 | 우 쎄잉 | 외무부장관 | 떠킹 누 |
| 산림및광산부장관 | 우 흘라페 | 국방부장관 | 아웅산 소장 |
| 토지및농업부장관 | 떠킹 땅퉁 | 건설및구호부장관 | 떠킹 룽보 |

※ 출처: စစ်သမိုင်းပြဌာန်နှင့်.တပ်မတော်မော်ကွန်း:တိုက်မှူးရုံး[sitthamain-pyathaihnin- tatmadaw-mawkundaihmuyon]
(2000a), pp.280 -281에서 재구성.


## 5. 독립선포 당시 전쟁사무소(국방부 전신) 명단

| 직책 | 성명 | 직책 | 성명 |
|---|---|---|---|
| 장관 | 아웅산 소장 | 군마및동물보호국 | 띤스웨 대위 |
| 차관 | 셋짜 대령 | 무기부 | 띤 중위 |
| 사무총장부 | 떼잉항 소령 | 의복부 | 바띤 중위 |
| 교육부 | 보꽁 소령 | 공병부 | 네묘 중위 |
| 조직부 | 렛야 대령 | 통신부 | 쎄잉 대위 |
| 훈련및군수지원부 | 윈 대위 | 군화(軍畵)부 | 옹마웅 대위 |
| 기록부 | 뛔마웅 대위 | 독도(讀圖)부 | 바항 대위 |
| 의무부 | 마웅마웅지 중령 | 헌병부 | 흘라모 대위 |
| 군법부 | 바쎄잉 대위 | | |

※ 출처: စစ်သမိုင်းပြဌာန်နှင့်.တပ်မတော်မော်ကွန်း:တိုက်မှူးရုံး[sitthamain-pyathaihnin- tatmadaw-mawkundaihmuyon]
(2000a), pp.290 -291에서 재구성.


## 6. 독립 당시 내각(1948년 1월 4일)

| 연번 | 성명 | 직책 | 소속 |
|---|---|---|---|
| 1 | 우 누 | 총리 | AFPFL 부의장 |
| 2 | 보 렛야 | 부총리겸 국방장관 | AFPFL |
| 3 | 우 띤퉁 | 외교부장관 | AFPFL |
| 4 | 우 띤(미얀마어링) | 재정 및 조세부장관 | AFPFL |
| 5 | 우 쪼네잉 | 내무부장관 | 사회당[1] |
| 6 | 우 바장 | 법무부장관 | |
| 7 | 꼬꼬지 | 상무·국민지원 및 통신부 장관 | 사회당 |

| 연번 | 성명 | 직책 | 소속 |
|---|---|---|---|
| 8 | 떠킹 띤 | 농업 및 산림부 장관 | 사회당 |
| 9 | 우 먀(힌더다) | 계획·공업및광산부장관 | AFPFL |
| 10 | 보 포꿍 | 교육·국민관계및재건부 장관 | PVO |
| 11 | 망원마웅 | 국민사업·교통및노동부 장관 | |
| 12 | 우 뇨툥 | 정보부장관 | |
| 13 | 보 쎄잉흐망 | 무임소 장관 | PVO |
| 14 | 우 퉁민 | 샨주 장관 | |
| 15 | 두와싱와나웅 | 까친주 장관 | |
| 16 | 원냐 | 꺼잉주 국경지역 장관 | |
| 17 | 산보밍 | 꺼잉주 장관 | |
| 18 | 우 원뚜마웅 | 친주 장관 | |

1) 인민혁명당(PRP)에서 개칭한 정당임.

## 7. 독립 당시 육군 조직도(1948년 1월 4일 기준)

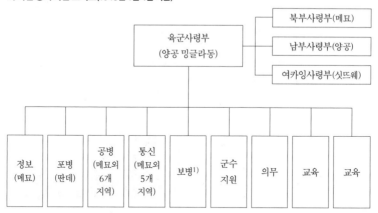

육군사령부
(양공 밍글라동)

북부사령부(메묘)

남부사령부(양공)

여카잉사령부(싯뜨웨)

| 정보 (메묘) | 포병 (딴데) | 공병 (메묘외 6개 지역) | 통신 (메묘외 5개 지역) | 보병1) | 군수 지원 | 의무 | 교육 | 교육 |

## 1) 보병대대

| 대대명 | 소재지 | 대대명 | 소재지 |
|---|---|---|---|
| 제1버마소총대대 | 양공 | 제3꺼잉소총대대 | 만달레 |
| 제2버마소총대대 | 껄로 | 제1까친소총대대 | 메묘 |
| 제3버마소총대대 | 싯뜨웨 | 제2까친소총대대 | 밋찌나 |
| 제4버마소총대대 | 삔머나 | 제1친소총대대 | 싯뜨웨 |
| 제5버마소총대대 | 싯뜨웨 | 제2친소총대대 | 밍글라동(양공) |
| 제6버마소총대대 | 버고 | 제3친경보병대대 | 양공 |
| 제1꺼잉소총대대 | 따웅우 | 친산악대대 | 메익띨라 |
| 제2꺼잉소총대대 | 메익띨라 | | |
| 합계 | | 15개 대대 | |

※ 출처: စစ်သမိုင်းပြတိုက်နှင့်.တပ်မတော်မော်ကွန်း:တိုက်မှူးရုံး[sitthamain–pyathaihnin–tatmadaw–mawkundaihmuyon] (2000a), pp.83 –93에서 재구성.

## 8. 과도정부(1958~60) 내각

| 성명 | 직책 | (1958년 10월 28일 현재) |
|---|---|---|
| 네윈 대장 | 총리, 국방부장관, 국가계획부 장관 | |
| 떼잉마웅 | 부총리, 외무부장관, 종교부장관, 보건부장관, 공무원부장관 | |
| 우 킨마웅퓨 | 내무부장관, 정보부장관, 민주주의지역통치및지역기구부장관, 인간개발및주민등록부장관 | |
| 우 찬퉁아웅 | 법무부장관 | |
| 우 쪼네잉 | 재정및조세부장관 | |
| 우 뱃짜 | 상업발전및협력부장관, 제품지원부장관 | |
| 우 산늉 | 수송및교통부장관, 국민사업및가정복지부장관 | |
| 우 까 | 교육부장관, 농업및산림·토지개발부장관 | |
| 우 칫따웅 | 공업부장관, 광산및노동부 장관 | |
| 홍파 | 샨주 장관 | |
| 우 퉁량 | 친주 장관 | |
| 쏘흘라퉁 박사 | 꺼잉주 장관 | |

| 성명 | 직책 |
|------|------|
| 두와1) 저룽 | 까친주 장관 |
| 원냐 | 꺼야주 장관 |

1) 두와(ၐုဝါး[duwa])는 까친족 족장을 일컫는 용어임.

※ 출처: စစ်သမိုင်းပြတိုက်နှင့်.တပ်မတော်မော်ကွန်းတိုက်မျူးရုံး[sitthamain–pyathaihnin– tatmadaw–mawkundaihmuyon] (2000a), pp.246 – 247.

| 성명 | 직책 (1959년 2월 13일 현재) |
|------|------|
| 네윈 대장 | 총리, 국방부장관, 국가계획부 장관 |
| 우 룽보 | 부총리, 종교부장관, 이주및정착부 장관 |
| 우 킨마웅퓨 | 내무부장관, 정보부장관, 민주주의지역통치및지역기구부장관, 인간개발및주민등록부장관 |
| 우 찬퉁아웅 | 법무부장관 |
| 우 쪼녜잉 | 재정및조세부장관 |
| 우 산늉 | 수송및교통 · 체신부장관, 수산업및도시계획부장관 |
| 우 까 | 교육부장관, 농업및산림 · 토지개발부장관 |
| 우 칫따웅 | 문화부장관 |
| 우 퉁뗀 | 보건부장관 |
| 우 띠항 | 상업발전부장관, 천연자원및산업생산부장관, 제품지원및공업부 장관 |
| 뗀뻬 준장 | 광산및노동부 장관, 국민사업및구휼부장관 |
| 홍파 | 샨주 장관 |
| 쏘흘라퉁 박사 | 꺼잉주 장관 |
| 두와 저룽 | 까친주 장관 |
| 원냐 | 꺼야주 장관 |
| 우 야흐몽 | 친족 관계 장관 |

※ 출처: စစ်သမိုင်းပြတိုက်နှင့်.တပ်မတော်မော်ကွန်းတိုက်မျူးရုံး[sitthamain–pyathaihnin– tatmadaw–mawkundaihmuyon] (2000a), pp.249 – 251.

## 9. 혁명평의회|Revolutionary Council 명단과 행방

| 성명 | 계급 | 직책 | | 비고 | |
|---|---|---|---|---|---|
| | | RC | 내각 | 과도정부 (1958~60) | 1987 |
| 네윈 | 대장 | 의장 | 총리, 재정, 국방, 법무, 국가계획 | ○ | BSPP의장 |
| 아웅지 | 준장 | 육군 부참모장 | 무역, 공업 | ○ | 무직 |
| 딴페 | 준장 | 해군 부참모장 | 교육, 보건 | ○ | 사망 |
| 토미 클리프트 | 준장 | 공군 부참모장 | – | ○ | 망명 |
| 딴페 | 준장 | 위원 | 농림, 공급협동조합, 토지국유화 | ○ | 무직 |
| 산유 | 준장 | 위원 | – | × | 대통령 (1981~88) |
| 쎄인윈 | 준장 | 위원 | – | ○ | RC 위원 |
| 찌마웅 | 대령 | 위원 | – | ○ | 일본대사 |
| 따웅지 | 대령 | 위원 | – | × | 사망 |
| 마웅쉐 | 대령 | 위원 | – | × | 무직 |
| 딴세인 | 대령 | 위원 | – | × | RC위원 |
| 쪼소 | 대령 | 위원 | 내부, 입국관리, 종교,지방행정, 국민등록 | ○ | 사망 |
| 쏘먼 | 대령 | 위원 | 정보, 문화, 재정착, 구휼, 국민단결, 사회복지 | ○ | 무직 |
| 칫먀잉 | 대령 | 위원 | – | ○ | 무직 |
| 킨묘 | 대령 | 위원 | – | ○ | 무직 |
| 홀라항 | 대령 | 위원 | – | × | RC위원 |
| 땅유사잉 | 대령 | 위원 | – | × | 무직 |

※내각은 1명의 현역 장교와 1명의 민간이 더 추가됨.

※출처: 아시아 · 아프리카 · 라틴아메리카연구원(1989), p.47; Seekins(2002), pp.40 - 41에서 재구성.

## 10. 버마사회주의계획당 헌법(헌법 작성을 위한 이행기)

1962.7.4

버마사회주의계획당

버마사회주의계획당

### 기원과 목적

1. 절대적인 분열상황의 끝자락에서 연방을 구원한 버마연방 혁명평의회는 버마식사회주의에 의거 모든 국민의 사회·경제적 생활을 재구조화하는 데 천착하고 있다.
2. 독특하고 강력한 역사적 요소로 나아가고 있는 혁명평의회는 본질적으로 혁명적이지만, 외형상으로 군사평의회의 형태를 띤다.
   혁명평의회는 희망하지 않는 것이라고 생각한다.
   혁명평의회는 혁명의 자연적 지도자가 혁명적 정당이 되어야 한다고 믿는다.
3. 그래서 혁명평의회는 버마의 장래 정치에서 지도력을 행할 수 있는 이행적 정당의 창당을 결정했다.

### 간부정당의 구조

4. 이행정당의 구조는 간부로 불리는 핵심 요원을 모집하고 그들이 정해진 의무에 따라 교육과 훈련을 받음으로써 기본적인 정당의 기능을 수행하는 간부정당을 일컫는다.
   간부정당은 중앙집중화의 원칙에 따라 조직되었다. 그러나 필요에 따라 정당은 소집될 것이다.
   정당은 기능적·지리적 원칙에 따라 정당 간부의 충원을 통해 발전할 것이다.

### 향후 국가정당의 구조

5. 정당 구성 작성이 완료되면 간부정당은 전 국가의 정당으로 탈바꿈할 것이다.
   (a) 정당의 지도위원회는 모든 수준에서 대중의 선거에 의해 선출된다;
   (b) 하위위원회와 모든 정당원은 대중의 선거로 선출된 중앙위원회와 고등위원회의 지침과 결정에 따라야 한다;
   (c) 소수는 다수의 의견을 따라야 한다. 그리고;
   (d) 고등 및 하위 정당기구 간에 정기적이고 상호적인 보고서가 작성될 것이다.

그리하여 국가정당이 소집되면 민주적 중앙주의의 원칙이 작동할 것이다.

혁명평의회는 민주적 중앙주의의 원칙에 관해 장래 정당의 재조직을 구상한다. 재조직에 관해서 신헌법은 민주적 중앙주의의 원칙 구도를 마련할 것이다.

혁명평의회는 전국민의 확신을 유발하기 위한 전위당 건설에 주력하고 인내심으로 과제를 해결하기 위한 확고한 결의를 되풀이한다.

※ 출처: The Burma Socialist Programme Party(1963), pp.57-59.

## 11. 버마사회주의계획당 조직도

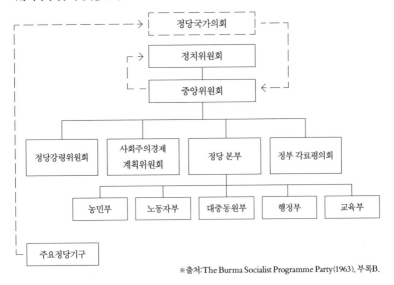

※출처: The Burma Socialist Programme Party(1963), 부록B.

## 12. 혁명평의회 조직도

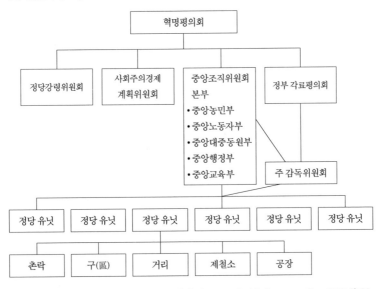

※출처: The Burma Socialist Programme Party(1963), 부록A.

### 13. 국가법질서회복평의회SLORC 고시告示 제88/1호(1988.9.18)

1) 국가 전역의 악화된 상황을 정지시키고 국민의 이익을 도모하기 위해 군부는 오늘부터 다음의 임무를 실행하기 위해 즉각 국가의 권력을 장악한다.

  a. 법, 질서, 평화, 평온 회복.

  b. 교통·통신의 원활화와 안보 확립

  c. 본 기구는 최대한 국민의 의식주를 용이하게 하고, 개인과 기구상의 문제에 가능한 한 도움이 될 것이다.

  d. 상기 언급한 내용이 완전히 이행된 다음 민주적 다당제 총선 단계로 간다.

2) 현재 민주적 다당제 선거를 위한 선거위원회는 다당제 총선을 성공적으로 실시하기 위해 지속적으로 존속할 것이다.

3) 다당제 총선을 준비하기 위해 진정한 민주주의를 수용하고 실행할 모든 정당과 기구들은 준비할 수 있고, 지금부터 창당을 한다.

4) 현재의 모든 기구들, 개인, 승려와 모든 국민들은 그들의 지원이 필요하게 될 것이다.

쏘마웅. SLORC 의장

### 14. 국가법질서회복평의회SLORC 명령 제88/1호(1988.9.18)

국가의 법과 질서 건설을 위한 기구의 명령 제88/1호(1350년 또드린 8일).

국가의 법과 질서 건설을 위한 기구는 아래 인사와 같이 조직된다.

1. 쏘마웅(General Saw Maung), 의장

2. 딴쉐 중장(Lieutenant General Than Shwe), 위원

3. 해군참모총장 마웅마웅킨(Rear Admiral Maung Maung Khin), 위원

4. 띤뚱 소장(Maj. Gen. Tin Tun), 위원

5. 아웅예쪼 준장(Brigadier General Aung Ye Kyaw), 위원

6. 퐁뮌 소장(Maj. Gen. Phone Myint), 위원

7. 쎄잉아웅 소장(Maj Gen. Sein Aung), 위원

8. 칫스웨 소장(Maj. Gen Chit Swe), 위원

9. 쪼바 준장(Brig. Gen. Kyaw Ba), 위원

10. 마웅띤 대령(Colonel Maung Thint), 위원

11. 마웅에 준장(Brig. Gen. Maung Aye), 위원

12. 냥린 준장(Brig. Gen Nyan Lin), 위원

13. 뮌아웅 준장(Brig. Gen. Myint Aung), 위원

14. 먀떤 준장(Brig. Gen. Mya Thinn), 위원

15. 뚠지 준장(Brig. Gen. Tun Kyi), 위원

16. 에따웅 준장(Brig. Gen. Aye Thaung), 위원

17. 묘늉 준장(Brig. Gen. Myo Nyunt), 위원

18. 킨늉 준장(Brig. Gen Khin Nyunt) 제1서기

19. 떤우 대령(Colonel Tin U) 제2서기

국가의 법과 질서 건설을 위한 기구 의장 쏘마웅.
국가법질서회복평의회(SLORC) 명령 제88/2호(1988.9.18).

### 15. 국가법질서회복평의회SLORC 출범 당시 내각

| 연번 | 정부 부서 | 장관 | SLORC 포함 여부 |
|---|---|---|---|
| 1 | 국방부 | 쏘마웅 대장 | ○ |
| 2 | 외교부 | | |
| 3 | 계획·재정부 | 마웅마웅킨 소장 | ○ |
| 4 | 에너지부 | | |
| 5 | 광물부 | | |
| 6 | 교통·통신부 | 띤퉁 소장 | ○ |
| 7 | 건설부 | | |
| 8 | 내무·종교부 | 퐁뮌 소장 | ○ |
| 9 | 정보·문화부 | | |
| 10 | 교육부 | 아웅예쪼 준장 | ○ |
| 11 | 사회복지·노동부 | | |
| 12 | 제1공업부 | 쎄잉아웅 소장 | ○ |
| 13 | 제2공업부 | | |
| 14 | 협력부 | 칫스웨 소장 | ○ |
| 15 | 축산·수산부 | | |
| 16 | 농림·산림부 | | |
| 17 | 상무부 | 아벨 대령 | × |
| 18 | 보건부 | 페쩨잉 박사 | × |
| 계 | | 군인 8명, 민간 1명 | 7/2 |

※출처: SLORC 고시 제88/4호(1988/09/20).

## 16. 국가법질서회복평의회 명령 제88/2호(1988. 9. 18)

국가의 법과 질서 건설을 위한 기구의 명령 제2/88(1350년 또드린 8일).

1. 법과 질서, 평화와 평온을 확신하고, 안보와 교통·통신, 국민의 생계를 확보하기 위해 군총사령 관실의 군총사령관은 모든 승려와 국민들이 다음 명령을 고수할 것을 발포한다.

   a. 적법한 허가를 받지 않는 어느 누구도 20시부터 04시까지 통행을 할 수 없다.

   b. 5인 이상 인원이 거리에서 집회, 가두, 시위, 구호 복창, 연설을 하거나 이와 같은 행위를 조장 하는 행위를 금지한다.

   c. 어느 누구도 범죄나 혼란을 조장할 목적이나 이에 준하는 시위를 할 수 없다.

   d. 어느 누구도 도로를 무단 점거하거나 대중시위를 할 수 없다.

   e. 어느 누구도 국민의 안보와 관련된 일에 개입하거나 방해할 수 없다.

2. 이 명령은 이에 준하는 다른 명령이 발표될 때까지 유효할 것이다.

서명: 쏘마웅 대장, 국가법질서회복기구 의장

※출처: FBIS-EAS-88-181(1988.9.18)

## 17. SLORC 선언 제90/1호(1990.7.27)

1. 미얀마는 1948년 1월 4일 독립 주권국가가 되었다.

2. 1988년 혼란으로 인해 국가상황은 혼란스러웠다. 땃마도(정규군)는 현재 혼란한 정국을 바로잡 고 국민의 이익을 보호하기 위해 국가권력을 장악했다. 땃마도는 삐두흘룻또(인민국회)를 포함 한 모든 국가권력 기구를 폐지하고 국가법질서회복평의회를 구성했다. SLORC는 4대 주요임 무를 수행하고 모든 국정을 책임진다.

3. SLORC는 법적요소를 가진 법, 고시, 선언, 명령 등을 선포하고 전국에 걸쳐 법과 명령, 법의 규 칙과 평화, 평등이 효율적으로 전파되기를 촉구한다.

4. 국민의 의식주 문제를 해결하고 개인 및 합작 기업인들이 사업을 수행할 수 있도록 SLORC는 제한 법령을 폐지했고 필요한 법과 명령, 지침, 법적 효력이 있는 명령을 공포했다. 게다가 국가의 장기간 이익을 행할 수 있는 다양한 방법을 동원하고 있다.

5. SLORC는 안전하고 원활한 교통·통신의 확보와 향상을 구축할 수 있는 방법을 동원하고 있다.

6. SLORC(땃마도)는 어떠한 헌법을 준수하는 기구가 아니다; 그것은 계엄령에 따라 국가를 통치 하는 기구이다. SLORC는 군사정권처럼 통치하는 국가이고 UN과 세계의 국가들에 의해 수 용되는 정부라는 것은 상식적인 사실이다.

7. 국제관계와 관련하여 SLORC는 독립적이고 활동적 외교정책을 선언하고 세계 모든 국가들과 우호적 관계를 유지한다고 선언했다. 국가들과 외교관계를 증진시키기 위해 정부는 미얀마 국내

에 있는 어떠한 대사관도 폐쇄하지 않는다. 외국 주재 미얀마 대사관들도 철수하지 않을 것이며, 상대국과 정상적인 관계를 지속적으로 유지할 것이다. 나아가 정부는 미얀마 대사관이 개설되지 않은 국가에서도 점차 공관을 설치할 것이다.

8. UN의 회원국으로 UN 주재 미얀마 대사관은 국제문제와 UN의 관심문제에 대해 미얀마의 외교정책을 엄격히 준수하고, 미얀마는 기타 국가와의 평화공존원칙을 고수한다. 또한 미얀마는 독립을 수호하고 UN 헌장에 명기된 것과 같이 다른 국가의 내정문제에 간섭하지 않는다.

9. 미얀마와 기타국가와의 외교문제를 피하기 위해 정부는 일부 외교관의 성명이나 국명을 거론하지 않고 이들이 내정에 간섭하지 않겠다는 외교 법령을 위반한 사실을 시간을 갖고 몇 차례 언급했다. 게다가 외교채널을 통해 대사관에 유감을 표시하기도 했다. 국가와 정부 간의 외교문제로 비화되는 것을 방지했고 더 이상 어떠한 문제도 발생하지 않았다. 일부 외교관의 활동으로 인한 오해는 외교채널을 통해 대승적 차원에서 해결되었다.

10. SLORC(땃마도)는 3대 주요의무 - 연방의 와해를 막는 것, 국가결속의 와해를 막는 것, 국가주권의 영속을 유지하는 것 - 를 지속적으로 실행해왔고, 국가의 책무라고 판단한다. 한편 개개인은 생명을 희생하고 피땀으로 만든 땃마도에 대항하는 무장반군과 같은 위협요소들을 분쇄해야 한다. 땃마도는 정치기구가 아니기 때문에 정치적 의도로서 반군들과 협상하지 않았다. 그러나 무장투쟁을 포기한 자들과 이들의 재정착에 협조한 자들은 환영받는다. SLORC는 정치적 정부가 아니기 때문에 어떠한 무장반군단체와 정치적 의미로 협상하지 않는다.

11. 다당제 민주총선을 실시하기 위해 SLORC는 다당제 민주총선위원회를 구체화했고 그 위원회를 조직했다. 또한 정당등록법을 제정하여 선거에 참여하고자 하는 정당들이 등록할 여건을 마련했다. 여기에 자유롭고 공정한 다당제 민주총선을 위하여 삐두흘룻또(인민의회) 선거법을 제정했다.

12. 삐두흘룻또선거법 제3항 "흘룻또는 법령에 의거 유권자로부터 선출된 대표자로 구성되어야 한다."로 규정된다. SLORC는 이 조항에 적합하게 흘룻또를 소집할 수 있다. 정보위원회는 현시점부터 다당제 민주총선위원회, 선거에서 승리한 정당, 선출자들이 법과 규정에 따라 그 임무를 수행해야 한다고 설명했다.

13. 다당제 민주총선이 개최된 뒤 흘룻또 소집과 정권이양에 대한 문제는 게시물과 팜플렛으로 출판된다. 외국 방송국과 불법적인 팜플렛에 의해 만들어진 선동내용과 관련한 지침들도 출판되었다.

14. 흘룻또 소집과 관련한 문제는 앞에서 논의되었다. SLORC 의장은 정권이양과 관련한 문제에 대해 지역사령관, 보병사단장, 각 지역 법질서회복평의회 의장들에게 수시로 설명한다. SLORC 제1서기는 1990년 7월 13일 제100차 언론 회담에서 이 문제와 관련하여 언급하였다.

15. 정당이 자동적으로 입법권, 행정권, 사법권 등 국가권력을 점할 수 없다는 사실은 말할 필요도

없다. 왜냐하면 삐두흘룻또가 존재하고 그것은 헌법에 기초하기 때문이다. 1947년 헌법은 1947년 9월 24일 국회에 의거 승인되었다. 이 헌법은 1948년 1월 4일 미얀마가 독립과 주권국가라는 것을 선언했기 때문에 명백히 합법적인 지위를 누린다. 국가가 독립하기 전에 헌법이 완성되었다는 것과 국가가 독립한 후에 헌법이 완성되었다는 점 등 국가의 헌법에 관한 두 가지 형태가 있다. 독립을 쟁취한 국가들은 주권을 쟁취한 이후에 헌법을 제정하고 의회를 소집했다는 의미이다. 그러나 미얀마의 독립은 헌법제정의회가 소집되고 여기에서 헌법이 제정되었다. 이는 국가 지도자들이 가능한 한 빨리 영국으로부터 독립을 획득하고자 했다는 것을 의미한다.

16. 1974년 헌법은 국가의 독립 후 완성되었고, 국민투표를 통해 헌법이 공포되었다는 사실을 부정할 자는 없다.

17. 1947년 헌법은 국가의 독립 이전에 완성된 것이고, 1974년 헌법은 국가의 독립 후 완성된 차이점을 특별히 언급할 필요가 있다.

18. 다당제민주총선에서 경쟁한 다수정당의 요구는 헌법을 제정하는 데 충분히 관철될 수 있다. 1947년 헌법이 제정될 당시 종족 간의 문제는 삥롱회담에 참석한 샨족, 까친족, 친족 등에 의해 충분히 논의되었고, 몽족, 여카잉족과는 논의하지 않았다. 오늘날 미얀마는 정치적으로 자각하는 다양한 종족이 있고, 그들의 요구와 견해가 관철된 다음에 공정한 헌법을 제정해야 할 필요성이 있다.

19. SLORC가 군사정부인 것처럼 계엄령이 발동 중이다. 그 계엄령은 미얀마나잉강(미얀마)을 통치하는 세 가지 국가권력 차원에서 이뤄진다:

(a) 입법권: 오로지 SLORC만이 해당 권력을 향유한다.

(b) 행정권: 오로지 SLORC만이 해당 권력을 향유한다. 그러나 수준에 따라 그 권력은 정부, 각주, 구, 군, 촌락 법질서회복평의회에 위임하고, 집단적 지도력을 통해 행정업무를 수행한다. 이것은 개인적으로 행정업무를 훈육하는 과정이므로 헌법에 따른 정부가 구성되면 해당부서는 정당으로부터 자유롭게 그들의 업무를 실제로 수행할 수 있을 것이다.

(c) 사법권: SLORC는 사법권을 집행할 권한이 있다. 그러나 정부는 일반적인 형법을 담당할 다양한 종류의 법정을 운영하고 있기 때문에 헌법이 현실화되면 사법권은 실제적 수준으로 격상될 것이다.

20. 결과적으로 현재 상황에서 선거에 의해 선출된 자들은 장래 민주적 국가의 헌법 초안 작성의 임무를 담당한다.

21. 따라서 SLORC는 국가권력을 이양하여 정부구성을 위한 동시대 헌법 마련에 동의하지 않고 헌법작성이 완료될 때까지 권력을 장악할 것이며, 국민의 요구와 희망에 따른 공정한 신헌법이 적성되고 그에 따라 정부가 구성되기 전까지 과도정부로서 역할을 수행할 것이다. SLORC(땃마

도)는 다음 항목의 수호자이다.

(a) 3대 대의 – 연방 비분열, 국가 단결, 주권 영속

(b) 법과 질서 회복, 법의 통치, 지역 평화와 안녕, 원활한 교통과 통신의 확보, 국민의 의식주 해
결, 다당제 민주총선의 실시 등 SLORC 선언 제88/1호에 언급된 4대 책무 중 다당제 민주총
선의 실시를 제외한 앞 세 조항과

(c) 미얀마 나잉앙 국민의 발전을 추구하는 임무

명령에 따라

킨늉

제1서기

국가법질서회복평의회

※ 출처: Working People's Daily(1990/07/29).

## 18. 국가평화발전평의회 고문단 조직

미얀마연방

국가평화발전평의회(SPDC)

(포고 제97/3호)

1359년 더자웅몽 하현 1일

(1997.11.15)

국가평화발전평의회 조직

여기 국가평화발전평의회는 다음 구성원으로 구성된 고문단 형성을 고시한다:

1. 퐁민 중장              8. 뚠지 중장

2. 아웅예쪼 중장          9. 묘늉 중장

3. 쎄잉아웅 중장          10. 따웅띤 중장

4. 칫스웨 중장            11. 에따웅 중장

5. 먀띤 중장              12. 쪼밍 중장

6. 뮌아웅 중장            13. 마웅흘라 중장

7. 쪼바 중장              14. 쏘띤 소장

서명: 딴쉐

원수

의장

국가평화발전평의회

## 19. 국가평화발전평의회ᴾᴰᶜ 출범 당시 내각

| 연번 | 정부 부서 | 장관 |
|---|---|---|
| 1 | 국방부 | 딴쉐(Than Shwe) 원수 |
| 2 | 군무부 | 띤흘라(Tin Hla) 중장 |
| 3 | 농업·관개부 | 늉띤(Nyunt Tin) 소장 |
| 4 | 제1공업부 | 우 아웅따웅(U Aung Thaung) |
| 5 | 제2공업부 | 흘라묀스웨(Hla Myint Swe) 소장 |
| 6 | 외무부 | 우 웅쪼(U Ohn Gyaw) |
| 7 | 국가계획·경제발전부 | 아벨(Abel) 준장 |
| 8 | 교통부 | 띤웅웨(Tin Ngwe) 중장 |
| 9 | 노동부 | 띤에(Tin Aye) 중장 |
| 10 | 협력부 | 우 땅아웅(U Than Aung) |
| 11 | 에너지부 | 우 킨마웅떼잉(U Khin Maung Thein) |
| 12 | 교육부 | 우 빤아웅(U Pan Aung) |
| 13 | 보건부 | 켓쎄잉(Khet Sein) 소장 |
| 14 | 상무부 | 쪼땅(Kyaw Than) 소장 |
| 15 | 호텔·관광부 | 쏘르윙(Saw Lwin) 소장 |
| 16 | 통신·체신부 | 우 쏘따(U Soe Tha) |
| 17 | 재정·조세부 | 윈띤(Win Tin) 준장 |
| 18 | 종교부 | 쎄잉트웨(Sein Thet) 소장 |
| 19 | 건설부 | 쏘뚱(Saw Tun) 소장 |
| 20 | 과학기술부 | 우 따웅(U Thaung) |
| 21 | 문화부 | 우 아웅산(U Aung San) |
| 22 | 이주·인구부 | 우 쏘뚱(U Saw Tun) |
| 23 | 정보부 | 찌아웅(Kyi Aung) 소장 |
| 24 | 국경개발부 | 떼잉늉(Thein Nyunt) 대령 |
| 25 | 에너지부 | 띤툿(Tin Thut) 소장 |
| 26 | 체육부 | 쎄잉윈(Sein Win) 준장 |

| 연번 | 정부 부서 | 장관 |
|---|---|---|
| 27 | 산림부 | 우 아웅퐁(U Aung Phone) |
| 28 | 내무부 | 띤흘라잉(Tin Hlaing) 대령 |
| 29 | 광산부 | 옹뮌(Ohn Myint) 준장 |
| 30 | 사회복지부 | 삐송(Pyi Sone) 준장 |
| 31 | 어업부 | 마웅마웅떼잉(Maung Maung Thein) 준장 |
| 32 | 철도수송부 | 우 윈쎄잉(U Win Sein) |

※출처: SPDC 고시 제97/2호(1997/11/15).

※※ ▨▨▨▨▨▨은 민간 출신.

## 20. 국가평화발전평의회 조직도(2010)

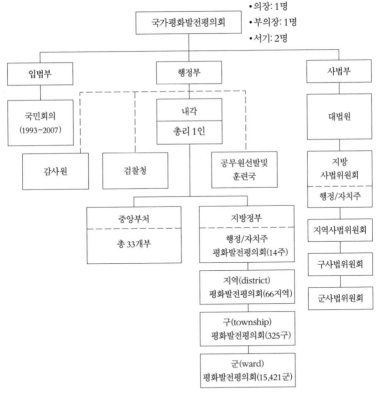

※출처: 다양한 자료를 근거로 필자 작성.

## 21. 미얀마 정부 내각 명단(2008년 4월 현재)

| 연번 | 정부 부서 | 장관 | 연번 | 정부 부서 | 장관 |
|---|---|---|---|---|---|
| 1 | 국방부 | 딴쉐 원수 | 18 | 건설부 | 쏘뚠 소장 |
| 2 | 농업·관개부 | 우 테우 | 19 | 과학·기술부 | 우 따웅 |
| 3 | 제1공업부 | 우 아웅따웅 | 20 | 문화부 | 킨아웅뮌 소장 |
| 4 | 제2공업부 | 쏘르윈 소장 | 21 | 이주·인구부 | 마웅마웅스웨 소장 |
| 5 | 외무부 | 우 냥원 | 22 | 정보부 | 쪼산 준장 |
| 6 | 국가계획·경제발전부 | 우 쏘따 | 23 | 국경개발부 | 떼잉늉 대령 |
| 7 | 교통부 | 떼잉스웨 소장 | 24 | 제1에너지부 | 띤툿 소장 |
| 8 | 노동부 | 아웅지 소장 | 25 | 제2에너지부 | 킨마웅뮌 소장 |
| 9 | 협력부 | 우 조밍 | 26 | 체육부 | 에뮌 준장 |
| 10 | 에너지부 | 룬띠 준장 | 27 | 산림부 | 떼잉아웅 준장 |
| 11 | 교육부 | 우 창녜잉 | 28 | 내무부 | 마웅우 소장 |
| 12 | 보건부 | 쪼밍 박사 | 29 | 광산부 | 옹뮌 준장 |
| 13 | 상무부 | 띤나잉떼잉 소장 | 30 | 사회복지부 | 마웅마웅스웨 소장 |
| 14 | 호텔·관광부 | 쏘나잉 소장 | 31 | 어업부 | 마웅마웅떼잉 준장 |
| 15 | 통신·체신부 | 떼잉조 준장 | 32 | 철도수송부 | 아웅민 소장 |
| 16 | 재정·조세부 | 훌라뚠 소장 | | 군인:25명, 민간:7명(순수민간 4명). | |
| 17 | 종교부 | 뮌마웅 준장 | | | |

※출처: 〈https://www.cia.gov/library/publications/world-leaders-1/world-leaders-b/burma.html〉에서 수정.

## 22. 역대 총선 결과

### 1) 의회민주주의시기(1948~62) 하원 선거 및 그 결과

| 년도 | 정당 | 득표수 | 득표율(%) | 의석수 |
|---|---|---|---|---|
| 1956 | AFPFL | 1,775,900 | 53.2 | 135 |
| | 민족연합전선(NUF) | 1,258,200 | 37.6 | 44 |
| | 기타[1] | 306,100 | 9.2 | 5 |
| | 합계 | 3,340,200 | 100.0 | 184 |

| 년도 | 정당 | 득표수 | 득표율(%) | 의석수 |
|------|------|--------|-----------|--------|
| 1960 | 청렴AFPFL(연방당) | 3,153,934 | 57.2 | 149 |
| | 안정AFPFL | 1,694,052 | 30.7 | 30 |
| | 민족연합전선(NUF) | 262,199 | 4.8 | 0 |
| | 기타 | 403,710 | 7.3 | 4 |
| | 합계 | 5,513,895 | 100.0 | 183 |

1) 기타에 해당되는 정당은 몽(Mon)주의 분리 독립을 요구한 몽연합전선(Mon United Front)임.
※출처: Bigelow(1960), p.71.

## 2) 1990년 총선거 결과

| 정당 | 득표수 | 득표율(%) | 의석수 | 점유율(%) |
|------|--------|-----------|--------|-----------|
| 국민민주주의연합(NLD) | 7,934,622 | 59.9 | 392 | 80.8 |
| 국민통일당(NUP) | 2,805,229 | 21.2 | 10 | 2.1 |
| NUP연합 | 526,277 | 4.0 | 0 | - |
| 민주주의평화연합 | 243,023 | 1.8 | 0 | - |
| 샨족민주연합(SNLD) | 222,821 | 1.7 | 23 | 1.7 |
| 연합국민민주주의당 | 196,598 | 1.5 | 1 | 0.2 |
| 여카잉민주주의연합 | 160,783 | 1.2 | 11 | 2.3 |
| 기타 | 1,163,923 | | 48 | |
| 합계 | 13,253,606 | | 485 | |

※출처: Guyot(1991), p.210.

## 3) 2010년 총선거 결과

가. 선거구

| 지역 | | 의석수 | | | | | | 합계 |
|------|------|--------|------|------|------|------|------|------|
| | | 연방의회 | | 지방의회 | | | | |
| | | 상 | 하 | | 특별지역(구) | | 지방 | 계 | |
| 자치주 | 까친 | 12 | 18 | 4 | 버마족, 샨족, 리수족, 라원족 | 18×2=36 | 40 | 66 |
| | 꺼야 | 12 | 7 | 1 | 버마족 | | 14 | 15 | 33 |
| | 까렌 | 12 | 7 | 3 | 버마족, 몽족, 빠오족 | | 14 | 17 | 33 |

| 지역 | | 의석수 | | | | | 합계 |
|---|---|---|---|---|---|---|---|
| | | 연방의회 | | 지방의회 | | | |
| | | 상 | 하 | 특별지역(구) | | 지방 | 계 | |
| 자치주 | 친 | 12 | 9 | – | – | 9×2=18 | 18 | 39 |
| | 몽 | 12 | 10 | 3 | 버마족, 꺼잉족, 빠오족 | 20 | 23 | 42 |
| | 여카잉 | 12 | 17 | 1 | 친족 | 34 | 35 | 63 |
| | 샨 | 12 | 55 | 7 | 버마족, 까친족, 리수족, 라후족, 잉따족, 아카족, 삐다웅족 | 102 | 109 | 177 |
| 행정주 | 저가잉 | 12 | 37 | 2 | 샨족, 친족 | 74 | 76 | 123 |
| | 떠닝다이 | 12 | 10 | 1 | 꺼잉족 | 20 | 21 | 42 |
| | 버고 | 12 | 28 | 1 | 꺼잉족 | 56 | 57 | 96 |
| | 머끄웨 | 12 | 25 | 1 | 친족 | 50 | 51 | 87 |
| | 만달레 | 12 | 36 | 1 | 샨족 | 56 | 57 | 120 |
| | 양공 | 12 | 45 | 2 | 꺼잉족, 여카잉족 | 90 | 92 | 147 |
| | 에야워디 | 12 | 26 | 2 | 꺼잉족, 여카잉족 | 52 | 54 | 90 |
| 계 | 14개주 | 168 | 330 | 29 | | 636 | 665 | 1,163 |
| 군부할당의석 | | 56 | 110 | | | | 224 | 390 |
| 합계 | | 224 | 440 | | | | 889 | 1,553 |

※ 자료: Kyemon(2010/08/12-4)에서 재배치 및 통계로 작성.

## 나. 참가 정당

| 전국정당 | | 소수종족정당 | |
|---|---|---|---|
| 재등록 | • National Unity Party | 샨 | • Kokang Democracy and Unity Party |
| | | | • Lahu National Progressive Party |
| | | 여카잉 | • Mro or Khami National Solidarity Organization |
| 군부 | • Union Solidarity and Development Party | – | |

| 전국정당 | 소수종족정당 | |
|---|---|---|
| 신당 | • 88 Generation Student Youths (Union of Myanmar)<br>• Democracy and Peace Party<br>• Peace and Diversity Party<br>• National Democratic Force<br>• National Democratic Party for Development<br>• National Development and Peace Party<br>• New Era People Party<br>• National Political Alliance Party<br>• Democratic Party(Myanmar)<br>• Union Democracy Party<br>• United Democracy Party<br>• Union of Myanmar Federation of National Politics<br>• Wuntharnu NLD(Union of Myanmar) | 몽 | • All Mon Region Democratic Party |
| | | 까친 | • Unity and Democracy Party of Kachin State |
| | | 친 | • Chin National Party<br>• Chin Progressive Party<br>• Ethnic National Development Party |
| | | 까렌<br>(꺼잉) | • Kaman National Progressive Party<br>• Karen/Kayin People's Party<br>• Kayin State Democracy and Development Party<br>• Kayan National Party<br>• Phalone－Sawgaw Democratic Party |
| | | 여카잉 | • Khami National Development Party<br>• Rakhine State National Force (Myanmar)<br>• Rakhine Nationals Development Party |
| | | 샨 | • Inn National Progressive Party<br>• Pa－O National Organization<br>• Palaung(Talaung) National Party<br>• Shan Nationalities Democratic Party<br>• Wa Democratic Party<br>• Wa National Unity Party |
| 계 | 15개 | 22개 | |

나. 선거결과

| 정당 (출마자) | | 연방의회 민족의회 (상원) | 연방의회 국민의회 (하원) | 지방의회 | 합계 | 점유율 (%) |
|---|---|---|---|---|---|---|
| 전국 | USDP (1,158) | 129 | 259 | 495 | 883 | 76.5 |
| | NUP (999) | 5 | 12 | 46 | 63 | 5.5 |
| | NDF (164) | 4 | 8 | 4 | 16 | 1.4 |
| | DPM (49) | – | – | 3 | 3 | 0.3 |
| | 88GSY (38) | – | – | 1 | 1 | 0.1 |
| | NDPD (50) | – | – | 2 | 2 | 0.2 |
| 샨주 | SNDP (156) | 3 | 18 | 36 | 57 | 4.9 |
| | PNP | 1 | 1 | 4 | 6 | 0.5 |
| | PNO (10) | 1 | 3 | 6 | 10 | 0.9 |
| | WDP | 1 | 2 | 3 | 6 | 0.5 |
| | INDP | – | 1 | 3 | 4 | 0.3 |
| | LNPP | – | – | 1 | 1 | 0.1 |
| 까렌주 | KSDDP | 1 | – | 1 | 2 | 0.2 |
| | KPP | 1 | 1 | 4 | 6 | 0.5 |
| | PSPD | 3 | 2 | 4 | 9 | 0.8 |
| | KNP | – | – | 2 | 2 | 0.2 |
| 여카잉주 | RNDP (44) | 7 | 9 | 19 | 35 | 3.0 |
| 몽주 | AMRDP (42) | 4 | 3 | 9 | 16 | 1.4 |
| 까친주 | UDPSK (18) | 1 | 1 | 2 | 4 | 0.3 |
| 친주 | CNP (23) | 2 | 2 | 5 | 9 | 0.8 |
| | CPP (40) | 4 | 2 | 6 | 12 | 1.0 |
| | ENDP (3) | – | – | 1 | 1 | 0.1 |
| 무소속 (82) | | 1 | 1 | 4 | 6 | 0.5 |
| 합계 | | 168 | 325 | 661 | 1,154 | 100.0 |

※ 자료: New Light of Myanmar(2010/11/08; 2010/11/11 -19)를 근거로 통계로 작성.
※ 주의: 1. 정당별 의석 획득수는 정당 주요 거점지역임. 2. 출마자는 필자 조사, 조사 불가능 정당은 공란 처리함.

**4) 2015년 총선거 결과**

가. 선거구

| 지역 | 의석수 | | | | | 합계 |
|---|---|---|---|---|---|---|
| | 연방의회 | | 지방의회(지방+특별지역) | | | |
| | 상 | 하 | 특별지역(구) | 지방 | 계 | |
| 자치주 까친 | 12 | 18 | 4 버마족, 산족, 리수족, 라원족 | 18×2=36 | 40 | 66 |
| 꺼야 | 12 | 7 | 1 버마족 | 14 | 15 | 33 |
| 까렌 | 12 | 7 | 3 버마족, 몽족, 빠오족 | 14 | 17 | 33 |
| 친 | 12 | 9 | – – | 18 | 18 | 39 |
| 몽 | 12 | 10 | 3 버마족, 꺼잉족, 빠오족 | 20 | 23 | 42 |
| 여카잉 | 12 | 17 | 1 친족 | 34 | 35 | 63 |
| 샨 | 12 | 48 (55-7) | 7 버마족, 까친족, 리수족, 라후족, 잉따족, 아카족, 뻐다웅족 | 110 | 103 (117-14) | 184 |
| 행정주 저가잉 | 12 | 37 | 2 산족, 친족 | 74 | 76 | 123 |
| 떠닝다이 | 12 | 10 | 1 꺼잉족 | 20 | 21 | 42 |
| 버고 | 12 | 28 | 1 꺼잉족 | 56 | 57 | 96 |
| 머끄웨 | 12 | 25 | 1 친족 | 50 | 51 | 87 |
| 만달레 | 12 | 36 | 1 산족 | 56 | 57 | 120 |
| 양공 | 12 | 45 | 2 꺼잉족, 여카잉족 | 90 | 92 | 147 |
| 에야워디 | 12 | 26 | 2 꺼잉족, 여카잉족 | 52 | 54 | 90 |
| 계 14개주 | 168 | 323 | 29 | 29 | 659 | 1,150 |
| 군부할당석 | 56 | 110 | | - | 224 | 390 |
| 합계 | 224 | 433 | 29 | 29 | 897 | |

※자료: 연방선거위원회 자료를 바탕으로 필자 작성.

나. 참가정당

| 정당 | 하원/상원/지방 |
| --- | --- |
| 88 Generation Democracy Party | |
| 88 Generation Student Youths (Union of Myanmar) 1 | 1(0/0/1) |
| **Akha National Development Party** | |
| **All Mon Regions Democracy Party 1** | 16(3/4/9) |
| **All Nationalities Democracy Party (Kayah State)** | |
| Allied Farmer Party | |
| **Asho Chin National Party** | |
| Bamar People's Party 2 | |
| **Chin League for Democracy 3** | |
| **Chin National Democratic Party 1** | 9(2/2/5) |
| **Chin Progressive Party 1** | 12(2/4/6) |
| **Danu National Democracy Party** | |
| **Danu National Organisation Party** | |
| **Dawei Nationalities Party** | |
| **Democracy and Human Rights Party** | |
| Democracy and Peace Party 1 | |
| Democratic Party (Myanmar) 1 | |
| Democratic Party for a New Society | 3(0/0/3) |
| **Dynet National Race Development Party** | |
| **Ethnic National Development Party 1** | |
| **Federal Union Party** | 1(0/0/1) |
| Guiding Star Party | |
| **Inn Ethnic League** | |
| **Inn National Development Party 1** | |

| | |
|---|---|
| **Kachin Democratic Party** | |
| **Kachin National Democracy Congress Party 3** | 4(1/0/3) |
| **Kachin State Democracy Party** | |
| **Kaman National Progressive Party 1** | |
| **Kayah Unity Democracy Party** | |
| **Kayan National Party 1** | |
| **Kayin Democratic Party** | |
| **Kayin National Party 3** | |
| **Kayin People's Party 1** | |
| **Kayin State Democracy and Development Party 1** | 2(0/0/2) |
| **Khami National Development Party 1** | 6(1/1/4) |
| **Khumi (Khami) National Party** | 2(0/1/1) |
| **Kokang Democracy and Unity Party 1 3** | |
| **Lahu National Development Party 1 3** | |
| **Lawwaw(Lhaovo) National Unity and Development Party** | 1(0/0/1) |
| **Lisu National Development Party** | |
| Modern People's Party 1 | |
| **Mon National Party 3** | |
| **Mro National Democracy Party** | |
| **Mro National Development Party 1 3** | |
| **Mro Nationalities Party** | |
| Myanma New Society Democratic Party 2 | |
| Myanmar Farmers' Development Party | |
| **National Democratic Party for Development 1** | |
| **National Development and Peace Party 1** | 2(0/0/2) |

National Development Party

National League for Democracy 2 3

National Political Alliance 1                          43(37/4/2)

National Prosperity Party

**National Solidarity Congress Party**

National Unity Party 1 3

Negotiation, Stability and Peace Party              63(12/5/46)

New Era Union Party

New National Democracy Party 2

New Society Party

**Pao National Organisation 1**                      5(2/1/2)

Peace and Diversity Party 1

People' Democracy Party 2                            10(3/1/6)

**Phalon–Sawaw Democratic Party 1**

Public Service Students'Democracy Party

**Rakhine National Party (Arakan National Party) 4**   9(2/3/4)

**Rakhine Patriotic Party**

**Rakhine State National Force Party 1**             35(7/9/19)

**Red Shan (Tailai) and Northern Shan Ethnics Solidarity Party**

**Shan Nationalities Democratic Party 1**

**Shan Nationalities League for Democracy 3**

**Shan State East Development Democratic Party**      58(18/4/36)

**Shan State Kokang Democratic Party 3**

**Ta–ang (Palaung) National Party 1**

**Tai Lai (Red Shan) Nationalities Development Party**

| 정당 | 하원/상원/지방 |
|------|----------------|
| Union Democratic Party 1 | 6(1/1/4) |
| Union Farmer Force Party | |
| Union of Myanmar Federation of National Politics 1 | |
| **Union Pao National Organisation 3** | |
| Union Solidarity and Development Party 1 | |
| United Democratic Party 1 | |
| **United Kayin National Democratic Party** | 836(219/124/493) |
| **Unity and Democracy Party of Kachin State 1** | |
| **Wa Democratic Party 1** | |
| **Wa National Unity Party 1** | |
| **Women' Party (Mon)** | 4(1/1/2) |
| Myanmar National Congress Party 2 | 6(2/1/3) |
| Myanmar Peasant, Worker, People's Party | |
| National Democratic Force 1 | |
| Wunthanu Democratic Party 1 | |
| **Zo Ethnic Regional Development Party** | |
| **Zomi Congress for Democracy Party 3** | 16(8/4/4) |
| 무소속 | 6(1/1/4) |

합계: 91개

1. 2010년 이전 등록 및 2010년 총선 참가 정당
2. 2012년 보궐선거 참가
3. 1990년대 정당으로 재등록
4. Arakan League for Democracy와 Rakhine Nationalities Development Party가 합당함.
※ 밑줄과 굵은 글씨는 소수종족 정당, 오른쪽은 2015년 총선 이전 각 정당별 의석수.
※※ 자료: 연방선거위원회 정당, ALTESEAN 등 정당자료 취합하여 필자 작성.

나. 선거결과

| 정당 (출마자) | 연방의회 | | 지방 의회 | 합계 | 점유율 (%) |
|---|---|---|---|---|---|
| | 민족의회 (상원) | 국민의회 (하원) | | | |
| 전국 NLD | 135 | 255 | 497 | 887 | 77.1 |
| USDP | 11 | 30 | 75 | 116 | 10.1 |
| NUP | 1 | | | 1 | 0.1 |
| DP | | | 1 | 1 | 0.1 |
| 샨주 SNLD | 3 | 12 | 25 | 40 | 3.5 |
| SNDP | | | 1 | 1 | 0.1 |
| PNO | 1 | 3 | 6 | 10 | 0.8 |
| TNP | 2 | 3 | 7 | 12 | 1.0 |
| WDP | | 1 | 2 | 3 | 0.2 |
| KDUP | | 1 | 1 | 2 | 0.2 |
| LNDP(Lisu) | | 2 | 3 | 5 | 0.4 |
| LNDP(Lahu) | | | 2 | 2 | 0.2 |
| TNDP | | | 2 | 2 | 0.2 |
| WNUP | | | 1 | 1 | 0.1 |
| 까렌주 KPP | | | 1 | 1 | 0.1 |
| 여카잉주 RNP | 10 | 12 | 23 | 45 | 3.9 |
| 몽주 AMRDP | | | 1 | 1 | 0.1 |
| MNP | 1 | | 2 | 3 | 0.2 |
| 까친주 KSDP | | 1 | 3 | 4 | 0.3 |
| UDPKS | | | 1 | 1 | 0.1 |
| 친주 ANP | | | 1 | 1 | 0.1 |
| ZCDP | 2 | 2 | 2 | 6 | 0.5 |
| 무소속 | 2 | 1 | 2 | 5 | 0.4 |
| 합계 | 168 | 323 | 659 | 1,150 | 100.0 |

※출처: 연방선거위원회 선거결과 고시 No.77-94/2015(2015/11/10-20)를 바탕으로 필자 작성.
주: 군부 할당 의석(상원: 56, 하원: 110, 지방: 224)은 제외함. 정당별 의석 획득수는 정당 주요 거점지역임.

## 22. 역대 대선 결과

### 1) 2011년 대통령 선거 후보와 결과

| | | 상원(당적, 득표수) | 하원(당적, 득표수) | 군부지명 |
|---|---|---|---|---|
| 후보 | | 싸잉 마욱캄(USDP, 140) | 떼잉쎄인(USDP, 276) | 떤아웅민우 |
| | | 에마웅(RNDP, 27) | 쏘떼잉아웅(PSP, 38) | |
| | | 기권(1) | 기권(11) | |
| 결선투표 | | 정족수 659표: 떼잉쎄인 당선 떼잉쎄인(408), 떤아웅민우(171), 싸이마욱캄(75), 무효(5) | | |
| 의회의장 | 정 | 킨아웅민(Khin Aung Myint, USDP) 쉐망(USDP) | | – |
| | 부 | 먀네잉(Mya Nyein, USDP) | 난다쪼스와(Nanda Kyaw Swa, USDP) | |

※ 출처: NLM(2011/2/5)를 바탕으로 작성.

### 2) 2016년 대통령 선거 후보와 결과

| | | 상원(당적, 득표수) | 하원(당적, 득표수) | 군부지명 |
|---|---|---|---|---|
| 후보 | | 헨리반티오(NLD, 148) | 틴조(NLD, 274) | 민스웨 |
| | | 킨아웅민(USDP, 13) | 싸잉 마욱캄(USDP, 29) | |
| | | 무효(6) | 무효(14) | |
| 결선투표 | | 정족수: 657표 : 틴조 당선 틴조(360), 민스웨(213), 헨리반티오(79), 기권(5) | | |
| 의회의장 | 정 | 만원카잉딴(Mahn Win Khaing Than, NLD) | 윈민(Win Myint, NLD) | – |
| | 부 | 에따아웅(Aye Thar Aung, RNP) | 티쿤먓(T Khun Myat, USDP) | |

※ 출처: GNLM(2016/3/12: 2016/3/16)를 바탕으로 작성.

### 3) 역대 대통령 명단과 임기

| 성명 | 출생~사망 | 임기 | 정당 |
|---|---|---|---|
| **버마연방(Union of Burma)** | | | |
| 1 싸오쉐다익 (Sao Shwe Thaik) | 1894~1962 | 1948.1.4~1952.3.16 | AFPFL |
| 2 바우(Ba U) | 1887~1963 | 1952.3.16~1957.3.13 | AFPFL |
| 3 윈마웅(Win Maung) | 1916~1989 | 1957.3.13~1962.3.2 | AFPFL 쿠데타 이전까지 대통령은 종족별로 순환하고 총리가 지명. 샨→버마→꺼잉순 |
| 네윈(Ne Win) 혁명평의회 의장 | 1911~2002 | 1962.3.2~1974.3.2 | 군부(1962~1972)→ BSPP(1972~1974) |
| **버마사회주의연방공화국(Socialist Republic of the Union of Burma)** | | | |
| 4 네윈(Ne Win) | 1911~2002 | 1974.3.2~1981.11.9 | BSPP 사회주의헌법 공포로 인한 군사평의회에서 BSPP로 정권 이양 |
| 5 산유(San Yu) | 1918~1996 | 1981.11.9~1988.7.25 | BSPP 네윈이 국가평의회 및 BSPP 당수로 실질적인 권력을 장악함 |
| 6 쎄인르윈 (Sein Lwin) | 1923~2004 | 1988.7.25~1988.8.12 | BSPP 1988년 민주화운동으로 인해 네윈이 지명하였으나 '랑군의 도살자'라는 악명으로 단 3주에 그침 |
| 에꼬(Aye Ko) 대통령 직무대행 | | 1988.8.12~1988.8.19 | BSPP 현역군인으로 네윈 다음의 권력자였지만 현실정치에 관심은 없었음 |
| 7 마웅마웅 (Maung Maung) | 1925~1994 | 1988.8.19~1988.9.18 | BSPP 역시 네윈이 지명한 자신의 민간인 심복. 네윈의 자서전 작가이며, 사회주의 헌법 기안자 |

| 성명 | 출생~사망 | 임기 | 정당 |
|---|---|---|---|
| 버마연방(Union of Burma)/ 미얀마연방(Union of Myanmar 1989.6.18) | | | |
| 쏘마웅<br>(Saw Maung)<br>SLORC의장 | 1928~1997 | 1988.9.18~1992.4.23 | 군부<br>네윈의 지시로 쿠데타를 일으킴<br>정신병으로 1992년 축출됨 |
| 딴쉐(Than Shwe)<br>SLORC/<br>SPDC의장 | 1933~ | 1992.4.23~2011.3.30 | 군부 |
| 미얀마연방공화국(Republic of the Union of Myanmar 2010.10.21) | | | |
| 8 떼잉쎄인<br>(Thein Sein) | 1945~ | 2011.3.30~2016.3.30 | USDP<br>의회 간접선거로 당선 |
| 9 틴조(Htin Kyaw) | 1946~ | 2016.3.30 | NLD<br>의회 간접선거로 당선 |

**4) 역대 총리 명단과 임기**

| 성명 | 출생~사망 | 임기 | 정당 |
|---|---|---|---|
| 버마연방(Union of Burma) | | | |
| 1 우 누(U Nu) | 1907~1995 | 1948.1.4~1956.6.12 | AFPFL<br>총선 선출 |
| 2 바스웨(Ba Swe) | 1915~1987 | 1956.6.12~1957.3.1 | AFPFL<br>우 누의 승려생활동안 대리성격의<br>총리직 수행. 이후 우 누와<br>권력갈등 |
| 우 누(U Nu) | 1907~1995 | 1957.3.1~1958.10.29 | AFPFL<br>우 누 복귀 |
| 3 네윈(Ne Win) | 1911~2002 | 1958.10.29~1960.4.4 | 군부<br>군부의 과도군사정부 구성으로<br>인한 민간정권의 일시적 해체 |
| 우 누(U Nu) | 1907~1995 | 1960.4.4~1962.3.2 | 청렴AFPFL(연방당)<br>총선 선출 |
| 네윈(Ne Win) | 1911~2002 | 1962.3.2~1974.3.4 | 군부(1962~1972)→<br>BSPP(1972~1974) |

| 성명 | 출생~사망 | 임기 | 정당 |
|---|---|---|---|
| 버마사회주의연방공화국(Socialist Republic of the Union of Burma)<br>: 이 시기는 공화국제였기 때문에 총리의 권한은 없었고, 네원이 지명했음. | | | |
| 4 쎄인윈<br>(Sein Win) | 1919~1993 | 1974.3.4~1977.3.29 | BSPP |
| 5 마웅마웅카<br>(Maung Maung<br>Kha) | 1920~1995 | 1977.3.29~1988.7.26 | BSPP |
| 6 뚠띤(Tun Tin) | 1920~ | 1988.7.26~1988.9.18 | BSPP |
| 7 쏘마웅<br>(Saw Maung) | 1928~1997 | 1988.9.21~1988.9.23 | 군부<br>SLORC의장 겸직 |
| 버마연방(Union of Burma)/미얀마연방(Union of Myanmar 1989.6.18) | | | |
| 쏘마웅<br>(Saw Maung) | 1928~1997 | 1988.9.23~1992.4.23 | 군부<br>SLORC의장 겸직 |
| 8 딴쉐<br>(Than Shwe) | 1933~ | 1992.4.23~2003.8.25 | 군부<br>※SLORC/SPDC의장 겸직 |
| 9 킨늉<br>(Khin Nyunt) | 1939~ | 2003.8.25~2004.10.18 | 군부<br>SPDC의장 지명, 축출 |
| 10 쏘윈(Soe Win) | 1949~2007 | 2004.10.19~2007.10.12 | 군부<br>승진 임명, 백혈병으로 사망 |
| 11 떼잉쎄인<br>(Thein Sein) | 1945~ | 2007.10.12~2011.3.30 | 군부(2007~2010)→<br>USDP(2010)<br>승진 임명, 신정부 구성에 따라<br>총리직 폐지 |

## 23. 국민회의(1992~2007)

### 1) 연대기

| 일 자 | 내 용 |
|---|---|
| 1992.4.24 | • 6개월 이내 신헌법 초안 작성을 위한 국민회의 구성 발표(SLORC 명령 제92/11호)<br>※ 국민회의의 6대 목적(이후 헌법초안의 근간)<br>　1. 연방의 통합　2. 민족 통합<br>　3. 주권의 영유　4. 완전한 다당제 민주주의의 주창<br>　5. 보편적 정의, 자유, 평등의 주창<br>　6. 장래 국가 정치리더십에 국방부(군부)의 참여 |
| 1992.5.28 | • 운영위원회(Steering Committee) 조직: 군부(14명), 7개 정당(28명), 의장은 양공지역사령부 사령관 묘늉(Myo Nyunt) |
| 1992.6.23 | • 운영위원회 첫 소집<br>• 각 외교관들은 '눈속임'(window dressing)이라고 비난 |
| 1992.7.10 | • 국민의회 대표자 702명 지명 ->99명은 선출된 국회의원(1990년) 70%는 군부에 의해 임의로 지명됨 |
| 1992.10.2 | • SLORC 명령 제92/13호 공포: 소집위원회(Convening Commission) 명단과 임무(6개 조항 포함), 기능(국민의회 구성 - 정당대표, 1990년 선거시 당선된 정당대표, 각 종족 대표, 농민대표, 노동자 대표, 지식인대표, 공무원대표, 기타 초대된 자) |
| 1992.11.5 | • 1993.1.9부터 국민회의가 소집될 것으로 발표 |
| 1993.1.9 | • 소집일 이틀 연기 발표<br>• 6개 조항은 신헌법 초안 전문에 포함 |
| 1993.2.1 | • 국민회의 회담 개시 |
| 1993.4.7 | • 소수종족대표자들이 의사결정구조에 대한 반대의사를 보여 회담이 연기됨<br>• 대표단은 헌법 초안의 15개 장에 동의함 |
| 1993.6.7 | • 국민회의 재가동. 묘늉 운영위원장은 신헌법에 반드시 군부의 정치적 역할이 명시되어야 한다고 언급 |
| 1993.9.16 | • 소수종족이 연방주의를 강력히 요구함에 따라 국민회의 또다시 연기<br>• 대표단은 헌법 초안 104개 항목(6 -7장, 15개 항목)에 동의했다고 정부 공식 발표 |
| 1993.10.15 | • 국민회의에 관해 언급한 정치인 12명 체포<br>• 이외 1994년 예정된 국민회의에 관한 비판적 내용이 수록된 리플렛을 배포한 혐의로 NLD 소속 아웅킨싱(Aung Khin Sint) 박사 체포(20년 구형) |

| 일 자 | 내 용 |
|---|---|
| 1994.1.18~4.9 | • 국가구조와 국가수반에 관한 별도의 장을 작성<br>• 1990년 총선 당선 대표자의 반대에도 불구하고 의회제보다 대통령제를 승인<br>※참고: 초안에 따르면 대통령은 국내에서 최소한 20년 이상 거주해야 하고, 정치·행정·군부·경제실무 경험이 있어야 하는 반면 외국시민권자인 자녀와 배우자가 있는 자는 대상에서 제외. 대통령 후보로서 아웅산수찌를 사전에 배제하기 위한 방편으로 해석 |
| 1994.9.2 | • 회담 재개<br>• 대표단은 자치지역, 입법, 행정, 사법에 관해 토론. 국민회의는 새로운 의회 구성시 전체의석 중 군부에게 최소한 1/3 을 배분할 것을 승인<br>※참고: 아웅산수찌 가택연금 해제(1995.7.10) |
| 1995.11.28 | • NLD, 국민회의 의사결정과정 재고 요구. 특히 NLD 수뇌부는 국민회의 회기 중 군부를 비난한 자들을 투옥시킨 것과 사전 검열을 철회할 것을 요구<br>• 당국이 이 요구를 거절하자 이틀간 86명의 NLD 대표는 회담을 보이콧 |
| 1995.11.29 | • 군부, 국민회의에서 NLD 대표를 배제 결정. 이로 인해 국민회의 대표단에서 1990년 선거에서 선출된 의원들의 수가 3%가량 감소함 |
| 1995.12.23 | • 국민회의, 샨민족민주연맹(SNLD)의 제안을 거절<br>※SNLD 요구사항: 주권의 기본원칙은 국민들의 의지에 달림 |
| 1996.5.31 | • 군부, 국민회의 휴회 선언 |
| 1996.6.7 | • 군부, 슬록명령 제96/5호. 공포(Law Protecting the Peaceful and Systematic Transfer of State Responsibility and the Successful Performance of the Functions of the National Convention against Disturbances and Oppositions)<br>※주요 내용: 총 4장으로 구성되어 있는데 2장에서는 국민회의 기능과 헌법 초안 작성에 관해 어떤 사람이나 어떤 단체도 직간접적으로 언급할 수 없다는 내용을 골자로 함. 개인이 이를 위반할 경우 최소 5년에서 최대 20년의 실형을 구형하고, 단체일 경우 단체를 폐지하거나 일정 기간 동안 활동을 금지시킴(3장) |
| 2003.8.30 | • 킨늉 총리, "민주화를 위한 7단계 로드맵" 발표 |
| 2003.9.23 | • SPDC 선언 제2003/11호(국민회의 소집위원회 총 13명 지명) |
| 2003.9.24 | • 까친독립기구(KIO)와 까친신민주군(New Democratic Army-Kachin)이 국민회의 참가 동의 |
| 2003. 9 | • NLD 산하 국민회의대표위원회(CRPP, 1998.9.16 조직), 군부의 로드맵이 국내 정치·경제, 소수종족문제를 해결할 수 없다는 입장 표명 |

| 일자 | 내용 |
|---|---|
| 2003.10.22 | • 연합와군대(United Wa State Army), 샨주군(Shan State Army), 민족민주연합군(National Democratic Alliance Army) 등 3개 정전협정군이 다른 소수종족 지도자들과 자유로운 회동, 대표자 선출의 자유, 국민의회 내에서 자유로운 의사표현과 같은 민주주의 원칙 보장하 국민회의 참가 의사 전달 |
| 2003.11.10 | • 코피 아난 유엔 사무총장, 군부 로드맵 비판<br>• UNA와 까렌민족연합(KNU), CRPP 등 세 기구는 재개될 국민회의에 참석 의사 표명 |
| 2003.12.10 | • 까렌, 친, 몽, 까렌니(꺼야), 여카잉, 샨족, SNLD 등 총 8개 소수종족으로 구성된 UNA는 군부 로드맵 비난함<br>• 미국 소재 자유버마연합(Free Burma Coalition)은 군부의 로드맵 중 첫 단계인 국민회의를 환영 |
| 2003.12.15 | • 태국 정부, 버마의 민주화 로드맵 논의를 위해 국제회의 조직<br>• 윈아웅(Win Aung) 외무장관, 3시간 동안 진행된 회의에서 호주, 오스트리아, 중국, 프랑스, 독일, 인도, 인도네시아, 이태리, 일본, 싱가포르 등 참석 대표단에게 군부의 로드맵 설명. 유엔 특사 라잘리 이스마일도 참석<br>• 윈아웅 외무장관, 2004년 국민회의가 재개 확신. 킨늉과 아웅산수찌간 대화도 확신<br>• 수라끼얏(Surakiat Sathirathai) 태국 외무장관, 국민회의는 '돌파구'(breakthrough)라고 선언 |
| 2004.1.3 | • 킨늉 총리, 까렌니국민자유전선(Karenni State Nationalities People's Liberation Front) 지도자 만남<br>※참고: 까렌니족(꺼야족)은 정전협정을 체결(1994.5.9)했으며 국민회의 소집에 참가 의사 전달 |
| 2004.1.7 | • 킨늉 총리, 샨주민족자유기구(Shan State Nationalities People's Liberation Oeganization) 지도자 만남<br>※참고: 샨주 남부에 기반, 정전협정(1994.10.9) |
| 2004.3.30 | • 국민회의 소집위원회 의장 떼잉쎄인 SPDC 제1총리, 오는 5월 17일 회담 재개 발표 |
| 2004.5.17 | • 국민회의 재가동(1088명 참가)<br>※참고: 1990년 선거 선출인원 15명을 포함하였는데 전체 대표자들 중 1.38%로 1993년 대비 15.24% 줄어든 수치임 |
| 2005.1.11 | • 떼잉쎄인, 2004.11.23 발표대로 2005.2.17. 국민회의 재개 재확인 |
| 2005.2.17 | • 국민회의 재개: 초청된 1081명 중 1075명 참가(99.44% 참석) |

| 일자 | 내용 |
|---|---|
| 2005.3.31 | • 2005년 연말까지 국민회의 휴회 선언<br>※ 신헌법 주요 11개 영역(국방과 안보, 외무, 재정 및 계획, 경제, 농업과 축산업, 에너지·전력·광산·임업분야, 산업분야, 교통과 통신, 사회, 관리, 법무 분야)에 관한 기본 지침을 작성 완료 |
| 2005.12.5 | • 국민회의 재개: 초청된 1080명 중 1074명 참가(99.44%). 신몽주당 참가자는 옵저버 자격으로 회담 참관<br>• 미 국무부, 군부의 자의적 판단에 따른 대표단 인선이라고 비난 |
| 2006.1.10 | • 장래 정부에서 군부의 역할에 대한 포괄적 논의가 시작됨 |
| 2006.01.31 | • 국민회의 휴회 선언. 차기 소집 일정은 발표되지 않음 |
| 2006.7.27 | • 냥윈 외무장관, 아세안 외무장관회담 참석하여 12월 개최 예정인 아세안정상회담에서 국민회의 종료 선언을 발표할 것으로 예정 |
| 2006.7.29 | • 제1차 국민회의 소집위원회(2006) 소집(네삐도): 떼잉쎄인 제1서기는 15개 장으로 구성된 헌법초안이 75% 작성 완료되었다고 언급 |
| 2006.9.2 | • 제2차 국민회의(2006) 소집위원회 소집(네삐도)<br>• 떼잉쎄인 제1서기, 민주적 국가 건설을 위해 총력을 기울이고 있다고 언급. 제4차 국민회의 소집은 10월 둘째 주에 있을 예정이라고 언급. 차기 국민회의에서 군부의 정치적 역할에 대한 논의가 집중적으로 이뤄질 것을 언급 |
| 2006.9.9 | • 제3차 국민회의 소집위원회(2006) 소집 |
| 2006.10.10 | • 국민회의 재개: 초청된 1081명 중 1075명 참가(99.44% 소집)<br>※ 시민권리와 의무, 군부의 역할, 정당, 선거, 국가 비상사태 조항, 국기, 국장, 국가(國歌) 조항, 헌법 수정안 등 논의 및 세부조항 작성 완료 |
| 2006.11.17 | • 초안 제출을 위한 대표단 회담 실시 |
| 2006.12.29 | • 국민회의 휴회 선언 |
| 2007.6.5 | • 제2차 국민회의 소집위원회(2007) 소집: 국민회의 마지막 개회 공언(7.18), 작성된 신헌법안에 대한 최종 검토 및 일부 조항 수정과 신헌법안 주요 원칙 중 잔여 7개 장에 대한 최종 합의가 주요 임무로 명시 |
| 2007.6.21 | • 국민회의 관리위원회 개최<br>• 금번 국민회의는 우기철에 개최되기 때문에 각종 안전과 보건관리에 만전을 기할 것을 요구 |
| 2007.7.18 | • 국민회의 재개: 초청된 1071명 중 1068명 참가(99.8%) |
| 2007.8.31 | • 신헌법 초안(총 15장) 최종 작성 및 브리핑 |

| 일 자 | 내 용 |
|---|---|
| 2007.9.3 | • 국민회의 최종 폐회<br>• 쪼산 정보장관, 금번 회기 참석자는 초청된 1071명 중 1062명 참가(99.16%)로 최종 발표 |
| 2008.2.9 | • SPDC 고시 제2008/1호 공포: 국민투표 실시 발표(정확한 일정은 발표하지 않음) |
| 2008.5.6 | • 국민투표실시위원회 고시 제2008/8호 공포: 나르기스 피해를 입은 일부지역 국민투표 연기 발표(5.10→5.24) |
| 2008.5.15 | • 국민투표실시위원회 고시 제2008/10호 공포: 5.10 실시된 국민투표 결과 발표 |
| 2008.5.26 | • 국민투표실시위원회 고시 제2008/12호 공포: 2번에 걸친 국민투표 결과 최종 발표 |
| 2008.5.28 | • 국민투표실시위원회 고시 제2008/11호 공포: 5.24 실시된 국민투표 결과 발표 |
| 2008.5.29 | • SPDC 고시 제2008/7호 공포: 국민투표에 의해 신헌법안이 가결되었음을 공포 |

**2) 국민회의 조직도**

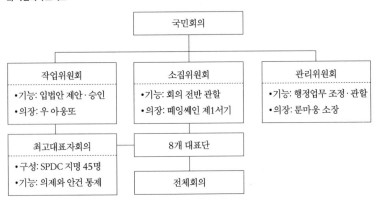

※출처: 장준영(2006a), p.183에서 수정.

### 3) 각 대표단 변동 추이

| 일시 | 각 대표단 | | | | | | | | 계 |
|---|---|---|---|---|---|---|---|---|---|
| | 7개정당 | 총선당선 | 소수종족 | 농민 | 노동자 | 학계 | 공무원 | 기타 | |
| 1993.1.9~96.5.31 | 49 | 107 | 215 | 93 | 48 | 41 | 92 | 57 | 702 |
| 2004.5.17~7.9 | 29 | 15 | 633 | 93 | 48 | 56 | 109 | 105 | 1088 |
| 2005.2.17~3.30 | 29 | 13 | 633 | 93 | 48 | 56 | 109 | 105 | 1086 |
| 2005.12.5~2006.1.31 | 대표단별 인원수 공식 발표 없음. | | | | | | | | 1074 |
| 2006.10.10~12.29 | 대표단별 인원수 공식 발표 없음. | | | | | | | | 1075 |
| 2007.7.18~9.3 | 28 | 13 | 633 | 93 | 47 | 56 | 109 | 89 | 1068 |

※출처: 장준영(2006a), p.184; 2007년은 Maung Aung Myoe(2007), p.21.

## 24. 신헌법과 국민투표

### 1) 신헌법 초안 장별 주요 내용

제1장 국가의 기본 원칙: 신헌법 초안 작성 6대 원칙

제2장 국가구조: 중앙집권적 대통령제

제3장 국가원수: 대통령(선거인단에 의한 간접선거제)

제4장 입법부: 상원 및 하원으로 구성, 중앙에 중앙의회가 양원을 통제. 군부는 무투표 25% 지정의
　　 석 할당.

제5장 행정부: 행정부의 수장은 대통령. 총리와 부총리는 각각 대통령과 총리를 보좌.

제6장 사법부: 대통령이 중앙정부 후견인으로 사법부에 대한 영향력 행사 가능.

제7장 땃마도(군대): 헌법 수호의 핵심 조직. 국방장관이 전군을 통솔함. 각군 사령관은 부통령 직위
　　 에 준함.

제8장 시민 기본권: 국내에 거주하는 모든 국민은 동등한 권리를 향유함.

제9장 선거: 선거권은 18세에 부여되며, 종교인은 원천적으로 피선거권자가 될 수 없음.

제10장 정당: 조직은 자유로우나 국가의 3대 대의와 규율민주주의의 원칙을 고수해야 함.

제11장 국가비상사태: 대통령이 국가비상사태로 판단되는 상황에서 국방안전평의회를 소집함. 국
　　 방안전평의회는 대통령, 국방장관, 총사령관, 각 군 총사령관 및 부사령관, 내무장관이 소집되고,
　　 정권은 군총사령관에게 자동으로 이양됨.

제12장 헌법개정: 헌법 개정안은 중앙의회 의원 20% 이상의 찬성에 의해서만 제출될 수 있음.

제13장 국기, 국장, 국가, 수도: 아래 그림 참조.

제14장 임시조항: 헌법은 국민 과반수이상 찬성으로 가결됨. 현재 모든 국가권력은 SPDC에 의해 집행됨.

제15장 일반조항

## 2) 신헌법안에 대한 국민투표 실시 공포

미얀마연방

국가평화발전평의회(SPDC)

고시 제2008/1호

1369년 더보드웨 보름 3일

(2008년 2월 9일)

1. 신헌법은 국가 내 국민들이 갈망하는 다당제민주주의를 필요로 하기 때문에 국민회의가 1993년 개회되었다. 여러 가지 이유로 국민회의는 1996년 일시적으로 휴회되었다. 그리고 2004년 재개되었고, 2007년 성공적으로 종료되었다.

2. 국민회의에는 정당 대표자, 선거당선자 대표자, 농민 대표자, 노동자 대표자, 공무원 대표자, 종족 대표자, 지식인 대표자, 기타 초대받아야 할 대표자 등 총 8개 대표단의 1,000명 이상이 참여했다.

3. 대표단은 국가 전역에 거주하고 있는 100개 이상의 종족을 대표하는 모든 구(區)가 포함되었다. 그 외 법적 영역으로 돌아간 무장 소수종족 집단들은 기타 초대받아야 할 대표자로 참여 승인을 받았다.

4. 국민회의는 신헌법 초안 작성에 관한 기본 원칙과 세부원칙을 만장일치로 채택했다. 현재 SPDC 고시 제2007/2호에 따라 헌법초안작성위원회는 국민회의에서 마련된 기본원칙과 세부원칙에 따라 신헌법 초안을 해왔고, 곧 완료될 것이다.

5. 따라서 7단계 로드맵의 4단계에 따라 헌법안의 승인을 위한 국가 국민투표는 2008년 5월에 실시될 것이다.

명령에 따라

띠하뚜라 떤아웅몡우

중장

제1서기

국가평화발전평의회

**3) 국민투표 공포 사유 및 향후 일정**

미얀마연방

국가평화발전평의회(SPDC)

고시 제2008/2호

1369년 더보드웨 보름 3일

(2008년 2월 9일)

1. 군사정부는 1988년의 불안과 교란으로 인해 부득이하게 국가를 책임져야만 했다.
2. 그 이후, 국민들이 자유롭고 평화롭게 생계를 가능하도록 공동체의 평화와 평온뿐만 아니라 법을 회복했다.
3. 국가와 국민의 경제적 발전을 도모하는 차원에서 농업부문의 발전을 위해 댐과 저수지들을 건설했다; 강물 양수 사업과 지하수 개발 사업도 시행되었다; 전 분야의 노력은 모든 국민의 식량 공급을 가능케 했다; 재래식 농지도 기계화된 농지로 탈바꿈했다.
4. 게다가 국가는 중공업을 육성하고 농업국가를 산업국가로 전환하기 위해 산업지역을 조성함으로써 민간산업을 육성했다.
5. 국민의 열망에 의한 시장경제체제의 실시로 국내외 무역 발전을 국민의 손에 의해 이뤄지게 했다.
6. 자연지형을 극복하는 더 나은 교통을 마련하는 기간산업을 육성하여 국민들이 친선을 도모하는 동안 국경지역과 소수종족 발전계획은 국가 전역에 걸쳐 실시되었다.
7. 국내에서 가능한 한 인적자원 개발의 격차를 줄이기 위해 24개의 특별 발전지역이 설정되었고, 대학, 연구기관, 학교가 개교했다. 유사하게 모든 국민의 보건을 향상시키기 위해 전문 병원, 병원, 시골 병원도 건설되거나 보수되었다.
8. 국가와 국민의 최저 생계를 향상시키는 노력들은 아직도 완수되지 않았지만 요구되는 기본 시설들은 이미 완성되었다.
9. 그러한 필수 요소들이 완성됨에 따라 군사행정부는 국민의 민주적 행정부로 전환되어야 한다. 따라서 곧 공포될 국가 헌법에 따라 다당제민주 총선은 2010년에 실시될 것이다.

명령에 따라

띠하뚜라 떤아웅밍우

중장

제1서기

국가평화발전평의회

**4) 일부지역 국민투표 연기 발표**

미얀마연방

국민투표실시위원회

고시 제2008/8호

1370년 꺼쏭 보름 2일

(2008년 5월 6일)

1. 위원회는 미얀마연방공화국의 헌법초안 승인에 관한 국민투표를 2008년 5월 10일 실시할 것이라고 발표했다.

2. 그러나 2008년 5월 2일 미얀마를 강타한 사이클론 나르기스(Nargis)로 인해 국가평화발전평의회(SPDC)는 에야워디주, 양공주, 버고주, 몽주, 꺼잉주를 피해지역으로 선포했다.

3. 현재 일부 재난 지역은 정상화로 돌아왔다. 따라서 SPDC는 다음과 같은 재난지역을 2008년 5월 6일 고시 제2008/5호를 통해 공포한다.

   (a) 웅아뿌도, 라부따, 몰먀잉섬, 빠뽕, 보갈레, 짜익랏, 더다예 등 에야워디 주 7개 구.

   (b) 따뭬, 남옥까라빠, 떠공(항구), 신더공시(남부), 신더공시(북부), 신더공시(동부), 도봉, 빠중다웅, 보떠타웅, 밍글라 따웅늉, 북옥까라빠, 양킨, 더게따, 땅강쫑, 까마윳, 찌뼁다잉, 짜욱더다, 산중, 쎄이깡, 더공, 빠베당, 바한, 먁공, 랏따, 홀라잉, 란마도, 어롱, 땅르웡, 짜욱땅, 똥와, 꺼얌, 뜨완떼, 꿍양공, 꼬흐무, 딸라, 쎄익찌 칸아웅또, 인세인, 밍글라동, 쉐삐따, 홀라잉 따야 등 양공주 40개 구.

4. (3)항에 언급된 구의 국민투표는 2008년 5월 24일로 연기된다.

(아웅또)

의장

국민투표실시위원회

**5) 5월 10일 실시한 국민투표 결과 공시**

미얀마연방

국민투표실시위원회

고시 제2008/10호

1370년 꺼쏭 보름 11일

(2008년 5월 15일)

1. 국민투표는 2008년 5월 10일 미얀마 연방 소재의 325개 구(township, 區) 가운데 278개 구에서 성공적으로 실시되었다.

2. 위원회는 2008년 5월 6일 발표한 고시 제2008/8호에 따라 사이클론 나르기스(Nargis)에 피해

를 입은 양공주(division) 40개 구와 에야워디주 7개구의 국민투표를 2008년 5월 24일 실시한다고 공포했다.

3. 현재 연방의 총인구는 57,504,368명이고, 그중 18세 이상의 유권자는 총 27,369,957명이다.

4. 다음은 2008년 5월 10일 278개 구에서 실시한 국민투표의 결과이다.

   (a) 총 유권자수              22,708,434

   (b) 총 투표자수              22,496,660

   (c) "찬성" 항목 투표자수    20,786,596

   (d) "반대" 항목 투표자수     1,375,480

   (e) 무효표                  334,584

5. 278개 구에서 총 유권자 22,708,434명 중 22,496,660명(또는 99.07%)이 국민투표에 투표했다.

6. 위원회는 투표자수 22,496,660명 중 92.4%인 20,786,596명이 "찬성"항목에 투표했다고 공포한다.

(아웅또)

의장

국민투표실시위원회

**6) 5월 24일 실시한 국민투표 결과 공시**

미얀마연방

국민투표실시위원회

고시 제2008/11호

1370년 꺼쏭 하현 7일

(2008년 5월 26일)

양공과 에야워디주 47개 구에서 실시된 국민투표결과 고시(告示).


1. 미얀마연방공화국의 헌법초안 승인을 위한 국민투표가 2008년 5월 10일 전국 325개 구(區) 중 278개 구에서 성공적으로 실시되었고, 위원회는 2008년 5월 15일부로 고시 제2008/10호로 국민투표의 결과를 발표했다.

2. 2008년 5월 6일 공포된 고시 제2008/8호에 따라 국민투표는 사이클론 나르기스(Nargis)의 피해를 입은 양공주 40개 구와 에야워디주 7개 구에서 2008년 5월 24일 실시되었다. 다음은 국민투표의 결과이다:

   (a) 총 유권자         4,580,393

   (b) 총 투표자         4,280,015 (93.44%)

(c) "찬성" 항목 투표자　　　3,997,528 (92.93%)

(d) "반대" 항목 투표자　　　256,232 (5.99%)

(e) 무효표　　　　　　　46,255 (1.08%)

3. 따라서 위원회는 유권자 4,280,015 중 3,977,528명이 "찬성" 항목에 투표하여 양공과 에야워디 주 47개에서 실시한 국민투표는 92.93%의 찬성을 보였다고 고시한다.

(아웅또)

의장

국민투표실시위원회

※출처: New Light of Myanmar(2008/05/27).

**7) 국민투표 최종 결과 공시**

미얀마연방

국민투표실시위원회

고시 제2008/12호

1370년 꺼쏭 하현 7일

(2008년 5월 26일)

전국에 걸쳐 실시한 국민투표결과 고시.

1. 미얀마연방공화국의 헌법초안 승인을 위한 국민투표가 2008년 5월 10일 전국 325개 구(區) 중 278개 구에서 성공적으로 실시되었고, 위원회는 2008년 5월 15일부로 고시 제2008/10호로 국민투표의 결과를 발표했다. 2008년 5월 6일 공포된 고시 제2008/6호에 따라 국민투표는 사이클론 나르기스(Nargis)의 피해를 입은 양공주 40개 구와 에야워디주 7개 구에서 2008년 5월 24일 실시되었다. 위원회는 2008년 5월 24일 실시된 국민투표의 결과를 2008년 5월 26일 고시 제2008/11호로 그 결과를 발표했다.

2. 전체인구는 57,504,368명이고 총 유권자는 27,369,957명이다. 사이클론 나르기스의 피해로 인해 양공주, 에야워디주, 몽주(State)에서 77,738명이 사망했고, 55,917명이 실종되는 등 총 피해자는 133,655명이다. 자료수집위원회에 따르면 81,130명의 유권자가 사망하거나 실종되었다. 따라서 국가의 전체 인구는 현재 57,370,713명이고 총 유권자는 27,288,827명이다.

3. 따라서 2008년 5월 10일 278개 구와 2008년 5월 24일 47개구 등 총 325개 구에서 실시된 국민투표의 총계는 다음과 같다.

　　(a) 총 유권자　　　27,288,827

(b) 총 투표자          26,776,675 (98.12%)

(c) "찬성" 항목 투표자   24,764,124 (92.48%)

(d) "반대" 항목 투표자   1,631,712 (6.1%)

(e) 무효표            380,839 (1.42%)

4. 3항에 따라 전국에서 국민투표 총 투표자수 26,776,675명의 투표 내용은 다음과 같다.

　(a) 현장 투표자수         22,154,970 (82.74%)

　　(1) "찬성" 항목 투표자   20,215,637

　　(2) "반대" 항목 투표자   1,575,257

　　(3) 무효표             364,076

　(b) 부재자 투표수         4,621,705 (17.26%)

　　(1) "찬성" 항목 투표자   4,548,487

　　(2) "반대" 항목 투표자   56,455

　　(3) 무효표             16,763

5. 따라서 미얀마연방에서 실시된 국민투표의 총 유권자 27,288,827명 중 26,776,675명이 투표했고, 투표율은 98.12%였다. 총 투표자 26,776,675명 중 "찬성" 항목 투표자는 24,764,124명이었다. 국민투표법 2008 제23항에 따라 미얀마연방공화국의 헌법초안승인에 관해 투표자의 92.48%가 "찬성" 항목에 투표했다고 고시한다.

(아웅또)

의장

국민투표실시위원회

※출처: New Light of Myanmar(2008/05/27).

**8) 국가헌법 공포**

미얀마연방

국가평화발전평의회(SPDC)

고시 제2008/7호

1370년 꺼쏭 하현 10일

(2008년 5월 29일)

미얀마연방공화국 국가헌법 공포에 관한 고시

1. 미얀마연방공화국의 헌법초안 비준과 관련된 미얀마연방 국민투표실시위원회는 2008년

5월 10일과 5월 24일 국민의 동의를 구하기 위해 실시된 국가의 국민투표에 전국적으로 총 27,288,827명의 유권자 중 98.12%가 투표에 참여하고 그중 92.48%가 법에 따라 미얀마연방공화국의 헌법초안을 지지한 사실을 발표한다.

2.  따라서 미얀마연방공화국의 헌법은 국가 국민투표에 의해 비준되고 공포함을 알린다.

딴쉐

원수

의장

국가평화발전평의회

※출처: New Light of Myanmar(2008/05/30).

## 25. 특별기금 법령

미얀마연방

국가평화발전평의회(SPDC)

국가주권법령의 영속을 위한 필수지출과 관련한 특별기금

국가평화발전평의회 법령 제2011/10호

1372년 빠도 하현 8일

(2011년 1월 27일)

전문

미얀마연방공화국은 장대한 역사 전통을 가진 국가이고, 독립된 주권국가를 유지하며 국민은 통합과 일체 속에 거주해 왔다.

국민은 확고부동하게 연방의 비분열, 국가결속, 주권의 영속이라는 목적을 고수한다.

국민이 결정한 고결한 결의를 위해 미얀마연방공화국 헌법 제20조 (f)항, 국방부는 헌법의 수호를 책임지고, 제337조에는 연방의 방위를 위한 주요 군대는 국방부이고, 헌법 제339조에는 국방부는 모든 국내외 위험으로부터 연방을 수호하는 주도적인 역할을 해야 한다고 명시되었다.

따라서 국가 주권이 상실되지 않는 필수불가결한 지출을 위해 국가평화발전평의회는 이 법령을 제정한다.

제1장

명칭, 발효, 정의

1.  (a) 이 법령은 국가주권법령의 영속을 위한 필수지출과 관련한 특별기금으로 칭한다.

(b) 이 법령은 즉시 효력을 발생한다.

2. 이 법령에 포함되는 표현은 다음과 같은 의미를 가진다.

(a) 헌법은 미얀마연방공화국 헌법을 의미한다;

(b) 국방부 총사령관은 모든 군대의 최고 사령관을 의미한다.

(c) 특별기금은 헌법의 수호와 국내외 위험으로부터 국가를 보호하기 위한 특별 요소로 지출할 수 있는 기금을 의미한다.

제2장

특별기금의 제정

3. 국방부 군총사령관의 제출에 따르면 대통령의 승인으로 연간 필요 자금은 특별기금으로 충당된다.

제3장

특별기금의 제정

4. 연방의 비분열, 국가결속, 주권의 영속 의무를 수행 중인 국방부 총사령관은 국내 화폐 또는 외국 화폐의 형태인 특별기금의 지출을 할 권리가 있다.

5. 상기의 특별기금 집행과 관련하여 어떠한 자도 또는 기구도 조사하거나 소송 또는 감사하지 못한다.

6. 회계연도가 종료되었을 때 연간 특별기금의 지출은 대통령에게 설명하고 제출한다.

(서명) 딴쉐

원수

의장

국가평화발전평의회

## 26. 국가구조 및 의회구조

### 1) 국가구조

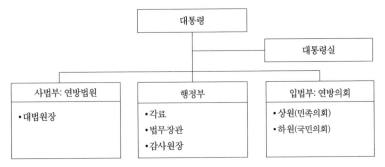

### 2) 의회구조

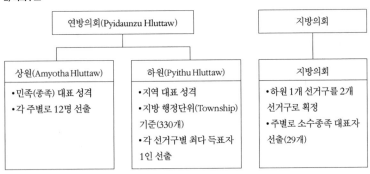

**장준영**張准榮 울산에서 태어나 구미로 이주하여 고등학교 때까지 그곳에서 자랐다. 2009년 한국외대에서 미얀마 군부연구로 국제관계학 박사를 취득했다. 한국외대, 부산외대, 순천향대, 협성대 등에서 강의했고, 한국외대 동남아연구소 책임연구원(2011~2013)과 벵골만연구센터 연구교수(2014~2015)를 역임했다.『미얀마 정치경제와 개혁개방: 성과와 과제』(2013)를 포함하여 다수의 논문과 저서를 썼다. 현재 미얀마 개발협력, 정치발전, 동남아 국제관계에 관심을 두고 연구하고 있으며, 미얀마의 다양한 풍습과 문화관습을 바탕으로 미얀마를 좀 더 알기 쉽고 여행에서 유용하게 활용할 수 있는 책을 준비하고 있다.

# 하프와 공작새

1판 1쇄 펴냄 2017년 4월 28일
1판 2쇄 펴냄 2024년 2월 1일

지은이 장준영

펴낸이 정성원 · 심민규

펴낸곳 도서출판 눌민

출판등록 2013. 2. 28 제2022-000035호

주소 서울시 강북구 인수봉로37길 12, A-301호 (01095)

전화 (02) 332 - 2486      팩스 (02) 332 - 2487

이메일 nulminbooks@gmail.com

인스타그램 · 페이스북 nulminbooks

ⓒ 장준영 2017

Printed in Seoul, Korea

ISBN 979 - 11 - 87750 - 06 - 2  93340

* 이 저서는 2012년 정부(교육부)의 재원으로 한국연구재단의 지원을 받아 수행된 연구임(NRF-2012S1A6A4016875)
  This work was supported by the National Research Foundation of Korea Grant funded by the Korean Government(NRF-2012S1A6A4016875)

* 이 책의 국립중앙도서관 출판예정도서목록(CIP)은 서지정보유통지원시스템 홈페이지(http://seoji.nl.go.kr)와 국가자료공동목록시스템(http://www.nl.go.kr/kolisnet)에서 이용하실 수 있습니다.
  (CIP제어번호: CIP2017009712)